中国近代史学文献丛刊

王　东　李孝迁／主编

史学书评：史学理论与史学史卷

贾鹏涛／编校

上海古籍出版社

上海市教育委员会科研创新计划重大项目
"重构中国：中国现代史学的知识谱系（1901-1949）"
（2017-01-07-00-05-E00029）

陕西省教育厅重点科学研究计划（协同创新中心项目）
"延安时期历史记忆、书写研究"（20JY066）

延安市科技专项"民国史学研究"（2019-11）

丛刊缘起

学术的发展离不开新史料、新视野和新方法，而新史料则尤为关键。就史学而言，世人尝谓无史料便无史学。王国维曾说："古来新学问之起，大都由于新发现。"无独有偶，陈寅恪亦以为"一时代之学术，必有其新材料与新问题"，取用此材料，以研求问题，则为此时代学术之新潮流；顺此潮流者，谓之预流，否则谓之未入流。王、陈二氏所言，实为至论。抚今追昔，中国史学之发达，每每与新史料的发现有着内在联系。举凡学术领域之开拓、学术热点之生成，乃至学术风气之转移、研究方法之创新，往往均缘起于新史料之发现。职是之故，丛刊之编辑，即旨在为中国近代史学史学科向纵深推进，提供丰富的史料支持。

当下的数字化技术为发掘新史料提供了捷径。晚近以来大量文献数据库的推陈出新，中西文报刊图书资料的影印和数字化，各地图书馆、档案馆开放程度的提高，近代学人文集、书信、日记不断影印整理出版，凡此种种，都注定这个时代将是一个史料大发现的时代。我们有幸处在一个图书资讯极度发达的年代，当不负时代赋予我们的绝好机遇，做出更好的研究业绩。

以往研究中国近代史学，大多关注史家生平及其著作，所用材料以正式出版的书籍和期刊文献为主，研究主题和视野均有很大的局限。如果放宽学术视野，把史学作为整个社会、政治、思潮的有机组成部分，互相联络，那么研究中国近代史学所凭借的资料将甚为丰富，且对其也有更为立体动态的观察，而不仅就史论史。令人遗憾的是，近代史学文献资料尚未有系统全面的搜集和整理，从而成为学科发展的瓶颈之一。适值数字化时代，我们有志于从事这项为人作嫁衣裳的事业，推出《中国近代史学文献丛刊》，计划陆续出版各种文献资料，以飨学界同仁。

丛刊收录文献的原则：其一"详人所略，略人所详"，丛刊以发掘新史料为主，尤其是中西文报刊以及档案资料；其二"应有尽有，应无尽无"，丛刊并非常见文献的大杂烩，在文献搜集的广度和深度上，力求涸泽而渔，为研究者提供一份全新的资料，使之具有长久的学术价值。我们立志让丛刊成为相关研究者的案头必备。

这项资料整理工作，涉及面极广，非凭一手一足之力，亦非一朝一夕之功，便可期而成，必待众缘，发挥集体作业的优势，方能集腋成裘，形成规模。华东师范大学历史学系，在史学理论与史学史研究领域有着长久深厚的学术传统，素为海内外所共识。我们有责任，也有雄心和耐心为本学科的发展贡献绵薄之力。在当下的学术评价机制中，这些努力或许不被认可，然为学术自身计，不较一时得失，同仁仍勉力为之。

欢迎学界同道的批评！

前　言

中国史学的起源甚早,在史学领域也取得了很大成绩。但是对史学的理论思考,则仅有刘知幾的《史通》和章学诚的《文史通义》。然而以现代史学理论的眼光来看,这两部著作大体还局限于传统意义上的对史学编撰方法、史书体例的思考,并不是对史学本身的思考。1920年,梁启超的《新史学》激烈批评传统史学的种种弊端,倡议学界应进行一场"史学革命",《新史学》的问世标志着中国史学由传统向现代转变。1921年,梁启超所著《中国历史研究法》为20世纪中国史学理论研究拉开了序幕。之后,史学理论研究成为史学研究不可缺少的一个部分。

从20世纪20年代到40年代,国内史学理论、史学史方面的著作相继问世,呈现出生机勃勃的气象。在史学理论方面,既有翻译外国史家的史学著作,如何炳松翻译鲁滨孙的《新史学》(1923年)、李思纯译朗格诺瓦和瑟诺博司的《史学原论》(1926年)、郭斌佳翻译Robert Flint《历史哲学概论》(1928年)、青锐翻译沙尔列·拉波播尔的《作为进化科学底历史哲学》(1930年)、黎东方翻译施亨利《历史之科学与哲学》、王造时和谢诒徵翻译黑格尔的《历史哲学》(1936年)、周谦冲翻译沙耳非米尼《史学家与科学家》(1945年)等,又有我国学者操刀的,如杨鸿烈《史地新论》(1924年)、朱谦之《历史哲学》(1926年)、何炳松《历史研究法》(1927年)、李璜《历史学与社会科学》(1928年)、吴贯因《史之梯》(1930年)、卢绍稷《史学概要》(1930年)、刘剑横《历史学ABC》(1930年)、朱谦之《历史哲学大纲》(1933年)、胡哲敷《史学概论》(1935年)、翦伯赞《历史哲学教程》、杨鸿烈《史学通论》(1939年)、蔡尚思《中国历史新研究法》(1940年)、吴泽《中国历史研究法》(1942年)、姜蕴刚《历史艺术论》(1944年)、胡秋原《历史哲学概论》(1948年)、柳诒徵《国

史要义》(1948年)等。史学理论方面的书评的内容,大致可概括为三点:

第一,国人自著史学概论性著作,评者主要关注的是:1.对梁启超《中国历史研究法》的关注。评者肯定梁氏对中国传统史学的批判,但同时指出,梁著有一些明显的史实错误,对社会变动原因的解释属于唯心论,应从经济方面找原因。2.对史学概论类著作的关注。评者认为《史之梯》荒谬,《史学概要》疏陋,《历史学 ABC》偏宕。[①]《史学概论》引书堆抄,极力推崇西方史学,但却对西方史学"似极茫然"。[②] 3.对历史艺术论的关注。评者肯定著作用艺术来解释历史,但也指出用艺术解释历史过分夸大了艺术的作用,应在物质基础上找原因。

第二,国人自著的历史哲学,评者主要关注有三个方面:1.对唯物史观派历史哲学的高度关注。翦伯赞《历史哲学教程》出版后,竟然有七篇之多的书评,这比民国期间任何一部史学理论著作的书评都多。除了王沉极端的批评外,其他六篇书评都以鼓励、支持为主。2.对朱谦之历史哲学的关注。评者认为朱著对中国历史哲学的分期是不正确的,此外,著者还存在引用外国学者的观点不注明、不明白何谓历史哲学、历史哲学史等。3.对胡秋原历史哲学的关注。评者认为胡著条例清楚,有系统,在史学批评方面能直中要害,不足之处是未使用中国材料说明论点。

第三,国人译外国的史学理论著作,评者关注的主要有三个方面:1.译者的翻译是否准确。从评者的内容来看,民国期间的大部译著都存在这一问题。如何炳松译《新史学》、郭斌佳译《历史哲学概论》、李思纯译《史学原论》、黎东方译《历史之科学与哲学》和王造时、谢诒徵译《历史哲学》。2.译者是否完整了解著者的史学思想。一般而言,译者在译著前都有一个导言,"应介绍他的整个学说,说明他的学术在史学史中的关系和地位,他的学说发生的原因和影响,最后,对他下个比较公正可靠的批评"。[③] 站在读者立场来说,这个导言对于理解著者的史学思想有着重要的导读作用。而从评者的内容来看,民国期间部分译

[①] 齐思和:《评十九年出版各家史学新著 下》,《国闻周报》1931 年第 8 卷第 4 期。
[②] 齐思和:《胡哲敷〈史学概论〉》,《大公报》1935 年 11 月 27 日,第 11 版。
[③] 李惟果:《何炳松译鲁滨逊著〈新史学〉》,《图书评论》1933 年第 1 卷第 6 期。

著导论不理想,如何炳松译《新史学》和郭斌佳译《历史哲学概论》的导言。3. 评者对著者历史哲学观点的讨论。如仲章的评拉波播尔的《历史哲学》、关琪桐评黑格尔的《历史哲学》。

相对史学理论研究的快速发展,史学史的发展较为缓慢,成绩也较为有限。梁启超在1926—1927年讲授《中国历史研究法补编》时最早明确提出"史学史",并对这门学科的建设提出设想。"纸上得来终觉浅",理论和实际之间永远有着一条不可跨越的鸿沟,理论总是高于实际的。当梁启超提出撰写中国史学史构想的时候,还没有足够多的学者给予关注,即使有讨论,大多也是设想罢了。而经过史学界成果的不断积累,这一设想终于从理论变成现实。十余年后,魏应麒《中国史学史》(1940年)、王玉璋《中国史学概论》(1942年)、朱希祖《中国史学通论》(1943年)、金毓黻《中国史学史》(1944年)、傅振伦《中国史学概要》(1944年)、顾颉刚《当代中国史学》(1947年)等实践性的史学史著作问世。史学史方面书评的内容,大致可概括为二点:

第一,关于史学史的分期。魏应麒《中国史学史》完全按照朝代分期,评者显然是不满意,因为史学史的分期不仅要关注历史的线索,而且要关注"史学自身发展各阶段的特殊性"。而对于中国史学史的分期,金毓黻有五分法,周光岐提出四分法,都言之成理。此外,任何事物的产生、发展变化都是有原因的,史学史的发展出现阶段性的原因在哪里?为什么要分为五期或者四期?这个问题又将史学史分期问题推向深入研究。周光岐提出:"要阐明史学的史的发展,一定要在人类实际生活中去寻觅其根本原因,同时,还要配合当时的意识形态。"又认为在社会发展的原因,固然有地理环境、政治、法律、宗教、道德、社会等"复杂条件",但这些"复杂条件"都是次要的,都是从"经济"这基本原因中派生出来的,经济原因才是最根本的原因。①

---

① 民国期间,在一些非马克思主义者中间,有不少学者从经济角度寻求事物变化的原因,如吕思勉赞赏从经济上来解释社会现象。参见张耕华《吕思勉与唯物史观》,《华东师范大学学报》(哲学社会科学版)2013年第6期。童书业在《春秋史》中指出:"无论哪种社会组织,都逃不了被经济状况所决定。'经济是历史的重心'这个原则,是近代东西史家已经证明了的,所以我们要讲社会的情形便不得不先讲经济的情形。"童书业著,童教英整理:《童书业著作集》第一卷《春秋史(校订本)春秋左传研究(校订本)先秦七子思想研究(校订本)》,中华书局,2008年,第80页。

第二,关于史学史应该写什么。谢国桢、白寿彝、齐思和、陈定闳对于金著的批评显然是针对这个问题,金著偏重目录学、考据学,真正的史学史,谢国桢认为应"把当时的环境、作史的动机和史学变迁的影响讲出来",以"史学上的著作家为主"。① 齐思和认为要多讲"史学之义"。② 白寿彝认为应该多讲"法式"和"义例"。③ 陈定闳认为还应该多讲"历史哲学"。④ 而对于顾颉刚《当代中国史学》,王子先认为应该讲清楚中国史学产生的背景、各派史学的师承关系,⑤李则纲认为应该讲"史学思想"、治史方法的变化及原因等。⑥

就20世纪中国学术史而言,准确评估这个时期史学理论与史学史的研究水平,自是史学工作者应有之义。瞿林东先生认为20世纪30—40年代为中国史学史的草创时期。⑦ 张耕华先生指出:"处于起步阶段的中国现代史学理论的研究,大都属于介绍、转述性的,介绍多于讨论,沿袭多于创新。一些批评和对话,大都是原则性或纲要性的论述,而未能充分深入地研讨。"瞿、张二位先生的评论和定位很中肯。诚然,虽然这个时期的研究存在不少问题,但也应该肯定,如"学者对研究对象的把握比较到位,问题意识比较清晰,论域比较集中","有相当多篇幅介绍或评述西方分析、批评的历史哲学的主要理论和观点。有关史学的学科性质,学者也是各有所宗,彼此争鸣"。⑧

瞿林东曾说:"从中国古代史学的内省之功、反思之道以及史学发

---

① 刚主:《中国史学史》,《文汇报》1946年10月10日,第6版。
② 齐思和:《中国史学史》,《燕京学报》1947年6月第32期。
③ 白寿彝:《中国史学史》,《文讯月刊》1947年第7卷第1期。
④ 1958年,刘节的《中国史学史讲稿》中才讲历史哲学作为中国史学史的一项重要内容写入。油印稿的叙论则讲到战国后期,因为历史哲学的出现,历史编纂学才进入到一个高级阶段,"把历史哲学从主观唯心论的观点,由主观的理想,转入客观事实的分析与综合以达到叙述全体人类的生活为目的了"。"本讲稿虽然以讲历史编纂学为主要的,其中也大略提到中国的历史学,就是说历史哲学"。第八章《文学、玄学与史学》,说明六朝时史学与玄学、文学的关系,并且指出这个时期的历史哲学偏向唯心论的哲学,而且与老庄哲学密切相关,这是他们在社会哲学方面的发展。第十六章讲王夫之的史学,认为王夫之《续通鉴论》与《宋论》是结合他的历史哲学撰写的。刘节:《中国史学史讲义》(第二次稿)油印本。
⑤ 王子先:《当代中国史学》,《昌中校刊》1947年第2期。
⑥ 李则纲:《顾颉刚〈当代中国史〉读后》,李修松主编:《李则纲遗著选编》,安徽大学出版社,2006年,第496—498页。
⑦ 瞿林东:《中国史学史研究八十年》(上),《淮阴师范学院学报》(哲学社会科学版)2007年第2期。
⑧ 张耕华:《历史哲学引论》(增订本),复旦大学出版社,2009年,第12—13页。

展之连续性的特点来看,在一定的意义上说,一部中国史学发展史可以看作是一部中国史学批评史。在这个过程中,由于史学批评的逐渐展开,还不断滋生出一些新的史学概念,而这些概念的提出和运用,久之成为史学范畴,进而促进史学理论的发展。史学批评的展开,不仅有益于当世和后世史学的发展,同时对以往的史学也有拾遗补缺、阐发新意之功。"①"史学批评是一种动力,它在继承、批评前人论著的基础上,推动新的历史撰述的面世;史学批评也是一条通往史学理论研究的路径,史学理论的成果也在史学批评中不断积累起来。"②由此可见,史学批评在史学理论发展中的重要作用。书评即是史学批评中的一种,因此,这些书评亦是我们观察民国期间中国史学理论与史学史的水平的另一维度。相信读者在阅读这些书评后,自能对民国期间中国的史学理论与史学史的研究状况有一个具象的认识。同时,亦可感知民国自由讨论的学术氛围,因为无论左派、右派还是中间派,皆有发言的权利。如胡秋原的《历史哲学概论》、翦伯赞的《历史哲学教程》、朱谦之《历史哲学》出版后,评者皆可自由发挥,尽情评论;无论是学术界的主流史观(史料派或科学实证派),还是非主流的史学观(艺术史观、生机观、唯物史观),评者皆可以"各有所宗,彼此争鸣"。正是因为有这样的学风,民国史学才会出现色彩斑斓的一幕,让很多人艳羡不已。

本书搜集整理史学理论与史学史方面著作的书评。这些书评主要发表在《图书评论》《图书季刊》《图书月刊》《二十世纪》《科学论丛》及《大公报》《文汇报》《申报》《东南日报》《新华日报》《新中国日报》《前线日报》等近代报刊杂志上。书评选录的发表时间为1911—1949年。内容分为史学理论和史学史两部分,各部分的顺序皆按所评著作初版的时间排列。书评作者统一置于文前,文后注明出处。编校原则尽量依据原本录入,除明显错字、别字外,文字、术语大多保持原貌。搜集材料的过程中,蒙李孝迁老师多所指示,李老师见多识广,其中多篇书评即由李老师提供,此书稿的最终完成亦赖李老师的督促和支持。书稿中部分法文材料的核对和查找,蒙朱伟明老师、余伟老师提供援助。于此

---

① 瞿林东:《史学批评怎样促进史学发展》,《人文杂志》2016年第10期。
② 瞿林东:《为什么要研究史学批评》,《史学理论研究》2020年第2期。

说明,特此致谢。限于闻见,加之学识有限,校订错误在所难免,尚祈博雅君子不吝赐正。

贾鹏涛
2020 年 8 月 12 日写于延安大学

目　录

丛刊缘起 / 1
前言 / 1

史　学　理　论

读张孟劬先生《史微》记　王钟翰 / 3
《中国历史研究法》纠缪　张星烺 / 5
读梁启超的《中国历史研究法》　桑原骘藏 / 12
《中国历史研究法》的介绍与批评　宋云彬 / 22
近代中国历史研究法与通史之检视　吴景贤 / 25
读《新史学》(New History)　于炳祥 / 31
何炳松译鲁滨孙著《新史学》　李惟果 / 54
《新史学》　如 / 81
《史地新论》　铨 / 89
评李思纯译《史学原论》　王绳祖 / 91
朱谦之的《历史哲学》　复生 / 100
评朱谦之《历史哲学》　陈啸江 / 103
介绍何炳松《历史研究法》　原 / 107
《历史研究法》　臻郊 / 111
《历史哲学概论》/ 114
《学史散篇》　文通 / 116
《历史学与社会科学》　英士 / 125

《历史之科学与哲学》/ 127

《历史之科学与哲学》 刘静白 / 129

评黎东方译《历史之科学与哲学》 沈炼之 / 135

《历史哲学》/ 142

《历史哲学》 仲 璋 / 144

《历史哲学》与《历史哲学教程》 方 兴 / 147

评十九年出版各家史学新著 齐思和 / 149

评布哈林氏的《唯物史观》 如 心 / 167

《历史动力论》 絜 非 / 180

《历史动力论》 仲 明 / 183

看了郭泰底《唯物史观解说》以后 泽 民 / 184

《历史哲学大纲》 陈之平 / 186

《史学通论》 中 一 / 189

介绍《史学概论》 憶 恬 / 191

评维森著《历史辅助科学论略》 齐思和 / 193

《唯物辩证法论战》读后感 沧 白 / 195

评张东荪编《唯物辩证法论战》 江振声 / 198

介绍《唯物辩证法论战》 储安平 / 201

《唯物辩证法论战》 谢幼伟 / 204

读《唯物辩证法论战》后 许宝骙 / 207

腐败哲学的没落
　　——为批判孙东荪编的《唯物辩证法论战》而作 陈伯达 / 213

胡哲敷《史学概论》 齐思和 / 234

评《历史学主义的起源》 张贵永 / 239

介绍《史学新动向》 张 伟 / 245

评《历史哲学》 关琪桐 / 249

略评《历史哲学教程》 伏 生 / 256

《历史哲学教程》　胡　莫 / 259

介绍《历史哲学教程》　邹泽溥 / 262

评翦伯赞著《历史哲学教程》　王　沉 / 265

《历史哲学教程》　黄　绳 / 267

《历史哲学教程》　胡　庸 / 271

介绍《历史哲学教程》　子　婴 / 275

《史学通论》　毓 / 278

关于《联共(布)党史简明教程》一书与马克思列宁主义底
　　宣传　杨　松 / 281

《联共(布)党史简明教程》(上册)　大　维 / 288

介绍《联共(布)党史简明教程》　许立群 / 292

评《社会史简明教程》　平　凡 / 296

《社会史简明教程》读后　胡膺东 / 298

《唯物史观的批评》　似　彭 / 301

《中国历史新研究法》　诚　鑑 / 303

《中国历史研究法》　宗　颐 / 305

《中国历史研究法》读后　陈家康 / 307

评《历史艺术论》　燕义权 / 311

历史的艺术性
　　——评姜蕴刚氏《历史艺术论》(商务)　周上能 / 316

《史学纂要》/ 320

《史学家与科学家》　杨　实 / 322

评介《生物史观浅说》及《历史哲学论丛》二书　李铭钧 / 325

唯物史观是真理吗？
　　——评观察丛书,吴恩裕著《唯物史观精义》　黄　力 / 330

读《历史哲学概论》　燕义权 / 337

胡著《历史哲学概论》　曹培隆 / 343

《国史要义》 毓 / 347
科学的历史理论 S. / 349

史 学 史

《中国史学史》 珊 / 353
《中国史学史》 毓 / 355
关于魏应麒先生的《中国史学史》 蔡新枚 / 357
由魏编《中国史学史》论及中国史学史的分期问题 周光岐 / 364
《中国史学史概论》 止 行 / 369
《中国史学通论》 谔 / 371
《中国史学通论》 曰 木 / 373
评中国史学概论两种 陈定闳 / 375
读金著《中国史学史》 周光岐 / 380
《中国史学史》 刚 主 / 386
评金毓黻著《中国史学史》 陈定闳 / 391
金著《中国史学史》商榷 宋慈抱 / 393
《中国史学史》 白寿彝 / 399
《中国史学史》 齐思和 / 402
《中国史学概要》 / 403
《中国史学概要》 璋 / 405
《史料与史学》 毓 / 408
史料与史学 曰 木 / 410
顾颉刚先生《当代中国史学》读后感 巨 耒 / 414
《当代中国史学》（书评） 王子先 / 421
读《当代中国史学》 李则纲 / 424

史 学 理 论

读张孟劬先生《史微》记

王钟翰

髫龄诵书,但识之无。及长,从乡前辈读《诗》,读《书》,读《礼》,读《春秋》,稍稍闻知今古文家说,固未之深究也。既而入中学,入大学,十年之中,日往来课室之间,东涂西抹,为学无方,于我古圣文献,瞢然莫晓,更未尝一聆今古文之诤矣。今游学旧都,幸立门下,先生诏之曰:"天下学术,同中有异,异中有同。六艺诸子,虽殊途而同归。两汉经师,固一源而众流。有志学者,贵能别白古人学术之异同,融会而贯通焉,使后人知所决择耳。"读先生书,则二千年来今古文家学之诤,亦可以息也夫。先生每立一义,只求学之当否,理之是非,固无党同伐异之见,于诸子百家,尤能分别部居,等视齐观,不偶同,不苟异,而又不惮博辨详说,还其本来面目。为古人洗冤,为来学祛惑,故能明天人之际,通古今之变,斐然成一家言。六朝隋唐以降,实无此精心结撰之作也。世乱方殷,斯道久衰,瞻言前途,弥增仰止。戊寅冬月,门人王钟翰恭记。

先生此书,分内外篇,数十万言,成于戊申三月。先椠内篇于沪,凡为卷四,为篇三十有八,附篇四。既杀青,先生自病多疏舛,丹铅之余,随时改削,越一岁稿定。虽有请锲木者,亦不之许。及辛亥春,山阴平毅君始依改本而覆刊之。然先生之意,犹弗惬也。国变后,镝户著书,讲论益不少暇。壬子夏日,其弟东荪先生再为刊之,析为八卷,篇目皆同,而日本西京帝国大学且采为必读之书焉。自后南北转徙,教授无定,先后从事史馆。又十余年,然简端涂改,未尝或辍,凡得札记一百二条。先生自识曰:"此书刻于壬子,到今十五年矣,逭暑无事,修改数处。又补注十余事,是为最后定本。丙寅春后,爰将覆校札记一一写定,都附原刻之后而重梓之,亦段笺戴集例也。"钟翰来学有年,日从问业,先生不以驽骀之资而常教之。戊寅冬,贻以此书,乃先生丁卯十月病中重校一过者,又举正数事。如内三第十四页前八行大字、《三略》亦多伪录下,补注云:"《三略》《群书治要》曾引之,孙仲容据《隋志》谓是黄石公记,《后汉书·臧宫传》及《意林》所引,与今本合,所言是也。似非后人依托。"内五第十一页前六行小注,亦无《周书》之名下,增注云:"《晋书》汲冢目却有《周书》,在杂书十九篇内,云论楚事,汲县太公望石表引《竹书周志》,当即其佚文。亦不谓之《周书》也,此应改为但有杂书之名。"内七第十六页前五行大字、阴不自生,丽阳而生下。补注云:"《越绝外传》引《范子》云:'道生气,气生阴,阴生阳,阳生天地。'阴阳不能独生,阴如何可以生阳?且古人言道,皆兼阴阳、离二气,则道亦强名耳。此汉时淆讹之谈,《困学纪闻》谓即《归藏易》,亦非。"内八第十二页后一行大字,此素王垂教之通例也下,补注云:"《论衡·须颂篇》:'问说《书》者钦明文思以下。谁所言也?曰:篇家也。篇家谁也?孔子也。'案'钦明文思'以下,明是史官叙事之词,亦孔子删《书》因而用之耳。仲任所言,不见伏生《大传》。殆西汉俗儒陋说。"又札附第七页前九行大字,改"盖元者太极之号,人类所由首出以成此宇宙者也",又改"盖元者太极之气,万物禀之,以成此宇宙。人类禀之,以首出万物者也"。其他类此者尚多,不复覼缕。先生生平著述,精审不自满足,大都如是。己卯春月,重温一过,钟翰再记。

(《燕京大学图书馆报》1939年第128期)

《中国历史研究法》纠缪

张星烺

> 张星烺硕士,系蔚西先生哲嗣。清季游学德国柏林,对于中欧文化交通史深造有得。曾以十余年之功力,翻译英人亨利玉尔先生(Sir Henry Yule)所注释之《马哥索罗游记》一书。复参稽中籍,加以新注。其精神之恳挚,同人深为钦慕。(其导言项案期在北京《地学杂志》发表)本篇乃由柳师转寄者。——编者谨识

梁任公先生为今我国文学大家,近有《中国历史研究法》之出版。鄙人前日游市场,偶见书肆,置有此书。因久未读任公之文章,故特购一册,归而读之。至九十七及九十八两面,见有谬误特甚之点,不能已于言者,特为纠正之如下。

(一)任公谓:"拉施特之《元史》,所述皆蒙古人征服世界事;而于中国部分未之及,仅足供西北徼沿革兴废之参考而已。"又注三十五谓:"拉施特,波斯人。仕元太祖成吉斯汗,奉敕修《元史》。书成,以波斯文写之,今仅有钞本。俄、德、英、法皆有摘要钞译本。清洪钧使俄,得其书,参以他书,成《元史译文证补》三十卷,为治《元史》最精诣之书。但其关于中国本部事迹甚少,盖拉氏著书时,元人尚未入中国也。"烺案,此节谬误最甚。火者拉施特哀儿丁(Khoja Rashid-eddin)(名据洪译)以耶稣纪元一千二百四十七年(即元定宗二年)生于波斯之哈马丹城(Hamadan)。系出犹太。少习医,侍阿八哈汗(Abaka Khan)及以后诸王。至一千二百九十五年(元成宗元贞元年)合赞汗(Ghazan Khan)即位,乃大受宠遇。至一千二百九十八年(成宗大德三年)拜为首相

(Wazier)。一千三百零四年(大德八年)合赞卒,弟鄂尔介都(Oljaitu)继位。拉氏仍居相位。一千三百零七年(大德十一年)伟著《札米伍特台瓦力克》(Djami ut Tewarikh＝Collection of Histories＝《史记汇编》)著成,献之于鄂尔介都。自序谓书之成功,得力于孛罗丞相(Pulad Chingsang)者甚多。孛罗奉大汗(在中国之元帝)之命,出使波斯,居塔伯利资城(Tabriz)。孛罗人极博学。拉施特书中"契丹"一章,盖皆闻之于孛罗者也。编辑时,合赞汗御用文库中,所藏重要公牍,拉氏曾皆得参阅。又《阿尔坛戴勃脱儿》(Altan Depter)一书,犹言黄金史,最为宝贵。有大臣守藏之,拉氏亦曾得参阅之也。

鄂尔介都有疾,群医集聚,药石杂投。拉施特亦群医之一,独议用泻药,而鄂尔介都卒致于死。亦有谓为拉之少子伊伯拉希姆(Ibrahim)所酖者。盖伊在宫中为司膳长官也。阿布赛德(Abu Said)(即《元史》上之不赛因)即位,听谗人之言,讨弑君者,乃将拉之父子,同时斩首,传示塔伯利资都城,家产充公。此一千三百十八年(元仁宗延祐五年)事也。后数年,波斯国事远不如拉氏掌政时代。阿布赛德追怀拉氏之善政,乃大悔杀之非是,复举其长子盖耶素丁(Ghaissuddin)为首相。盖之行政,大有父风,为波斯人所称颂。阿布赛德卒,国有乱事,盖亦死于非命。

拉氏之《史记汇编》记载鞑靼(Tartar)及突厥(Turk)诸民族、成吉斯汗及其先世、波斯诸汗,尤为详尽。鄂尔介都事迹,亦有记载。又亚洲西部各国,摩哈默及其弟子事迹、以色列诸圣、罗马历代皇帝、西欧诸国君主,皆有传记。印度及中国亦皆有专章。而中国之章,尤有兴味。书之末,原拟有世界地理志一篇,而今无传,盖或当时未著成,而身被戮也。

西欧学者最初翻译拉氏之书者,为德国哈模柏格斯塔脱(Hammer Purgstatt)。哈模所译者,仅最有兴味之中国本部一章。后法国克拉勃罗德(Klaproth)考哈模之译,谬误甚多,故于一千八百三十三年(清道光十三年)重译之,登印于《新亚洲杂志》(Nouv. Journ Asiat)第十一册。多桑(d'Ohsson)(名据洪译)《蒙古史》(Histoire des Mongols)第二册第六百三十三面以下又重译之。一千八百二十四年(道光四年)

多桑之《蒙古史》第一次出版。其书多根据拉氏之作,惟多桑并非翻译拉氏之作,仅引用之而已,此外尚参用他书也。一千八百三十六年(道光十六年),法国学者郭德梅尔(Quatremere)于《东方丛书》(*Collection Orientale*)中,译出《波斯之蒙古史》(*Histoire des Mongols de la Perse*),惟仅至旭烈兀(Hulagu)而止。尚不及拉氏原章五分之一之数也。此外拉施特之传,全书撮要,拉氏自序,郭君亦皆于同时译出。英国人慕雷(Morley)亦尝欲翻译拉氏全书,惟终未出版,不知究译出若干也。

欧文中最佳之译,当推俄国圣彼得堡大学教授贝勒津(Prof. I. N. Berezin)(名据洪译)。贝译共六册,可称为完全之译也。贝氏之译,于前清同治时,皆陆续出版矣。英、法、德三文中,至今尚无全体翻译也(参观 E. Bretschneider, *Mediaeval Researches*, Vol. Ⅰ, pp. 196 - 198;H. Yule, *Cathay*, Vol. Ⅲ, pp. 107 - 112)。拉施特为何时代之人,一生大事约略,及其书之大概,现今欧人对之研究,已略如上方所述矣。而任公谓为入仕成吉斯汗及拉氏著书时,元人尚未入中国又于中国部分未之及云,何可笑也。

(二)《中国历史研究法》第一一一及一一二两面,载阿剌伯人所著《中国见闻录》中一节云:"……其后有五朝争立之乱,贸易中绝。……"查阿剌伯人所著之《印度中国见闻录》(*Relation des Voyages faits par les Arabes et les Persans dans l'inde et ā la Chine dans le* Ⅸ *Siecle de l'ere Chretienne*)一书,有法国人莱奴特(Reinaud)之翻译。书有前后二段,前段为唐宣宗时阿剌伯人苏烈曼(Suleiman)游历印度及中国之记载。书成于回教纪元二百三十七年,即耶稣纪元八百五十一年(唐宣宗大中五年)也。后段为西拉甫市(Siraf)(当时波斯湾上商港)人阿布赛德哈散(Abu Zaid Hassan)所述。著成时期,据莱奴特君之考证,为耶稣纪元九百十六年,即后梁末帝贞明二年也。阿布赛德所述黄巢之乱,见莱奴德译本第一册六十二面至六十七面,并无"其后有五朝争立之乱"一语,不知任公何所据而言之也。任公又谓:"五朝争立之乱者,即指五代也。"五代者,梁、唐、晋、汉、周也。阿布赛德之书,著成于梁末帝贞明二年,梁为五代之始,在梁时,何能即云有五朝争立之乱耶?若非成于宋代不能有此一语也。或者阿布赛德得有世传李淳风《推背图》,预料有五代之乱欤? 不知孰是,愿世之读者自判断之。

(三)《中国历史研究法》第一一二面,任公又谓:"回教纪元二百六十四年,当景教纪元之八七七—八七八年,即唐僖宗乾符四年至五年也。"查唐僖宗乾符四年至五年确为耶稣纪元八七七—八七八年也。任公谓为景教纪元,盖不知景教纪元与耶稣纪元有别,又将唐代景教与今代天主教(Roman Catholic)(又译作罗马加特力教)及耶稣教(Protestant)(即路德新教)混而为一也。查《大秦景教流行中国碑》,"大唐建中二年,岁在作噩太蔟月七日,大耀森文日建立,时法主僧宁恕知东方之景众也"等汉字后,有叙利亚文二行,据西人考证,该二行之义,为"希腊纪元一千零九十二年已故吐火罗国巴里黑城僧密理斯之子,克姆丹王城大僧及总主教,叶俟布锡德建立此碑,刻救世主之道法,先代授中国皇帝之教言,俾垂不朽"等语。《大秦景教流行中国碑》,为大秦寺僧景净所述。景净奉景教者,所用之纪元,乃为希腊纪元。考希腊纪元,亦名马期顿历。其元年早于耶稣纪元三百十一年。亚历山德大王崩后,第十二年,其部将赛洛柯斯(Seleucus Nicator)占据巴比伦城,建立希腊人在东方之王国,故在东方之希腊人皆以此年为纪元。以后东方受希腊文化薰染诸国,皆行用之,至十五世纪时始被废。景教仅行于亚洲,而发源地即在叙利亚。其来至中国之景教僧,以景教碑文观之,盖皆叙利亚人也。碑既为景教僧所建,不用耶稣纪元而用希腊纪元,可知景教之纪元,异于今代之天主教及耶稣教徒所用者。任公贸然谓回教纪元二六四年当景教纪元之八七七—八七八年,诚失之于粗卤不察矣。

唐代之景教为奈斯拖流斯(Nestorius)派。奈斯拖流斯,叙利亚人,耶稣纪元四百二十八年(宋文帝元嘉五年)充安提俄克城(Antioch)(在叙利亚境)教务大总管(Patriarth)。当时君士旦丁城宗教家对于耶稣有二说:一说谓耶稣即为上帝,第二说谓耶稣非上帝,乃人也。圣母玛利(Mary)所生者,乃人而非上帝也,故玛利仅可称之为"人之母"(Mother of Man),而不可称之为"上帝之母"(Mother of God)也。奈斯拖流斯对于二说,择其中者,谓玛利为"基督之母"(Mother of

Christ)。盖耶稣基督同时为上帝而又为人也。故其就职后第一次说教,即曰:"有问:'玛利可称为"上帝之母"乎?上帝亦有母乎?若上帝果有母,则信异端者称其所拜诸神皆有母之说,未可厚非也。既若是,则圣保罗(Paul)传布耶稣无父无母无后,故可称之为上帝之说,皆欺人之语也。'吾答之曰:'玛利所生者,并非上帝也。有生命之被造者,不能生无生命之造物主也。人乃上帝之机械耳。圣灵未孕基督,不过借室女玛利之腹,造一寺宇,为基督之住所而已。上帝借人体而有人形,故肉体虽坏,而上帝未曾死也。余因崇敬上帝,故亦崇敬上帝所借用包裹身体之人形。人形与上帝,盖不可分者。余虽分其身性,而崇敬则一也。玛利腹中之人形,并非即上帝。上帝仅借用其体,欲成人形而已。因上帝借用之故,故被借用之人体,亦称之为上帝也。'"奈斯拖流斯派之根本教说,于此可窥一二。奈斯拖流斯创此说后,反对派大加攻击。耶稣纪元四百三十一年(宋文帝元嘉八年)东罗马皇帝梯俄独秀斯第二(Theodosius Ⅱ)召集两派会于爱佛速斯(Ephesus)地方,欲调和之。反对派首领为锡利耳(Cyril),埃及国亚历山德港之教务大总管也,以埃及为根据地。率领埃及全境主教(Bishop)五十人,又僧徒及皂隶多人,先莅会。奈斯拖流斯率主教十六人,及武装卫队多人,亦随至。叙利亚全境主教四十二人,皆左袒奈斯拖流斯,悉起程赴会,中道阻于水及乱事。锡利耳利用机会,及爱佛速斯本地人之反对奈派空气,不待全体到会,即开议,判决奈斯拖流斯派为邪说,有污辱耶稣之罪。请皇帝下令禁止奈说之传播,褫夺奈斯拖流斯之职位。议决后四日,叙利亚之主教亦皆抵会。奈斯拖流斯亦开会,议决褫革锡利耳之职位。自是两派各施其计,贿赂、暗杀等下策,无不用之。二年后,锡利耳派买通皇帝左右,实行其决议。奈斯拖流斯去位后,先至阿刺伯,后至埃及,不知所终。基督教自是分为两大派,互相攻击。耶稣纪元四百八十九年(齐武帝永明七年)叙利亚全境之奈斯拖流斯派皆遭禁绝。徒党东奔至梯格利斯河畔尼锡比斯城(Nisibis),另建总管处,推举教务大总管,执行教皇权务。以后大盛于东方,唐时乃推衍至中国。宋末元初,中国北方沿长城各地,无不有其教徒,元世祖时,有中国山西霍山之畏吾儿人麻可斯(Marcos)及大都(今北京)之畏吾儿人拉班把扫马(Rabban Bar

Cauma)西游至波斯。麻可斯后充该派第五十八代教务大总管,把扫马则奉阿鲁大王之命,出使意大利、法兰西、英吉利等国。其在东方兴盛之况,可以想见。元时西欧人士来东方者,如马哥孛罗(Marco Polo)、卢白鲁克(Rubruck)、约翰德高维奴(John of Montecorvino)、仙拍德(Sempad)、海敦(Hayton)等无不攻击奈斯拖流斯派。而西欧后来之教,亦大受该派之排挤也。此派在中国者,至明初皆为明太祖所禁,盖误以为胡俗也。其在亚洲西部中部者,大为帖木儿所屠戮,教徒皆改信回教,盖帖木儿亦有回教狂热也。自是以后,奈斯拖流斯派乃绝迹于世界矣。明末利玛窦带来之教,即今人所称之天主教(Roman Catholic)。其后又来路德新教(Protestant),即今代俗呼之耶稣教也。天主教与耶稣教派别之异同,吾今不赘述。所有前后来中国之三大派(俄国、希腊教不在内),虽皆宗奉耶稣基督(Jesus Christ),而所说之教旨则不同,所用之礼节亦不同,不能混合为一也。任公若云基督教纪元或耶稣教纪元,则无可攻击。盖此二名乃各派之总称号,而一班人见之,则以为以耶稣降生之年为始也。而"景教纪元"一语,则疵瑕之点正多也(参观 Saeki, *the Nestorian Monument in China*)。

(四)《中国历史研究法》第九八面,注三十三:"晋法显,唐元奘、义净皆游历印度之高僧。显著有《佛国记》,奘著有《大唐西域记》,净著有《南海寄归传》,此三书英、法、俄、德皆有译本,欧人治印度学必读之书也。"查法显《佛国记》欧文中最初有莱麦撒(Abel Rémusat)之法文译本,出版于一千八百三十六年(清道光十六年),名为 *Foë Kouĕ Ki*。次有比耳(S. Beal)之英译,出版于一千八百六十九年。又次为雷格(James Legge)之英译,出版于一千八百八十六年(清光绪十二年),名为 *A Record of Buddhistic Kingdoms*。德文中至今无译本。玄奘《大唐西域记》最初有法国久良氏(Stanislas Julien)之译本,出版于一千八百五十七年(咸丰七年),名曰 *Memoires sur les Contrees Occidentales, par Hionen Thsang*。次有比耳之英译,出版于一千八百八十四年(光绪十年),名 *Buddhist Records of the Western World*。又次有瓦脱斯(Watters)之英译,出版于一千九百零五年(光绪三十一年),名 *On Yuan Chwang's Travel in India*。德文中至今无译本。义净之《南海寄归内法传》有英文译本，译者为日本人高楠顺次郎，今充东京帝国大学梵文教授。其书出版于一千八百九十六年（光绪二十二年），名曰 A Record of the Buddhist Religion。法文、德文中皆无译本。三书在俄文中有无译本，因我不知俄文，故不表出也。任公云三书英、法、俄、德皆有译本，不知何所据也。英、法、俄、德四国，固皆为欧洲强国，亦为研究中国学问最深之国。四国之中，以英、法二国翻译汉文书籍最多。俄人则以研究《元史》最著，盖以与其国有密切关系故也。四国之中，以德国人研究中国学问为最幼稚，虽有如夏德（F. Hirth）者，亦不失为大家，然夏德终身宣力于美国而著作又多以英文出版也。

（五）《中国历史研究法》第九八面，注三十四谓："马哥波罗，意大利之维尼斯人。生于一二五一，卒于一三二四。"查最近欧人考证马哥孛罗实生于一千二百五十五年，卒于一三二五年也。任公所引马哥生死年岁，亦有错误也。（参观 H. Yule, Travels of Marco Polo）

吾作此篇，非有意于攻击他人，吾亦为崇拜任公文学之一人也。惟史地学亦为切实科学（Concrete Science）之一种，与天然科学（Natural Science）相仿，皆注重事实（Facts）与证据（Proofs），非如报章杂志上之论文，可以信口开河也。吾作此篇之意，一以箴今代所谓名士，出言不可不慎，致贻令名之累；再则箴青年读书，对于名士之著作，不宜盲从，而宜有鉴定之力也。

（《史地学报》1923年第3卷第3期）

读梁启超的《中国历史研究法》

桑原骘藏

天行译自《支那学》第二卷第十二号。

  梁先生固我国学者中之铮铮者，其著作每为一般青年所欢迎，其影响于我学界也至巨。原著出版已逾三载，迄未闻有人批评。余偶于图书馆中瞥见此篇，以桑原氏亦彼邦之名史家，所述当无大谬，特移译之，俾世之读是书者得有所参考。

译者附识

（一）

  无论其为政治家，为学者，梁启超之名，夙为我国人所熟悉，无须我再来介绍他的履历。这部《中国历史研究法》是他在本年一月间所发表的近著。

  当作学者来说，梁氏在现今的中国，很可以成一家；他的长处，尤其是在史学。以前他所发表的著作、论文，关于史学的尤多。他似乎有相当的语学的素养，并且屡次游历欧美各国，略通其学术、政治。所以似章太炎辈那样的，炫着半生半熟的新知识，致招识者之讥的悬念也不多。具此资格的梁氏，深怀不满于向来之中国史学，为欲促进其革新，而至于发表此次的新著，于他总算是适当的事业。

  修史事业之在中国，自比较稍远的时代就发达，就为世人所尊重。然而其修史的目的和方法，在今日的学问看来，遗憾的地方很多。中国的史论家，如唐的刘知幾、南宋的郑樵、清的章学诚诸人的主张之中，固然不无多少可以参考的价值;但从大体上看去,拘束的议论多。若要促中国史学的发达,就得脱离从前的因袭;要脱从前的因袭,就非先超越司马迁、班固的著作和刘知幾、章学诚那几个人的批判不可——这是我向来的主张。

今梁氏本欧美的史学研究法,倡革新中国史学的急务,而公此《中国历史研究法》于世,实与我的见解一致。所以我不但为一己表示满意,还要广为中国学术界祝福;不但诚心诚意地怂恿有志于研究史学的中国人士去参考这部新著,并且还期望这部书的发行能够相当地影响于将来的中国史界。

在我国的史学研究者中,看过伯伦海母(Ernst Bernheim)的《史学入门》和坪井博士的《史学研究法》的人,或者没有特地去参考这部《中国历史研究法》的必要。但伯伦海母的书固不必说,就是坪井博士的,在书中的说明,举出中国的例证,可以说绝无,就有也很少。梁氏的书则不然,举的有中国的例证,引的有中国的记录。就这一点看来,于专攻中国史学的人们,很有些参考的价值。所以我对于志望研究中国史学的日本人,也要劝他看一看这部书。

(二)

《中国历史研究法》由二百零二页而成。内容分为:(第一章)史之意义及其范围;(第二章)过去之中国史学界;(第三章)史之改造;(第四章)说史料;(第五章)史料之搜集与鉴别;(第六章)史迹之论次。

(第一章) 梁氏下"史之定义"说:

> 记述人类社会赓续活动之体相,校其总成绩,求得其因果关系,以为现代一般人活动之资鉴者也。其专述中国先民之活动,供现代中国国民之资鉴者,则曰中国史。

他举出从前的中国史只是卷帙浩瀚,而记事的内容反觉非常薄弱的几多实例;极力说明将来的中国史,不可不注重下列诸点的理由:

(甲)说明中国民族成立发展之迹,而推求其所以能保存盛大

之故,且察其有无衰败之征;

（乙）说明历史上曾活动于中国境内者几何族;我族与他族调和冲突之迹何如？其所产结果如何？

（丙）说明中国民族所产文化以何为本;其与世界他部分文化相互影响何如？

（丁）说明中国民族在人类全体上之位置及其特性,与其将来对于全人类所应负之责任。

（第二章） 著者于本章,论在中国的"史之起源"和历代史学之消长;并就《汉书》《史记》以下之"史的记录",加以品骘。

（第三章） 叙述以前的中国史之缺陷,并列举此后的中国史最须改良的诸点——例如:向来的中国史,以皇帝或一部分的特种阶级为中心,但将来的中国史,则非以社会的全国民为中心不可;以前的中国史是主观的,此后却要客观的。

（第四、第五章） 著者在这两章里,缕述将来编纂中国史时可供为资料的史料之种类,性质及关于取舍甄别的注意。

（第六章）"史迹之编次",这个标题稍嫌茫漠。著者在此章力说史学者的最大任务,与其说是单简的一史实之探究,不如说在乎查明"史实与史实之脉络";综合彼此有因果关系的若干史实,谓之"一个史迹集团";须将此史迹集团,作为研究之对照。

（三）

梁氏所论,大体还妥当。其所指摘的从前中国历史的缺陷的地方,也还得要领;尤其是痛论过去的中国史之最大缺点,即在乎其为"非科学的"说:

我国史学界,从古以来,未曾经过科学的研究之一阶级。（页一零七）

又说:

须知近百年来,欧美史学之进步,则彼辈能用科学的方法,以

审查史料,实其发轫也。……我国治史者,惟未尝以科学方法驭史料;故不知而作,非愚则诬之弊,往往而有。(页一五九)

则是和我平素的持论——不仅史学,即一切的中国学术,都要改建在科学的基础上面——完全一致,所以我当然要举起两手来表示赞同。不过,梁氏主张"科学的研究之必要"的地方,所谈的,不能说无稍欠详细之遗憾了吧。

讲到"科学的研究"这句话,首要着重"材料批判"和"比较讨查";中国的学者殆蔑视这两项。梁氏毕竟也承认"比较讨查"的必要,在其"说史料"一章里,设有"外国人著述"之一项;又在书中的例证,也常常参照外国的文献。然而关于"材料批判"的注意,我以为还不甚充分。

这是游历中国的人所常经验的:中国的人力车夫,不豫先问乘客的去处,往往拉起车来,就擅自向自己所想的方向跑去。一般的中国人的气质是这样,即学者亦何独不然。他们不管资料的真假如何,就加以解释,就利用起来。《通志堂经解》《皇清经解》等等解释经书一类的书,实有"汗牛充栋"之多;而对于那种经书,试作文本的批判的书,则非常之少。真假价值未定的本文,即加以解释,也近于无谓。关于史学也是一样,他们将"史料的批判"这件事搁在后面,尽先赶着编纂。中国人所编的历史之所以难于凭信的一半的理由,或者就在这里吧。

中国的史学者,大都过于致重道德文章。梁氏虽则排斥以褒贬为主的"主观的历史"而奖"客观的历史",倡说勿为"道德论"所拘束;但关于文章一层,殆未说出什么注意来。不,即梁氏自己,也颇有重视文章的倾向。"史家不可不具'才''学''识'三要素",这是中国人的主张。所谓"才",就是说"文才";在有"文字国"之称的中国,极端地重视"文才"。以仅有"文才"为资格,而从事于编史的人,实不在少。就拿司马迁这个人说吧,我们要把他当个文学家看重呢?还是当个史学者看重呢?不能不说是个疑问。若就事实上论,"文才"之于史家,诚然是一种"能有更好"的技能,但却不是必须的资格。即于表现的方法上,缺点技巧;但是,历史终是历史,当然可以存在。关于这一点,中国的学者,似乎往往免不了谬见。

《史记》一类的所谓"正史",我们当它作"历史"呢?还是当它作"史料"呢？是个疑问。我以为——虽则不无一二的例外——中国的正史，都不过是一种"入了型"的史料。虽然也有主张唐以后的正史，是一种"史料"，而唐代官撰以前的正史是"历史"的学者；但我则连唐以前的正史，也都认为史料。若照我的见解，认"正史"为"史料"来下批判，则以前的传统的正史之评价，就不免起了大的变动了。

譬如《史记》，多半也不过是以少数的普通书为材料编成的。就是那以"《史记》的推奖者"驰名的郑樵，不也曾说："亘三千年之史籍，而蹐踏于七八种书。所可为迁恨者，博不足也"而表示遗憾之意吗？反之，《宋史》虽有繁芜，《元史》有疏芜等等恶评；其实，《宋史》《元史》之纪传，多本诸实录；即其诸志，也都是根据《宋会要》《经世大典》等书。总而言之，第一，我以为其能比较地不加删改地保存着史料之点，颇足尊重——这是我年来的持论；其一部分也曾经发表过。梁氏批判中国史料说：

> 是故吾侪若以旧史作史读，则马、班犹不敢妄评，遑论诸子！若作史料读，则二十四史各有短长，略等夷耳。若作史读，惟患其不简严，简严乃能壹吾趋向，节吾精力；若作史料读，惟患其不杂博，杂博乃能扩吾范围，恣吾别择。（页七四）

这不能不说是和我的论调有点相似了。

他如——虽然是小的问题——梁氏在中国的史学者里面，推奖赵翼的脑筋之为组织的、系统的说：不但钱大昕、王鸣盛，即顾炎武辈，也怕比不上他（页三九—四〇）；于中国史论家之大都排"众手修史"而奖"一家专著"之际，梁氏先奖励各人的专门研究，而提倡利用其结果之必要（页五五—五六）；凡此种种，均可以见得他的见识之非凡拔俗。

（四）

然而梁氏的著作里面，主张欠彻底和谬传事实的地方，也很不少。今姑摘其四五于左：

（Ⅰ）梁氏在第二章《过去之中国史学界》里，以善于发露著者的个性精神而推奖《史记》这部书。"致重个性"是章学诚的主张；他是以个

性发露之有无,来分别史料和历史的。梁氏似乎是与章氏所说一致的;然而梁氏又在第三章《史之改造》里说:

> 裁抑其主观,而忠实于客观。以史为目的,而不以为手段。夫然后有信史,有信史,然后有良史也。

以为作史者的注意,就不无稍和前者矛盾之嫌了。作者的个性和独断愈显著,其所编的历史,愈不能免成为"主观的"。如司马迁者,不无可疑为多少将史实供诸牺牲和手段的形迹。梁氏何以在这有几分矛盾的嫌疑的两个主张之间,不加以何等的说明与注意呢?关于这一点,我以为梁氏是一面心慕欧美的新史学;一面又被以前的中国史论家所拘束;彷徨踌躇于二途之间,欠一定的态度的原故吧。

(Ⅱ)说"会通"的历史和"断代"的历史之区别而评其优劣,是起自南宋的郑樵;清的章学诚是极端讴歌郑樵的人;梁氏完全左袒郑章二人,抑"断史"而扬"通史"。固然,通史比断史,较有若干的长处;通史比断史,有所谓"六便"——六样的方便——也是事实。但是,不能因此就断定说"只有'会通的历史',才配称历史"。即"断代的历史",也大可以说是历史。尤其是中国是革命的国;每行了一次革命,制度万端,就随之而革新。即每一时代,也都有那时代的精神。如唐、宋、元、明、清各时代,都各有其相当的特色。断代的历史,也不无其存在之意义;总不是可以绝对排斥的。

我向来尤其是疑惑的是:郑樵和章学诚仅主张"纵"的会通之必要而未认识"横"的会通之必要。郑樵为着要实现"会通"的主张而作成的《通志》,是纪传体。纪传体的历史,要使一个时期或一桩事件的"全相"明白,尤多不便。即为了要知道某一桩事件,也要把"本纪""列传""志""表"各方面,反复地对照。譬如要明白唐的"天宝之乱"的颠末,就得参看自《新唐书》里的玄宗、肃宗、代宗三本纪以至《逆臣传》里的安禄山、史思明二传,《奸臣传》里的李林甫传,《叛臣传》里的仆固怀恩传,《外戚传》里的杨国忠传,《后妃传》里的杨贵妃传及其他哥舒翰、高仙芝、封常清、郭子仪、李光弼诸传,《回鹘传》并加上《兵志》《食货志》等等。不但如此,即这些"纪""传""志",也未必就"事件中心主义"的叙述;所以要由此去认识事件的全相,也是不容易的;而况彼此之间,矛盾抵触之处很多。郑樵只晓得"断代"的历史,不能免了"纵"的重复矛盾;而不知道"纪传体"的历史的"横"的重复矛盾之多。他的《通志》,仅以"纵"的会通为目的,而忘了"横"的会通。历史的良否,在乎它的"内质",而不关于"外形"。即使会通的历史比断代的历史有"六便","二长";然而郑樵以会通为目的,抱了很大的希望,编成的《通志》,无论学界或社会都不欢迎。《通志》之为失败的著作,系不可掩的事实。梁氏只是作郑、章二人的追随者,而鼓吹"通史"的长处;一点也不加以锐利的、彻底的批判,我实在不能无多少的遗憾。

(Ⅲ) 梁氏认为要研究中国史,也要参考外国的记录;(页九六)然而连事实上有参考朝鲜,日本的记录的必要,也不知道。他关于日本的记录敢肆口说:"若日本则自文化系统上论,五十年前,尚纯为我附庸;其著述之能匡裨我者甚稀也。故我国史迹,除我先民躬自记录外,未尝有他族能为我稍分其劳。"(页九七)如朝鲜的记录,似乎连一点也不在他的念头,不能不说太可笑了!连阿拉伯人的《纪行》、马哥波罗的《游记》,尚且尊重为中国史的研究资料的梁氏;我以为当作唐、宋、元、明、清时代的研究资料,也一定要介绍朝鲜、日本的记录的。

(Ⅳ) 梁氏评日本人所作的《支那史》《东洋史》说:"其(＝日本)坊间之《东洋史》《支那史》等书,累累充架;率皆卤莽灭裂,不值一盼;而现今我国学校通用之国史教科书,乃率皆裨贩移译之以充数,真国民莫大之耻也。"(页九八)这不是很干脆的痛骂吗?以二十年前,在他的《饮冰室文集》里的《东籍月旦》,推奖日本人的《东洋史》,对于拙著如《中等东洋史》,且极力称赞为"条理颇整,……繁简得宜,论断有识"的梁氏来说这样的话,不是很可惊讶的变化吗?政治上由亲日而转于排日的梁氏,难道在学问上,也由亲日而变了排日了吗?固然,回顾这二十余年间的我国学界之迟迟不进,不能不自忸怩惭愧;但总也不至于挨了梁氏这一顿痛骂那么不行吧。梁氏实在并不知道最近的我国学界是怎样的情形;像《东洋学报》《史学杂志》《史林》这些书,他一定是未曾过目的。如果是这样昧于我国学界之实情的梁氏;那末,他的痛骂,是一点也不足挂齿的啊!

梁氏很介绍了几篇他自以为是欧美人的与中国有关系的"史的著

述"之精粹的著作论文——其中当然也有些可疑的；若以同样的热心，也把日本人的著作论文介绍出来，则可以供其参考的，当不止四五的数目吧。梁氏论唐、宋时代的外国贸易，而认定其贸易港的位置、情况、市舶司的起源、关税制度、居留地制度等等为将来的重要的研究题目；（页一一二）但他似乎还不晓得这些问题之在我国学界，老早就成为极精细、极正确的研究的事实呢。我对于将来想继续中国文化史之研究的梁氏，要劝他以后须稍微留意日本的学界。

（Ⅴ）在阿拉伯人 Abou Zeyd 的记录中，载着唐末黄巢之贼攻陷广州，屠杀了在留的外国人十二万的事实这件事，学界中谁也都知道；但在梁氏眼中，好像是很珍奇似的，再三道及，还比诸"凤毛麟角"呢（页九七）。然而《新唐书》的《田神功传》，也曾载过唐之中世，田神功的兵杀戮了居住扬州的波斯、大食的商人数千；北宋末朱彧的《萍州可谈》这部书里面，有很详细的关于广州"蕃坊"（＝外人居留地）的情况的记载。在未珍重外国人的记录之先，总应当忆到自国之记录里所传，可以比诸"凤毛麟角"的，也不见得就"罕有"啊！

梁氏珍重 Abou Zeyd 的记录，倒还不要紧；但他介绍其内容说：

> 九世纪时，阿剌伯人所著《中国见闻录》中一节云"有 Gonfu 者，为商舶荟萃地……纪元二百六十四年，叛贼 Purzo 陷 Gonfu；杀回、耶教徒及犹太、波斯人等十二万，……其后有五朝争立之乱，贸易中绝"等语。

真是所谓"误谬满幅"；想必梁氏是未曾实在地阅过 Abou Zeyd 的记录（译本）的原故吧！

（甲）Abou Zeyd 不是九世纪的人，是十世纪的初期，即西历九百十六年的人。

（乙）Gonfu 这个地名，Abou Zeyd 固不用说，即一切的阿剌伯人的记录中，也查不出吧。这应当是 Khanfou(Khanfu)。

（丙）也没有 Punzo 这个人名，这该改为 Banschoua。

（丁）五朝争立之乱——据梁氏的解释，是指"五代之争乱"——等的记事当然不在 Abou Zeyd 的记录里。第一，在九世纪的著作，要记载将近十世纪半的"五代之争乱"，未免太滑稽了。纵令将 Abou Zeyd

的时代,正当地认为十世纪的初期,然而他也不能记载十世纪半的"五代之争乱"吧。

(戊)梁氏虽说"回历"纪元二六四年(乾符四—五年)黄巢实寇广州;但是,即把他认为事实,也不能那么容易地断定。(参看大正八年一月的《史林》)

可惜得很!梁氏如稍注意日本的学界,至少若把他所轻侮为"不值一盼"的日本坊间之《东洋史》或《支那史》,浏览一下,也就不至于有这样大的误谬了。

(Ⅵ)他说:

> 拉施特,波斯人,仕元太祖成吉思汗,奉敕修《元史》……但关于中国本部事迹甚少。盖拉氏著书时,元人尚未入中国也。(页九八)

这真错误得可怜!我现在暂不指摘他的错误,且劝梁氏去查一查看洪钧的《元史译文证补》卷首的《引用西域书目》那一项。

(Ⅶ)梁氏推奖美(?)人夏德(Hirth)所著的《中国古代史》中所载指南针之来历和沿革的征考详榷(页一一一),也无不可;但梁氏是"中国人罗针盘发明说"的固执者,而夏氏乃"中国人罗针盘发明说"的否定者。梁氏何以全然不自知"两者是站在正反对的位置"呢?

夏德所论是根据朱彧的《萍州可谈》一书,而又完全误解了《萍州可谈》之关于指南针的记事的。朱彧的记录是关于中国船的,而夏氏不察,反将此误作关于外国船即大食、波斯的贸易船的记事。他以这个误解的记事为前提推断说:"在中国船尚未使用罗针盘以前,大食、波斯的贸易船已经用过罗针盘;所以中国人之懂得使用罗针盘,一定是由阿剌伯人传习过来的。"这样推断之为无理,固不待说;为什么梁氏只是叹其证据之精到,而对于这种无条理的推论,反未有片言只语的不满呢?

> 译者按:夏德博士逗留中国大陆、台湾各地,前后共廿余年;其间亲往各处调查风土人情,热心学习时文古典;所著关于东亚各方面之论说著作,有百余编之多,诚可谓东亚史学界之泰斗也。博士乃德人而非美人,曾在美洲哥仑比亚大学担任"东洋史"讲座;因其学识深远,复精通中国语言文字,故颇负令名云。

（Ⅷ）梁氏把居庸关过街塔下的六体刻文算作五体字，已经是奇异了；又把那五体列为：汉、蒙古、畏兀、女真、梵，（页八九、九二）就更奇异了。并且将上述的奇异的结论，公然说是学者所考定的；他所谓学者，想必是指那些与世界的学界毫无关系的、不合时宜的中国金石学者吧。梁氏又摹录甘肃莫高窟的六体文字说："其何体属何族，则吾未能辨也。"这是——田中华一郎博士也曾经指摘过的（大正十一年五月的《史学》，页一二四）——汉、西夏、八思八蒙古、畏吾儿、西藏、梵那六体，过街塔下的刻文，也是一样。

此外关于逻些的《唐蕃会盟牌》（页九三）、开封的《挑筋教牌》（页九三），也想说几句。书中的西域、塞外，有时则连关于国内的记事之中，也颇多误谬的地方，兹完全省略不说。因为这是关于历史的著作，所以很希望梁氏以后更留意于记事之正确，就此搁笔吧。

在我这"肆无忌惮"的批评里面，于梁先生或许有"觉得耳痛"的地方；但梁先生自己在本书的序文里，曾经明说：

> 吾之此书，非敢有以与人也，将以取诸人而已。愿读者鉴兹微尚，痛予别裁：或纠其大端之谬，或绳其小节之疏，或著论箴驳，或通函诲责；俾得自知其失而自改之，由稿本蜕变以成定本，则片言之锡，皆吾师也。

以示其可羡可慕的宏量坦怀之态度，所以就是我这"或许要叫人耳痛"的批评，有可采的，总能蒙他择纳：这是我所深信的。

四月间，蒙冈崎文学士赠我一本《中国历史研究法》，于病后无聊时浏览一过。今应冈崎君之请，特披露"对于此新著之毫无忌惮"的管见之一端于此。

（《现代评论》1925 年第 2 卷第 49、50 期）

《中国历史研究法》的介绍与批评

宋云彬

诸位读了《中国历史讲义》，倘对中国史有兴味想作更进一步的研究时，则《中国历史研究法》一类的书，我们应该负责介绍的。

十二年前，梁启超氏把他在天津南开大学课外讲演的讲演稿辑成《中国历史研究法》一书，由商务书馆出版，当时的中学生、大学生的有志研究中国史者差不多人手一编，大有"纸贵洛阳"之概。

这书虽然是大学里的讲演稿，且用文言叙述，但梁氏的文言明白晓畅，和一般有意做艰深的古文者不同，我们相信读本社《中国历史讲义》能够完全了解的，再用心去读这书，当不至十分困难。

在这本书里，作者不但告诉我们怎样入手去研究中国史，并且说明了历史的意义及其范围，说明了过去中国史学界的情形，又告诉我们怎样去搜集史料与鉴别史料。作者在《自序》里说："孔子曰：'工欲善其事，必先利其器。'吾治史所持之器，大略在是。"可见作者实已把他一生研究历史所得的经验都告诉了我们，和寻常不负责任乱说一顿的作品不同。

但有一层，我们应该注意的：梁氏对于历史的观念有一个根本的错误，他认为"史迹皆人类心理所构成"，所以"史之开拓，不外人类自改变其环境，质言之，则心对于物之征服也"。他举义和团事件为例，他说：

> 义和团事件之起，根于历史上遗传之两种心理：其一，则排外的心理。此种心理，出于国民之自大性及自卫性，原属人类所同然。惟中国则已成为畸形的发达，千年以来科举策论家之尊王攘

夷论,纯然为虚(矫)[骄]的、非逻辑的。故无意识且不彻底的排外,形成国民性之一部。其二,则迷信的心理。因科学思想缺乏之故,种种迷信,支配民心之势力甚大;而野心家常利用之以倡乱。自汉末之五斗米道以迄明、清间白莲教匪等,其根株蟠积于愚民社会间者甚厚,乘间辄发。……此"因"之在心的方面者也。

虽有此两种心理,其性质完全为潜伏的;苟环境不宜于彼之发育,彼亦终无由自遂。然而清季之环境,实有以滋酿之。其一,则外力之压迫。……其二,则政纲之废弛。……此"因"之在境的方面去也。

他认为社会的变动,先由人类潜伏着一种变动的"心",再加上可以促成变动的"境",众缘凑泊,突变乃起。这显然是一种倒因为果的议论。我们知道义和团的起来,完全是因了鸦片战争后,帝国主义势力的侵入,摇动了中国的经济基础,农业破产,才发生了这个变动。义和团所采取的手段,在现在看来诚然是一种"迷信",但在生产方式落后的中国民族,当时既不知科学为何物,更没有什么机关枪、迫击炮之类的武器,没有办法,只好借了符咒来壮自己的胆,向帝国主义进攻。当时相信这种方法有效者,并不限于"愚民社会",即号知识分子(如大学士徐桐等)也有很相信的。如果说先有了"排外的心理",然后发生义和团事件,则中国被异族宰割不止一次,尤其满清入主中国二百多年之久,为什么这"排外的心理"能够那样长期地潜伏? 如果说有了"迷信的心理",然后有义和团那种原始的非科学的抵抗方法,则自义和团失败以来已经几十年了,为什么到现在还有人赞美用大刀杀敌,还有人在提倡国术救国? 这是很显然的,因为中国生产方式的落后,全部文化也随着落后,所以三十年前帝国主义者用枪炮打我们,我们只能用符咒、大刀来抵抗,现在帝国主义者用飞机、大炮、机关枪向我们轰击扫射,我们还是用大刀来抵抗,还想用拳术来救国。

我们如果不懂得人类社会的变动由于经济基础的动摇及阶级间的冲突,则我们对于全部人类历史,将无法寻觅其波澜起伏的路线,无法解释其波澜起伏的因果关系,更将无法从人类过去的经验中找出未来的康庄大道,而历史一课乃完全失其效用。

梁启超氏是一个唯心论者，他对于历史的观察站在唯心论一方面的，他的结论的错误和一般唯心论者相同。但《中国历史研究法》还是值得（并且应该）一读的。无论读什么书，能先认清作者的立场，然后取其所长，弃其所短，多少总有一些好处的，这就是古人所谓"开卷有益"。何况梁氏此书精彩的地方很多，我们决不能因噎废食，否定了他全部的价值，以为不值一观的。

（《社员俱乐部》1933年第4期）

近代中国历史研究法与通史之检视

吴景贤

历 史 研 究 法

我国历史书籍,向称浩如烟海,然关于专究历史方法的著述,数千年来,却无一种完善和具体的。至于东鳞西爪的局部论著,可资治史之一助者,实亦不少。如王充之《论衡》、崔述之《考信录提要》,乃表示疑古态度,以为史家模范;《四库全书总目提要》、姚际恒之《古今伪书考》,乃辨别古书真伪,足明论世知人之道;王念孙之《读书杂志》、王鸣盛之《十七史商榷》,及钱大昕之《廿二史考异》,乃考订古书文字,示人以读书明义之法;司马光之《资治通鉴考异》、李焘之《续通鉴长编》,及李心传之《建炎以来系年要录》,乃断定史事,审慎周详,示人以笔削谨严之道;刘知幾之《史通》、章学诚之《章氏遗书》,及顾炎武之《救文格论》,乃讨论文史异同,并批评吾国史法。顾炎武之《日知录》、赵翼之《陔余丛考》,与《廿二史札记》,乃综合史事,示人以比事属辞之法。凡此诸书,皆在我国史学史上,占有极大的地位。读者如能一一披读,对于我国历来治史方法,自能融会贯通。

迨及近代,欧西学术输入,治史方法,遂亦大受影响,面目随之一新。著为专书,能作系统之叙述,且有具体之方法者,当首推梁启超之《中国历史研究法》及《补编》、何炳松之《历史研究法》,及黄文山之《唯物论的历史观》。他如顾颉刚等之《古史辨》,乃为近代一般治古史的方法与态度之代表。凡此诸书,皆为我国近代研究历史方法之重要著述。兹将自梁著以下,简略分述如后:

《中国历史研究法》

梁启超　著

上海商务印书馆出版

梁启超之史学,系上承黄宗羲、万斯同、全祖望、章学诚之绪,而集清代史学之大成。其于刘知幾之《史通》、章学诚之《文史通义》,尤为津津乐道,备极宣扬。所受诸人之影响,于此益见。当其从事新政失败之后,亡命日本,得以补习日文,间接窥得西洋学说概略。嗣复屡游欧美,对于西洋政治思想,更得进一步之了解,思想遂为一变。故其治史观念与方法,可谓一面承继我国传统之遗产,一方接受西洋新的态度。所著《中国历史研究法》及《补编》即为此种共冶杂糅之结晶。

《中国历史研究法》,为梁氏民国十年在天津南开大学任课外讲演时所述,凡十万言,民国十一年出版。其所标之新鲜旗帜,即为"客观的资料之整理,与主观的观念之革新"。他说:

> 近今史学之进步有两特征。其一,为客观的资料之整理:——畴昔不认为史迹者,今则认之;畴昔认为史迹者,今或不认。举从前弃置散佚之迹,钩稽而比观之;其凤所因袭者,则重加鉴别以估定其价值。如此则史学立于《真》的基础之上,而推论之功,乃不至枉施也。其二,为主观的观念之革新:——以史为人类活态之再现,而非僵迹之展览;为全社会之业影,而非一人一家之谱录。如此,然后历史与吾侪生活相密接,读之能亲切有味;如此,然后能使读者领会团体生活之意义,以助成其为一国民为一世界人之资格也。(本书序,一——二页)

梁氏所下史的定义说:

> 记述人类社会赓续活动之体相,校其总成绩,求得其因果关系,以为现代一般人活动之资鉴者也。其专述中国先民之活动,供现代中国国民之资鉴者,则曰中国史。(本书第一章,一页)

他根据了这样的观念,所以认为今后中国史主要之点,应该注意以下各事：

　　第一：说明中国民族成立发展之迹，而推求其所以能保存盛大之故，且察其有无衰败之征；

　　第二：说明历史上曾活动于中国境内者几何族？我族与他族调和冲突之迹何如？其所产结果何如？

　　第三：说明中国民族所产文化，以何为基本？其与世界他部分文化相互之影响何如？

　　第四：说明中国民族在人类全体上之位置及其特性，与其将来对于全人类所应负之责任。（本书第一章，九—十页）

这对于我国过去那些卷帙浩繁、记事薄弱的史书，可说是下了总攻击令了。

梁氏怀疑求真的态度，也可谓开我国近代新史学的先导。即使对于一件极小的事实，亦必谨慎考查。如唐玄奘留学印度，先后十七年。而正史记奘贞观三年出游，贞观十九年返国。梁氏因怀疑而不惜费三日之精力，参以群书，结果断定奘初出游为贞观元年。他告诉我们他之所以要如此做的理由说：

　　吾今详述此一例，将告读者以读书曷为而不可以盲从；虽以第一等史料如慧立、道宣之传玄奘者，其误谬犹且如是也；其劳吾侪以鉴别犹且如是也。又将告读者以治学当如何大无畏；虽以数十种书万口同声所持之说，苟不惬于吾心，不妨持异同；但能得有完证，则绝无凭藉之新说，固自可以成立也。吾又以为善治学者，不应以问题之大小而起差别观。问题有大小，研究一问题之精神无大小。学以求真而已，大固当真，小亦当真。一问题不入吾手则已，一入吾手，必郑重忠实以赴之。夫大小岂有绝对标准？小者轻轻放过，寝假而大者，亦轻轻放过，则研究精神替矣！（本书第五章，一二一—一二二页）

此种怀疑求真，以及小处不肯轻放的精神，实为史家所最要的条件。此外，对于过去之中国史学界，史的改造、史料的搜集与鉴别，以及史迹论次诸端，均有亲切的论列。

《中国历史研究法补编》

梁启超 著
上海商务印书馆出版

再说到《中国历史研究法补编》,乃为梁氏民国十五年在北平清华大学所讲,由其门人周传儒、姚名达笔记成文。先后曾在《清华周刊》发表,凡十一万言,民国十九年出版为单行本。

本书内容,偏重专史制作方法的介绍,这是梁氏本人的一种进步,——由部分的史料之搜集和鉴别,进而至于大规模历史之制作。他曾说道:

> 最近几年来时髦的史学,一般所注重的别择资料。……其流弊乃专在琐碎的地方努力,专向可疑的史料注意,忘了……许许多多的真史料不去整理。……反从小方面发展,去做第二步(工作)[的事],真是可惜。……(所以)(编者按:此二字为衍文)真想治中国史,应该大刀阔斧,跟着从前大史家的做法,用心做出大部的、整个的历史来,才可使中国史学有光明、发展的希望。我从前著《中国历史研究法》,不免重了史料的搜辑和别择,以致有许多人跟着往捷径去,我很忏悔。现在讲《广中国历史研究法》,特别注重大规模的做史,就是想挽救已弊的风气之意。这点我希望大家明白。(本书分论三第四章,二三九—二四二页)

注重大规模的做史工作,乃是组织史料,固然很是重要,而搜集和鉴别的精确,也是不可少的条件。这两方面可说是有相辅为用之功的。不过这本《补编》的最大特色,就是在于示人以做史的具体办法。虽然当中有些地方因为梁氏患病的关系,没有完全讲完,或是示范的例子残缺,但就现状而论,实已可以导人入微了。

总而言之,梁氏之《中国历史研究法》及《补编》两书,皆以人本主义的立场,来谈治史方法,为我国五四时代史学界第一流之著作。其以系统的具体方法示人,尤为我国过去学者所不能及。我们还是用他自己的话来说罢,他说:

吾又以为，学者而诚欲以学饷人，则宜勿徒[饷]以自己研究所得之结果，而当兼饷以自己何以能研究得此结果之途径及其进行次第；夫然后所饷者乃为有源之水而挹之不竭也。（《中国历史研究法》第五章，一二二页）

尤其是他的《补编》更能达到这样的目的。

《历史研究法》

何炳松　著
上海商务印书馆出版

何炳松于民国九年，在北京大学教授历史研究法时，曾把当时采用的课本，美国鲁滨荪著的《新史学》译成出版。对于中国旧有的史学思想和方法，殊多摧毁与廓清。但他自己能有系统的历史研究方法出现，却到六年后的民国十六年，始有《历史研究法》一书的出版。

何氏的史学渊源，来自西洋。而近代西洋研究史法的著作，何氏首推二书：一为德国格来夫斯法尔特大学教授朋汉姆之《历史研究法课本》，一为法国索尔蓬大学教授郎格罗亚与塞诺波二人合著之《历史研究法入门》。两书之出世，离今均不过三十余年。至于中国专论史学之著作，如唐代刘知幾之《史通》、清代章学诚之《文史通义》，前者离今已一千二百余年，后者离今亦有一百八九十年。其议论之宏通、见解之精审，何氏亦以为决不在西洋新史学家之下。惟刘、章诸人，受了时代环境之限制，眼界及主张，终不能达于完善之境。故何氏所著《历史研究法》，意在介绍西洋之史法，参以中国史家的见解，以冀推陈见新，而作一种新的贡献。他说：

著者之作是书，意在介绍西洋之史法。故关于理论方面，完全本诸朋汉姆、郎格罗亚、塞诺波三人之著作。遇有与吾国史家不约而同之言论，则引用吾国固有之成文。书中所有实例亦如之。一以便吾国读者之了解，一以明中西史家见解之大体相同。（本书序，六页）

本书内容，首述历史著作有记注与撰述之分，史学与自然科学社会科学各观察点之有别。次言著述必求千古,材料贵能赅遍,当搜罗材料之时,即应细心讽诵,触类旁通。次则论及关于史料之考证与史事之鉴定。最后示人以编比与著作之法,可称初学之南针。他告诉我们研究的程序说:

> 吾人于搜罗史料之余,既知梗概,乃可将考证所得之迹,加以审查。第一,定主题之界限。第二,分史事之时期。第三,定史事之去取。第四,定各部因果之关系。第五,明陈迹之变化。第六,定史事之重轻。第七,定烘托材料之多寡。(本书第八章,五十七页)

对于一种史事经过此番审定之后,便可作成大纲,进而谈到著作。于是他又告诉我们关于编比叙述的方法说:

> 人群活动,并不单纯。研究工夫,解剖为上。此编比史事之所以贵分段落也。入手之初,先定此事可分几段。分定之后,乃推求各段之源流。有属政治者,有属经济者,有属宗教者,有属学术者。政治之中,或可再分为中央与地方。经济之中,或可再分为国计与民生。宗教之中,或可再分为教义与组织。学术之中,或可再分为科学与美术。故大段可再分为两小段,小段可再分为几事。依其先后,述其本末。乃合事成段,合小段为大段而成篇。或有时事迹之间,牵连繁复,亦只得分头叙述,不厌求详。庶可免挂一漏万之讥,得一气呵成之妙。(本书第八章,六十三页)

这不但做历史文章应该如此,研究一切的学问也都适用这种解剖的工夫。

(《教与学》1935年第1卷第4期)

读《新史学》(New History)

于炳祥

一、序　　言

现在历史学上有一种革新的运动,他的根本的精神:(一)历史的范围要扩大,不是帝王的家谱和单独的政治记载了,也不是狭小的国家主义、民族主义的利用品了。(二)历史的观念是进化的,不是一味尊古,目上古为黄金时代了;自从达尔文 Darwin(1809—1882)的《种源论》出,历史学得了最大的赏赐,到如今才生出人类的光明,在将来的希望。(三)历史的自身受了科学化了;自动物学家的人类进化和地质学家的人类甚古说出,历史学遂不能不受他种科学化,马克思的唯物史观,不是一个适例吗？近来欧美历史学者,从事这种运动的人不少,其中最澈底而敢大胆改革的:(一)英国 H.G. Wells,他著了一书名《史纲》(*The Outline of History*),他主张历史是整个的(History as one whole)。又说历史在科学中不是例外的。据他说新历史运动的人,还有:(二) Winwood Reade,他著了一本 *Martyrdom of man*。(三) Mr F.S. Marvin 著了一本书名 *Living Past*。(四)就是《新史学》(*New History*)的著作者 James Harvly Robinson 博士。Breasted 的 *Ancient Times*,他和博士合著的 *Medieval and Modern Times*,Wells 批评说:"自人类各种社会的起首到现在,给吾们很好的人类历史的观念。"至于博士的新史学,更能从原理方面,贡献他的新颖的道理,余如眼光之锐敏、思想之澈底、精神之果敢,更是人人承认的。以上权作个叙言,下再把我读这书的心得写出来。

二、历史的意义性质和范围

吾们第一步要明白历史究竟是一个什么东西？他的性质如何？他的范围到底有怎样大？博士说：

> 历史是记载人类活动继续不断的连贯性，是不能分割的。

又说：

> 历史无成法，不是孤立的，历史的本身就是一种变化。

又说：

> 历史不是停顿的，不是固定的。

又说：

> 历史的意义是很广的。

吾们从这些定义中得两个要素：（一）是连续不断的整体；（二）是变化不停的动相。历史的本身实在含有这两种意义，吾们可以拿一道河相比：滚滚的波浪，一个跟着一个地往下走，这个波和那个波全是连续不断的，统起全河来看，就是连续不断的整体。但是河水是一点一点集成的，当其涓涓长流之时，波波相续，看是这条浪，忽又变作那条浪了。孔子说："逝者如斯夫！不舍昼夜！"很可以代表这变化不停的动相。我又尝拿历史比方一个电影戏，假如要将过去的历史，丝毫不遗，全留在后世，顶好用一个快照像匣子，将过去的整体和动相，完全摄下来，再重演于电影戏中。你看电影戏各个片子连成一个整体，若立刻割断，就不成一套事实。因为各个片子活动进行，才生出变化来。

Wells 说："历史是整个的。"梁任公说："历史者，记述人类社会赓续活动之体相……"就是这个道理。然则他的性质如何呢？

（1）历史有赓续性。博士说：

> 历史是一个继续不断的连贯体。

我尝想历史上的事实没有消灭的，其来也必有渊源，其去也必有归宿,断断不是来无影去无踪的,不是凭空从天上掉下来的。所以一段事实出现,其中定有许多的线索连在上段的事实上;有时候他的线索看不清楚,或者经过一段潜伏,其线索在更上一段。看是这件事绝迹了消灭了,实在是变其外形,又化合成新事实了,历史的事实,那一件不是这样赓续呢?

梁任公对于这个赓续性,说得很好,他说:"个人之生命极短,人类社会之生命极长,社会常为螺旋形的向上发展,隐然若悬一目的以为指归。此目的地辽远无垠,一时代之人之所进行,譬犹涉途万里之仅蹞一步耳。于是前代之人,恒以其未完之业遗诸后代,后代袭其遗产以继长而增高焉。"

(2) 历史有变动性。博士说:

> 历史的本身就是一种变化。

又说:

> 历史不是停顿的,与新科学、新社会同变其观念和目的的。

又说:

> 历史随时代而变迁。

人类社会的内容,非常复杂。各种制度风俗,万不是一成不变的。因人类天性中有一种欲,当环境上的事物不能满足这个欲(或名需要)时,就不能不变动这个环境。人类的欲是变化无穷的,所以社会的环境,也变化无穷。而且人类的意志,是不可捉摸的,心理的现象很难找出他的定律来。不是像物理、化学的现象,只要按照一定的规矩,无论试验几次,皆生出同一的结果。而人类的活动决不能像物理、化学的实验,能找出定理、定律的。这就是他的变动性不可捉摸的地方。

刘知幾说:"盖闻三王各异礼,五帝不同乐,故《传》称因俗,《易》贵随时。"他在《史通·杂说》中也说明"适俗随时之义",皆承认历史有变动性。

(3) 历史有进化性。Robinson氏,是很主张进化的,并且他又是一个急进主义家。他在《新史学》的第三章中说:

历史学者，当贯澈"史心"。这个史心，就是用人类的经验以讲明进化，求心理的解放，以破除迷信。

又说：

十八世纪科学家的精神，实超过于希腊人万万；进步的观念，全是希腊和中古梦想不到的。

又说：

希腊人无进步的观念，希腊、罗马及中古皆信文化静而不动的。

他并且大声急呼地说：

不要怕进步的太快，你一人进，有千百人阻碍你。今日的温和，明日就嫌太旧了。

就此吾们很可以看出他的历史进化观了，历史是进化的到现在几于人人皆知，不用深辨。但是这进化的趋向是直线的呢，还是螺旋状的呢？就已往的事实看起来，恐怕不是直线的，因为从历史上观察，宇宙间常有两种力量对峙，甲势力进一步，立刻就出来一个乙势力反动一下，结果由丙势力出而调和，则进化一级。如此循环前进，却不是孟子所说的"一治一乱"的循环。虽然表面上很像"一治一乱"的样子，但是后期的一治，比前的一治要好得多，后期的一乱那样简单。至于为什么要进化，这完全根据人类的本能。人类本来就有向上的心理，和不满足现在的意志，故能造出螺旋状的进步，战国时的荀子主张"法后王"，章学诚在他的《文史通义》中说：

后圣法前圣，非法前圣也，法其道之渐形而渐著者也。

又说：

盖生乎后代，耳目闻见，自当有补前人。

历史性质，概略如此，以下再看他的范围若何。

有人谓："历史者，进化之义也。故从广义解，凡百进化之事物，皆适用之，如天体、地球、动植矿等物，莫不各有其历史。然普通所谓历史者,皆从狭义解,即专指人类生活过去之事实录而言。"又云:"研究历史者,务广大其范围,以期事无罣漏,须从他方观察,以发明真相。"这种说法,与新史学都有点相合。新史学上说:

> 历史无固定的范围,全赖他种科学的帮助。

又说:

> 历史的范围是很广的,材料是很难的,只要叙述可以说明人类进步的事实,删去无关宏旨的轶闻那就好了。

又说:

> 历史应随时代而变迁,各时代有各时代应选的材料。时代变化需要不同,故其范围亦不一致。

归纳起来说历史的范围,是很大的,但是无论如何大,总不能超过人类活动以外。因为吾们通常所认为历史的,只是人类的历史,断说不到动植矿物变化。所以梁任公说:"非活动的事项——例如天象、地形等,属于自然界现象者,皆非史的范围;反之,凡活动的事项——人类情感、理智、意志所产生者,皆活动之相,即皆史的范围也。"

但是时代之变动无穷,智识之进步无限,自新科学的发明,日新月异,历史学借助于他种科学者甚多,断不能固定自己的范围,而故步自封。就 Wells 的《史纲》看,已经不是只限于人类活动的范围了。所以他的开宗明义的头两章就是(一)《用地质学来解释历史》、(二)《用生物学来解释历史》,再就历史的实例说,六十年前意大利 Naples 附近所发现的邦淖古城,盖罗马共和时代为流焰所盖者,距今已二千年。自此城发现后,意人的发掘热骤盛,罗马城内不断地得了古代的遗迹,这不是一段地球变动史吗?吾们再说一段植物的历史;埃及尼罗河畔生一种芦苇类的植物,名叫"papyrus reeds",用这种植物作纸就名为"paper"。到了中世纪,因为回族占了埃及,这种"papyrus reeds"草就断了供给的路,所以欧洲中古时全用羊皮写书,名叫"parchment",对于文化的传布上生了大影响。以上不过略举一两例,可见历史范围是不能拘定的。章学诚说"六经皆史",恐怕他的眼光,还嫌太小罢!

三、历史的功用

这是第二步的研究,我们为什么要知道历史?知道了有什么用处?换言之,就是历史的功用是什么?《新史学》的第一章就把历史的功用说得很详尽。他说:

历史的功用,在帮助我们明白我们自己同人类的现在及将来。从前以为历史是"前车之鉴",这(话)[是]不对。因为古今状况断不是一样的。就个人而论,我们要明白我们自己的现在,我们不能不记得我们自己的过去。历史就是我们个人记忆的推广。我们研究历史,并不是因为过去的事可以给我们种种教训,实在因为我们可以根据历史的智识来明白现在的问题。因为惟有历史,可以说明现在各种制度。

又说:

文明不是天生的,是用模仿法遗传下来的。

又说:

以过去的经验来解决现在,是很危险的。(1)因为古今情形是不一致的,在历史上绝对地找不出两个恰似的事实。用拿破仑的战法,就不适于现在的战场。(2)吾们对于古代的历史,知道甚少,而且对于他的真相,很不明了。

总括起他的意思来,不外杜威博士说的两句话:"研究历史是明白现在,不是解决现在。"还有一个意思是为:"保存祖宗遗产,不能不研究历史。"陶孟和说"历史的用处,不是供给人类行为的前提,但是我们的行为,也应该有根据,有基础,乃不致有盲目的无意识的行动。那个基础,就是要对于现在状况,十分明了。要想明白现状,必须对于过去具有充分的智识。"

我对于以上两点,都表同情;但是就我个人所见,尚有商酌的一点。吾们对于褒贬主义、赏善惩恶主义、垂训主义,当然未敢赞同。(此数种主义不但中国历史家奉为金科玉律,陈陈相因,即西洋历史家作宗教史、作政治史的,也都是"一丘之貉"。)对于明白现在要研究过去一层微觉得了一点经验。当未读西洋史之先,常自己问:"为什么现在欧洲各国这样复杂纠纷呢?"又:"为什么西洋的风俗习惯、思想精神与中国这样不同呢?"又:"为什么西洋工商制造以至科学发明进步的那样快?"凡此种种皆莫明其妙。后来读起西史来渐渐地找出他的来源,很觉有些兴味。简单的课本,大概地读过去,就能得一个现在来源的概念,若精细研究,更能十分明了。所以读历史是明白现在的,的确不错。

至于解决现在一层,虽然不能拿过去的经验来依样画葫芦,如王莽以《周礼》治国,但是解决现在,不能不以过去作根据作参考。Robinson 不是说"历史为个人记忆的推广"吗?譬如做一件事情,不能不回想以前的经验如何。如何根据以前的经验以应付这新事物,方法固不妨少改,而大部分的精神,是贯注在过去。假如叫我们接办一个学校,我们对于这个学校的历史,不能不澈底明白。至于解决事情的时候,还不能不根据着旧习惯来应付新事物。所以解决现在至少也根据一大部分过去,万不能凭空无据地盲动。且明了占解决的大部分,也是解决的初步,万不可矫枉过正,把明白和解决分得太清楚了。

新史学又主张"历史不能作前车之鉴",换言之,就是不能作"资治主义"。这种说法,不免将历史功用,荡去大半。历史不是和个人的记忆一样么?吾们个人有记忆,才有经验,至境事临头,决不能毫不回溯已往的经验,凭空去作。其所参考的事实,作现在的根据的,因为前后的境地不同,有时知旧日经验不能应用,不得不改弦更张。但是就已往习惯,顺其趋势而改之,收效自易。那末前后的事实,相类的可以驾轻车就熟路,费力小而成功多;事过境迁,后先异趣的,也可按已往的习惯经验,变现在的手续,很容易见功。总之顺旧经验也好,变旧经验也好,都是资藉过去,来治理现在。这不是"资治主义"的一段说明吗?个人的记忆然,历史的功用何独不然?梁任公有一段议论,说现在的历史可以作"人类资治通鉴",很可说明他的功用。他说:"史家目的,在使国民察知现在的生活与过去、未来的生活息息相关,而因以增加生活的兴味,睹遗产之丰厚,则欢喜而自壮。念先民辛勤未竟之业,则矍然思所以继志述事而不敢自暇逸。观其失败之迹与夫恶因恶果之递嬗,则知耻知惧,察吾遗传性之缺憾而思所以匡矫之也。夫如此,然后能将历史纳入现在生活界,(便)[使]生密切之(连)[联]锁。"

就以上的讨论,我们可以得以下的几种功用:

(一)读历史可以明白现在的来源,并根据它以应付现在,指导将来。说到这里,定有人说:"吾们只明白现在就得了,只研究现在的结果就够用了,何必问他来源呢?"殊不知现在的种种结果,都是经过了赓续的变化,而生成的。就如现在的督军制病国殃民,其恶结果几于无人不晓。若问督军如何得权?一定有人会答"专兵",再问因何得"专兵"?便不得不追溯到民国初年袁世凯欲维持北洋派的势力,种下祸根。如此层层追问,全有他赓续的因果。那末欲明白督军制的祸根,至少要追溯到民国成立,才算真正明白现在。怎见得根据他以应付现在呢?既知道督军制的恶果,在于军、民、财权,统操于督军一人之手,故欲应付现在,不能不从军民分治、废督裁兵入手。又如何指导将来呢?倡言和平,从事民治运动,尤其要的,便是开通民智。

(二)读历史可以完成自己,并能发现自己应走的道路。一个完全的个人,或一个整个的个人,是很复杂的。就物质上说,血统的混合,种族的掺杂,一个人不知含有若干族类的原质在里头,那末历史上民族混合的痕迹,不知道自己的来历,便不明白了。若就精神说,更特别地有兴味了!一个人的精神,实在负着数千年圣哲贤达或奸雄编氓的精神,并且带着同时代直接、间接影响所及的各民族的精神。吾们并不是要装门面摆架子才读历史;乃是为明白自己的性情习惯,完全自己成一个整个的人而读历史。发现自己应走的道路,又是怎样讲呢?从近百年来,历史界得了两大发展:(1)是人类历史甚古——至少有二十四万年——埃及人、希腊人看来只和我们同时;(2)是人类进化,动物是人类的祖先,生物是我们的同胞了。因此知吾们的道路是无限的、宽大的;吾们应走的方向,是进步的、维新的;吾们的光明和希望全在前途了!

(三)读历史可以保持我们祖宗的遗产,并以传诸来者。历史上种种创造发明,那一件不是古人绞脑耗血留下来的一种痕迹,其价值亦为世人所公认。这种种的遗产,蒸为风气,自然流传于社会的,固然不少;

但是不经人类模仿学习的作用,去发扬激励他,恐怕社会上的流风遗俗,也久而渐淡。历史上的遗产属于精神者,可养成国民性,育为风气。作国民的一想到祖宗惨淡经营,创造一切,便更要爱护他更思继长增高,步先人的后尘。精神遗产外,还有物质上的遗产,如疆域、土地、海权,无一不根据历史作遗产的保障。爱护的精神,也从此而生。所以不读历史,不能觉其责任的重大,不能实行他承先启后的大事业。

(四) 新历史应注重的几点。

对于旧历史的不满意,发现旧历史上有许多谬误之点,和受历代各种势力支配的地方,——大概中国历史受文学的支配,受"春秋之义"的支配,受专制君主的支配,西洋历史最初也受文学的支配,后为宗教迷信所支配。——近来历史学者皆有此种觉悟,可不必细说。今惟从积极方面研究新历史应注意的几点:

(1) 当注重一般状况(Condition)不当专注重各个事实(Event)。——这种主张新史家要特别地重视。因为普通历史是预备给人一个概念,并不是如账本式或条约式的年鉴,预备给人作参考。如叙法国大革命,不说明他的起源,偏叙那时各封土间的纷纠,虽事实确凿,有何用处?假如目光看不到状况,无论你写若干事实,比起实在的活动来,也算挂一漏万。反之,有概括的识力,再多参考些事实,想象一般的状况,将它描写出来:在作者须费十分力量,才得一分的状况;在读者费一分精力,即能得十分的概念;岂不是经济得多吗?吾们常说:"将过去历史,顶好把他的生活画重新描演出来,使其神色毕现,栩栩欲生。"愿意描写这种神色,当然不是干燥的、零碎的几件事实所能奏效。不能不恃统括的状况来表示它。新史学上开首就表明这个宗旨,真是史识超绝!

然则状况当以什么作根据呢?《新史学》上说:注重状况,当以制度(Institution)作线索,——但此制度为最广义的,包含人类的思想、行为、习惯。——用事实说明此制度,使之更为明了。所以说状况仍当根据事实。

这一种说法,有点像我国章学诚的主张。章氏在《文史通义》中说:"义所贵者义也,而所具者事也,所凭者文也。"他把历史分成了三要素:

义、事、文。那末三者孰为重呢？他又说："载笔之士,有志《春秋》之业,固将惟义之求,其事与文,所以藉为存义之资也。"又说："事者其骨,文者其肤,义者其精神也。"他所说的义,又以什么作根据呢？"以事不以理",何以呢？因为"事有实据,而理无定形"。

(2) 应注意科学的历史——无论中西历史,其初皆文学的附属品。有时又受了其他势力之影响,带了其他各种的色彩,竟不以作史为目的,拿他作了手段了。数千年历史家为文学家所假冒,直到如今,尚受其弊。刘知幾的《史通》有言："昔仲(尼)[父]有言：文胜质则史。盖史者当时之文也,然朴散淳销,时移世异,文之与史,较然异辙。"刘氏又表明文学足以使史学失实,其言曰："假有辨如郦叟,吃若周昌,子羽修饰而言,仲由率尔而对,莫不拘以文禁,一概而书。必求实录,多见其妄矣。"那末,现在应如何改变他的态度呢？那就得像《新史学》上说：

> 历史家不是文学家,他的地位倒占在科学家位子中。

那末科学的历史当如何作法呢？Robison 主张：

(a) 谨严的批评；

(b) 真切的材料；

(c) 秉笔直书；

(d) 注重普通人、普通物；

(e) 发现同应用自然律。

吾们对于：(a)谨严的批评。凡一切奇特可怪的事实、荒唐无稽的神话,固当严厉地批评,屏除在历史范围之外；即其他偶然的事实,普通公认为史料,也要存一种怀疑的态度。广搜旁证,证明其有无,再求当时的背景,证明其合理与否。如作几何问题,处处求其"何故",事事皆有其根据,然后才可称为谨严的批评,有科学的精神。

(b) 真切的材料。史料一层,不必拘拘于文字之记载,在文字记录以外的,还有(1)现在之实迹和口碑,(2)实物之模型及图影,(3)地下发掘之遗物及化石,皆是很可靠的材料。至于载在文字里的,如关于史迹的文件、金石的镂文,甚至小说野史、歌谣唱本、多年覆瓿的账本皆有一部分的真正史料在内。但欲使其材料真切,成为信史,吾们对于已往的史料,殆有一大部分须为之重新估价,重新校订,才能成功。所以新史学上说：

> 脱离旧历史的窠臼，重新入真历史的材料中，才能见其真象。

(c) 秉笔直书。《新史学》中对于秉笔直书，曾再三郑重声明。其实这种精神，在中国史学界中，发明最早。董狐直书，当时称为古之良史。在各种史书上直笔的评论视为一件很重大的问题。但此处所谓直书，是注重客观的纪实，不能参以主观的判断。如刘知幾说的据事具文，善恶自见。科学的态度，完全是客观的，不容参加主观的感情。

(d) 注重普通人、普通物。这是《新史学》最平民的一种精神，言之不啻三令五申了。他主张此论最透澈的一点是：

> 历史是和其他科学一样，注意平常应用。学化学的不能只学中古的炼丹术，和制造奇特的药品；地质学者不能只研究火山爆烈和地震；动物学者不能专研究狮、象、凤凰一类的怪动物；学医学的不能只学习些奇症怪病。

(e) 发现和应用自然律。《新史学》对于这一点很批评 Ruckle 同 Draper 一班的人想在历史上找公理定律，是梦想，是绝对不可能的。但是历史学虽不能像物理、化学那种"物的科学"，然而至少也可以同生物学、心理学一类的"心的科学"得同一的结果。何以呢？人类由生物进化而来，应用于生物界的定律，当然也能应用于人类。且历史上的重要的条件，大概可分为二类：（一）心的条件：人类在历史上的活动，不能离开人类的心理作用，现代心理学家已能发现智慧测量及他种心理作用的原理，然则历史上心的条件，不难发现它的定律，所以现在有所谓唯心史观者；（二）物的条件：在人类环境中最影响于人类活动者，莫如物质界，从物的条件可以推知人类的行为，社会的组织，无不受物质的支配，所以马克思的"唯物史观"，差不多也算历史界的一个定律。所难者人事复杂，变幻无常，过去事实，去而不留，不能作一适宜的实验，然而如能从多方面精密观察，找出它的因果律，也不是绝对不可能的。不过其定律是否如物理、化学之定律，还是一个应当研究的问题。

(3) 历史要靠各科学的扶助——自从动物学家 Darwin 倡了人类进化论，地质学家 Lyell 发现人类甚古之说，才唤醒了历史的旧梦，起首找它弟兄科学的[帮]助。就 Robinson 所举的几种弟兄科学是：

(a) 地质学；(b) 人类学；

(c) 生物学；(d) 比较解剖学；

(e) 动物心理学；(f) 社会心理学；(g) 考古学。

(a) 地质学。"人类的家谱应从地质学叙起"，Wells 的《史纲》算真能实行这句话了。现在地质学家研究地史之生成，就地质岩层成立之先后，渐从石层遗迹中找出人类最初之出世期。据法人 de Mortillet 断定，"最初人类使用之削棱状的石器，在各河岸上找出的，为冲积世纪中之遗物，距今有二十四万年之久"。

(b) 人类学。"人类学"(Anthropology)自最近六十年间始渐发达而成一科学，如法之 Broca、英之 Bendyshe 和 Wollace、德之 Waitz 皆其中之超卓者。人类学所研究之对象，为考研人类与各生物之关系，人类果如何出世？本源之人类为何？人类之存在应以何时为证？人类之性质如何？自化石之人类，推至红人黑奴、大猩猩、长臂猿，皆在研究之列。从习惯上、风俗上、制度上、言语上，考知原始人类为 Ape 之一种，很像非洲森林中之 gorilla、chimponzee（猿类）立在它的两条腿上，开始为人类之活动。因此对于历史上真正之了解，给了很大的贡献。对于古人才有一个科学的正当判断。

(c) 生物学。生物学大有助于历史的为进化论(Evolutionism)，倡此说者最初为 Lamarck 氏于下等动物之比较解剖及贝类之化石，极有研究。其学说之要点有二：(1) 动物各种类，经多少岁月，其形状因次第变化，乃变为今日之现象；(2) 动物形状之渐次变化者，多基于器官之用不用。其后达尔文氏出，更完成生物进化之理由。于是人类历史，扩充至生物界矣。

(d) 比较解剖学。十九世纪欧人对于生物学、病理学研究正热，故对于解剖学时加研究。其研究之结果，对于骨骼之比较、脑骨度数之比较，各器官之变形，各机关因不用而退化，种种原理，皆足明人类与生物界之关系，于是人类祖先之历史——即生物变人之历史——愈研究而愈明。

(e) 动物心理学。人类的祖先，即为猿类，身体构造上固有其进化之遗迹；则心理方面，同时也不能不有动物之遗迹，实为必然之结果。达尔文及赫克尔皆主张"人类之心理性，由动物之心理进化而来"。Robinson 也深然其说，并主张：

> 人类教育的原理，是根据 Simian（猿类）的原理而来——试验与错误 Trial and Error 模仿赏罚。

(f) 社会心理学。人类为社会的动物，故人类社会的生活，能演出历史的活动。一时代或一团体之社会心理，实足以左右一时代之历史。观爱尔兰的自治运动，实因其一般社会之心理仇英太深也。至法国大革命时，恐怖惨杀，更可见社会心理热烈之一斑。所以社会心理学，大有解释历史现象之功能。

(g) 考古学。此为历史范围以内的事实，埃及、巴比伦之历史多半是从十九世纪以来，掘地发见的。从削棱形的石器、斧刀，及陶器、石片，皆可推想它的文化、生活状况，及历史的年代。若至雕刻的楔形字、生活图、Mummy 的遗体，更有历史之价值了。

(4) 历史家之眼光要扩大——历史学受了以上科学之帮助，它的领土遂骤然扩了许多，历史家之眼光、之思想遂受了很大的变化。好像一个短矮的小人，得立在巨人的肩上，向四外一望，才知道环境中千奇百怪的事务，纷纷扰扰，光怪陆离地俱呈现在他的眼帘。小人仿佛说："呀！世界的地面这样大吗！"此后历史家的眼光，要向那一方面扩大呢？我以为须从两方面说：

(A) 从纵的方面说，要将眼光放在有史以前。——有史至今，极早的埃及史和巴比伦史，不过六七千年（迈尔斯主张埃及史起于纪前五千年，巴比伦史起纪元前四千年），Robinson 也主张埃及历发明在 4241 B.C.，巴比伦人发明楔形字，大概在 2900 B.C.，拿他和有人类以来二十四万年比较，不过占四十分之一，那么拿这模糊不可靠的一分，就可断定那三十九分么？所以纵的方面要从有史以前的地质界、生物界，以找他的来因与去果，然后人类的史前与史后才有密接的关系，成为整个的完全历史，不致有断简残编之憾呢。

(B) 从横的方面说，要将眼光放在人类历史以外（若就国别史说，要将眼光放在该本国以外）。人类活动同时带有动物性的遗迹——如好争斗,残忍好杀,及其他兽欲——有时此活动之历史,用普通的理性方面不能解释,尤其对于古代人的心理及活动,如好战,如迷信,如种种的怪习惯,今人读之,真是有点莫明其妙。不但古人,就是现在南洋群岛的诸蛮族之心理,也有许多使有我们不能了解的。如此非从人类学或比较心理学上着眼,是不能说明历史的现相。又如说明一国的历史同时不能不着眼在相关的各国或无关的国家,因为历史的事实不是孤立的。如大海,然打动一波,则波浪递推,愈传愈远,同在海中的事物,无不受其影响。故横的方面,应注意在它的背景和交光上,然后不至成片断的历史。

四、新史学上急进的精神

Robinson博士思想之澈底,精神之急进,眼光之锐利,至其魄力识力之果敢,在全书中时时发现这种精神。尤其急烈而大胆的是本书第八章《历史光明里面的守旧精神》更能发人之所不敢发,道人之所不敢道。这种魄力真所谓"如Robinson者,从何处得来"!以下顺次把他这种议论提出来作吾们一个研究:

(a) 思想的变迁赶不上环境的变迁得快。尝观世界人类,大部分总保持着一种惰性,就是一种保守性。历史愈长久的民族恐怕他的保守性越大,就好像老年人的习惯成性,一时不好改变。反之,新国家,新民族,旧历史的负担既轻,从事于创造的事业正多,也好像少年人因无经验,却也没有习俗之累。然则因为什么人类的保守性这样强固呢?博士说:

> 思想的变迁后于环境的变迁;现在的思想,全是从旧思想传下来,因为是自古相传,不觉不知之中,即服从此旧习惯。

讲明这段理,顶好拿个实例来说明。民国政体,已改了十余年了,这些礼教先生们还在那里讲些忠君节义,大总统的命令还说些"重苦吾民……天下有罪,罪我一人"的话。新典礼,如婚礼、丧礼等早已宣布,还是得"坐花轿""行亲迎礼"及"陪灵""磕头"……这全是思想后于环境的地方。又为什么变化得这样慢呢?《新史学》上说它的原因有二:

（1）文化异常的复杂变迁时不是整个全变的,是一部分一部分地嬗联而变的。

（2）因为人类有惰性,无意识地保留旧习惯。

这种情形,的确是不错的。吾们承认历史是一个赓续的联贯体,若将它自某点起完全切断,另换一个新局面是不可能的事实。且惰性养成,变为习惯法,其力至大,非有毅然决然的精神不能脱离此惰性。在这种状况之下,吾们欲求进步,当如何进行呢? 博士说:

当应用过去,不当作过去的奴隶。

就是说当从精神解放上入手,脱离一切的迷信,勿想调和的办法。你看以下说明白这个道理:

(b) 持急进的态度。因为思想变迁总是赶不上环境的,所以你拿出十分的急进,恐怕收不了八分的效果。你一个人想摆脱旧势力的束缚,偏偏有千万人保持得很坚固,结果前进的功效很少很少。因此 Robinson 表示他的急进态度说:

不要怕进得太快了! 因为你一人进,有千百人阻碍你。而且今日视为温和的,到明日就变为太旧了。

又说:

无论如何维新,总脱了过去,假如把我们可卑的附属过去的观念打开,惟有注意我们的言语、文字、法律、政治的和社会的制度,智识和教育,着眼在现在和将来。

又说:

在各方面全是过去统治我们,支配我们,大部分是不知不觉地,很少有反抗过去之精神。

又说:

虽急进主义者的想象,也不能超过大部分遗传的理想和习惯。所以吾们这很可怜的矮人,不能只靠着你自己的短腿,快立在巨人的肩上开开眼吧!

他这一种急进的态度，确乎是从历史的教训得来。因为研究历史的人，要不把他的眼光放大，就信历史是万能，无论他一举一动，全要以过去作指南，完全阻住了他的创造力，作了过去的真正牺牲品了。西洋的保守家尝想"古代的安乐"（Good old Days），中国大部分的人也是想唐虞三代的太平，所谓"生尧舜世"，这全是历史上传下来的大弊病。所以尼采一斑人认为历史这件东西，滞塞了人类的创造力，就想根本地不信任，也未免因噎废食了。博士想一矫前人之弊，才有这急进的主张。Maeterlinck 曾说过："在吾旁外有足够的人，他们惟一的职务是熄灭了吾们点着的光明的火把。"那末，急进的精神在历史上何时出现呢？

（c）十八世纪后历史上急进之精神，《新史学》上极崇拜 Bacon、Descarter、Darwin、Newton 一斑人，因为思想革命的开端，培根就是第一个首领，他主张完全毁弃亚里斯多德的道理。Descarter 比他还进一步，他的方法论就是一篇脱离过去的宣言书。达尔文的进化论，牛顿的科学发明，欧洲史上经此数人之提倡发明，其进步遂一日千里。《新史学》谓：

> 十八世纪后工业，科学实能代政治而在历史上占重要之位置。故蒸汽机之发明，在历史上之价值，在社会生活的变动，实胜于国王之命令国会之议决案。

然则究竟十八世纪后急进主义包含些什么成分呢？

（甲）实验的态度。以前所以盲从过去的原故，对于过去，没有怀疑的精神，对于现在的事物，没有切实观察的能力。自培根氏倡实验科学，经过观察、分析、比较、实验的科学方法，于是发明日出，器械愈精，汽机、电力逐渐应用，进步乃一日千里了。

（乙）进步的观念。因继续发明或发现之结果，于是希腊、罗马人所不知者，我们也能知矣，他们所不能的我们也可能矣。则迷信古人万能之思想，渐渐打破了。以前认为文化是停顿的，——希腊人之观念——亚里斯多德的学问是达于极点的，至此遂渐渐地根本动摇了！

（丙）民主的精神，十九世纪思想解放了，新科学日有发明了，社会学、政治经济学、人类学、比较心理学，全渐渐变为科学。从各方面证明人类皆应有自由发展之机会，待遇平等，权利平等，至公共事物，应由公共处理,以谋公共之安宁幸福,此所谓"德谟克拉西的精神"哪!

(丁)工业革命所产出的思想,科学重实验,便生出了各种机械,则中古以来传下来的手艺工业,当然要受了机械的变动,大工厂大规模的组织,真具有改造乾坤之力。所以 Robinson 说:"假使叫拿破仑复活,再走到墨斯科去,——这是说十九世纪末叶——他将不认识这种烟筒林立、机笛争鸣的都市光景了。"

这个工业革命的大变动,在思想上所受的影响最大:在坏的方面看,生出资本与劳动两阶级,永久在争斗之中;在好的方面看,社会之变化剧烈,公共之关系骤密,更能给人以急进的机会。所以《新史学》说:

> 这种惊奇的状况,能暗示吾们无限的进步之可能。

(戊)进化之说,自进化论大唱以后,推翻希腊人"真理是不变的、一定的"之思想,才知道现在为进化之开端。所以《新史学》说:

> 没有理由可以想吾们正做出比古人更多的发现,吾们现在学问的赏识,还粗浅得多呢。

又说:

> 有结果的研究之可能是无限的,新智识的影响是不能计算的。

又说:

> 真理是相对的,断语是临时的。

他又假定以十二个小时,来代表人类二十四万年的全史,用每一小时来代表二万年,一分钟来代表三百三十三年。距十二点——现在——不过一分钟,培根才出世,距半分钟以前蒸汽机才发明。那末,将来的进化,将来的光明,实在是不可限量哪!现在不过为其发端罢了!

(d)现在急进主义之趋势。近五十年来,世界的思想上、实质上变化得非常迅速,吾们以前说过,现在历史学有一种革新的运动。Wells 的《史纲》就是"说明了人类彼此利害之关系,使全人类皆明了,然后能谋公共之幸福"。《新史学》上对于这种主张,也曾谆谆告诫。Robinson 根据历史上的观察,得出两种趋势:

（甲）大同主义。就是 Wells 所想的世界国。《新史学》对此之大意谓：自科学发明，工业革命之影响全世界的利害，全是彼此相连的。经济界一有变动，便影响到各国的商业。又因交通便利之故，各国来往，已若比邻，各国劳动界之结合，学术界之协助，早已无国界之存在。在现在这种新奇局面底下，各国国民有无限的世界同胞——大同思想——之可能。

这种思想，在他著的 *Modern Times* 上，时时说明这种精神。如反对大战中之德国，表同情于国际的联络，时时流露于外。

（乙）社会主义。Robinson 又是极表同情于劳动阶级，所以他对于著历史最重要的主张，是注重普通人普通物。在他著的历史上常常地为佃奴述苦，为工人叫冤，极排斥工人的干燥的生活，工厂中黑暗的惨状。他在《新史学》第五章《工人应读之历史》上说：

> 现在因汽机、电力之应用，假如彼此分配的得当，人类的供给和需要很够用的，当没有一个人有物质上的缺乏。

他又很赞成俄国托尔斯泰的主张："理想的生活，是一面作工，一面娱乐，联合起来而成一快乐的生活。"他又说：

> 工人要能使其自己地位之前进，及希望之光明，其目的非仅在得工资，要使他对于工业产品中含有自己的光荣。

五、新史学上对于过去历史的史识

Robinson 诚然是一个懂得历史的人，尤其是一个历史眼光远大，能找出历史上来因去果的人。所以他主张："历史不但要研究其当然，还要研究其所以然。"因此，他对于以前的历史家所认为奇特伟大铺张厉得太过的地方；或他人认为无关轻重、不十分注意的地方，一经他的锐利之眼光，定能找出一种新颖而合理的因果来。以下吾们要分论他几点：

（a）希腊人的文化思想比现在差得多。希腊人文化和思想在历史上被迷信了数千年，直到如今，还有人迷信他的文化，哲学已达到最高点了。惟《新史学》上用其批评的态度说：

希腊人不如今人的地方：一、是乏实验的科学；二、是少进化的观念。

怎么说乏实验的科学呢？他说：

> 实验的科学，是从事于自然现象（Nature phenomena）的精密之观察，再加以观察的器械然后证明此实验之确否。这种精神和方法实是近代的产品。希腊人没有显微镜、望远镜、分光器及其他等等器械，所以他们的智识，只是一种粗略的观察，没有实验的精神。

怎么说少进化的观念呢？他引用杜威的话说：

> 达尔文的《种原论》（Origin of Species）是普通的心灵界的革命，反对过去的一切假定，实为新智慧之平衡，他的完全的重要至今尚未完全实现。希腊的哲学家全忘了世界的发展，他们关于全人类的历史，知道的很少，所以通常认为事物是固定的。因此，他们得一个自然的推论，固定的、最终的定理。对于种原的变化，认为缺□[①]不真的记号。所以他们最后的决论，是各种事物为绝对的、永久不变的。

这种见解，很可以唤醒了过信希腊人者的迷梦。现在的文化，虽不能说不受希腊人的影响，但是绝对有希腊人之所未见的。

（b）罗马灭亡是逐渐的，不是骤然的。普通以罗马灭亡，认为是一件惊心动魄的大事情，并且认为骤然演出这种惨史，是西洋史上一个最显著的界限，《新史学》上很不赞成这个说法，他主张罗马灭亡是逐渐的，不是一个分期的界限。

（甲）关于五世纪的史材，不但很缺少，而且很不可靠。

（乙）罗马帝国，东西分裂，是因为从三九五年有了两个皇帝始，他很不赞成这个说法。他说：

> 皇帝虽然不止一个，国家却是单一的。

（丙）罗马和蛮族，早就混合了。他说：

[①] 原文如此。——编者注。

我们要知道，当时罗马国内的蛮族，同罗马人并没有种族上的畛域的。Alaric 侵入罗马城的时候，很愿意同罗马皇帝开始和平谈判的。而且罗马城虽然被侵了，并没有受多大的损失。

（丁）罗马灭亡，本来就不明白，所以说他从一四五三年土耳其人占据了君士坦丁堡，就算灭亡，也是很无根据的。怎见得？他说：

在伊大利方面，自四五一年后，最有势力的蛮族军官已竟大权在握，废立自主了。而且不久的时候，帝国的西部已现瓦解之象，所以 Franks, Alemanni, Burgandians, West Gotha, East Goths Vandals 人全代表罗马而兴，但罗马的精神，还未消灭。

(c) 宗教革命对于近代的文化是无关重要的。普通的历史家对于宗教革命，皆大书而特书，以为其有关于近代文化，是非重大的。简直以马丁路得为光明之福星，为智识解放之天使了。而 Robinson 大不谓然，他在《新史学》的第四章《西洋思想的变迁》上说：

新教脱离旧教而独立，对于心灵上的解放，没有什么关连。他们新旧教的迷信，是差不多的，他们的历史的配景是一样的，他们的人类来源之观念，圣经预言神迹，天堂地狱、魔鬼天使等之迷信是相伯仲的。Luther 和 Melauchthon 极力的攻击 Copernicus，Caluin 认为人类恶性是先定的。故新教比旧教并不多知道自然的科学，宗教革命于科学智识上并没有增加。

(d) 文艺复兴对于近代的思想并不如此重大的。十五世纪为人文主义勃兴时代，读史者皆以文艺复兴是近代思想之渊源，其功绩之大，真是不能拿数量来计算了。照实说起来，并不如此的。Robinson 一说：

通常以为人文主义者，取回希腊、罗马人之著作，得着一种新兴味是希腊主义之复活，那是一种大大的错误。

又说：

柏拉图在产生十五世纪的智识革命上与亚里斯多德在十三世纪相似，全是没有很大的功能的。

又说：

这是吾们应当承认的,人文主义者对于新学问上的批评精神是很少的。所以那是一种武断的说法,若谓人文主义者对于现在的各种新变化是唯一负责者。

究竟文艺复兴的一件事对于新科学实验的态度批评的精神,是很少很少的,不过就是迷信希腊文化的一群人文学者,酷嗜希腊的文学艺术养成一种文雅的风采,于一般科学变化上,没有多大的贡献。

(e)法国革命并不是一件偶然的、可怕的事情。读西洋史的读到法国大革命,神经上受剧烈的刺激,好像是没有来历,偶然间闹出这种天翻地覆的风潮。于是有人说"法国人富于感情,完全是一种偶然的感情之冲动"。普通的历史家又特描写恐怖时代的状况,巴黎市民如何暴动,激烈党如何杀人流血,断头台如何的可怕,社会的心理如何变态。但是这全是不明历史的真相,专述惊心触目的事情,以激动读者的好奇心而已。Robinson很能写出他的来因去果,他先说明法国宪法思想,怎样发生出来:

法国的各级会议(the Estates General)原定一七八五年五月初旬开会。法王忽欲延期六月二十二日,下级代表,宣言组织国民会议(National Assembly),而且有网球场誓言,宣布非立宪不可。……且当时领袖人物,已早有改革政治的存心。至于宪法观念,自从一七一六年五月以后就常常在高等法院的抗议里面表示出。

那末法国的立宪机关是什么组织呢?

是高等法院(the Parlementes)。一七八八年五月,法王想废高等法院,高等法院提出抗议,以保护各省人民权利为言。

然则人权宣言书又是从何说起呢?他说:

自从法王下了召集国会的决心以后,一七八八年的下半年就有许多小册子发见。大都主张限制君权,规定民权为改革政治初步。就是当时各地人民陈情表里面也都含有这种主张(就是改良政治,规定权利)。所以这人权宣言书,也不中无中生有的。

因此Robinson著《欧洲史纲》,他对于法国革命的种种酝酿,如民间的疾苦、贵族的特权、纳税的不平等、法律上之随便捕人,以及教会僧侣之专横,皆足以使其人民有不满足现政治之感。况且又兼上法王路易十六之优柔寡断、王后 Marie Antoinette 之荒淫无度,更引起国民之失望。及至各级会议召集以后,又激起网球场之宣誓,法王犹不能顺思潮之趋势,宣布宪法,改良秕政,乃迁延复迁延,又听贵族之怂恿,调兵进巴黎,遂酿成一七八九年七月十四日攻打 Bastille 牢狱革命惨剧,遂一发而不可收了!这革命之机,不是履霜坚冰由来已久了吗?当革命初起的时候,人民并没有想法王于断头,建立一个共和国家,只是希望得一个立宪政府,就算心满意了。直至一七九一——一七九二,立宪王政尚不能表示他的正当态度,而犹豫敷衍,内而宫庭王后,忽而潜逃;外而出亡大臣,引外兵以威吓,遂闹得人心惶恐,才惹起了山岳党的激烈行动,置王于断头台上,接续着就采用恐怖主义。于是全国纷扰,到处里杀人放火,攻打贵族的堡垒,收没僧侣的财产,如山崩川决,其势乃不可挽回了!Robinson 论此种暴动,并非是急进党故意破坏,实是守旧党反动太甚激起了这样非常的事实。所以 Danton、Robespierre 一类恐怖主义者,实是以恐怖制恐怖的主义,那想到有此意外之祸呢?

六、结 论

以上拉拉杂杂地说了许多话,也不成一个系统,只是就读书之心得,执笔把他写出来。现在为眉目清楚起见,将以几段归纳起来,作本文的结论:

一、历史是一个连续不断的整体,同时又是一个变化不停的动相。

二、历史的性质:(a) 有赓续性,(b) 有变动性,(c) 有进化性。

三、历史的范围:是随时扩大的,无限制的。

四、历史的功用:(a) 读历史可以明白现在的来源,并根据它以应付现在,指导将来。

(b) 读历史可以完成自己,并能发现自己应走之道路。

(c) 读历史可以保持我们祖宗的遗产,并以传诸后代。

五、新历史家应当:

(a) 注重一般状况,不当专注重各个事实。

(b) 应注重科学的历史:批评的、客观的、注重平常的、发现自然律的。

（c）历史要靠各科学的扶助：地质学、人类学、生物、考古学、心理学、经济学……

（d）历史家之眼光要扩大：

1. 纵的方面，眼光要放到有史以前；

2. 横的方面，眼光要放到人类历史以外。

六、新史学上最要的几点：

（a）急进的精神

1. 思想的变迁，赶不上环境的变迁。

2. 不要怕进得太快了。

3. 十八世纪后历史上受各种新科学之影响，进步得极速。

4. 大同思想，社会主义皆是急进主义之产儿。

（b）史识

1. 希腊人的文化比现在差得多。

2. 罗马灭亡是逐渐的，不是骤然的。

3. 宗教革命于近世思想无重大的关系。

4. 文艺复兴于近代文化不如此重大的。

5. 法国革命不是一件偶然的、可怕的事情。

总之，近代西洋历史家对于历史的新眼光、历史的新组织，十有八九，能本着以上几种精神去运动。所以能脱去文学之统辖、宗教之束缚，也不是政治之专记载了，也不为爱国主义者所利用了，渐渐地摆脱了各种势力之支配，还它的庐山真面目了。现在不但它自己能独立了，而又有它的姊妹科学们来帮助它，扶持它，将来的光明，更能大有功于人类了！然而反观我国的历史界，记载不算不详，材料不算不多，求一有系统，有组织，利用新眼光以驾驭旧材料者，不可多得，无怪乎以极有趣味之历史，反使儿童有干燥无味之苦，视历史学为无关轻重之学，驯至"数典忘祖"，本国立国之精神，几乎失掉，因此我一面羡西史精神之日进，一面叹中国历史界之无进步，故刺刺不休地，说了这些话。这是我作此文的本意，特表而出之。

（《史地丛刊》1923年第2卷第2、3期合刊）

何炳松译鲁滨孙著《新史学》

李惟果

原著：James Harvey Robinson, The New History, MacMillan Co., New York, 1912 (1931 edition).

译本：《新史学》，上海商务印书馆出版，民国十八年十一月四版

甲、导　　言

　　中国人译书的成绩，远不及西人，更不及日人。严几道先生死后，坊间虽有不少的译本，但能达到严先生的"信""达""雅"三个标准的，究竟很少。何先生能在这方面努力，我们应当钦佩！

　　有人说商务印书馆是领导全国文化的总机关，这句话不是毫无根据的。今年该馆难后恢复营业的时候，也正唱着为文化而奋斗的口号。何先生学问宏博，中西贯通，身任该馆要职，指导全国文化事业，责任何其重大！

　　从何先生近几年来的作品看来，似乎偏重翻译，不愿多有自出心裁之作，以博"创造"的虚名，这一点更可以证明何先生眼光高，认识真。本来介绍新学术，或者打倒一般冒牌的"学者"，也正是一番极重要的工作。翻译是介绍及传播新学术的一个方法，虽然比一般所谓"编译"难，总算忠实得多。但翻译就不是一件容易的事，更不应草率，只求赚版税或者博得一个偶像的虚名可以了事。因为翻译而不幸错误，不特对不起著者，而且使一般青年得一种不正确的观念，将引西江之水，难以洗清。有时译文措词晦涩，读者根本不能明了原书的要旨，或欣赏它的风味。结果，有时与其读那诘屈聱牙的译本，反不如率性去看原著。

　　何先生的译本很多，我没有全买，手边只有一本《新史学》。平心而

论,这本译著,虽然有不少的错误,虽然减去原书的风采不少,虽然去何先生希望的"一笔不苟"的标准很远,但在大体上,译笔总算还清通,比一般初学英文而即翻译的作品高明得多。

不过,个人希望何先生能更进一步:不特"大体不差"并且真正达到"一笔不苟"的正确;不特文笔清通,而且把原书的神韵表现出来。此外,不仅翻译鲁滨孙许多著作中的一本,进一步利用那《译者导言》的篇幅,介绍他的整个学说,说明他的学术在史学史中的关系和地位,他的学术发生的原因和影响,最后,对他下一个比较公正可靠的批评。这是使读者了解、鉴赏、批评鲁滨孙的作品的最好方法,也是使读者读了这本书后能更明白史学史的内容,明白当代史家的派别,然后自己也许发现一个新观念与新方法。这正是负起指导中国史学事业,介绍西洋学术者应做的事!

何先生的意见似乎和我不同。他花费了二三十页的宝贵篇幅,做了一篇类似大学生笔记的《译者导言》。再何先生说,"费了许多功夫"将本书内的僻典、人名、地名,加上"简明"的"注脚"。这是读者应同声感谢何先生的。不过,那些简明的注脚,既费了许多功夫,何先生对于读者本可告无罪了;但注脚"简"则有之,"明"则颇有问题,这一点以后再讨论。本来,如果别人译书,能查到某某史家何时生,何时死,已经够使我们喜出望外了。(不过,如仅仅是几个年月日,恐怕也无须有注脚了。)无奈何先生是我们史学界的泰斗,似乎应该利用他的学识的宝藏,多赐给我们些消息和判断。如果只是略举零星的几个年代日月,未免和解释的初意不符,而且这些死板板的东西,能用字典的人,谁又查不到呢?现在分条讨论:

乙、史事不确者

(一) 译本第一页第四行有 Charles 第五的几个字。何先生的注(第二)说:"德国皇帝,一五〇〇生,一五五八年卒。"请问何先生,在十六世纪倒底是否有德意志帝国这个东西?恐怕何先生查了鲁滨孙的最著名的《欧洲史大纲》过后,也应当承认这是史事的错误。我率性在此地告诉何先生：查理第五的正式头衔是神圣罗马帝国皇帝，而不是德国皇帝，和 Hohenzollern 皇族是风马牛不相及的。

（二）译本第十三页第九行有 Rudolf 字样。何先生的注（第三十七）说："德国皇帝，一五五二年生，一六一二年卒。"第一，原本是写的 Rudolph Ⅱ，何先生译本轻轻地把"Ⅱ"一笔勾销，方便固方便，那知欧洲的君王同姓的多得很，如将第几第几删去，有时不免张冠李戴。况且 Rudolph Ⅱ 并不是德国皇帝，也是神圣罗马帝国皇帝。

（三）译文同页第十行有 Henry 第四的字样，下面紧接上"是个优柔寡断的人"。请问何先生，亨利第四为什么是优柔寡断的君王？见之什么考古学的新发现？鲁滨孙的高中教科书中恐怕也曾提到他吧？恐怕也说他是一个极能干的有手腕的开国之君吧？何先生应该一见这个名字，便立刻联想到当时三个亨利争王位的经过，亨利第四如何上台，如何改变他的信仰，如何发出 Edict of Nantes，如何使法国得安定，如何为以后的路易第十三和路易第十四建立国基：我替他在九泉之阴灵呼冤。而且原书是亨利第三，何先生一口咬定把亨利第三的烂账都算在亨利第四的身上，这种讹点未免使读者有误会鲁滨孙先生也缺乏史学常识的危险。

鲁滨孙教授

丙、译者导言的批评

"导"的意义，无非是领一个失路的人到一条可靠的途径，使他达到目的。同时提醒他在那条途径上的危险，以便他能避免；也指示他路上的美景，使他能尽量欣赏。导言的功能也是如此。要使一个门外汉能领悟其梗概，使一个本国的学生，了解外国学者的贡献，这是导言所以存在的原因。因此做导言的人，或者说明原书作者的生世和经历；或者介绍他整个的学术，估定他在学术史上的地位；或者讨论他的学说的渊源和影响；或者解释与他同时代的学者的见解和理论，做一个比较的探讨。

　　何先生的导言,仿佛是一篇笔记。我以为何先生既已将原书译出,如自信译笔还流利、忠实,读者尽可以看本文,何先生也不必画蛇添足。如恐读者非先读导言,不能了解本文,那末本文的译本错误很多,了解也不见得完全。如说原著的精华,已经归纳在导言里,那末很可以请何先生做一篇短短的文章,在杂志上发表,原书尽可不必译。个人以为作序不应该如此草率;不特序,好的书评,也不应该如此。个人读书不多,但就我浏览过的书籍或译本,也不常见这类的序。个人私见以为最好恳求何先生将这一大篇笔记取消,另外做一篇名实无乖的序。何先生"御驾亲征"也好,请人"代庖"也不伤大雅,不知何先生以为如何?

　　序里不妨先说鲁滨孙先生在哥伦比亚大学里讲学的情形,次叙他开那《欧洲文化史》课程的目的,并论及他手编的《大纲》(An Outline of the History of the Western European Mind)。当时他的演讲轰动一时,大家都希望他老人家做成一部完整的《西欧文化史》,但是他这本书终久没有产生。不过他的大意,已经在他后来出版的两本书里表现一个大概了。第一本是 The Mind in the Making,第二本是 The Humanizing of Knowledge。这两本著作和他的《新史学》(The New History),大体上已足代表他的学说。至于他与 Beard 和 Breasted 合著或自己独著的《欧洲通史》也好,《西欧史》也好,《欧洲史大纲》也好,不过是根据他的学说写成的教科书,而且翻来覆去地改题目,翻来覆去地大赚其版税,不恭维他老人家这种举动的评者颇不乏人。何先生对于鲁滨孙的了解,按导言中所说,似乎只限于那几本教科书,以为最著名的作品,也就是那几本书。这种见解,直到第四版的时候,仍是如此,未免是一个缺憾。我们姑且承认这几本教科书是他著作中"最著名"的,何先生也未尝不可以说明何以最著名?何以代表新史学家的见解与方法?这不是难事,且是序中应有的。况何先生已经提到那些作品了,更应补充一两句,解释一下。总之,何先生介绍鲁滨孙的著作,解释他的著作的价值和统系,确有不完备之病。别人我们可以原谅的,因为他们的学力不够,见解不深,读书太少,自许太多。对何先生我们不能不多希望一点,求之以全,责之以备。

鲁滨孙先生的学说，据个人不甚准确的记忆所及的，可以分为三层讨论：

一、他治史学的态度——他用批评的眼光、客观的态度，根据"历史的继续性"（historical continuity）的观念，并利用他的"史心"去读史，评史，著史。唯其是因为他抱定批评的眼光，所以一切历史中不正确的观念，他都希望他自己或别人打破。在《新史学》书中第六、第七两章所讨论的，便是打破一般史学家对于罗马灭亡与法国大革命的许多的错误观念。除他而外，还有许多学者，虽经做过，或正在做这类"正误"的工作。此类书籍与作者都太多，不能枚举。第二，唯其是他采取客观的态度，所以他不承认历史本身有目的；并不像有些人以为历史是娱乐读者的，或昭示天意的，或给我们教训或安慰的，或证明一个民族的精神的发展、滋长、光大的——种种。他以为历史就是人类过去活动与思想的痕迹，知道历史以便了解现在，如此而已。第三，因为他主张"历史的继续性"，所以他的历史观是动的，不是静的；是活的，不是死的。譬如说，他不承认在时间上某一个时代是最光明的，或某一时代是绝对黑暗的，或者某某时代与某某时代是截然分开的。又因为历史是动的，它在空间上也不应分开。就是说，社会里一件事体或运动发生了，多少必能影响社会的其他部分。大的如新大陆、新航路发现后，欧洲所受的影响，不单限于工商业方面，而且根本使人生观变迁，使社会组织动摇，使科学猛进，使宗教信仰者彷徨。小之，如果中国女子的旗袍短了一寸，也许可以使远隔重洋的纺织业多倒闭一家。换一句话说，就是历史是具有时间的继续性（Continuity in time）和空间的统一性（Unity in space）。

二、历史的范围——在横的方面，他主张历史的著作不应限于政治史，或宗教史，或狭义的民族史，或个人的史等等。他以为史的范围应重新规划出来。所谓史，乃指人类文化的过程而言。同此史应包括各方面的活动、这些活动的关系及其所以然之故，这便是他主张暗示我们的综合历史（Synthetic history）。在纵的方面，他打破史家一向对于人类历史的年代的观念，他以为人类的史决不是起于几千年前。自然，也许从几千年前起才有记载的史，不过，不见于典章碑碣的史，也应叫它是史,也得整理研究。换言之,人类活动起源的时候也就是历史起源的时候。

三、方法——他劝我们在写历史的时候,应顾到政治以外的史事、运动及成因。他著的数种教科书,正是用他的新方法写的。他把从前人不注意的一切,尽他所能看到的都写出来,解释其间的关系。同他在哥仑比亚大学讲学的如萧提维耳(J.T. Shotwell)主编一种历史丛书,如 L. Thorndike 的 *History of Medieval Europe* 或 J.S. Schapiro 的 *History of Modern and Contemporary Europe* 都是用新方法写的。中国学生最熟识的 Hayes 的那两卷《欧洲近代政治社会史》,也是一个例。又如 Shotwell 及 Evans 主撰的 *Records of Civilization* 及哈佛教授 Schlesinger 主编的《美国社会文化史丛》,乃至那位用教士的热诚宣传新史学的 Harry Elmer Barnes 主持的 *Borzoi Historical Series*,其中如 Sir B. Pares 的 *A History of Russia* 及 J.E. Gillespie 的 *A History of Europe 1500—1815* 也都是多少用同样的方法写的。以上说的第一种是用"综合史学"的眼光写一本书、一本通史,在书中将社会中各方面及各种势力说明,解释其彼此的相互关系。第二种是用同样的眼光与方法,就各人的兴趣,选择文化的一方面或一时代去研究,然后积成一种丛书。例子很多,不能尽举。此外,各专家独自研究,不参加丛书的也很不少。如 Preserved Smith 的 *The Age of the Reformation* 及 L. Thorndike 的 *The History of Magic and Experimental Science Through the Thirteenth Century*。由此可以窥见鲁滨孙先生派,或哥仑比亚史学派的大概及其影响了。

四、地位——说到鲁滨孙先生在史学界的地位,话长极了;个人学力有限,恐不足以下一个断定,篇幅也不够;只有希望何先生当《新史学》出第五版时,补告我们。不过个人要提醒读者的:鲁滨孙的观念与方法的全体,姑勿论它的价值如何,绝不是他一人想出来的。他的思想,远之,受影响于古代;近之,受影响于十九世纪的许多史家。鲁滨孙的思想也许比他们更有统系些、充实些、完备些而已。至于说到近代各种自然科学和社会科学所以影响鲁滨孙之点,也应略为解释。在美国,也有好些学者,并非出自鲁滨孙之门,但同时,或先后,想到鲁滨孙所想到的新方法，就自动地写了不少的书，他们虽没有摇旗呐喊，但所做的工作也是大同小异，成绩亦复可观。这些人与他们的作品也应由何先生介绍一下，使读者可以比较，不致对鲁滨孙有过分的崇拜。在欧洲方面，学者的努力也应提到。因为欧洲用综合的方法编辑丛书的多得很。例如英国的 *Cambridge Ancient History* 或 *Cambridge Modern History*。在法国，例如 *Histoire Generale*，*Histoire de la France*，*L'Evolution de l'Humanite*（Henri Berr 编），*Peuples et Civilisations*（Halphen et Sagnac 编）及在编辑中的《大战史丛》。在德国，如 W. Oncken 编的 *Allgemeine Geschichte in Einzeldarstellungen*。又如 Below 和 Meinecke 同编的 *Handbuch der Mittelalterlichen und neueren Geschichte* 等等。他如 E. Fueter 的 *Weltgeschichte 1815—1920*，可和 Schapiro 的比较一下。希望何先生用他丰富的学力、锐利的眼光，研究，指示我们鲁滨孙学术与欧洲史学的影响或关系。并且要告诉我们他的学术的价值与地位。或者和我们讨论所谓综合史是否可以实现的，成功的。

个人不敢替何先生作序——因为学力本来就差，也不曾专治历史之学，而且现在缺乏参考书。上面说的话无非就我感觉到序中应有的东西，就记忆所及者，随便提出一两点，求教于何先生。

要鉴赏一个作品，而且使这个作品在中国史学界发生影响——这当然是何先生介绍《新史学》的本意——不能不先解释作者的整个学说，说明他在史学界所占的地位。如果当《新史学》出第五版时，何先生能在这些地方指示我们，相信我们读书时，一定能多多获益，能够充分地了解、领略，或批评鲁滨孙的。

记得梁任公著《清代学术概论》的序里提到从前蒋百里著一本《欧洲文艺复兴史》，书成索序于梁先生。但是梁先生愈做愈长，结果做成一本《清代学术概论》。梁先生可谓善于做序了。我不敢苟求于何先生，望他有超于梁先生的那种可佩的狂热与学力。但无论如何，一篇介绍作者各方面的序是不可少的。如果何先生不愿作，请胡适之先生作也可以。何先生在《译者再志》里不是说胡先生因病没有作序，以后希望再补吗？但《新史学》已出到四版，不见得胡先生还在病吧。如果胡先生又病了,我提议何先生去请现在清华教书的雷海宗先生作,也未始不可。总之,那种草率的、笔记式的《译者导言》出自何先生之手,未免有损泰斗的尊严。

丁、译文的评批

我先申明:我因篇幅有限,本节所指出的各种舛误,完全是从第一章二十多页内发现的。不用说其他十分之九的篇幅中还有不少的错误,恕我没有功夫一一指出。

何先生在《译者再志》里面有一段值得注意的话:

> ……后来我将译本送给适之先生去看;他就发现了而且改正了好几点错误。最后我再拿回来根据原本一字一字的校正,竭力希望我的译本能够"一笔不苟"……(评者加圈)

我觉得胡先生能如此帮忙,译者自应感谢。何先生又能重新再"一字一字"地校正一遍,并且对于译本有"一笔不苟"的希望,我更佩服无名。也正因为相信这几句话,我才大胆买了这本书。本想拜读拜读,领受领受,不过我读完第一章后,就发现了不少的错误。也许胡、何两先生都看漏了,也许胡先生只看了一两页。不过《再志》告诉我们是两位先生都看过的,我不敢不希望两先生以后更谨慎些——尤其是胡先生,因为书中如有经胡先生校阅过的字样能使读者"盲从"的。

既然何先生的标准是希望"一笔不苟",我且助何先生一臂之力,将这二十多页中我发现的不妥处,逐条讨论。希望何先生鉴察赐教!

一、晦涩之例

第四页第三行原文:

> ... that through the interest awakened by the natural, unforced view gained of this unity of history and by such illustrative incidents as the brevity of the narrative would allow to be wrought into it, the dryness of a mere summary should be

so far as possible relieved.

译文：

　　……并由这种历史的继续同那种实例得来的眼光,去激起读者的兴趣,一种干燥无味的毛病总算能够救济了许多。

评：全节有译漏者、译错者,结果与原文出入,且读译文后不解作者所指。

第五页第二行原文：

an ill-understood century

译文：

　　不易明白的世纪

评：此指法国革命时代。意谓学者对于这时代的错误观念甚多,因此动词用过去分词,其语气为被动的。

第六页第七行原文：

… which（指死板板的"大事"表）enables us to put our future knowledge in its proper relations.

译文：

　　为分纳我们将来历史知识的预备

评：此处的 knowledge 乃指普通一般的智识,非专指历史智识而已。In its proper relations 未译,与原本有出入。

第六页第九行原文：

historic setting

译文：

　　历史的排规

评：如我们保存译文,似应在此数字之前后,一如原文,加上引句符号（" "）,较为明了。

第六页第九行原文：

contingent knowledge

译文：

知识

评：应将 contingent 译出。因原作者用此字非无目的的。

第七页第十一行原文：

Carlyle's warning has passed unheeded, ...

译文：

Carlyle 说过……这几句话历史家多不听他。

评：Warning 译为"说过"，语气太轻。Passed unheeded 译为"已不注意"，较合原文。再译文末后一字"他"可删去，因为已经有了宾词"这几句话"，无需再有一个宾词了。

第八页第九行原文：

certain great issues hitherto neglected

译文：

那些向来轻视的重大问题

评：Neglected 在此地应译为"不注意"或"忽略"，较妥。

第十六页第七行原文：

prospects

译文：

希望

评：应译为"前途"较明白。因为 prospects 有好的（自然可以勉强译为希望），同时也有坏的，后者就不见得是希望了。

第十九页第七行原文：

... far more complete than the combined knowledge of all the histories ever written, ...

译文：

>比自古以来所有的历史还要完备

评：原文本意，未能明晰。应译"比自古以来所有史籍给与我们的总知识还要完备"。

第廿二页第七行原文：

>... add a still deficient element

译文：

>增加一个重要的原质

评：原文是"增加一个我们仍旧缺乏的原素"。此地，作者着重在"缺乏"的意思上。

二、不确之例

第一页第八行原文：

>Each fact has its interest and importance, all have been carefully recorded.

译文：

>各有各的关念同重要，都可以明白纪载下来。

评：译文上半句大体还不差。不过 each fact 的 fact，漏而未译，殊为遗憾。下半句的文气更可以斟酌了。著者明明用过去完成词表示以上各个事实都已经慎重地记载下来了。何先生把那 have been recorded 变为 may be recorded，未免不确。因为一个是过去，一个是含有未来的意味或可能的意味。况且 carefully 译成"明白"，译笔似欠谨严。

第二页第十一行原文：

>established routine

译文：

>旧路

评：欠确。应译呆板板的旧方法。Beaten path 或者可译为旧路。

第四页第一行原文：

> more advanced pupils

译文：

> 自修的人

评：不妥。自修的人勉强可以是 advanced pupils，但 advanced pupils 不见得是自修的人。从师而学，亦无不可。应译为"程度较高的学生"。

第六页第一行原文：

> mistakenly infers

译文：

> 以为

评：太草率。第一，infers 不仅是一个普通的"以为"而且含有"推论""推定"的意味，从一件事推想到第二件事。至于 mistakenly，已无踪迹了。

第七页第六行原文：

> of course all knowledge, even that which is well forgotten, may beget a certain habit of accuracy and sense of proportion, ...

译文：

> 凡属一种学问，就是易忘的，当然可以养成真确的习惯和支配适当的观念……

评：well forgotten 不能译为"易忘的"，乃是完全忘记了的，或整个忘记了的。如是"易忘的"，在英文应为 even that which may (can) easily be forgotten。一个有过去的意思，一个是可能或未来的意思，各不相同。

第八页第七行原文：

> ... has not our bias for political history led us to include a

> great many trifling details of dynasties and military history ...

译文：

> 就是我们有没有让我们的偏心，引我们专去叙述历史无关紧要的朝代史和军事史。

评：原作者上文已经申明并不否认政治的事体在历史上占的地位，不过不应偏重罢了。所以他追问：是否我们的偏见已引导我们将许多无重大关系的朝代及军事史中的琐事包括在历史里？作者没有说出"专去"的意思。何先生将他的语气弄错，并且将 include a great many 当作 include exclusively 了。而且，details 译为史，应斟酌。译为琐事或枝节，似更妥当。

第十一页第四行原文：

> To make true statements is not necessarily to tell the truth.

译文：

> 说真话的不一定可靠。

评：与原文有出入，使原意不明。鲁滨孙上面不是说过有一位著《法国史》的，讨论封建制度时，只叙述地牢如何如何。在封建制度之下，未尝无地牢，多得很。地牢是事实么？是！他叙述地牢是 make true statements 么？是！但是封建制度的特征，只限于地牢么？换言之，地牢是封建制度的"真理"，或"真相"，或"精华"？不是！不是！所以鲁滨孙轻描淡写地讥刺一句，人们尽管告诉我们以事实，但不见得告诉我们以真相或真理呵。因为真相是许许多多有关系的事实的整个产物，只述说一两件事实，未得谓之"全豹"，亦不足代表真相。那里有什么"说真话的不一定可靠"一类的荒渺无稽之谈？最后何先生所谓"说真话的"大约是指人了，是全句的主词了。我以为主词不是人，而是一个无生命的 to make。鲁滨孙心中没有什么人，他是指一件事而言，他指"告我们以真事实，不见得告诉我们以真相"而言。

第十一页第七行原文：

> the true greatness of the church

译文：

  教会的真内容

评：不确。

 第十五页第十三行原文：

  ideals

译文：

  观念

评：不确。应为"理想"或"理境"较妥。因为普通所谓观念，在英文里是 ideas，与 ideals 是两回事。含义也似乎两样。

 第十六页第二行原文：

  prevail

译文：

  发生

评：与原文有出入。应译为"得势"或"占势力"——这还不很妥。应译出那"左右一切"的意味。因为作者不仅希望一种新的史学的理想能够发生（因为这种理想已经发生了），而且希望这个理想能超出其他一切的陈腐理想而成为一个"唯我独尊"的理想。译文因误解 prevail 所以弄差了。

 第十八页第五行原文：

  … that the past is largely dead and irrelevant, except when we have to make a conscious effort to recall some elusive fact.

译文：

  ……"过去"这样东西，除非我们故意要去记他，是死的，没有关系的。

评：何先生这句里的"他"大约是指"过去"了，其实不然。鲁滨孙是说"除非当我们必得存心去追想某种飘渺的事实，'过去'多半是死的，没有关系的"。largely 漏而不译,使译文不能代表原本的意思。Recall 译为"记",不高明。英文的 remember 是"记",recall 是 call back from what we once remembered,是截然两件事。先 remember;忘了,才去 recall,先后的程次完全不同。Have to 的意义,且完全不译,太苟。

第十九页第二行原文:

It gives one something of a shock, indeed, to consider what a very small part of our guiding convictions are in any way connected with our personal experience.

译文:

我们要知道我们脑中所有的知识,同我们自己个人经验有关的,实在很少。

评:全句中挂漏,未详,改动原本口气的地方,读者一比较,便可明白。姑且不论,论必太长。Guiding convictions 译为知识,可谓创举!何先生以提倡史学为怀,这便是 conviction。如何先生一生的努力都大半集中在史学上;而一生也自期为史学界开新纪元为宏愿,自己对于这个宏愿有极大的信心,便是 guiding conviction。与何先生脑中的智识,无多大关系的。与何先生的成就,也并不一定有多少关系的。

第十九页第六行原文:

History ... may be regarded as an artificial extension and broadening of our memories.

译文:

历史这样东西就是一种记忆力的扩大

评:第一,"扩大"与原意"人工的扩大与推广"是不相同的。第二,memories 此地不见得是"记忆力"乃是所记忆的东西——人,或事,或物,因此用复数。译文不确。

第廿一页第六行原文:

liberal education

译文：

  教育

评：不妥,应补充。

三、挂漏之例

第一页第四行原文：

  ... or describe the over-short pastry to which Charles Ⅴ was addicted to his undoing.

译文：

  或叙述 Charles 第五的食物

评：这是"一字一字"校对过的东西么？挂漏之处,何其多也。Pastry 译为食物,不妥。Over—short（太脆之意）也不理了。To his undoing 及 to which Charles was addicted 简直失踪了。原文的意味完全失去,可惜。

第三页第三行原文：

  ... Much used until recently in schools and colleges ...

译文：

  近代各专门学校通用的……

评：应加译 schools。因为作者原意不仅指专门学校而言。Until 未译,使译文与原著大有出入。

第三页第四行原文太长,恕不录。译文亦太长,各节见评语中。

评：译文有"嗣 Naples 王 Charles 第二之 Robert 者,Guelph 党之健将也"一句。原书有 Robert the Wise 以别于其他之 Robert,何先生既录原文 Robert,似乎也应加上 the Wise 两字。Robert the Wise 后有一括弧,中有(of Anjou)亦应加足。接着又有一括弧有年代,应补。下面 Frederick Ⅱ 的年代亦在括弧内,应添入较当。鲁滨孙引此段之本意,原是为了证明这一类书专记年月、地名,如译文漏去,似与作者本意不符。原文 after a career of crime and misfortune 译为"遭遇艰苦",crime 之意失去了。

第三页第十三行原文:

> Lorenzo the Magnificent

译文:

> 只有 Lorenzo。

评:应加上 the Magnificent 以别于其他同姓之人较当。

第四页第十行原文:鲁滨孙此处正在批评一本最近出版的论法国革命前全欧的史。他说这位作者自应精择其材料以便 make clear the regenerating workings of the new spirit of enlightenment amid conditions essentially difficult for us to understand.

译文:

> 使那个世纪的新精神同新事业明白叙述下来才是。

评:未免遗漏太多。句中重要字如 regenerating workings 及 enlightenment 及末尾的好几个字均未译到。

第四页第十三行原文:

> while Uhlfeld became on Zinzendorf's death nominally chancellor, Bartenstein remained from 1740 to 1753 ninister of foreign affairs …

译文:

> Uhlfeld 继 Zinzendorf 而为有名无实之内阁总理。Bartenstein 自一七四〇年至一七五三年任外交总长……

评:具有指定时间前后的接续词 while 未译,于原本语气有损。盖指当 Uhlfeld 为内阁总理时,Bartenstein 是外交总长。这是 Uhlfeld 之所以无权也。而且他做内阁总理之由来,原本说得很明白,译文亦从省,似宜补正。

第六页第六行原文:

ever the hastiest and driest Chronicle of the "chief events" in world history.

译文：

在大事表之大事上下未加引句符号。

评：原文所以有引句符号者，正是不承认一般所指为"大事"者为真正的大事，应补。

第六页第八行原文：

We learn important dates so as to read intelligently later of events of which in school we learn only the names.

译文：

我们知道了重要的时期，使我们将来能够了解事实。

评：dates 译"时期"易使读者想到 periods，不妥。全句挂漏处甚多，译文亦与原句不甚符合。

第七页第十一行原文：

political events and persons

译文：

政治人物

评：Political events 漏去了。

第十页第十三行原文：

... coming out at unexpected places

译文：

忽然无意中出来

评：与原文有出入。作者用 unexpected places 者，指那些吞针的人，先吞了；后几年，那些针又从我们想不到的地方出来了。因为针吞了，又能出来，已难；又从我们想不到的地方出来，更难，更奇特。所以 places 一字要紧。

第十一页第三行原文：

> The medieval church was, we might infer, little more than the clever device of evil men ...

译文：

> 中古时代的教会，无非是一种恶人的诡计……

评：译本将那一句关系重大，鲁滨孙用虚拟法表示讥刺的 parenthetical 节 we might infer 漏掉，影响全句的口气颇大。何先生如仔细酌斟一下，也或许赞成我的主张。

第十四页第四行原文用两次 institution 前后均有引号。译文未加引号，与原意似多少有出入处。

第十四页第十行原文：

> any momentous institution

译文：

> 某种制度

评：没有译 Momentous。原作者非仅指一般的制度，乃是重要的制度。如上面鲁滨孙说 great period of human development 译本只云人类进化的某个时代，亦有同样的疏忽，因而失了作者原意的一部分。形容词有时固然只为了点缀，但有时却关系重大，有时作者的深意，正寄托在这几个字上。

第十四页第十二行原文：

> seemingly fortuitous

译文：

> 偶然的

评：seemingly 漏去。作者加这个字，为了免去武断的嫌疑，最好将"似乎"两字加上。

第十四页第十三行原文：

We should then hesitate to include it on its own merits at least in a brief historical manual — ...

译文：

我们就不应该包括在历史著作里面……

评：第一，原文语气，似乎不像译文那样肯定。第二，on its own merits 未译。第三，at least 下面的字，应该细细酌斟修正。至于鲁滨孙加上这一节"至少不必包括在一个简明的历史课本里面"，用意是有相当的让步。他以为如果一般人必为那些史实本身的价值而载之于史籍，至少不应写在一个简明的普通历史课本里面。作者文章委婉正在这里，论事的慎重也在这里。

第十五页第七行原文：

A penchant more or less irresistible to recite political events to the exclusion of other matters often of far greater moment.

译文：

不讲别的重要事情，专偏重政治事实的记载。

评：第一，penchant 一字漏去，与原文的用意因此有不符之处。本字从法文 pencher 出来，即英文的 incline、lean towards 的意思。此处觉得译为"倾向"较妥。more or less irresistible 也没有译。又译本的"别的重要的事情"未免过于简略，原文是"别的更重要得多的事情"。

第十五页第八行原文：

The old habit of narrating extraordinary episodes

译文：

喜述最不普通的事

评：The old habit 未译。

第廿一页第十二行原文：

Conservative college presidents

译文：

> 守旧的校长们

评：应加"大学"两字。因他指大学而言，所以下面有保存七艺等等，非指一般校长。

第廿二页第三行原文：

> intelligent social activity

译文：

> 社会的活动

评：intelligent 未译，与原文意思不见吻合。

四、讹译之例

第一页第二行原文：

> It（指历史）may aspire to follow the fate of nations or it may depict the habits and emotions of the most obscure individual.

译文：

> 大则可以追述古代民族的兴亡，小则可以描写个人的性情同动作。

评：第二半句简直错得可以了。Habits（习惯）译成"性情"，已经不能原谅。Emotions（感情）译成"动作"不知出自何经何传？并且，the most obscure individual 是正对着上面 nations 而言，并非仅仅指"个人"，乃指一般无知无闻的人，就是中国所谓的愚夫愚妇。作者用冠词 the 于单数的 individual 之前，是指这一类的人而言，数目不只一个。作者的意思：历史一方面可以追述堂堂的民族的兴亡，也可以描写愚夫愚妇的习惯和感情。是指出历史范围之广及它伸缩性之强，可高可卑，可大可小。何先生如再细细咀嚼原文，再了解 the 和 obscure 的功能与意义，并且确定到底 habits 及 emotions 是作何解释，就不致误译了！

第三页第十一行原文：

> This is not, as we might be tempted to suspect, a mere collection of data for contingent reference, no more intended to be read than a table of logarithms.

译文：

> 上面这段文章，并不是仅仅一种材料的搜集，备偶然参考之用的，并不希望我们作一部"对数表"去读。

评：何先生轻轻地把那一个 parenthetical 节 as we might be tempted to suspest 一笔钩销，已经不是"一字一字"校对的结果。在何先生的心中，这种句子似乎不必译，其实有时全节、全句的奥妙就在这里。这一点待我解释全句完了，一定明白。译文不通处在下半句（就是"并不希望我们作一部'对数表'去读"）。泛泛读去，似乎不错。仔细一看，再读原书下文，便不能不说太与作者之本意相左了。在这一句的上面，作者引了一段某史家的著作，里面完全是某某王何时即位，何时死等等。同时那位史家在书中说他作此书之目的，是希望本书将重要的史实写得有条有理，使事与事之间、时代与时代之间的关系能够明了，种种一套漂亮话。那知上面那段文章，和对数表一样，是不能拿来当历史读的，却偏偏是一册要人去读的教本，因此鲁滨孙要嘲笑了。这一句的大意是："这使我们会疑心到上面的不过是一堆材料，备偶尔参考之用，犹之对数表不是叫人去读的。可是并不是如此。"言外之意：如果那位史家老老实实地承认自己的那本书是和对数表一样，也罢。但事实又不然。如果依何先生的译文：并不希望作对数表读，则鲁老夫子也不用刻薄他了。鲁滨孙是反对那位先生，何先生却替他辩护。作者用那被何先生轻轻钩销虚拟动词的 paenthetical 节，含有无限讽刺。全句的枢纽也似乎在那里。惜哉！

第四页第三行原文：

> Unity of history

译文：

历史的继续

评：历史的继续是 continuity of history。原文是完全另外一回事。

第四页第六行原文：

…but devotes a twelfth of the available space to interminable dynastic squabbles of southern Italy.

译文：

把十二分之一的空间费到南伊大利继续不断的朝代纷争上面去。

评：此处的 space 乃指篇幅而言，而且上面有 available 一字，意谓可用的篇幅。

第七页第九行原文：

that historic spot

译文：

那非历史的地方

评：这是叫《春秋》笔法；大义微词，只有《公羊》《榖梁》才懂。那"非"字真不知何处飞来。

第九页第十行原文：

no land has given birth to men

译文：

没有那一地

评：land 不是地，乃是上面所说的国家的另一名词。如云 fatherland 或 vaterland（德人用的）、motherland（英人用的），毫无普通 land 指土地之意。乃指父母之邦，或祖国。此处因原作者刚才用了 nation，再用 nation，文字太板，所以改用 land。

第十页第六行原文：

The teacher of chemistry does not confine himself to pretty

experiments, but conscientiously chooses those that are most typical and instructive

译文：

　　教化学的教师，决不是只限于奇怪的实验，一定故意选择可为模范的而且可以增加智识的东西。

评：pretty 译为"奇怪"，真有些奇怪了。鲁滨孙用这个字很俏皮，译文失其本意。按何先生解释，如有人说某女士有 pretty feet 一定是奇怪的脚了，如说她有 pretty eyes 一定也是奇怪的眼了。恐怕当事人要起诉。Typical 不是模范的本意。凡是一件东西或一个人可以代表其余的东西或人的，即是 typical。假使我说何先生译的《新史学》是 a typical Chinese translation，我是说一般中国人的译本，其程度，正确，文笔及价值，正和何先生的不相上下，并非指何先生的书是可以为模范的——有时适得其反，请注意。

第十一页第二行原文：

　　Yet in the history of France alluded to above, the description of the feudal system scarcely extends beyond dungeons.

译文：

　　但是上面提过的那本《法国史》说"封建制度"不过一种牢狱。

评：鲁滨孙的原意是：但是上面提过的那本《法国史》，描写封建制度，除了说说那些地牢如何如何，其他关于封建制度的种种现象与组织，很少提到。那里是说封建制度不过一种牢狱？

第十一页第七行原文，鲁滨孙评一个作家，说他不去讨论教会的真正伟大处，却说：

　　Miraculous oil was common, portions of the true cross plentiful, …

译文：

　　圣油是真十字架的部分

评：请问此语何解？原文的大意是"圣油是普通的（或常有常见的），真正的十字架的部分也是不少"。何先生把两个节（clauses）认为一句。本来初学英文的人也许看不出节句来，因为如果是两节，何以第二节无动词？这个问题，我相信何先生自己能答复的，就是这句的本来面目是 miraculous oil was common, portions of the true cross were plentiful 所以第二节不用 were 者，因为第一节中已有 was，与 were 都是从动词 to be 变出来的。按英文文法：上节如有一个动词，下节也有一个同样的动词，为行文警炼起见，可以将第二节的那个动词省去。如认为一节，再迁强附会的翻译，恐有违何先生自订的"一笔不苟"的标准。有常识的读者恐怕也应怀疑，"圣油是真十字架的部分"可能么？

第十九页第十三行原文：

> investment

译文：

> 投机

评：investment 是投资。如我拿我的积蓄买了商务印书馆的股票，是投资，是原文的意思。投机在英文是 speculation。如我做交易所，是投机。完全是两回事。

第廿一页第七行原文：

> The belief on which I was reared, that God ordained the observance of Sunday from the clouds of Sinai, is an anachronism which could not spontaneously have developed in the United States in the Nineteenth Century;...

译文：

> 如说礼拜日的制度，是上帝从 Sinai 山上云中所规定的这种话，决不是十九世纪的美国突然产生的。

评：第一，挂漏太多，读者比较一下，自知并非如何先生序中所云"一笔不苟"。Anachronism 也未译出。Belief 译成"话"，不通。Observance of Sunday 译文稍晦，应译为"做礼拜的制度"。第二，原文是说在十九世纪的美国,这种陈腐的信仰不致产生。这个前置词的 phrase,在此有副词的功用,指明某某地方。"美国"在此处是前置词的宾词,何先生当它是主词。真正的主词是 belief。第三,spontaneous 并非"突然",乃是"自然而然",言无须人工之意。如有一派生物学家主张 spontaneous creation,他们并不是说突然而产生,乃指各种生物的种类,并非演化而来——如说人是从猿变来的,猿又从什么更下等的生物变来的——乃是自然而然产生的。最后,后面这一个 relative clause,用过去的虚拟法,意谓这种陈腐不堪的信仰不见得能在十九世纪的美国里可以产生;然而在作者受教育的时期中,就有人教他如此信仰。鲁滨孙言外有讥讽叹息之意,译文晦而不宣,鲁滨孙更应叫一声"冤哉枉也"!

以上我举了几个重要的例子而已。译文本身可斟酌的地方还有。譬如人名及专名词有时写原文,有时译音,比较能一致好些。

至于注脚方面也有待考虑的地方。本来注释的用意或者解释原文,或者补充。译本的注释,就第一章看来,似有未能完全满意处。有的注脚是错误的。我在本文的"史事不确者"一段内已经提到,不必重说了。有的地方,似乎应有注的,应加上好些。譬如第一页第二行有 Chelles 一字,我觉与历史有关,如有注释比较对于读者更有益。又如第十页的第二行的《巡警公报》也可以说明几句,使读者更明了鲁滨孙用这个"典"的意味。有的地方,何先生固然已经有解释了,但是我觉得有时不免"语焉不详"。尤其是关于名史家的注脚,譬如在 Herodotus 或 Freeman 或 Ranke 之下不仅说他们何时生,或著的几本书,也可以用一两句话,告诉我们每一个人的特点。何先生在 Otto of Freising 下的注说"颇具批评能力及哲学眼光"这类短短的评语,我希望不仅限于一个人,其他名家(也许比 Otto of Freising 还重要的名家)也有一两句才好。还有,注释方面似乎有时应多说两句的反而说得少。应少说的,反而多说。譬如注四,对于英国《大宪章》发生的年代、月份,乃至日期都有;但是《大宪章》的内容,一点也没有提到。又如第一页的"金钢石顶圈"的注很详,而 Chelles 未提到。

总结一句话:本书文笔清通,比一般的译本好。不过错误处应该斟酌修改,原本的风味应设法保存,注脚应补充或更正,导言应介绍作者的各方面——这几点如能在第五版时做到,译本可以说比较完备了。

何先生学识丰富,更能不断地努力,我个人对何先生有悠深的敬佩与无限的希望。我诚心地祷祝何先生能继续地研究,使我们有一个模范,使史学界多有一个大师。上面所讨论的种种,也无非是代表一部分读者希望和何先生互相砥砺的表现。如果我指出之点是大体不差,望何先生能采纳"荛荛之言"。如果有不对的地方,尤盼望何先生指正。中国一般的批评,不少是无根据的谩骂,或者是过分的恭维——这都不是好现象。有些人因为注重"涵养",就是别人明明有错误,也不屑指出,或不愿指出,也不是做学问应取的态度。中国有几个像何先生这样的学者?在可能范围内,我总是觉得应该使他成为一个不朽的史家,他的译本或创作成为不朽的珠宝——这是我作这一篇批评的主要动机。容或行文之时,偶出诙谐之词,或间有过于肯定之点,想何先生"不耻下问","从善如流",也不致误会评者的诚意的。

编者附志:

李先生这篇书评,写得长而有劲,其用力之勤,殊堪钦佩。而何先生接受批评之雅量,亦为人所难能,有信为证:"……昨自金华故里返沪,奉读手书暨李君评《新史学》一文,至深感佩。拙译系十余年前旧作,错误自知难免。且拙译系根据北大出版部之翻印本,未曾与最近订正原本复核一过,自问殊觉粗疏。至李君所评各点,间亦尚有讨论余地,惟因无甚必要,故不欲再费笔墨矣。李君一番盛意,仍极可感,便乞代致谢意……弟何炳松谨上,廿二年元旦之前夕。"此即所谓学者之度量,难能而可贵者也。著作家如各有此度量,则批评者皆可凭其一得之见,畅所欲言,而著作家亦得集思广益,以求进步。出版物之标准,庶可提高乎。《图书评论》编者之希望无他,惟求养成批评者之适当态度与被评者之应有度量,以期学术获得自由讨论之贡献,不至全仰有权威者之传授耳。批评非"最后裁判",书评之价值亦尚有待于阅者之估定,被评者苟非必要,固不必自费笔墨也。

(《图书评论》1933年第1卷第6期)

《新史学》

如

美鲁滨孙(I.H. Robinson)著,何炳松译。
商务出版。二六八页。

美国史学家 Barnes 归纳现代史学有八派——八种史观,就是:一、伟人史观——有 Faguet、Mallock 等。二、经济史观——有 Marx、Sombart、Schmoller 等。三、地理史观——有 Huntington 等。四、精神史观——有 Eucken、Taylor 等。五、科学史观——有 Pearson、Libby 等。六、人类学史观——有 Boas、Morgan、Goldenweiser 等。七、社会学史观——有 Turgot Hobhouse、Giddings 等。八、综合史观(群众心理史观)——有 Robinson、Shotwell、Barnes 等。本书作者鲁滨孙即系综合史观者。本书乃其代表作,可见本书的价值了。

原书出版于一九一二年。全书共八篇,但据译本朱希祖序文云:其中以一、《新史学》,二、《历史的历史》,三、《历史的新同盟》,八、《史光下的守旧精神》,为最重要。所以本文就限于这四篇。

现在分篇作提要。

一

作者先指示过去史学上几种倾向的不当:一种是专记人名、地名;一种是看重大事表;一种是偏重政治人物而忽略了人类各方面的重要的活动;一种是描写社会只述骇人听闻的事,不问事实的背景;一种是以为社会常在定期的扰乱状况中,只注意乱世的种种,忽略了新旧的交替。又有为事实而记载事实,因此详述那种例外的与偶然的变故。这些对于历史的观点和态度,都不能帮助说明历史的真理。

所谓历史的真理,就是"历史的继续",基于这个观点,就应重视"制度"。"我所谓制度……包括过去人类思想的和动作的方法,以及政治以外的各种事业和风尚。历史上无论什么事情,无非就是这种制度的表现"(页十四)。因此,对于历史上一件事,须看"这件事实能够帮助读者领会人类进化的某个时代的意义或某种制度的真性质(吗)[么]? 假使能够的,……愈详愈好……"(页十四)

惟其历史是继续的,应注意各时代的制度,所以主张从过去的事实里面得到一种教训是错的。"人类的状况[——至少在我们时代——]变化如此的快,所以要想利用过去的经验,去解决现在的问题,实在是一件危险的事情"(页十六)。

这种对于历史的观察,为的是什么呢?"就是帮助我们明白我们自己的状况,以及人类的问题同希望。这就是历史的最大效用,也就是普通所最不注意的一点"(页十七)。原来研究历史不是为明了过去,而是明了环绕我们周围的现在。环绕我们周围的现在,是我们依以为生的,非于现在求得一个澈底的明了,将何以谋安身并享受幸福呢? 研究历史的目的在此,可见历史的价值了。

今日的个人生活,必是过去经验的结果,个人存留着过去的经验,这是记忆力的作用。但个人的记忆,"一部分是他自己的经验,但是许多是……听来的,或从书[籍]里面得来的"(页十八—十九)。所以"历史这样东西就是一种记忆力的扩大,可以用来明了我们的现状……因为我们完全明白过去,便可以完全明白现在的情形,我们就可以用来做我们行动的根据了"(页十九)。但是这样的研究历史,到目前尚未普遍,"历史家还不能供给我们一种改良人类(状况)[现状]的原理"(页二十)。这个原因,"就是我们思想习惯的变迁,总比我们环境的变迁慢得多……常常不免用旧眼光观察新问题"(页二十一)。为对新问题求正确的观察并解决,必须改变对历史的态度,"因为他可以在我们知识上增加一个重要的原质,而且可以提倡我们合理的进步"(页二十二)。朋友们,生现在为一个人,对于改良社会的事业,须负有一部分的责任,所以不得不先明白现在的状况和思想的来源。

由上说来,历史这样东西,竟是我们日常所需要的了。因此"'新史学'要脱去从前那种研究历史的限制。……他一定能够利用人类学家、经济学家、心理学家、社会学家关于人类的种种发明——五十年来的种种发明,已经将我们对于人类来源、进步、同希望(等)[种种]观念革命了"(页二十二)。这就是说"历史的观念和目的,应该跟着社会和社会科学同时变更的"(页二十三)。

二

现在讲史学范围扩充的历史,——就是说历史观念的变迁。现在可分如下几个时期:

(一)最初的历史"是文学的一部分,他的目的,无非用美术的方法去表现过去的事实……满足我们的好奇心"(页三十二)。

(二)历史脱离文学,入宗教神学意义。"……发明历史的真精神,恐怕要推基督教徒为第一"。历史是一篇从创造人类起到最后善恶分明止的神诗,也就是上帝罚恶的一篇记载,所以"用幻想解释的犹太史,继以基督教的神秘史同殉道史,就是世间尽善尽美的历史"(页三十四)。中古时代奥古斯丁(Augustine)和奥洛息阿斯为其代表。虽然"这种神学的历史'继续'同意义的获得,大大牺牲了所有正确的同世俗的配景",但这种历史,非但"淆乱欧洲历史的眼光至一千年之久",而且直到"宗教改革以后,新旧教徒均用历史作宗教战争的利器"。甚至"到现在,有许多历史的研究,还有宗教的偏见"(页三十五——三十六)。

(三)十六世纪以后,历史从神学意义转到教训的意义。"波令布罗克……以为历史这种东西不过是一种用'实例去教的哲学'……波里比亚曾经看出历史可以作政治家同军事家的一种指导,……希望以过去道德上的成败来提倡道德,抑制不道德"(页三十六——三十八)。但状况变化很快,这种过去的成例难得有人相信。

(四)十八世纪中叶后的历史偏重于政治史,先因法国革命,为编订共和宪法,激起了宪法史的研究,而此时史学有大同主义的意味,故这种宪法史法研究,是站在整个人类的立场上说的。"十九世纪初年……欧洲各国,民族的精神慢慢地发达了,在德国尤其显著"(页四十二)。由此便产生了海格尔 Hegel 的历史哲学。"德国的精神是新世界的精神;他的目的,在于实现绝对的真现——就是自由的无限自决……""因此历史的著作,就有一种民族的、爱国的精神贯注在里面"。此种爱国主义和大同主义绝不相同。所以十九世纪的历史都由大同主义变为民族的。由于这种民族精神,于是政治史的兴味就特别浓厚,学者"都以为政治史是尽善尽美的历史"(页四十二—四十四)。

但"以上各种历史的目的,都不是科学的"。十九世纪中叶以后,科学精神迷漫了欧洲。史学受了科学的影响,就由政治史的史学进为科学化的史学了。

(五)科学化的史学,第一步就是严厉地批评历史的材料,和据实记载。但科学对于历史家选择和解释事实的较大的影响,就是精细地研究普通的事实,和发见天然定律。社会科学就直接帮助了历史家脱离古代谬误的见解。"第一种社会科学大有影响于历史事实的选择同解释的,自然是十八世纪时候发达的经济学……马克斯以为无论什么东西都可以用经济学说去解释他。……无论如何,十九世纪以前历史家所不注意的那些永久而且普通的原动力,现在能够特别注重起来。开这条研究新路的人,不能不首推经济学者"(页四十五—五十二)。所以史学脱离往昔谬误的见解,进入科学领域,经济史观确是一个极大的关键,但不能说史学已完全科学化了。此后柏克尔 Buckle 等拟依据天然科学的方法发现历史定律,但此种努力,无大成效,"大部分因为历史所研究的是人,人的纡曲方向,同人的欲望无定……"(页五十四)所以史学到此时期,可说已进了科学的可能性,而未至全盘的科学史学。

(六)历史要成为科学,本不是容易的事,"因为人类过去的现象异常的复杂,我们又没有直接去观察他们的方法,……我们对于人类史的大部分,绝对的不知道"(页五十七—五十九)。那末如何才承认历史是科学的呢?近世学者研究历史,有了个大发明,就是历史以前,有一个时代,由此推断人类至少有三十万年的历史。这种信念何由而来呢?原来"到了十八世纪的时候,人类能无限地'进步'这句话,才成为改革家津津乐道的原理,……到了十九世纪的中叶,有思想的历史家,开始承认历史继续的原理了。……无论那种制度……思想……发明,都是长期进步的总数。……所以历史的继续,是一种科学的真理。追溯变迁程序的事业,是一个科学的问题。……这也就是历史所以能够升为科学的根据"(页五十九—六十二)。所以历史变为科学的工作,在使历史变为历史的——就是注意历史事实之所以然。史学到了这时期,大家便公认为科学的了。不过史学这种科学,断不能视同其他各种分类的科学,分类的科学研究,当然"可以将历史的进行,……等格外表示得明了。……人类:断不是科学分类的总数"而是整个的东西,必须研究全体,"研究全体进程的人,就是历史家"(页六十三—六十四)。因此"历史家始终是社会科学的批评者同指导者,他应该将社会的结果综合起来,用过去人类的实在生活去试验他们一下"(页六十六)。

三

历□[①]必须常常重编,"因为我们对于过去的知识,常常有所增加;从前的错误,常常有所发见,有所改正;而且新眼光常常有所发现……"(页七十五)而且非但自古以来,历史范围不能确定;"历史能否进步,能否有用,也完全看历史能否同他种科学联合,不去仇视他们"。由历史和他种科学联合一点上说,"历史这种学问,……他的发生全靠他种科学作根据,他只能同他们同时进步,才能对于我们的了解有点贡献"(页七十八)。六十年前历史研究上所做的事业,就是受着天然科学的影响:1. 严厉批评历史材料;2. 实事求是;3. 注意平庸的、日用的同平常的;4. 轻视从前历史家那种神学的或以人类为中心的解释。这还只做到改造历史的预备。到了进一步的研究,更是受着天然科学的影响,近来学术上的发明,就是"无论那种东西,应该看作有一个来源同一个发达;我们不能不注意变化的发生同步骤"。这是一个"历史的态度",就是"自然发达观念",也就是"史心",但"历史家不但不首先知道史心的重要,而且他们将这件事交给研究动物、植物和地质的人去发见出来"。

[①] 原文如此,疑为"史"字。——编者注。

举例言之，十九世下半期达尔文（Darwin）的进化论是"动物学家第一回证明人类是从动物变来的"；莱伊尔 Lyell 的人类甚古说"是英国一个地质学者第一回很有条理地证明人类住在地球上，不止六千年，恐怕有六十万年"（页七十九—八十三）。所有这些，没有一件归功于历史家，却没有一件不有功于历史家。历史家非但没有这种发见，而且甚至谓人类进化和人类很古之说与历史问题无大关系，至多偶然之间利用它。

所以历史家"应该快快表明他们对于各种关于人类新科学的态度。各种新科学，……能够改正一般历史家所下的断语，解除了历史家的误会。所谓关于人类的各种新科学，我以为最重要的，就是广义的人类学、古物学、社会的与动物的心理学，同比较宗教的研究。经济学对于历史已经很有影响"（页八十四—八十五）。兹分述如下：

1. 古物学　"古物学上材料的可靠，有时不但远胜于记载，就是在有记载以后，他们还是很重要。……假使研究历史的人不知道原人学，他们就有失去人类全部发达配景的危险"（页八十六—八十七）。

2. 人类学　"人类学家研究现在蛮族的习惯、风俗、制度、语言同信仰，对于历史的真了解，一定能够大有贡献"（页八十九）。

3. 比较宗教　"近世科学里面，惟有比较宗教的研究，将我们陈腐的历史观念推翻了。因为研究宗教的材料同方法，是半历史的，也是半人类学的"（页九十）。

4. 社会的与动物的心理学　要说明进步同退化的真性质与文化的学习传播必须懂得社会心理学，但"没有动物心理学，就不能懂得社会心理学。……研究动物心理学的人，必会承认人类的心理作用，有许多是由动物传下的这句话并不武断"（页九十五）。

"模仿的性质同地位，……没有人会怀疑他的重要：差不多所有我们教育的根据，同猿差不多。对于一个相信历史继续原理的人，这是一种很可喜的新发明"（页九十六）。"我们假使没有动物心理学的观念，我们就不能了解人类文化的性质。……文明不是本有的，而是由广义的模仿传下来的"（页九十六—九十七）。

这几种学问，就是历史的新同盟。历史家"不能不利用各种科学家有关系的学说。历史家不一定要作人类学家或心理学家，才可利用人类学同心理学的发明同学说"。"历史家假使把他种和历史同盟的科学思想好好地利用起来,可以大大地增加历史研究的力量同范围,使研究历史的结果,比自古以来还要有价值"(页九十九)。

"来伊尔最有名的《古代人类》(The Antiquity of Man)在一八六三年出版,第一次将人类很古这个学说发表出来"(页一〇六)。从研究初有人类到现在的历史的结果上,"可以得着两个显然的断语:第一,就是我们所谓'古人'、……实在是我们同时代的人。……第二,……人类的进步,最初非常的慢,差不多过了几万年看不出来的。到了后来一天加快一天"(页一〇八)。这是"人类无穷进步之说发见后的发见,但这种思想迟至近代才现萌芽。原来以前由于人类的崇古,难能发见人类无穷进步之说。用英文传播得很广"(页一一一)。"培根将人类崇古根据误会的地方,明明白白地指点出来,隐隐之中,摇动了我们崇古的习惯。……培根的意思,……应该去研究四周围世界上真正的东西,要研究这种东西的理由,就是希望增进人类的幸福……"(页一一二——一一三)"人类可用自己的力量去求进步的学说,从少数思想家心中露出的时候,到如今不过三百年。这种观念能够普及于社会,培根的功劳最大。……"(页一一三)培根和其他的人得到这个人类进步的观念,显然是因为近代社会是一个动的社会,由是而生出的一种觉悟。此后此种思想引进得异常快,"到了十八世纪,尤其利害",学者都说明了人类有无穷进步。到十九世纪科学发明以后,使人类的眼光从过去转向将来那种学说,其力量更厚了。"第一,科学的发见,能够证明人类对于世界同自己地位的知识,比从前大有增加;第二,人类如此地应用他的知识,所以使古代制造运输同交通的方法,显出粗暴陈旧的样子;第三,达尔文、来伊尔……赫胥黎(Hnrley)、赫克尔(Haeckel)同其余的一班人,主张未有记载以前,人类已经证明自己有进步的能力"。"十九世纪这一百年,已经证明人类知识果然可以无穷地增加,人类的状况,果然可以无穷地改良"(页一一五——一一七)。要之三百余年前培根的思想开其端,至十八世纪而有人类无穷进步之说,至十九世纪而此说普及。所以十九世纪是思想史,现代的新史学,就在这样的基础上兴起来了,它无疑地是十八、九世纪的社会和由此而起的科学家的思想所促成的。所以照理,历史家应急起直追,对于"人类无穷进步"数字,作最大的努力,以达改良社会的目的。但是可怜得很,仍有许多守旧的人利用历史去证实他们的主张。照现代的光景看来,"历史是维新的人的武器。……我这篇文章的目的,就是要说明如何利用历史来打败守旧派"(页一一七——一一八)。

所谓守旧与维新的区别,普通以为是天生的,但是"大部分所谓守旧同维新,可以说是广义教育的结果"(页一一八)。所以那守旧的人以为改革举动是一种人类天性的变更,是错误的。"我们虽然将我们……祖先的倾向传留下来,但是除了模仿或争胜以外,那种倾向在他们的身体机能上,断不能生出什么影响来……"(页一一九)实在说起来,"守旧派也是数千年来出的产品,当时还不知道人类有故意改良的可能。……"他们"不拿现在同将来作标准,专用过去作标准。他们并不明白过去的种种东西有许多进步,也想不到……种种东西是可以无穷改善的"(页一二二)。但守旧派虽受维新者攻击,还想用别种话来掩饰,说是"怕进步太快了,容易向前跌倒,自愿来做一个缓冲机"。到无话可说时,便取旁观的态度。显见,守旧者的主张和态度,都不打而自破了。事实上变化既这样快,"我们要改良社会,切不可怕做得太过度。因为今天所谓太过度,到了明天,或者就以为太不及了"(译者《导言》)。

更使守旧派无存在理由的,就是"守旧派虽然在那边反对什么培根时代所谓'可疑的新奇',而且痛骂改革是坏的、不能实行的,但他们自己也不知不觉地走进改良的境遇里面去"(页一二八)。所以不要说维新者推倒了守旧者,历史本身已"宣布守旧的原理为一种绝望的同恶劣的历史上的谬误"(页一二八)。

新史学的精神和方法,至此可告一结束了。从此便应该在教育上用始终一致的方法,去培养青年男女的进步精神,并使他们明白他们所负的责任,勿使他们养成一种尊重过去、不信将来的心理。而这种教育,不是抽象的、古典的,是要同生活生出关系来的,是要作改善的路标而促使进步的。

(《静安》1939年第7号)

《史地新论》

铨

杨鸿烈。
北京丞相胡同晨报社出版。定价七角。

从前的历史地理学家，大多数以史地为手段来达他某一种目的，如孔子成《春秋》，是要发表他的学说，来惧乱臣贼子的；司马迁作《史记》，是要表现他的文章，传诸名山的；司马光作《资治通鉴》，是预备皇帝、大臣作教科书读的；因为他们以历史为手段，故往往颠倒事实，择轻去重，使事实真迹，不明于天下后世。

如春秋二百四十年中，鲁君被弑的有隐公、闵公、子般、子恶四人；被逐的有昭公一人；被戕于外的，有桓公一人。但是《春秋》上没有记载着，于是在《礼记·明堂位》文上儒徒就说："鲁之君臣，未尝相弑。"又如闵公二年，狄国灭卫，《穀梁传》记得明明白白的，孔子却要替桓公掩耻，削而不书。晋侯传见周天子，孔子亦书变其文。太史公《史记·屈原伯夷列传》，通体议论，老庄、申韩等人，均略而不详，事实互相抵触之处，不可胜举。《资治通鉴》里面，也是只偏于政治，及君臣之嘉言懿行，而于民情制度，反缺而不全。这都是没有认清历史的目的，所以至于如此。

近世德国、日本，都用史地来提倡国民爱国心，建筑人类互相仇恨战争的基础，也是一样的错误。

这本书的作者主要的意思，就是要打破这些以史地为手段的学者，来求出史地的真面目，使它造福于人类。他赞杜威博士关于历史地理的几句话：

历史地理的职务，在扩充人类经验的意义。……他们在教育上的价值,就是预备一条捷径,或最好的出路,使人类经验的意义可以发展至于无限;历史是把人类经验显明出来,地理是把自然界种种关系显明出来。

他主张今后研究史地的新趋向,应当是:

(一)非记诵的,(二)非狭隘的,(三)非阶级的。

(《清华周刊》1924年第13期)

评李思纯译《史学原论》

王绳祖

《史学原论》一书,法人朗格诺瓦、瑟诺博司二氏之合作也,斯书于一八九七年出版,为研究史学方法之一部名著。出版以后,风行一时。译本有数种。英文本刊行于一八九八年,译者为 G.G. Berry。中文本刊行于民国十五年,译者为李思纯氏。今夏日长无事,尝取李氏译本读之。其译笔雅洁,清晰可诵,在译文中,不可多见。惟间有若干处,译文意义,不易通晓。余乃取法文原本,与英文译本,比较参证,重读一遍。觉译本可疑之处,均与原文意义不符,爰一一录出,与李氏一商榷焉。

就李氏译文之全体而言,余以为其受英文译本之影响极深,何以见之?

(一)法文本中之单数第三称 On 或 Il,英文译本大抵改作复数第一称 We,李氏亦如之,皆作"吾人"字样。(二)李氏译文辞语,与英文译本极相近。试取李氏译本一一四页、二一八页、三二二页,各段译文,与法、英两本对照,便可知之。(三)英文译本遗漏翻译之语句,李氏译本亦有照样遗漏情形,如下文所引译本一一六页及一三三页遗漏翻译之语句是也。是书原文,附注甚夥,英文译本尽将其译出,李氏译本则全删去。故中、英两译本相较,中文译本不及英文译本之完全也。

余所用之书,李氏译本,为商务印书馆民国二十年再版,法文本为 Hachette 一九〇五年第三版,英文译本,为 Duckworth 一九三二年第四版。三本皆无修正字样,故知其无殊于原版初印著。就比较之结果,中文译本错误失实或遗漏之处,有下列诸条。兹于每一条内,排列三本文字,并附注页数,以期明显。

(一)若吾于历史某点有加以解释之念,首先所宜知者,即所欲解

释之某一事或数事所必需之史料,若果存在,当于何处觅获之。(页一)

Si j'ai l'idée traiter un point d'histoire, quel qu'il soit, je m'informerai d'abord de l'endroit ou des endroits où reposent les documents nécessaires pour le traiter, supposé qu'il en existe.

If I undertake to deal with a point of history of whatever nature, my first step will be to ancertain the place or places where documents necessary for the treatment, if any such exist, are to be found. p.18.

按译文"即所欲解释之某一事或数事所必需之史料"完全译错。"某一事或数事",应译作"某一处或数处"。

(二)埃及史料迄于 Francois Champollion 时代,皆以楔形文(hiéoglyphes)书写,人所称为死文学者也。(页二五)

按苏美利亚人 Samerians 之文字,通称曰楔形文,以其所用芦柴笔端,作三角形,故文字笔划尽作楔形。埃及文字,不应称为楔形文。

(三)学者从事工作,对此校雠考证之一事,或自愿专力为此,或不愿事此而别谋投身,是果为良好现象否?(页七九)

Est-il bon, en soi, que des travailleurs se confinent, volontairement ou non, dans les recherches d'érudition? p.95.

Is it a good thing in itself that some workers should, voluntarily or not, confine themselves to the researches of critical scholarship? p.118.

按,译文中"或不愿事此而别谋投身"完全译错。

(四)Leibniz 氏,为 Basnage 氏所劝勉,而欲编成关于未刊史料及有关于人类法律史一切刊行本之巨大汇编,因致书于 Basnage 氏,有云:"吾无心为此钞胥之事……"(页八二)

Je ne suis pas d'humeur, écrivait Leibniz à Basnage, qui l'avait exhorté à composer un immense corpus des documents inédits et imprimés relatifs à l'histoire du droit des gens,... p.95.

"I have no mind", wrote Leibniz to Basnage, who had exhorted him to compile an immense corpus of unpulblished and printed documents relating to the history of the Labor nations;... p.121.

按,译文"而欲编成……巨大汇编"完全译错。droit des gens,英语作 the law of nations 或 international law,中文称曰国际法,李氏译为人类法律,意义本非。

(五)宁非较合于适用乎?(页八五)

Ne serait-il pas possible de préciser davantage? p.100.

Is it not possible to be more precise? p.124.

按,precise,并非"适用"之意。

(六)……则虽努力而必终无所得。吾非谓能绝对使之准确,然凡一著述必当有使之准确之诚意乃可。(页八五)

... quoi qu'ils fassent, ils n'arrivent jamais, je ne dis pas ā une correction absolue, mais à un degré de correction honorable. p.101.

... try as they may, they never attain, I do not say absolute accuracy, but any decent degree of neceeraey. pp.124-5.

按,译文"然凡一著述……"与原文意义不合。

(七)或对于一种已参杂朽坏之史料,费十年之光阴,以重理其优良史文,视彼仅能将同时未刊之平庸史料,加以刊行,而使未来之校雠考证专家,终有一日尚须自始至终重加磨旋机械者,当较优也。(页八八)

... ou passer dix ans á établir le meilleur texte possible d'un document corrompu, que d'imprimer dans le même temps des volumes d'inedita médiocrement corrects, et qus les érudits futurs auraient un jour à recommencer sur nouveaux frais. p.103.

... or take ten years to coustruct the best possible next of a corrupt document, than to give to the press in the same interval volumes of moderately accurate anecdota which future scholars will some day have to put through the mill again from beginning to end. p.127.

按,译文"视彼仅能将同时未刊之平庸史料"完全译错。

(八)在校雠考证之领域中,人之选择此事,以为专业,如所谓"校雠考证专家[云者]"(页八八)。

Quelle que soit la spécialité qu'il choisit dans le domaine de l'érudition,... p.103.

Whatever special branch of critical scholarship a man may choose,... p.127.

按,译文所云,出自杜撰。

(九)吹毛求疵者,乃逾量过度使用鉴定,于不当用鉴定方法时,而用之也。世间有某种人,以为无论任何事物,皆怀疑迷,而欲试破之,即对于并无疑迷之事物亦然。(页九一)

L'hypercritique. C'est l'excès de critique qui aboutit, aussi bien que l'ingorance la plus grossière, à des méprises. C'est l'application des procédés de la critique à des cas qui n'en sont pas justiciables. L'hypercitique est à la Critique ce que la finasserive est à la finesse. Certaines gens flairent des rébus partout, même là où il n'y en a pas. p.107.

Hyperciticism the excess of criticism, just as much as the crudest ignorance leads to error. It consists in the application of critical canons to cases outside their jurisdiction. It is related to criticism as logic-chopping is to logic. There are persons who scent enigmas everywhere, even where there are nore. p.131.

按,译文遗漏一句,未曾译出。英文译本,并无遗漏。

(十)故凡轻弃一切材料,乃急躁之举也。史学搜讨之事,最有利者,莫如先从事于探讨一切荒瘠不毛之域,使人能有备足用。(页九三)

Toute exclusion est téméraire: il n'y a pas de recherche que l'on puisse décréter qar avance frappée de strérilité, p.107.

All exclusion is rish: there is no research which it is possible to brand beforehand as necessarily sterile. p.133.

按,译文"史学搜讨之事……"为原文所无。

(十一)凡为此工作而不善者,彼虽曾搜讨,而较之校雠考证专家稍逊其精确,则大率退避以营史文造作之事。(页九九)

En effet, les mauvais travailleurs, à la recherche d'un public qui contrôle de moins près que le public des érudits, se réfugient volontiers dans l'exposition historique. p.115.

Bad woriters, in fact, on the hunt for a public less closely critical than the scholars, recovery really yet take refuge in historical exosition. p.139.

按,译文"彼虽曾搜讨,而较之校雠考证专家稍逊其精确"与原文意义不合。

(十二) 且此事人数众多,即使偶然对于此等当重视之点,未常善为训练从事,亦必遂被攻击。(页一〇〇)

... et le grand public, dont l'education est ma faite en ces matières, n'en est pas choqué. p.115.

... and the public at large, which is not well educated in this respect, is not shockd. p.140

按,译文"亦必遂被攻击",当系译错。

(十三) 彼曾考察收集其事实,且也构造辞句,写成文字。此等工作,与他人彼此之间,完全必异,然又非能完全成为准确也。(页一〇一)

Observer ou recueillir les faits, concevoir les phrases, écrire les mots, toutes ces opérations, distnctes les unes des autres, peuvent n'avoir pas été faites avec le měme correction. p.118.

He had to observe or collect frame, to frame sentences, to write down words; and these operations, which are perfectly distinct one from another, may not all have been performed with the same accuracy, p.142.

按,译文"与他人彼此之间",当系译错。

(十四) 历史家每乐于用探取简要方法,而将一切工作集合为两部:(一) 分析史料内容所含,是为积极的命意释义鉴定,为确认史料著作者之命意所必需。(二) 分析史料当制成时之状况,是为消极的鉴定,用以证真著作者之所传述。此项重复之鉴定工作,仅于当用时择其一。(页一〇二)

L'historien le plus exigeant s'en tient à une méthode abrégée qui concentre toutes les opérations en deux groupes: 1° l'analyse du contenu du document et la critique positive d'interprétation, nécessaires pour s'assurer de ce que l'auteur a voulu dire; 2° l'analyse des conditions où le decument s'est produit et la critique négative, nécessaires pour contrôler les dires de l'auteur. Encore ce dédonblement du travail critique n'est il pratiqué que par une élite. p.1180.

The most exacting historian is saitsfied with an abridged method which concentrates all the operations into two groups: (1) the analysis of the contents of the document, and the positive interpretative criticism which is necessary for ascertaining what the author meant; (2) the analysis of the conditions under which the document was poduced, and its negative criticism, necessary for the verification of the author's statements. This twofold division of the labour of criticism is, moreover, only employed by a select few. pp.142-3.

按,译文误将 et 译为 cat,以致有"分析史料内容所含,是为积极的命意释义鉴定……分析史料当制成时之状况,是为消极的鉴定……"之错误。

"仅于当用时择其一",与原文意义不合。

(十五) 或与吾人观念所知著作人或所知事实之属于彼者,颇相违悖。(页一一〇)

... ou contraire aux idées de l'auteur ou aux faits connus de lui, ... p.127.

Or in contradiction with the ideas of the author or the facts known to him, ... p.152.

按,译文与原文意义不合。

(十六) 凡历史家与善用历史方法之学理家,其所为工作,在将一切普通意念、通常型式,与史原鉴定之精确方术相参用,藉以获得圆满结果。(页一一三)

Les historiens, dans leurs travavx, et même les théoriciens de la méthode historiqne, en sont restés à des notions vulgaires et des formules vagues, en contraste frappant avec la terminologie précise de la critique de sources. p.131.

Historians, in their works, and even theoretical writers on historical method, have been satisfied with common notion and vague formulae in striking contrast witht the precise terminology of the critical investigation of souces. p.156.

按,此节译文,全与原文意义不合。

(十七) ... les historiens eux-mêmes emploient cette expression malencontreusement empruntée à la Langue judiciaire. p.134.

按,李氏译本一一六页、英文译本一五九页,均遗漏翻译此句。

(十八) 凡一史料(尤以史料著作家所自造之文字为甚),非仅一整个物,遂为其全体。彼乃由多数离立之纪载所组合而成。其中若干,常以有意或无意而成错误,而偶有其他若干之著作家,则又忠实准确。(页一一六)

Un document (à plus forte raison l'oeuvre d'un auteur) ne forme pas un bloc; il se compose d'un très grand nombre d'affirmations indépendantes, dont chacune peut être mensongére ou fausse tandis que les autres sont sincères ou exactes (et inversement). ... p.134.

A document (still more a literary work) is not all of a piece; it is composed of a grest number of independant statements, any one of which may be intentionally or unintentionally false, while the others are bona fide and accurate, or conversely. ... p.159.

按,译文"而偶有其他若干之著作家"当系译错,原文 les autres 英译 the others 皆指离立之纪载而言。

(十九) 4 cas. ... C'est un état interne qu'on ne peut voir, un sentiment, un motif, une hésitation intérieure. p.149.

按,李氏译本一三三页、英文译本一七六页,均遗漏翻译此句。

(二十) 盖历史之间接方法,以视彼直接观察之科学方法,常较为卑下也。如其结果与其自身不相融合,则历史之事,必重屈从。(页一六八)

La méthode historiqne indirecte ne vaut jamais les méthodes directes des sciences d'observation. si ses résultats sont en dèsaccord avec les leurs, c'est elle qui doit céder ... p.178

The indirect method of history is always inferior to the direct methods of the sciences of observation. If its results do not harmonise with theirs, it is history which must give way. p.207.

按,译文"如其结果与其自身不相融合",意义含混。

(二十一)凡事实若尚为粗胚之形式而未能与历史知识及纯粹科学相融合者,则其解决恒不明了,须赖吾人以科学知识范成其价值。吾人至少可树立一实用规律以为矫正历史学、心理学及社会学,但需具备强固坚实之史料,此乃甚难遭遇之情形也。(页一六八—九)

La solution est moins nette pour les faits en dèsaccord seulement avec un ensemble de connaissances historiques ou avec les embryons des sciences de l'homme. Elle dépend de l'opinion qu'on se fait de la valeur de ces connaissances. Du moins peut on poser la règle pratique pour contredire l'histoire, la psycholgie ou la sociologie, il faut avoir de bien soildes documents; et c'est un cas qui ne se présente guère. p.179.

The solution is not so clear in the case of facts which do not harmonise with a body of historical knowledge or with the sciences, still in the embryonic stage, which deal with man, it depends on the opinion we form as to the value of such knowledge. We can at least lay down the practical rule that in order to contradict history, psychology or sociology, we must have very strong documents, and this is a case which hardly ever occurs. p.208.

按,译文"……尚为粗胚之形式……及纯粹科学……须赖吾人以科学智识,范成其价值"变更原文之意义。原文明言人文科学,译文改为纯粹科学。粗胚形式系形容人文科学,译者用以形容事实。

(二十二)尤有进者,今试设想,吾人为欲撷取所谓共通之事物故,而搜罗一切个人之行为,唯其选择个人行为,吾人无权屏弃而否认之,盖彼显然为历史之质素……(页一九九—二〇〇)

Et pourtant, quand on aurait réuni tous les actes de tous les individus pour en extraire ce qu'ils ont de commun, il resterait un réside qu' on n'a pas le droit de jeter, car il est l'élément proprement historique; ... p.205.

And yet, supposing we had brought together all the arts of all individuals for the prupose of extracting what is common to them, there would still remain a residum which we should have no right to reject, for it is the distinctively historical element——... p.238.

按,译文"唯其选择个人行为"与原文不合。

(二十三)"而吾人所思维者,俨以为此等群体组合中之一切单体,无论何点,其彼此间,皆相同相似"之下遗漏一节。

... et on procède comme si tous les membres de ce groupe se ressemblaient en tout point et avaient les même usages. p.206.

... and we proceed as if all the members of this group resembled each other at every point and had the same usages. p.39.

(二十四)若有一确定之事实,古人曾真正遭遇,则必有论述此事实之数种史料存在。(页二一七)

Si le fait avait existé, il y aurait un document qui en parlerait. p.220.

If an alleged event really had occurred, there would be some document in existence in which it would be referred to. p.254.

按,法文、英文皆言一种史料,译文作"数种史料"。

(二十五)吾人须根据此人物对于自己之言论构成程式。(页二三六)

Il ne faut pas coastruire le caractère avec les déclarations du personnage sur lui-même. p.235.

We must not contruct the formular out of the person assertions in regard to himself. p.272.

按,译文意义正与原文相反。

按教育部新编制之课程大纲,大学历史系有西洋史学方法一门。目今讲授者,不以此书为课本,即以之作参考教材。为便利学生起见,余盼此译本,能略加修正,至于完善之境。今兹评论,窃本斯意,非故为吹毛求疵,责难贤者也。

《斯文半月刊》1941年第2卷第2、4期

朱谦之的《历史哲学》

复 生

朱谦之君，新著了一部《历史哲学》，由泰东书局出版，为引起学者研究兴趣起见，稍稍叙述如下，作者在序上说此书的缘起：

> 这是中国人第一次对于"历史哲学"的贡献，我现在把它发表出来，是有三个意思：第一，因为国内学者还没有一部更好能解决历史进化的著作，这书不过抛砖引玉而已。第二，本书的贡献，的确是可以成立的，把他来研究中国知识的进化，尤其切要，所以在我所著《中国文化史》《中国哲学史》两书以前，实有尽先贡献读者的必要。第三，本书是我一九二四年十月至一九二五年五月在厦门大学演讲过的，对于那时听讲的朋友们，应负一种责任，这也是本书不得不发表的原因。

作者立说的主要点，是在本书第一篇《历史的新意义》，及第二篇《历史哲学的进化史》上，叙述得很明白是开宗明义的文章，是根据德国赫克尔(Heakel)的学说，加以扩大，成功作者的学说。不过篇幅很长，现在提要地说一说，以尽介绍之责。

作者觉得中国旧史家的错误，是把政治看得太重，并且所谓政治，是专指一朝帝皇贵族的权力而言，与社会生命无关，不过中国历史如此，即西洋史家，如英国佛里曼(Freeman)也说"历史就是过去的政治"，德国兰克(Ranke)也以为史学的目的，是要明了我们对于国家起源和性质的观念，像这种把国家—政治的组织作为研究史学的中枢，把历史看作民族之魂，都是错误的。

作者又觉得新历史家把人类活动的事迹，来包括全史，也是个顶大的毛病。作者以为历史不能误解为"人类"一部分的,必须包括宇宙全体。人类不过是宇宙活动的一部分,政治更不过是人类活动的一部分,所以作者很相信德国赫克尔(Haekel)的话,以一部分包括全体的历史是不对的。

赫克尔说及人类发生学表明个人进化和种族进化中间的密切关系,并且以有史前的系统发生的研究,把那所谓世界历史和脊椎动物的种类史联合到一起,这是作者所最佩服的。便把历史的界说扩大起来,分出几层意义,就是:① 历史是叙述进化的现象的;② 历史是叙述一种生机活泼的动物——人类——的进化现象的;③ 历史是叙述一种生机活泼的动物——人类——在知识线上的进化现象的;④ 历史是叙述一种生机活泼的动物——人类——在知识线上进化现象,使我们明白自己,同人类的现在及将来。

作者以为历史哲学的职务,是要在历史事实里面寻出一种根本和进化的原理。历史告诉我们,过去的历史是发展的、进化的、与时俱进的,但却不是偶然的、无定的。在它一个整个的、活泼的历史里,却自然有个历史定律。不过这个定律,依作者的意思,是动的,不是静止的;是生机的,不是机械的,这就是作者对于历史哲学的新观察。作者把历史哲学的进化史,分作几个时期:① 宗教的历史时期,② 自我的历史时期,③ 社会的或科学的历史时期,④ 综合的历史时期。

以后的几篇,都是演绎上述的宗旨和意义去叙述的,恕不一一介绍。

不过我有一点小小的意见,作者在《中国哲学的三时期》一篇文中,说中国从秦到唐,中间一千多年,都算作哲学史上的黑暗时代,这是不错的。却把宋朝以后周、张、程、朱、陆、王的学说,认为哲学复兴时代,去和欧洲文艺复兴相提并论,这使我非常奇怪。秦汉以后的阴阳五行及老庄厌世派学说,果然荒谬。但是周濂溪的《通书》,邵康节的《观物外篇》《渔樵问答》,张衡的《西铭》《易说》诸文,以及程、宋的"诚""神""阴阳""变化""无极太极"等等学理,性质既和阴阳五行没有分别,而导人于玄想,也是盗窃佛老学说的,真如读九天玄女的《天书》一般,令人莫名其妙。本来中国哲学是一种莫测高深的东西,我们总觉得中国哲学是愚民政策的一种,与其说是进化,不如说是退化。现在世界的哲学,已经为科学所征服的,朱君这部书虽说是哲学,但已经含有非常浓厚的科学色彩。他根据科学的眼光和方法,去研究历史,建筑学说的基础,是值得佩服的,但是思想上还免不了一种束缚,这是我们读者要引为遗憾的了。

(《申报》1926年10月26日,第6版)

评朱谦之《历史哲学》

陈啸江

引言

我的根本思想

评本能说

  原书对于本能的重视

  本能是心理学未经科学洗礼时的说法

  本能到底是什么东西

  生机说不藉助于本能能否成立

  本能说当前二大难关：——历史进展的时间方面和空间方面

总括的意见。

朱谦之先生《历史哲学》是中国历史哲学的开山著，所以近来留心中国历史哲学者，都注意到这一本书的批评，而这一本书的力量，也逐渐提高了。不过批评者多以另一立场出发，所以评来评去，都得不着头绪。我们知道这一本是自视为第四期作品的，用第三期的眼光来看，自然有许多格格的地方，甚或要把它列入第二期去的。但是一面说是四期思想，一面又说是二期，争论下去，又有什么结果呢？所以我却采取同情的批评，一面指出它的优点，一面指出它的弱点，这样或许较有助于读者吧。

说到我同情那本书的理由，却要先说我同情的背景。我虽然是个辩证法唯物论者，但在思想后面却有一个极深的悲哀的阴影存留着的。我看人类行为根本之原动力，乃是"生之冲动"。所谓人生，并(设)[没]有什么高深的意义，一言以蔽之曰：只是为生而生而已。但人类的

"生"并不止吃饭穿衣的机械生活,在他机械生活满足之后,他尚要求"乐生"与"永生",因前者便有精神生活之需要,因后者便有种族绵延之需要,总之也不过生之冲动之引申,或正确地说"交射作用"而已。

人类并没有最高的目的或理想,不断的奋力,只在满足那在当下环境内不曾满足的原始或引申的需要。就本质说,生活乃是平衡、扰动、再平衡的历程,是满足、需要、再满足的历程。它只是盲目的冲动和适应而已。

此种说法,一定有人笑我为观念论者,其实这同样可用"物"来解决。大凡每种物质都有它的 Energy,人类的生机,不过是这些有机体较高的 Energy 而已,有何奇怪可言?

以上略略把我的思想展开,下面即涉及本文。

本能说的修正

原书于主张生机外,并加上"本能"的外表。如说:

> 因为本能是天赋的原素,是生机活动(Vital Activity)的主要机关,所以可以说本能就是历史成立的根本,人类一切行为的渊源。(p.99,原书加双圈)

又说:

> 因为本能即是一种生机力,和有机作用相同,所以把他来说明历史,才能给我们以一个整个的、活泼泼的历史的意义。(p.103,原书加双圈)

其实我们只用生机来解释历史最根本、最深处的原动力,已经尽够了,用不着套上本能的外衣。

"本能"的说法是在心理学未经科学洗炼时的心理学家逃避难解的心理现象造出来的。自从本能二字发现后,真成了他们的万应灵丹,什么疑难的事实,都可躲在这两字之下了。所以有人谓心理学自本能说盛行后,足足停止了十年。最近行为派的行为学(Behaviorism)抬头,旧心理学的说法多在批判之列,尤其受打击者,便是本能说。

本能到底是什么?John B. Watson 在其 *Psychology from the*

stand point of a behavorist 解释得最好：

> 本能是个遗传的模式，反应其各个的成分大都是些随意筋的运动。亦可说本能是些生来具有的明显反应的复合，遇着相当的刺激，依次表现出来的。

在此，可见本能不过是有机体内许多连串的反射而已。Watson 又谓："人类发展完全的本能，是非常之缺乏的。"所以我们纵使承认有本能的存在，也只宜与后天的习惯等量齐观，不能视为超越一切而能成为"历史成立的根本""人类行为的渊源"的。

这便是我对于本能说修正的理由。

复次，没有本能的解释，生机的主张，是否可以成立呢？我以为完全可以的。我们只要承认"生存"是人类行为中心的中心，那一切历史的进化、变动，都可认为是生之适应和冲动，用不着藉重于本能的。何况本能的解释，尚遇有许多困难呢！第一的困难，是偏于时间方面。即既承认某阶段的发展，都是由某种本能发展完成的结果，基本的本能既只有那么几种（原书举出宗教的、自我的、社会或科学的本能，乃发生神学的、玄学的、科学的三时代），当那些本能都发展到完成之后，历史又藉什么力量来推进呢？固然真正的科学者，是不计及将来的，然像这么明显的推理，是不能不迫我们说出答案的。

第二的困难，是偏于空间方面。即就此种说法，一定要承认世界上有种种本能不同的民族。进步较速者，即它的本能较高，较慢者即它的本能较低，这样怎样能够使那一般帝国主义者，不自称为天之骄子呢？又怎样能够使弱小民族不垂头丧气呢？就我们的观察，各民族进步的迟速，只是各方面环境交互影响的结果，与本能是丝毫无关的。不必说非野蛮民族，苟使有良好环境，可使它成为世界上最进步的民族，即欧洲的白种人，苟使没有欧洲的环境，至今尚同印第安民族一样，也是不可知的。

总之，我们是采取生存中心说，同时又极力脱去它的神秘的外衣——本能。

这是我对于该书批评的一点，只是最重要的一点。

至于其他的修正或补充，兹以时间不及不备说了。

总之,我以为该书骨子的思想是可以成立的,但须经过一番的洗炼。质诸朱先生,以为然否?

附注:本文本名为《朱谦之〈历史哲学〉的修正和补充》,兹因仅草完评本能说一段,故仍用今名。

廿二,一,廿三日志

(《现代史学》1933年第1卷第2期)

介绍何炳松《历史研究法》

原

商务《百科小丛书》第一百二十二种。定价大洋二角。

这是一本两万余字的小书,收在《百科小丛书》里,用六十四开新闻纸印出来。虽然袖珍本的样子,但只愈嫌其小,所以虽然是很有价值的书,毕竟因其形式之不堂皇而不大受人注意。出版虽已有好几年,而两月前在安徽商务分馆所买得的还是十六年七月的初版。但并不因为这样,减少这本书的不朽价值。

著者何炳松先生是现在著名的史学家。民国九、十年时,他在北京大学教授历史研究法,他曾把当时采用的课本、美国 J.H. Robinson 的《新史学》译成,由北京大学出版委员会通过为北大丛书,交商务出版。《新史学》对于中国旧有的史学思想、史学方法,殊多摧陷扩清的力量。这书介绍到中国,颇能一新人之耳目,所以对中国史学,贡献甚大。但陈腐的固然破坏了,新颖的何时建设呢?朱希祖先生民国十年为《新史学》作序的时候,似乎就有这样感想。好了,六年之后,何先生的积极建设表见出来了,就是我们现在所谈的这一本小书。

中国对于史学研究远在唐代,就有刘知幾的《史通》,到现在已一千三百多年了。章学诚之《文史通义》,去今亦有百八十年。拿西洋来比,他们开始研究史法,才二百年间事。而比较完善的名著,只有一八八九年德国朋汉姆之《历史研究法课本》,一八九七年法国郎格罗亚与塞诺波合著之《历史研究法入门》。中国的史学研究虽远较西洋为早,但受环境的影响,进步却极其有限。这是中国各种学问的通病,不独史学研究一门为然。所以在中国发达很早的学问,反过来每要与西洋的学问结合而后才能进步。何先生这一本《历史研究法》的好处就是在融合中国史家与西洋史家的见解,推陈出新而作出的一种新贡献。所以他在"理论方面,完全本诸朋汉姆、郎格罗亚、塞诺波三人之著作。遇有与吾国史家不约而同之言论,则引用吾国固有之成文。……一以使便吾国读者之了解,一以明中西史家大体之相同"。这种态度,正是中国学术界所需要的。

至于这本书的好处,略举数点如次:

一、正观念。史料的去取轻重□与史家之历史观念最有关系。向来的史家,差不多专以叙述人名、地名为极则,以为历史只是事实的堆积,只要把历史上的事实排比出来便成,所以满纸都是人名、地名与时期。其实这与人类的进步,有什么关系?历史中有一种极要的特性,就是史实之特异的变化。历史底目的,惟在表现人类活动所产之特异变化。所以史事之编比□应注意一点。第一是原状,第二是活动,第三是由活动所产之新境。凡不能表示这三点的史料,都不必采入历史。"旧日史家之纪事也,每先述某一时代之制度,继述当时不满此种制度之心,再继述改造此种制度之运动,而终述改造后之新社会。此种方法,尚不得称为尽善。如能以改造之运动为经,而以受改造之制度及改造后之结果为纬,则人类变化情形,不难昭然满目。"这种注重活的变化之历史观念,是新史学的观念,是我们从前所没有的。

二、正趋向。数十年来中国的学术界实在贫乏得很。最时髦的著作,是一两个星期就写成一大本,两块钱□千字卖到书店,加上美丽的封面把它印出来,卖四五毛钱一本,那是我们这时代最流行的著作了,也就是我们现在的学术表现。贫乏肤浅,每况愈下。这种趋向,还不应当力求改革么?何炳松先生在那里高叫了:"欲事述作,必当以津逮后世为宗。学业有成,必求其足以千古。"[原书第二章。这是何等见解。真如暮鼓晨钟,]对于现在歧趋,得着正确的指正。他又说:"学问之道,非尽人可成家。力绌心余,有志不逮之辈,古今何可胜数。……亦有才力甚优,作事草率。因欲亟求速效,遂致谬误丛生。故持之有恒,学而不厌,为学者最要之美德,著述不朽之首基。假使率尔成章,自安孤陋。必致行之难远,贻误将来。自欺欺人,莫此为甚。"故"世之成专门名家者,类皆冷静沉潜,循序渐进。既不急求成效,亦不见异思迁。故能著作等身,传世行远"(原书第五章)。书中类此之阐发求学趋向,足以是正今日之空疏学术界者,不一而足。

三、明方法。本书之更大贡献,尤在使读者明了史学研究的方法。全书十章,首章《绪论》,述历史著作有记注与撰述之分,史学与自然科学社会学各观察点之有别。第二章《博采》,言撰述必求千古,材料贵能赅遍,当搜罗材料之时,即景应多会心,细心讽诵,触类旁通,且必动事笔记;读书练识之方,以此为最。第三章《辨诬》、四章《知人》、五章《考证与著述》、六章《明义》、七章《断事》这五章所论,差不多都关于史料之考证与史事之鉴定。这一大段功夫,极干枯也极有趣,极扼要也极破碎,所以论之特详。盖考证含有搜罗与射覆之兴趣,但须有耐心,方易通贯,而习于考证之业者,每害学者心灵,或穿穴于故纸之堆,或疲神于断烂之简,破碎支离,每致著述能力之丧失。故工作固属重要,从事尤须谨慎。本书第八章为《编比》。第一步对于既定之史事,重下一番审查工夫。一定主题之界限,二分史事之时期,三定史事之去取,四定各部因果之关系,五明陈迹之变化,六定史事之重轻,七定烘托材料之多寡。史料之详略去取,全恃此番审定,而史识之可贵,亦即在此时表现。去取既竟,乃作大纲,得进而谈《著作》。在第九章中,何氏亟论史文与常文之别,揭示纲领、提要钩元之重要,玩味修润之功,以及仰范前哲,征引成文之道,最后《结论》,何氏告诉我们良史之难得及历史之功用。全书十章,根据研究方法,层次排比,极明显,极平正。每章之前,各引古人史学名言一段,颇足资谈者之向往。史法之传,此实最明。

说到历史的功用,从前人以为历史是前车之鉴,这实错误。历史之效用,在其是说明现状由来之学:"方今社会科学,日进无疆;然研究虽精,迄未完备。盖徒事直接观察,仅能明白现情,如欲再进而知其趋向之方,悉其演化之迹,则非有历史研究不可。"(原书第十章)而研究历史之更大效用,则在其能培养智慧:"盖受史法之训练者,辄能遇事怀疑,悉心考证。轻信陋习,藉以革除。此研究态度之有益于智慧者一也。史上所有之社会,文明高下,至为不齐。学者研究之余,深知人类习俗不同,其来有自。对于现代人类殊异之风尚,每能深表同情,此驱除成见之有益智慧二也。历史所述,为古今社会之变迁,及人事之演化。吾人藉此得以恍然于人类社会之消长盈虚,势所必至。革新改善,理有固然。此努力进步之有益于智慧三也。"(原书第十章)这便是研究历史对于智慧增加、心胸扩大的益处。我们固不必望今之青年,人人皆成为史家,但我们不妨希望青年之受研究历史之训练而成为智慧增加、心胸扩大的人。所以我很乐于介绍这一本书给世之有志的青年,做一个研究学问的指针。好在这本书仅两万余字,有半日之闲,便可浏览一遍。如果有兴趣,再把何先生翻译的《新史学》,以及其注解的郎格罗亚与塞诺波合著的《历史研究法》英文本(商务出版),进而求之,便更好了。

(安庆《学风》1932年第2卷第8期)

《历史研究法》

臻 郊

《百科小丛书》第一百二十二种。

著作者——何炳松。

出版处——商务印书馆。

出版期——民国十六年七月初版。

册数——一册。

定价——二角。

我国史籍之富,向来是一件可以夸耀的事。所谓国学,原只是广义的史料而已。但自古以来,虽尽多批评史事或高谈史法的书本流传,而确能认识历史真际和了解作史的甘苦得失的,实在并不多见。除了唐朝刘知幾的《史通》和清朝章学诚的《文史通义》而外,几乎找不出第三部具有同样价值的书本来。近日"历史哲学"的名词渐渐地风行,于是坊间颇有"历史研究法"一类的书本出现;可是大都从外籍中稗贩而来,凡所征引以为佐证的事实和所以有此事实的时代背景,全非中土所有。无论它统系怎样分明、结构怎样谨严,证据怎样充足,而按诸环境殊异、习惯不同的我们,则终觉隔膜,或竟毫不相干。所以这类好听的、新颖的书本,对于我国史学界的影响,可以说是很小很小的。

这一本书,当然也是这潮流中的产物。然而著者是有中国史学的素养的,所以他独能融会中西,一方面介绍西洋的史法,一方面运用中国的史实,使一般的读者自然得到贯通之趣。他自序这样说:"著者之作是书,意在介绍西洋之史法。故关于理论方面,完全本诸朋汉姆(Ernst Bernheim)、郎格罗亚(Ch. V. Langlois)、塞诺波(Ch. Seignobos)

三人之著作。遇有与吾国史家不约而同之言论,则引用吾国固有之成文。书中所有实例亦如之。一以便吾国读者之了解,一以明中西史家见解之大体相同。初不敢稗贩西籍以欺国人,尤不敢牵附中文,以欺读者。"可见他的态度是很矜慎的。

这书仅仅一百面,凡分十章:(一)《绪论》,(二)《博采》,(三)《辨讹》,(四)《知人》,(五)《考证与著述》,(六)《明义》,(七)《断事》,(八)《编比》,(九)《著作》,(十)《结论》。所以要这样的分章与排列著者在《绪论》的开端就说明了。他说:"史学研究法者,寻求历史真理之方法也。言其步骤,则先之以史料之搜罗及考证,次之以事实之断定及编排,终之以专门之著作,而史家之能事乃毕。搜罗史料欲其博,考证史料欲其精,断定事实欲其严,编比事实欲其整。然后笔之于书,出以问世。"这样地说明研究历史的方法和步骤,当然是亲切的。所以他同时对于历史的效益和所以必需研究的道理认得更真,于《绪论》和《结论》中都有述及。现在我就钞两段在下面罢:

> 历史为说明现状由来之学,学者果能对于已往陈迹,多所会心,则对于当代情形,必能了解。穷源竟委,博古通今,此历史之效用一也。方今社会科学,日进无疆,然研究虽精,迨未完备。盖徒事直接观察,仅能明白现情,如欲再进而知其趋向之方,悉其演化之迹,则非有历史研究不可。近世研究人类科学者,莫不以历史为其入门之坦途,其故即在于此。此历史之效用二也。然历史最大之用,实在其有培养智慧之功。盖受史法之训练者,辄能遇事怀疑,悉心考证,轻信陋习,藉以革除。此研究态度之有益于智慧者一也。史上所有之社会,文明高下,至为不齐,学者研究之余,深知人类习俗不同,其来有自,对于现代人类殊异之风尚,每能深表同情。此驱除成见之有益智慧者二也。历史所述,为古今社会之变迁,及人事之演化,吾人藉此得以恍然于人类社会之消长盈虚,势所必至,革新改善,理有固然。此努力进步之有益于智慧者三也。凡此皆研究历史之益也,至于多识前言往行,尤其次焉者耳。(见《结论》)

> 仅有自然科学,不足以尽人类之知识也,必并须历史知识以补

充之。故历史知识之重要，初不亚于研究自然之科学。人类自有群众生活以来，即有历史之存在。历史之消灭，必俟社会之沦亡。故历史之生命，实与人类社会同其长久。此历史知识之所以可贵者一也。吾人为社会组织中之一人，而社会又为已往生活之产品。吾人如欲有所供献于所处之社会，则不特对于当代状况，应有真知，即对于前代情形，亦应洞晓。视现代社会上之问题，为人类演化中之部分，深悉演化陈迹，方有解决之方，博古通今，意即在此。此历史知识之所以可贵者二也。至于学问之道，不徒在获得真理之知识而已，而且在于明了探讨真理之方法。语云："工欲善其事，必先利其器。"历史知识者，事也；而研究方法者，器也。舍器而求事者，犹舍秫黍而求旨酒也，可谓不务其本而齐其末者也！世之有意于历史之研究者，其可不以历史研究法为入手之途径哉。(见《绪论》）

凡此，都可以证明这本小书确乎是超越恒流的作品。读者如玩索有得，著者尚有译著的《新史学》与《通史新义》二种可供精求。《新史学》价九角，《通史新义》价一元，都是商务印书馆出版的。

(《中学生》1932年第21期)

《历史哲学概论》

《历史哲学概论》一册,郭斌佳译,上海望平街一六一号新月书店发行,每册实价七角半,民国十七年冬出版。按英人 Robert Flint(1838—1910)氏,著 History of the Philosophy of History in Europe 一书,一八七三年出版,其后扩而充之,成为 Historical Philosophy in France & French Belgium & Switzerland 之巨著。其第一册于一八九三年在伦敦及爱丁堡出版,今郭君所译者,即此书第一册之《导言》一部也。郭君之译本,自首页至末页,未将原书之名载入,实大缺憾。今国人肆为翻译之业,其应改良注意之点甚多,而书名之遗漏其一也。商务印书馆之译本书籍,其原书名及原著人名氏,只载于底页之内面,用极小之字,而紧缀以 All rights reserved。此书尚举出原著人名氏,差强人意。若平常之译本书,则于原书名及原著人名全付阙如,使读者不知其所译何书,深感不便。窃意嗣后译书,应将原书名及著作人名氏,用明显之大字,印入书中首页。即原书发售处所及译者所据为某年月之第几版本,亦应叙明。又译者须作一序文,将原作者之生平事迹、其学说之大要及其重要著作一览表,一一叙列。又略论今所译之书之内容及其在学术界之地位,则读者方不致茫然而轻重颠倒也。总之,凡事须求精实,而今日中国人之大病尤为苟且二字。译事所宜改良之处正多,兹惟举一小节,以例其余耳。(本书译者有自作之弁言是其可称之处)

此书译者郭君为上海光华大学之高材生,卷首有前光华大学校长张歆海君所作序言,其中所论,吾人极为赞同。张君谓(原文系语体)今国内人士对于西洋毫无了解,必须切实了解之后,方可从事批评选择。

故今日最急要者，莫如翻译在西洋学术史上确占地位之著作，愈多愈善，一则可知学问非容易之事；二则可知西洋人思想之真精神云云。此种主张，实确切不可易。最近一二年中，流行之论调，颇偏于自尊而轻视外人，因之遂有主张废留学而不读西书（仅取西洋之科学技术）者。实则以吾人所见，即留学生中，能窥知西洋文明之渊源及其义蕴者亦不多见。而翻译出版之书，在西洋学术史上确占地位者，则更如凤毛麟角矣。

书中凡遇书名、人名、地名，译者应详加注释，在读者不至隔阂误会，此层郭君尚未及为之。又凡译西籍，遇印度及日本之名词，应沿用中国佛经中所已有之译名及日本原名之汉字。不宜传写西文原字，或译其音，此乃今之译者所常忽视者，而郭君亦不免焉。如书中第七十九至八十一页之日本名词，译者但注其大意，或径以英字钞入。今为补正如下：（一）七十九页第一行 *Kojiki* 为《古事记》。（二）七十九页第六行 *Nihongi* 为《日本纪》。（三）七十九页第八行 *Six National Records* 即《六国史》，Sugawari（原作 Sigwari，当系手民之误） Michizane 其汉名为菅原道真。（四）七十九页十二行 *Dai Nihonshi* 即《大日本史》，作者 Prince of Mito（原作 Nito 误）即水户侯，其名为德川光圀（按即今国字）。（五）八十页第二行 Shoguns 即将军，Mikado 即天皇。（六）八十页第四行 Satow 当是佐藤氏。（七）八十页第六行 Arai Hakusaki（原作 Hakn Saki，误）即新井白石。（八）八十页第八行新井所著书 *Tokushi Yorom* 即《读史余论》。（九）八十页第十行 Rai Sanio 即赖山阳。（十）八十一页第四行 Motoori Norinaga（原作 Naringa，误）即本居宣长。（十一）八十一页五行 Hirata Atsutani 即平田笃胤。凡此均当以汉字写出也，至印度之梵文名词，如六宗，如数论，译者皆传钞英字，今不琐及之云。

（《大公报》1929 年 4 月 8 日，第 8 版）

《学史散篇》

文　通

刘咸炘著。定价八角。琉璃厂直隶书局、东安市场五洲书局。

　　双流刘鉴泉先生年未四十而殁，著书已百余种，先生于宋明史部、集部用力颇勤，《史学述林》《文学述林》两著持论每出人意表，为治汉学者所不及知，张孟劬先生所称为目光四射，如珠走盘，自成一家之学者也。先生殁已三年，余始于燕市获见此册，犹封存印书局，尚未流行。其书首《唐学略》，次《宋学别述》，次《近世理学论》，次《明末二教考》，次《长洲彭氏家学考》。前二篇最伟大杰出，第三篇立论殆别有旨，末二篇备言近世宗教史之故，事亦最奇。五篇近五万言，搜讨之勤，是固言中国学术史者绝大一贡献也。

　　中国学术，建安、正始而还，天宝、大历而还，正德、嘉靖而还，并晚周为四大变局，皆力摧旧说，别启新途。魏晋之故，迩来注意及之者已多。而晚唐、晚明之故，则殊少论及。先生于唐推韩愈先后及并时之人，以见古文流派之盛。由因文见道之说，而寻其思想，以见孟、荀、扬雄、王通所以为世尊仰，而佛老所以逢诃斥，六朝唐初之风，于此丕变，以下开两宋。凡表见二百三十人，师友渊源，及其讲学义趣，若示诸掌，则唐学于此可寻，信可谓绝伦也。

　　考李舟《独孤常州集·叙》曰："天后朝广汉陈子昂独溯颓波，以趣清源，自兹作者，稍稍而出。先大夫(李岑)尝因讲文谓小子曰：吾友兰陵萧茂挺(颖士)、赵郡李遐叔(华)、长乐贾幼几(至)，泊所知河南独孤至之(及)，皆宪章六艺，能探古人述作之旨。"与此篇所举独孤作《李华中集序》、梁肃作《李翰集序》，同以萧、李、贾、独孤四家并称，信四家为天宝以来文学之要领,实唐古文家之公论。此篇揭櫫四家,诚得纲维。又益之以李华《三贤论》,而冠元、刘家于首,以示先河,尚不为赘。持此以嘲论文者徒举韩、柳,固足以破数百年来选家之庸昧。然既曰唐学,似不必侧重于文,事不孤起,必有其邻,有天宝、大历以来之新经学、新史学、新哲学,而后有此新文学(古文)。由新文学之流派以见一般新学术之流派则可,惟论新文派以及其思想,而外一般新学术将不免于隘。唐之新经学、新史学,其理论皆可于古文家之持说求之,是固一贯而不可分离者。吕温学古文于梁肃,肃学于独孤及,梁肃而下,由韩愈而皇甫湜,而来无择,而孙樵,其渊源可谓盛也。温之《与族兄皋请学〈春秋〉书》,此可代表一般古文家对于经学之意见,亦即一般新经学之标的。温书曰:"儒风不振久矣。夫学者岂徒受章句而已,盖必求所以作人,日日新,又日新,以至乎终身。夫教者岂徒博文字而已,盖本之以忠孝,申之以礼义,敦之以信让,激之以廉耻,过则匡之,失则更之,如切如磋,如琢如磨,以至乎无瑕。魏晋之后,其风大坏,于圣贤之微旨,教化之大本,人伦之纪律,王道之根源,荡然莫知所措,则我先师之道,其陨于深泉。是用终日不食,终夜不寝,驰古今而慷慨,抱坟籍而大息。小子狂简,与兄略言其志也。其所贵乎道者六:其《诗》《书》《礼》《乐》《大易》《春秋》欤?人皆知之,鄙尚或异。所曰《礼》者,非酌献酬酢之数、周旋裼袭之容也,必可以经乾坤,运阴阳,管人情,措天下者,某愿学焉。所曰《乐》者,非缀兆屈伸之度、铿锵鼓舞之节也,必可以厚风俗,仁鬼神,熙元精,茂万物者,某愿学焉。所曰《易》者,非揲蓍演教之妙、画卦举繇之能也,必可以正性命,观化元,贯众妙,贞夫一者,某愿学焉。所曰《书》者,非古今文字之舛、大小章句之异也,必可以辨帝王,稽道德,补大政,建皇极者,某愿学焉。所曰《诗》者,非山川风土之状、草木鸟兽之名也,必可以警暴虐,刺淫昏,全君亲,尽忠孝者,某愿学焉。所曰《春秋》者,非战争攻伐之事、聘享盟会之仪也,必可以尊天子,讨诸侯,正华夷,绳贼乱者,某愿学焉。此于非圣人所论,不与于君臣父子之际,虽欲博闻,不敢学矣。"斯旨也,古文家对六经之旨,亦即新经学派之旨也。所谓新经学者,啖助、赵匡、陆质之徒是也。凡新经学皆与古文家师友渊源相错出,力排唐初以来章句之经学,而重大义,故温复学《春秋》于陆质。《萧颖士传》:"于是卢异、贾邕、赵匡、柳并皆执弟子礼,以次受业。"而陆质即学于赵匡,匡又学于啖助。啖、赵、陆以《春秋》鸣,而萧颖士、独孤及、梁肃、吕温以古文鸣,其师友渊源之相密接如此。《新唐书·儒学传》言:"啖叔佐善《春秋》,考三家短长,缝绽漏阙,号《集传》。赵匡、陆质传之,遂名异儒。大历时助、质、匡以《春秋》,施士丐以《诗》,仲子陵、袁彝、韦彤、韦茝以《礼》,蔡广成以《易》,强蒙以《论语》,此自鸣其学。"殆公唐之异儒也。啖、赵之于《春秋》,亦卢仝"《春秋》三传束高阁,独抱遗经究终始"之意也(窦群从卢庇受啖氏《春秋》)。萧颖士亦明于《春秋》者也。施士丐以《诗》,亦以《春秋》,文宗所斥为"穿凿之学,徒为异同"者也。刘轲善古文,其从寿春杨生则作(编者按:①此处原稿空缺)也,而轲亦著《三传指要》。韦处厚学古文于许孟容,孟容者,传父鸣谦之《易》学,韦处厚复学经于刘淑,淑为禹锡之父,禹锡称为先仆射者也,而禹锡亦以文鸣。若樊宗师之作《春秋集传》,苏源明之传《元包》,此古文家也,而为新经学者。下逮陆龟蒙犹以古文后劲宗啖、赵《春秋》。宗经复古者,实唐古文家之标的,故新文学与新经学同为气类,而下启柳开、穆修、孙复、刘敞,故古文家言文必曰"取之六经",再则曰"效扬雄、王通之辞",唐之异学固古文之贤也。若萧颖士又以《春秋》之法施之于史,编年盛而褒贬义例之说兴。颖士《与韦士业书》曰:"孔圣因鲁史记而作《春秋》,托微辞以示褒贬,惩恶劝善。有汉之兴,旧章顿革,纪传乎分,其文复而杂,其体漫而疏,事同举措,言殊卷帙,首末不足以振纲维,支条适足以助繁乱,于是圣明笔削之文废矣。仆欲依鲁史编年,著《历代通典》,于《左氏》取其文,《穀梁》师其简,《公羊》得其核,综三传之能事,标一字以举凡,扶孔、左而中兴,黜迁、固为放命。"《新书·萧颖士传》称:"颖士谓《春秋》为百王不易之法,而司马迁作本纪、世家、列传,不足为训,撰编年依《春秋》义例,书魏高贵乡公之崩,则曰司马昭杀帝于南阙,书梁敬帝之逊位,则曰陈霸先反。黜陈闰隋,以唐土德承梁火德,此自断诸儒不与论也。有太原王绪撰《永宁公辅梁书》,黜陈不帝。颖士佐之,亦著《萧梁史谱》,及作《梁不禅陈论》,以发绪义例。"法《春秋》之黜陟褒贬,此固新史学之标的也。刘轲亦曰:"自《史记》《班

---

① 此为《大公报》编者按,非本书编者。——编者注。

汉》以来,秉史笔者余尽知其人也,余虽无闻良史,至于实录品藻,增损详略,亦各有新意,常欲以《春秋》条贯,删冗补阙,掇拾众美,成一家之尽善。"柳冕亦曰:"司马迁过在不本于儒教以一王法。夫圣人之于《春秋》,所以教人善恶也,修经以志之,书法以劝之,立例以明之,故求圣人之道,在求圣人之心,书圣人之法,法者凡例褒贬是也,而迁舍之,《春秋》尚古,而迁变古,由不本于经也。"盖自是以来,义例褒贬之说盛,陆长源、沈既济之徒,皆以义例言史。而皇甫湜《东晋元魏正闰论》亦即沿颖士以兴,下逮于宋欧阳修、苏轼、陈思道《正统论》继之。义例之说,欧阳《新唐书》《新五代史记》,尹师鲁《五代春秋》,吕夏卿《唐书直笔》继之。编年之体,自此遂以大盛,非复唐初专师《汉书》之风。此类作者,亦皆古文家也。柳冕者,柳芳之子,而柳并、柳谈之宗,亦源于萧颖士,柳镇亦其族,而宗元者又镇之子也。此皆明新史学之与古文家为辅车相依。至孙甫、苏洵、司马光而褒贬正闰之说以息,此新史学之又一进也。有唐之古文以反六朝之俪体,而开宋之古文,有唐之新经学、新史学以反唐初正义、五史一派,而下开宋之经、史学,其义一也。此义似不可忽。

若刘先生又谓:"退之于学术诚有变革之功,然其学实椎浅无可言,综其议论,不过三端:一曰矫骈丽之习而倡古文,二曰矫注疏之习而言大义,三曰惩僧道之弊而排佛老。退之之言孔子传之孟子,孟子纯乎纯者,荀与扬大纯而小疵,似专宗孟而实不然,诸人于孟子之旨固多不明。"斯言亦为稍过,退之论不二过,究心于诚明之说,欧阳詹从而申之。退之论性三品,皇甫湜从而申之,皆以益邃。至李习之《复性书》三篇,已足以启千古之长夜,与伊洛之旨,犹响斯应。溯而上之,陆质之《删东皋子集序》曰:"亡所拘而迹不害教,遗其累而道不绝俗。"斯固直内方外之旨,合道器于一,盖已确有所立。下迄皮日休、陆龟蒙,其视孟子固不与荀、扬同科,皇甫湜尤揭性善之旨,谓与经合(惟杜牧之说颇是荀卿,两家皆出于三品说)。而独大历以还,于义理之学,概乎无闻,则忽于陆质、李翱以来之文之故也。大历以来,论天、论《易》、论性、论诚,实以《中庸》《孟子》为中心,信可谓已知所讨究,下逮欧阳,于《复性书》曰:"此《中庸》之义疏耳,不作可焉。"则唐人之意,至宋不能尽识者有之,而概以枵浅目之，未免过苛。由《孟子》性善而及于《中庸》诚明，已不可消以肤末，所未逮于伊洛者，尚未及《大学》诚意之旨耳（程、朱以《大学》有错简，是犹未尽《大学》之旨，阳明主古本，盖《大学》"意"之一字，至姚江良知之说而后明）。若以其不尽得孟氏之旨而少之，则自刘轲《翼孟》、林思慎《续孟》以来，及于宋冯休《删孟》、司马《疑孟》，苏轼，李觏，尚多非辩七篇，即尊信孟氏若王安石，学之深纯如两程氏，于孟氏亦未能尽同。北宋一代实无纯同于孟氏者，下至晁以道、余允文而争议始息。南渡以来，然后于七篇无异辞，故相反若朱元晦、唐与政，而于孟氏不容有一言之出入则无不同，是又乌得以不尽同孟氏为唐贤病（窃谓孟、荀并论为未得孟氏，及于《中庸》诚明而专尊孟氏，为韩愈以来一进境，至贾同责荀，而其义始大畅耳，又至南渡及笃信孟氏以绌扬雄、王通，则视北宋又别，是皆学术阶段，未可忽者）。若曰轲之死不得其传焉，曰孟子功不在禹下，曰荀、扬大纯而小疵，一再言之，斯岂无据而偶焉为是说耶？知其师友之间，玩索六经之际，固已悠然以会于心，而有默然以相启者也。故唐之古文家曰文以载道，自有其所载之质，而后形之于文，非徒因文而见道也。犹有进者，宗经复古，崇仁义，宗孔、孟，贵王而贱霸，其事犹非一朝一夕所能及也。自尹知章编注《老》《庄》《管》《韩》《鬼谷》（见本传），赵蕤《长短经》综纵横、儒、法自成一家，他若来鹄之于《鬼谷子》，皮日休之于《司马法》，韩愈、柳宗元于《墨子》《列子》《荀卿》《鬼谷》，皆尝出入，杜牧于《孙子》，杨倞于《荀子》，卢重玄于《列子》，其议论尚可寻，至《唐书》志、传所载贾太隐、陈嗣古于《公孙龙》，胜辅于《慎子》，而杜佑于《管子》，陆善经于《孟子》，皆为之注，而《太玄》《法书》，注者尤多，是皆反六朝隋唐传统之学者，亦先乞灵于晚周百家之说，稍进而儒家之说，孟、荀、扬、王之说乃独显，而孟始特尊。由先有解放之运动，而渐辟新途，于是经史文学，迥与昔异，而义理之旨乃隆。至《隐书》《谗书》《两同书》《仕书》《素履》《无能》《伸蒙》《续孟》，皆足见解放之风，与渐入于孟氏之域，波澜之阔，虽似不及魏晋，而研精反约，主《中庸》尊《孟子》，若又过之。

刘先生析《唐学略》为二篇：（一）《古学者略表》，大体就古文一家论，似失之隘；（二）《实学略论》，忽于唐之新史学未得其要，则泛及于唐初五代史,并三史注,元行冲《老》《庄》之注,及《三教珠英》之类,下及苏冕《会要》,斯皆无与开、天、大历之风气。似初本由论唐文,以渐及其他,故二篇不相应,而于唐人学术体系翻有未融,斯殆由刘先生深恶编年义例之说,而笃信道家之言。故忽唐之新史运动(《史学述林》言:"北宋史家著史,皆有所长,然于史学皆无所论说。"此即由刘先生忽视唐人史说而然,一究唐之新史学,而北宋史家之意了然无待论也,吾已别于《宋代史学》节详论之),不喜人排佛道。故卑视唐人之思想,是或一蔽也。要之,曹爽之难,而何晏、丁谧皆于祸,王叔文死而吕温、陆质、刘禹锡、柳宗元皆败,是皆欲以新学术运动为新政治运动,与清之戊戌政变,事同一辙。叔文于数月间召陆贽阳城,而罢德宗秕政(免进奉,蠲诸色,罢宫市、五坊小儿等),其锐然自翊,互相推奖曰伊、曰周、曰管、曰葛,其自任者重,亦以所挟者贵也。乃不幸而败,而史氏以丑词诋之,斯亦有待于连类辨证者也。

大历以还之新学虽枝叶扶疏,而实未能一扫唐之旧派而代之,历五代至宋,风俗未能骤变也。旧者息而新者盛,则在庆历时代,然后朝野皆新学之流。五季宋初,新派学者,皆潜在草野,若孔维、邢昺、杜镐、舒雅之校撰群经正义,刘熙、薛居正之撰《旧唐书》《五代史》,文则四六,诗则西昆,《太平御览》《册府元龟》《文苑英华》之集,皆旧派也。盖沿《北堂书钞》《艺文类聚》之风。朝列所登,多吴、蜀遗臣,显途皆属旧派。而唐以来之新派,皆潜伏无声华。种、穆、柳、孙既皆肥遁,而隐居以经术文章教授者尤多,研几则以《易》,经世则以《春秋》,此固源于唐之新学者也。陆游曰:"《易》学自汉以后浸微,宋兴有酸枣先生,以《易》名家,同时种豹林亦专门传授,传至邵康节,遂大行于时。"《东都事略》言:"王昭素,酸枣人,著《易论》三十篇,李、穆而下,有闻于时者,皆其门人也,子仁,亦有潜德。"晁公武言:"昭素隐居求志,行义甚高。"赵汝楳言:"《易》灾异于西汉,图纬于东都,老、庄于魏晋之交,赖我朝王昭素、胡安定诸儒挽而回之。"则酸枣先生于《易》学所系之重也。陈振孙言:"皇甫泌著《易解》,其学得之于常山抱犊山人,而萧阳、游中传之,山人不知名,盖隐者也。"《东都事略》言:"陈抟不乐仕进,隐居武当。"又言:"种放隐居终南山豹林谷,闻陈抟之风往见之,张齐贤称放隐居求志,孝友之行,可励风俗。"又言:"穆修师事陈抟,而传其《易》学,方是时学者从事声律,未知为古文,修首为之倡,其后尹源与弟洙始从之学古文,又传其《春秋》学。"(《宋史》言苏舜卿辈亦从修学《易》)又言:"高弁从种放学于终南山,又学古文于柳开。"陈振孙言:"王洙著《周易言象外集》,其序谓学《易》于处士赵期。"文彦博言:"武陵先生龙君平,陵阳人,藏器于身,不交世务,闭门却扫,开卷自得。"范仲淹言:"岷山处士龙昌期,论《易》深达微奥。"是见宋初新学诸儒,守唐人异学,皆避世无闷,风操峻远。邵雍、胡瑗、孙复,何莫非幽栖岩穴,潜心道微,然后能光大其途。流风既广,而后能祛千载之弊,一洗空之。初宋以还,其人既众,其学亦博,若舍《易》《春秋》之传而专详陈抟、刘牧、周、邵之渊源统系,则似宋初之学,唯《太极》《先天》《洛书》《河图》之传耳,将转有伤于柳、穆之伟大,其所表见者八十余人,亦将暗然无光矣。盖自唐季以来,学术猥鄙,风俗颓薄,宋兴尚未能革,刘先生言"庆历以前先沿南,而后则沿北"者,实先之显学与后之显学有殊,非北之寇、晏学南之王、钱,南之欧、曾、王、苏学北之柳、穆、孙、石,经五季之乱,文章在南,晏、寇一仍旧贯耳。庆历以后新派勃盛,无南北皆新派也。李方叔《师友谈记》:"欧阳公《五代史》最得《春秋》之法,盖文忠公学《春秋》于胡瑗、孙复。"柳、孙一派,殆至欧公而后显。自是以还,政治、学术,皆焕然一新,涤荡污蔓,拔一世于清正之域。自天宝、大历以来发其端,至庆历而后盛,中间埋没无闻者不知凡几,其仅存者,而言学术史者(黄、全《学案》)、文学史者(诸古文选本)又不道及,非鉴泉先生之博学笃志,则宋之学将莫知其所以始,而唐之学莫知其所以终,则此区区两表,于文化史之贡献,亦云伟矣。

至论吕学、王学、苏学三篇,于考核渊源,皆极明备,所益者多。论吕学颇有刘先自况之意,亦不免有于道家之见,于王、苏两论,广其流于李邦直、叶少蕴、秦少游、张文潜,具见博大深入,尤以论李、张为最精。新、蜀两派,原与洛学抗衡,此论出而后,二派之学本末流派始具。鄙意尚有应附此三篇而论者,则此三家于南渡学派之关系也。南渡之学,以女婺为大宗,实集北宋三家之成,不仅足以对抗朱氏,而一发枢机系于吕氏。以北宋学派应有其流,而南宋应有其源也。北宋之学,重《春秋》而忽制度,南渡则制度几为学术之中心。考陈振孙言:"王昭禹《周礼详解》，其学皆尊王氏新说。"王与之言："三山林氏祖荆公与昭禹所说。"指林之奇《周礼全解》也。林氏之学出于吕氏，而成公又从林氏学，故王应麟云："少颖说《书》至《洛诰》而终，成公说《书》自《洛诰》而始。"则伯恭之于少颖，非泛泛也。盖自荆公主变法师《周官》，其徒陆佃、方悫、马晞孟、陈祥道继之，为王门说《礼》四家，而制度之学稍起，魏了翁所谓方、马、陈、陆诸家，述王氏之说者也。至于林、吕而女婺经制之学以兴。《浙江通志》言："龚原少从王安石游，笃志经学，永嘉先辈之学以经鸣者，渊源皆出于原。"此女婺之学有源于王氏者，不可诬也。王淮言："朱（晦庵）为程学，陈（龙川）为苏学。"《隐居通义》言："灵卧吴先生曰：近时水心一家，欲合周、程、欧、苏之裂。"此女婺之学远接苏氏，又不可诬也。盖庆历而后，程、王二派皆卑视汉、唐，故轻史学，北宋史学一发之传，则系于苏，故至南渡，二李、三牟，上承范氏，史犹盛于蜀。史称王应麟与汤文清讲西蜀之史学、永嘉之制度是也。女婺之学偏于史，可谓远接苏氏之风乎！吕、叶、二陈皆以文名，固亦规摹苏氏，故朱子有"伯恭爱说史学""护苏氏尤力"之说。其先后相承脉络固若此，而后人必以女婺之学系伊洛一派，然其为学本末，判然与伊洛不侔，彰彰可知。以女婺之学亦有本之伊洛者则可，谓纯出于伊洛则不可。黄潛曰："婺之学有三家焉，陈氏先事功，唐氏尚经制，吕氏善性理，在温则王道甫尝合于陈氏，而其言无传，陈君举为说皆与唐氏合，叶正则若与吕氏同所自出。"袁桷曰："女婺史学之盛，有三家焉：东莱之学，据经以考同异，而书事之法得之于夫子之义例，以褒贬而言者，非夫子旨矣。龙川陈同甫，急于当时之利害，召人心，感上意，激顽警媮，深以为世道标准。说斋唐与政，搜辑精要，纲挈领正，俾君臣得以有考，礼乐天人图书之会粹，力返于古。"盖女婺之学，萃洛、蜀、新学三家于一途，吕氏尚性理，则本于程者为多；唐氏尚经制，则本于王者为多；陈氏先事功，则本于苏者为多。既合三而为一，复别一而为三，衡学术流别，斯又未可置而不论也。明时俗学类书一派，多本之陈君举，故《四库》于吕、唐典制之作，悉收入类书，而策论一派，导源苏氏，言纲目义例一派，源于洛，末流之弊，可胜言哉！

总刘先生之书观之，殆意在补黄、全《学案》之不足。若《学案》于浙东之学,不具纲维,上则混其渊源于伊洛。吕、叶之徒,下及元明,柳贯、黄溍、吴莱一辈也,宋濂、王祎、胡翰又一辈也,而终于方孝孺,所谓金华文献之传者也。皆本经制为文章,实上承女婺,渊源亦可考,《学案》又不能详,而混其系统于朱元晦,其学之本末不侔于朱,犹陈、叶之不侔于程,黄、全必主于洛、闽,不惜割裂变乱其系统而淆之,于其为学大体,又未能具言,黄、全为清代浙东史学巨擘,吾是以知清代之浙东史学,固未足与言宋之浙东史学,斯亦赖于补正者也。姑因刘先生论王、苏、吕氏三家之学而发之,若《明儒学案》之偏主姚江派,与程朱派范镐鼎之《理学备考》,正可相发,亦可取彼益此,以稍见一代规模,无使后人疑有明一代姚江之学遍于天下,而朱程几乎熄矣,况又有正德、嘉靖以来反宋明文章学术之一大宗乎？两《学案》自具宗旨,不必过责,而言宋明学者仅知此则陋矣。刘先生于《近代理学》一篇,意在合清世考据家于理学,自别有旨,不欲以鄙意衡之。而特述鄙意与刘先生相合而偶足以补其遗者。刘先生述及关中李元春,而未及其流。案清末西北理学,有炽然复兴之势,与李元春同时者有倭艮峰、苏菊邨、李文园,皆中州人。而李氏之流独广,其弟子之著者有杨损斋、贺复斋、薛仁斋。贺氏之门著者有牛梦周、张葆初。并时关中又有柏子俊、刘古愚。是皆西北之俊,关中之先觉也。其源远而流长,亦不可以弗论。吾求其书殆十数年而后备,将二十种,刘先生殆未之见,故言之亦未详。吾读刘先生之书,叹未曾有,足以开人心目。聊陈管窥,补其阙遗,正其统纪,以为读刘先生书者之一助。惜不得起亡友与共详之。所幸通人硕彦,不吝匡吾两人所未逮,以起千余年来之坠绝,于承学之士,不无稍补也。

(《大公报》1935年8月1、8日,第11版)

《历史学与社会科学》

英　士

李璜著。东南书店印行。一一一页。实价四角。

此书著者李君系前国立北京大学和武昌大学历史学系教授。此书系著者集合他在两校时为学生讲演的稿子而成。内容包含四篇：一曰《历史学与社会学》，凡二十五页；二曰《历史学方法概论》，亦二十五页；三曰《欧洲文化史导言》，所占篇幅比较最长，凡四十页；四曰《历史教学法旨趣》，只有十四页。

这四篇文章是各自独立的，而并在一起亦能首尾衔接，成为一贯的。在国内近几年的出版品中，据我所知，只有潘光旦君的《人文生物学论丛》和孙本文君的《文化与社会》两部书的结构和此书相同，虽然所讲的东西不是一样。比较早见的，有一本何炳松君翻译的《新史学》，其内容尤和李君的新著接近。我想，凡是读过何君所译的《新史学》的人们，不但有资格来读此书，而且一定很欢迎此书。

如果评书的人一定要寻出几点短处来指摘指摘，那末，此书之中非无难免的瑕疵。例如：他把 Philosophie du Progres 译为进化哲学（七十一页），Civilisation 译为文化（五十四页），Idealisme 译为理想主义（五十五页），Emotion 译为感动（八十页），Social institutions 译为社会建设（六十五页）之类，有的太过从俗，不甚正确明显；有的太过违俗，使人离开了原文志释看不懂，都是可以引起非议的。此数字中，除开 Emotion 一字在今日中国之学术界上已有可以算得公认的译名之外，其他诸字诚无公认的译法，但较李君的译法稍为妥贴的不是没有。

除开译名以外，此书中还有几句带有语病的说话，从专家的眼光看来也许要认为可以再加一番讨论的。例如：他说"人类乃是具有制造器械的本能的"（七十一页），"生物学发现了人类的祖先是猴子"（七十二页）。心理学上的本能说的确尚未完全打倒，恐非容易打倒；但在诸种本能之中，虽请坚持本能说的心理学家来排班点名，恐怕也不会点到"制造器械的本能"。至于人类的祖先，诚有人说是猴子，但现存的各种猴子将来有变为另一种人类的祖先的可能吗？我是一个生物学的门外汉，对于自己的祖先实在不认识。但我曾经听过几个当代的大生物学家之言，据说人类的祖先在进化的过程上，曾经有过一时度那猴子式的生活，所以我们可说人类的祖先曾有如猴子者，但不便说人类的祖先是猴子。在如猴的祖先之前，当然还有不如猴的祖先，所以我这段话当然不是想和李君争一个比较贵显的出身。

像李君这一本书，章法非常谨严，条理十分清晰，引证颇多，持论很正，虽无独到的创见，而能忠实地把西洋学者的成熟思想介绍过来，尤能处处留心着他是正为中国的学生说话，文字亦很老当而流利，在今日中国的出版界中实为难得多见的佳作，评者犹在求全责备，未免太不知足了。

初版二千本，已经成为今日中国出版界的惯例，而此书初版只印一千本！我购此书之时，离去初版发行的日期已及半年，而买来的仍是初版千本之一！这可见得此书的发行者似有先见之明。同时亦可看出今日中国的书籍消费者之胃口——他们是不喜欢嚼橄榄喝苦茶的。洋鬼子卖药片起来往往外涂一层糖胶，以后中国的新出版品，如果是要人费了脑力来细玩的，似乎亦非 Sugar Coated 不可。

李君此书虽未加上糖胶式的外套，中间却有 Sweetheart，只要阅者看到他的第三篇便觉甜味来了。在于这一篇内，李君采用了相当限度的唯物史观，对于梁漱溟君的唯心史观下了一个攻击令。在五六年前，梁君著了一本轰动一时的书，叫做《东西文化及其哲学》。此书销路，至今称畅。读过此书的人，应当再来看看李君的《欧洲文化史导言》，看看李君怎样驳击梁君的观点与心得。

（《新月》1929 年第 2 卷第 3 期）

《历史之科学与哲学》

著　者：法国施·亨利（Henri Sée）
译　者：黎东方
发行者：商务印书馆
价　目：五角

在中国流行的西洋史籍，大都系英、美两国的作者。如鲁滨生（Robinson）、海士（Hays）、皮尔得（Biard）、威尔士（H. Y. Wells及Shotwell）等。欧洲大陆的史学家的书，介绍过来的极少。黎先生这个译本可说是切时要的，至少是使我们知道法国史家的论点。

本书作者施·亨利据云为法国韩纳大学名誉教授。现年已七十六岁。曾著有《近代资本主义之起源》《十八、十九两世纪欧洲农制史大纲》《十六世纪以来迄于大革命时期》《不勒颠省之农村阶级》《旧制度下法国工商业之进化》等，特别是在经济史上极有贡献。

这个译本据译者云系 Science et Philosophie de l'histore（Paris, Félix Alcan, 1928）之两卷中的上卷。

蔡 元 培 评

此书叙述历史流别，简而明，可备治历史学者的参考。

这译本中，共分八章：第一章论历史学的起源，第二章至第四章论黑格尔的玄学派概念、孔德的实证派的概念，及古尔诺的批评概念，第五章，论历史与科学之关系，及其异同，第六章论历史的比较方法，第七章论历史中的进化观念，最后讨论到能否有一种科学的历史哲学。

他以为黑格尔玄学派的毛病，是包于主观与实体毫无接触。孔德实证派虽较深入，然而忽视了偶然事实与个人的位置，想从历史中归纳出定律来,再由共通出发到特殊。因此只给人以片面的、不完全的、实体的意象。古尔诺虽能分别长久的与偶然的史实,不用狭窄的公式去解释历史上的事变,使历史哲学和实在的历史相接近,然而他缺乏对于历史的一个确定观念及历史探讨的先决条件,这种批判是极正确的。他自己以为历史哲学与物理、化学不同,因为它不能定出定律,因此不能有成见,它只是"尝试观察事变的互相倚靠,分别发展的趋势和(案件)[条件]",因为除了极特殊的事实之外,前因和后果的关系是不易把握的。因此历史哲学是应它的地位,不过要具有一种真的批评与科学的特色罢了。

(《上海青年》1931年第31卷第12—16期合刊)

《历史之科学与哲学》

刘静白

施·亨利著,黎东方译。
商务印书馆印,一九三〇年初版。
平装一册。定价五角。

在中国人所介绍及出版的一般历史学书籍中,这是一本较可读的书。著者是个批评论——换言之,即是二元论——底信徒,所以有时也很能接近事实底真象。但也正因了这批评论底蝙蝠性,终于不能明确地露布真象的事实,而遮遮掩掩地踱到那神秘的母亲——观念论——底怀里去了。

著者在"历史之科学与哲学"这个标题下,用了平均的页数来处理这两个问题。在历史底哲学方面,著者以他自己底观点,概括了历史哲学发展底几个阶段,并评述了其代表人物,这就是:历史底玄学概念:黑格尔(Hegel);实证派底概念:孔德(Comte);历史底批评概念:古尔诺(Cournot)。他认为唯有"批评的"历史概念才是科学的,而古尔诺虽是批评概念底代表人,他犹未完成这个工作的。据著者说,古尔诺底缺点,是给拉公布(P. Lacombe)和瑟诺波(Seignobos)两先生补正了。那末著者自己底工作呢?当然就是宣扬这个真理,指出其特殊性及"为实在的历史底延长",使它"除了推理的兴趣之外,又有实际的用途了"(均见一八三页)。

在历史底科学方面,著者引了马叶荪(E. Mayerson)底话说:"现象应有一种解释,立于定律之外而超过定律。"(九三页)所以历史虽不能如数、理等精确科学"定出数字关系","定出名实相符的定律",和没有

"预见底可能"(均见八一页),仍不失为一种科学,因为"它也要解释所描写的现象,正如那些科学一样,而且(这)(编者按:此字衍)正是它底主要的工作"(九三—九四页)。这样的历史科学,要完成它底解释,很需要一种方法,著者就认为唯有比较方法,才可以使历史不仅成为科学,而且还因之进于哲学。真要使历史成为科学而且进于哲学,还要一种哲学的概念以为引导,这儿作者就提出"进化观念"来,简约地论究了通史进化、巧会及偶然、进化与革命、个人底地位、共通与特殊及进步观念等问题。就这样作者觉得"历史既然是科学,当然可以成立一种历史哲学,为实在的历史底延长,正如科学哲学为自然科学底延长一样"(一八三页)。于是这一本"说明历史科学与历史哲学底密切关系"的书,就"产生"(同上)了。

"真有批评而科学的特色(吧)[罢了]"(一八四页),著者肯定地以这句话作了结语,这儿我却引为发端:"真有批评而科学的特色"吗?颇使我致疑了。本来在前半部叙述底场合,是没有可以成为问题的,但已经发现了著者之不科学、非批评的地方。著者说黑格尔与孔德底学说都是"先定的概念",其实这些处所并未示著者之非"先定的"(著者一〇一页引白尔那底话说"一切的经验方法应该用以证实一个先存的观念",这话又作何解)。譬如他说孔德底三时期律——神学、玄学、实证——道:"这一个理论是孔德全部系统底础石,可是在一八二二年底《必要的科学工作》中已经有了很完整的说明了。但是当时他只有二十四岁,他专究的学问也并非是历史。这个历史哲学,孔德其后始终未改,可以说是个先定的概念。"(四〇页)接着就是著者自家,也已说明孔德确受了康道塞(Condorcet)及圣-西门(St.-Simon)等底影响(四五页),"把这些要素(指上述诸人底观念——白)归纳成一个有力的系统"(同上,点是我所加——白)。并且我们还更知道三时期律这个理论体系也是孔德从圣-西门底学说中继承来的。① 这何能因为"他只有二十四岁,非专究历史,其后始终未改,便是个先定的概念"呢?更很显明的,著者对于哲学也是门外汉呀!

这样不科学而批评犹有可说,叙述黑格尔玄学概念时,还表示了著

---

① 见《二十世纪》第二卷第二期《世界史导言》"三、历史观念发达过程"(一七六页)。

者之丝毫不理解。"黑格尔底历史哲学,和他底自然哲学一样,大体上是逻辑的;致使人读《历史哲学引论》的时候疑问到他底世界史是否真在进行。我们应注意,他所谓的发展既不是进化,又不是进步;他不承认有进步,不承认有可完成性。他所谓的各阶段似乎是祸变分开的片段。这便是黑格尔派辩论术,否定继了肯定以后,便有一个连续,一个新的优的情况。由此可知马克思底祸变革命说①与黑格尔哲学底关系"(一三页,点是我所加——白)。接着他又说"他(指黑格尔——白)底历史哲学中没有未来"(同上),"黑格尔丢开一切的先史和前史"(一八页),因此"他只顾现在,现在似乎便是世界史底真终点"(一三一四页)。这表示了著者在如何地狂吠呢! 他简直连甚么是黑格尔底辩证法、黑格尔底哲学(或如他所说玄学)、嘉尔(K.M.)底……以及他们底关系底初步常识也不晓得一样。② 把著者在此地所叙述的及别处所说明的一看,也知道黑格尔是承认进步,承认有可完成性,而且这些都是用他底辩证法那种发展与过程来说明的。只是黑格尔自己是观念论者,所以他底理论系统恰是真实世界之颠倒。我们若是用他自己底辩证法,作为攻击他与理解他的武器,只须给他一种真实世界底物质基础,使颠倒的东西再颠倒转来,便已是一种伟大的工作了。著者所说嘉尔与黑格尔底关系,正应该指着这儿说呀。

其实就是著者自奉为宗师的古尔诺,在其叙述的笔调之下,显然变成了个玄学家,而为他所不大清楚的拉公布倒反成了著者崇敬之中心(见七三页)。我看这不是别的,只表示著者哲学底蝙蝠性而已。

著者用"因此""但是""而且""不过",这些蝙蝠底武装更于他所建立的历史底科学与哲学中登场表演了。要一幕一幕地看他演去,不仅是观众,就是我——评剧者也觉得难耐,所以倒不如拣选他底几出拿手好戏来,使大家开开心,还比较地好。下面便是刮刮叫的几折了。

---

① 这个"祸变革命说"一名词,是需要请教译者的。译者在译同一著者底另一本小册子《历史唯物论》(1928年民智书局出版),在该书卷下第四章八九页起译了"革命及历史底祸变认识"一个标题,及所用的诸含义来看,当是"突变",然而就是这样,在"嘉尔底……"之中,还是找不到这样一个奇怪的东西。
② 关于这些,要叙述起来,那是太多了,决非书评所能容。中文谈辩证法、谈黑格尔的书,是很多的,虽是精粗不等,闹这种笑话的却是少有。《二十世纪》第一卷第六期《纪念黑格尔》,虽是一篇短文,却很扼要地指示了黑格尔底哲学观念和辩证法的,他底缺点自然也是正当地指摘了的,可以参看。

第一当然是历史科学问题,著者把握到"历史是解释的"。这一点是很正当的,不过因此而否认历史中之原因探求、否认历史之定律[①]、否认历史之有预见等,则是非常的错误。原因不能探求,解释还有可能吗？定律没有,预见不能,试问历史如何解释、用甚么解释？而且历史还有未来,还需要进步吗？要解释历史而且要求进步,是必须探求原因,究明因果关系,确立因果规律,然后说明事变,指出其进步之必然的。所以不是否认,而是肯定与需要。不然,"历史是解释的"只是"浮在云际"(七三页)的解释而已,并不"与事实的历史工作接近"(同上)的。

其次是方法论问题。著者只提出了自然科学等占第一等位置(二二—三页)的比较方法与"现象如此复杂,或然性如此之大"(二三页)的历史,作为"惟有使它(原文作历史——白)成为一种真正的科学"(同上)的方法,这真是何等的机械而不足。著者很着重了这个方法,并且还实行过多次[②],自觉可靠,这已经是全称的肯定了,可是著者底"因此""而且"又来个限制与特定:"它只是达到真正的历史综合几条大路之一。我们以为不但如此,而且比较方法不能一律有效地施于历史底全领域,它是在研究共通现象时能有完全的效能,共通现象受特殊事变(可是著者自己经常在以特殊事变和偶然意外等异常复杂的历史事实与现象去非难他人欲以共通现象定数字关系底定律呀,见"顷注[③]"所指各处及其他——白)底扰乱最小。因此比较方法底应用,于经济史和社会史方面最可靠。"(一一四页,点是我所加——白)读者只要看了我所加注意点之处,当早已明白这个方法之不足了。就据著者自己应用的最可靠说,也只限于经济史和社会史。且不管经济史和社会史方面之应用是否可靠,但经济史和社会史并不能代表历史与概括历史,这又是任何人皆知道的。历史学底方法论,并非是没有,而且著者也常常提到历史事实与现象之变动性大和过于复杂,也知道有从这变动复杂

---

① 著者好几次提到"定律",都只认是"事实间数字关系才能做定律",(一一三页,并见七二、八一、九二、九三、九五、九六、二〇〇等),这显然是很不够的。同时并表示著者之并未理解得数字关系底根源与本质。数字关系是一定的质量关系底表现,没有质量关系是没有数字关系可说的。可是一般近视的人及形式的科学拥护者都看不见这个。又何怪乎没有科学修养的施·亨利及等而下之的张东荪、南庶熙呢？

② 施·亨利《近世资本主义发展史》著有《序》二三页。胡纪常译,新日,一九三〇年再版。及在此书第六章附注二、三、四、六、七等所提出各书各文。

抽绎起来又非常适应的方法①，只是著者故意闭了眼睛瞎说，又用蝙蝠术来论证驳斥，于是就不能理解了。

由对象与方法底确定，使我们进入于事物之内部的分析。著者在这儿提出了他底进化观念以论历史底变动、发展与进步。我们还是不能过细去巡狩，还是只能在几个重要场合去涉猎一下。首先我们注意到的是偶然，即著者所命名的巧合。著者在第七章底第三节，是专门对付这个问题的，可是著者除了在一个肯定语句之后复用着"可是"这一否定辞之外，充分地是没有把握到问题底要点，即是说没有究明偶然与必然底关系。这样对于偶然或巧会底意义与地位，著者就不惜牺牲了。② 至于在这一标题下去论进化与革命，已属不伦，又不能确切予以解答，③就更示其画蛇添足了。这种不知问题所在，只能并列两相反的问题，而找不出其正当关系的事，在"个人底位置"这一题目之下，著者又表示了其无知。著者是推崇群众行动的（八一、一四七等页），同时也是承认个人底位置的（一四五页以下，及八二、三页），但这并不是"都能说得过去"，也不是"这一种的历史能够表明群众底动作，那一种也能显露大政治人物底位置"，也不是用"个人天才与集体工作底相互作用"（均见一四八页）就可以解释的。著者从拉波播尔（Rappoport）书中引述拿梧洛夫（Lavroff）底话来看成与马克思底说法相对待（一四七—八页），却没有看见拉波播尔之论断④，殊为可惜，这也正表示了著者之不理解。问题底关键在个人（英雄、天才同）是群众底、社会底、历史底产物，为它们底需要而产生，代表它们底需要而存在，背叛或不能代表它们底需要时，同时就消失其位置。这是时势造了英雄，而后英雄才造时势，这不是循环，也不能颠倒的。

---

① 就是前面著者自己提出了的黑格尔底辩证法。但应用起来，是必须"剥去那神秘的外衣的"。参看《二十世纪》第二卷第二期《世界史导言》一六九—一七二页。
② 他在一四四页上这样写着："欧洲人之建立于新大陆，其中偶然事便是西班牙人底征克，可是主要的事实还是欧洲底钱弊革命（?）和经济发展"（点是我加的——白）。很显然地著者用一个"可是"把问题淆乱，从而又把历史中的偶然除去了。其论列法国大革命，（一四三—四页）也是一样。著者当然更不能理解历史的必然正是许多偶然组成，而偶然本身就是一个必然啊。
③ 见一四四页。于一四三页引述古尔诺底话，说："革命以后，一切事物尽得复旧……"很是错误。
④ 参看拉波播尔《作为进化科学之历史哲学》第五章与第六章。辛垦，青译本，一八七—二六五页。拉波播尔底名言是，"个人是被动的环境中自动的因子"（一九六页）和"个人是历史上唯一自动而觉悟的力量"（二三一页）。详细论证，请参阅该书第五章《个人在历史上的作用》。

著者自己没认清共通现象与特殊事变底关系，徒以存在底长久及动或静来说明，已是错误；又复联系到进化不进化，和原因、条件等等问题上去，更是一塌糊涂。著者为要用他底比较方法，不惜把历史完全归结到"静的"（九〇页）和"共通的、长久的""所谓制度"（一五〇页）去，为要反对他人划分阶段及定法则（定律）时，又不惜将"特殊的、偶然的、意外的"复杂现象，"动的""进化"（见上各页）等等来作防御工程①，这真是科学的、批判的么？

在著者认为"只有一条所谓'人类社会是进步的'定律"（九一页），引了拉公布"很深入的批评"（九一及一五七页）之后变为"人类精神底进步"（一五八页）。但总算最低限度承认了，可惜这一承认同时不免要承认"很可能地预见到未来的事变"，虽是他也只关心到"人类底未来命运"（一五八页）。同时更根据前面所说的"惟有定了数字关系以后，才能有预见底可能"（八一页），我们试用逻辑底推理方式一次，则其结果将是施·亨利先生所意想不到的，即历史之很可能地预见必由其具有数字关系的定律。这却不是"不能令人完全了解""致使人……疑问"（一三页）的黑格尔底辩证术，而是施·亨利先生所使用的形式逻辑。其实我还觉得问题并不在这儿，而是在施·亨利先生底社会阶级与其所形成的蝙蝠性观念在作怪。

在历史哲学方面，著者更只是"延长"了这些错误，"综合"了这些错误，"多走了些崎岖的路"，一不能看出科学与哲学底关系，二淆混了它俩底本质，所以著者只达到些"哲学的精神"（所引字句均见一八三页），"人类底精神"，而"回旋在云际"（一八一页）去了。其批判论底蝙蝠性本质，使他底历史哲学如"一个不稳定的天平底指针，永久摇荡于两端之间，此时止于此点，另一时又止于彼点"（见九一页及一五七页，文字略有改移——白）。至于其曲解嘉尔底学说（一三一、一四七、一五五等页）与不懂得进化与革命及渐变与突变（他用的猝发，一五五页——白）等，那将在另外的地方批评了。

Nov, 28, 1932

（《二十世纪》1933年第2卷第6期）

---

① 八二页说："定律底建立只是由于'共通性'。没有'共通性'是没有科学的。可是历史所述的都是些'个别的'事实，又是具有环境性而不再现的。"然而他在前引一一四页等处却又在辩护相反的事实。

评黎东方译《历史之科学与哲学》

沈炼之

昨天我向一位朋友借到一本黎东方君译的《历史之科学与哲学》（商务印书馆民国十九年十月初版），这部书的原著是法国 Henri Sée 教授，原名是 Science et Philosophie de l'histoire (Paris，Félix Alcan, 1928)。此书分作两部分：上半部讨论历史的科学与哲学，下半部是十二篇历史论文。译者因为下半部"恐非我国一般读者所急需，故暂将上卷译出付梓"。这部《历史之科学与哲学》，连导言、结论共计十章。我已经看完头两章，现在把我所发现的错误和不妥当的地方逐条写出来请教黎君：

（一）导言第一页　历史哲学的抽象和玄虚性，使它引起的辩论过分深奥，

原文：le caractèr par trop académique des débats souléves par une philosophie de l'histoire purement abstraite et métaphysique，(p.9)

"purement abstraite et méraphysique"这几个字是形容 une philosophie 的，一种完全抽象的、玄虚的历史哲学。这与"历史哲学的抽象性和玄虚性"意义完全不同。

（二）同上　同时社会的进步，也提出了关于历史的新问题。

原文：Notions encore que les progrés mêmes de la sociologie out posé de nouvelles questions relatives aux relations de cette science avec l'histoire. (p.9)

原文是说关于历史与社会学关系的新问题，并不泛指历史

的新问题。

（三）同上　法国思想家古尔诺(Cournot)、拉公布(Paul Lacombe)的批评方法，替这些问题开了一条深路。

> 原文：On peut dire qu'á cet égard le grand penseur francais Cournot a ouvert unc voie féconde en traitant ces problémes d'une facon critique, et on peut en dire outant d'un autre esprit original, Paul Lacombe. (p.10)

译者把原文修改得太厉害了。féconde 这个字本有生产的、丰富的意思，决不可译作"深"。

（四）导言第二页　再拿它们来和历史科学对照，我们将要论及此后历史哲学宜取的方向。

> 原文：En les confrontant ensuite avec l'histoire-science, nous nous rendrons compte de l'orientation qu'il conviendrait de donner á la philosophie de l'histoire. (p.11)

se rendrons compte de 本作"得到一个明晰的观念"解，此处可译"我们可以明了"，与"将要论及"完全不同。

（五）同上　再者，我们也不敢忘掉朗格勒瓦及瑟诺博司二先生在历史研究法中的教训，这是关心历史哲学的人所必备的一部书。

> 原文：Par ailleurs, nous n'avous garde d'oublier tand ce que nous devons á l'Introduction aux Etudes historiques, dè M M, Ch.-V.-Langlois et Ch. Seiguobos, livre de chevet pour quiconque s'intéresse á la théorie de l'histoire. (p.11)

原文并没有"教训"这个字，这是译者自己添的。livre de chevet 指喜欢看的书不是"必备的书"。o'théorie de l'histoire(史学理论)与 philosophie de l'histoire(历史哲学)不可混为一谈，朗格勒瓦与瑟诺博司合著的《历史研究法》不是一部研究历史哲学的著作。

（六）第一章第一页　编年表、雄辩词、道德性的预言、宗教理论的铺叙：这便是十八世纪前的历史。

> 原文：Chronique, exercice d'eloquence, prétexte á prédication

morale ou á démonstration théologique: Voitá en somme ce que fut l'histoire avant le XVIIIe siécle. (p.14)
chronique 是编年史，译作"编年表"不妥。prédication 与 prédiction 形虽似而义则不同：prédication 作传教、说道解，prédiction 才是预言。démonstration 这个字在这里作证明解。

（七）第一章第二页　它的标题是"讲话"，这个做摩邑[Meaux]主教的著者想证明整部历史是由于上帝的指使。他真的没有提到近代。

原文：Remarquons le titre（Discours），et l'objective que se propose l'évêque de meaux: prouver que L'histoire toute entiére est mevee par le droit de Dieu. Il est vrai que, prudemment, il n'a pas abordé le monde moderne. (p.14)
Remarquons、prudemment 二字在这句里占一个重要的位置，可是译者把它们省去。discours 在这里不作寻常的"讲话"解，是"劝人的演说"，所以著者特别要我们注意这个标题。

（八）同上　这一层最重要的著作是孟德斯鸠的《法意》，他所想写的确是一本科学的著作。

原文：L'effort le plus remarquable, en ce sens, a été tent'e par montesquieu; C'est bien un travail scientifique qu'il a pretendu réaliser quand il a écrit l'Esprit des Lois. (p.14)
原文大部分没有译出来，这样翻译，未免太不忠实。en ce sens 译作"这一层"也很费解。

（九）同上　孟德斯鸠在《罗马的兴亡》中说，没有一件历史的事变是偶然的结果。

原文：Dans Grandeur et décadence des Romains, Montesquieu s'efforce de démontrer qu'aucun événement historique n'cst le produit du hasard. (p.15)
s'efforce de démontrer（想竭力证明）译作"说"字离原文未免太远了。

（十）第一章第二页　在《风俗论》中他指出历史应接近制度、风俗、文化：

原文：Dans l'Essai sur les Moeurs, il montre qu'elle doit s'attacher principalement á l'étude des institutions, des coutumes, de la civilisation：(p.15)

《风俗论》的著者指示我们历史应该特别注意制度、习惯和文化的研究；s'attacher á 译为"接近"，确是大错。

（十一）同上　《风俗论》中有很多关于文化史的史料，以及不少普通的意见，并且后人所谓的进化，在此书中已有了一种很明晰的观念。

原文：Daus son admirable Essai, ou il a rassemblé tant de données interessantes sur l'histoire de la civilisation, il s'efforce de dégager en certain nombre d'idées générales et il a déjá une vue trés nette de ce que l'on appellera plus tard l'évolutiou.(p.16)

随意割裂原文是译书的大忌，不幸本书译者也犯此病！idées générales（概括的观念，就是说，从许多个别的事实中抽出的通则）不能译作"普通的意见"。

（十二）同上　还有，弗林特说得好，政治主张总是在他们的哲学后面。他们以为哲学能够支配事实，至少能够引起深切的改革，即使不能激起一个革命。

原文：Autre trait, bien marqué par Flint, c'est que la politique constitue toujour, comme une arriére-pensée de leur philosophie：Ils pensent, en effet, pouvoir agir sur les faits, provoquer, sinon une révolution, du moins des réformes profondes. (p.17)

autre truit, bien marqué par Flint 译作"弗林特说得好"实在不妥。arriére-pensée 译作"在……后面"也不妥。原文并无"哲学"这个字，这是译者自己添的，可是平空添了这个字，把著者的本意完全弄错了。

（十三）第一章第四页　德国思想家，因为当时祖国尚未成为一个国家,直至一八一五年没有什么政治的色彩。

> 原文:Les penseurs allemands, au contraire, sans doute parce que leur patrie ne formait pas encore une nation, n'ont eu, tout au moins jusque vers 1815, aucune visée politique. (p.17)
>
> "au contraire, sans doute"省去不译勉强还可以,tout au moins、vers 等字略去不译,原文的句子就变生硬了。visée 译作"色彩"不妥,应作目标、企图解,这就是说十八世纪德国的思想家和十八世纪法国"哲学家"不同,他们不想利用历史作政治的工具。

(十四)原文本有底下这一句,可是译者把它丢了:

La philosophie de l'histoire de kant tient, par des liens étroits, á toul son systéme philosophique. (p.18)

(十五)但是过了不久也就消沉下去。

> 原文:... mais dont il ne subsiste plus rien depius longtemps. (p.19)
>
> "过了不久""消沉下去"都译得不对。著者的意思是说 cousin 的历史哲学好像空中楼阁(原文本有 a édifié duns les nuées 几个字),虽则当时得到听众的赞许,但早已倒塌下去,现在不留丝毫痕迹。

(十六)第一章第五页　此后德国、法国的继续轻视历史哲学,自然不足惊怪了。

> 原文:Faut-il s'étonner alors de la reaction qui s'est produite, en Allemagne d'abord, puis en France, du discrédit ou est tombée la philosophie de Phistoire? (p.20)
>
> 译文和原文意思完全不同。著者并没有说"此后德国、法国的继续轻视历史哲学",他只说历史哲学失了人家的信仰以后在德国、法国所引起的反动。

(十七)同上　朗开(Kanke)以为世界史的意义,举例来说,便是历史哲学的替代;

原文：Pour Ranke, par exemple, c'est la notion d'histoire universelle qui lui tient lieu de philosophie de l'histoire; (p.20)

"世界史的意义,举例来说,便是历史哲学的替代",这句话根本不通。著者的意思说朗克的世界史观就是他的历史哲学。

(十八) 同上　各国或各民族的历史便是世界史的断片,至于实体史也只是世界史中现象的解释。

原文：Les diverses histoires des Etats ou des nations constituent comme des fragments de cette Universalgeschichte, sorte d'histoire "nouménale" don-l'histoire concréte ne serait que la traduction dans le monde des "phéno ménes". (p.20)

译者最大的毛病就是没有把 Ranke 的 Universalgeschichte 的观念弄清楚,所以他不懂 nouménale 这个字的重要,因此略去不译。其实这个字和下面的 phinoménes 恰成对比。

(十九) 第一章第六页　孔德,不管他自己说的怎样,却是十八世纪哲学家的弟子：

原文：en tant que philosophe de l'histoire, Auguste Comte est bien, quoi qu'il dise, le disciple des "philosophes" du siécle précedent：(pp.21 - 22)

en tant que philosophe de l'histoire 是不能省略的,因为著者只说就他的历史哲学家资格来说,孔德确是法国十八世纪"哲学家"的弟子；在别方面他是不是,著者并没有告诉我们。

(二十) 同上　他设论的目的是为人类的幸福,建设一个"实证的"时代。

原文：car le but ultime de ses spéculations, C'est le régime positif qu'il veut instituer pour cequ'il croit être le bien de l'humanité. (p.22)

别的不用说,把 régime 译作"时代"确是破天荒的翻译!

结论：翻译法文书籍并不是容易的事情，译历史哲学这一类书更不容易。译者将此书"匆促译成"，自不免有许多错误，或不妥当的地方。现在我们只希望再版的时候把它好好更正一下。

（《师大月刊》1934年第10期）

《历史哲学》

著　者：拉波播尔
译　者：青　锐
出版者：辛垦书店
出版期：一九三〇年

　　本书底作者沙耳思·拉波播尔（Chavles Rappoport），是法国现代□讲辩证法的理论家，他在欧西是很出名的。他在理论上的地位，等于文学中底巴比塞。而《历史哲学》又是他的名著之一，全书底任务，他说："首先，我设法以可能的最简短和最（明显）[显明]，来阐明主要的历史观念；我想把从前、现在和将来应该是被人大概地呼为历史哲学的，弄一个清楚。我遂分析这种哲学之支配的方法和学说；发扬他们中间底强的部分以及弱的地方；并且[那些]在广漠的（历史哲学）[史哲]领域里纵横交错，互相攻击，而又全[部]都自承其供给出理解历史的进步运动，即全球人类命运底手段，那些系统、假设、观念、理论和方法之显然的混乱，条理起来，组成一个新的秩序。"其余的任务就不用列举也可见其全书所论问题之重要，及内容之丰富而正确了。全书凡八章，即：

（1）《甚么是历史的法则》

（2）《历史哲学底性质与可能》

（3）《学说与方法》

（4）《历史中的决定因子》

（5）《个人在历史中的作用》

（6）《主观的方法》

（7）《政治思想底进化》

(8)《辩证法的唯物论》

另外,还有一篇很长的序言,非常之有价值。每章节目繁多,不一一举出。中国原没有甚么历史哲学,正确的尤不多见。唯物主义的历史哲学更不用说了。所以这本书上,在这方面看起来,是异常重要的。

全书的页数,在三百以上。

(《大公报》1930年12月30日,第11版)

《历史哲学》

仲　璋

拉波播尔著,青锐译。
辛垦书店印,一九三〇年版。
一册。实价大洋一元二角。

历史哲学是社会科学领域里底一种必需的基本知识。这种情形,有如译者所说底四点。现在我把它们摘录如次:

第一,人应该有,也莫不有决定其生活态度底根本观念——哲学;而觉悟的人要觉悟地生活,尤其应该有明显而系统之具体的和正确的决定其生活态度底根本观念。

第二,"人是他们自己底戏剧底著作者,兼表演者"。[①] 所以人不止是社会的动物,同时还是历史的动物。……那末,他不应该懂得历史哲学来觉悟地创造历史么?

第三,现在……是……"结束人类社会之前史"[②],而向自由世界跳跃底时代。因而也就更不能不有历史哲学来照耀我们的行动,使我们得免于颠仆,而完成这一神圣的历史任务。

第四,我们所生长底中国这块地方,是位于这样的时代之中的,自不能有例外可言。而以其过去历史发展之不同,构成了它底特殊情形,以致显出得分外复杂。这尤不能不藉着历史哲学之光,来便利我们底创造。[③]

---

① K.M., Misère de la Philosophie, p.133.
② Ibid., p.133.
③ 原书《序言》,一至二页。

然而很不幸的,就是在中国没有甚么书。坊间所流行底一二本,诚如译者所批判,错误百出,值不得诵阅。而拉波播尔(C. Rappoport)这本,却最优良。就在世界历史哲学著作方面说来,也是很有价值底著作。

这本《历史哲学》底内容,共分八章。首先,在第一章里,论历史法则底意义、必要及非难历史法则底论据。以后它就依次地叙述历史底六个法则:颠覆法则、循环法则、重复法则、进化法则、倾向法则、从属法则等。一转入第二章,即论历史哲学是否可能,把布里叶(M. Bouillier)、赫何资(Hélmholtz)、谢林格(Schelling)、叔本华(Schopenhauer)、洛希叶(R. Rosières)、拉梭尔(Lassaulx)等人反对历史哲学底意见,一一批评,从中结论出历史哲学底可能。于是第三章就论历史哲学底方法和学理,从历史哲学底起源起,将神学史观、玄学史观、科学史观一一述评,作了一个历史哲学底史略。而历史哲学底本身,为历史之客观条件和主观条件底研究。所以到第四章即论历史中支配因子底理论,举凡物质气候观、生理心理观、历史社会观诸说,都加以详细而正确的论究。到第五章,即论历史中个人底作用。这一章把个人与历史底关系及个人创造历史底条件分别研究,论列最精。他还归纳成了几个法则,说得非常简明确切。因此,第六章就论主观的方法,把拿梧洛夫(P. Lavroff)底主观论哲学加以述评,给客观主义——忽略人底作用底客观主义——以打击。以后两章就叙述现代创造历史底思想,即具体的历史哲学,其中分两部:第七章述政治思想之历史的演进,第八章述哲学思想底讨论、反对修正的意见。

在以上所述底正文外,有一篇作者底序言,非常重要。译者底《序言》及《附录》,也于此书底系统、特点,及应补足底地方,有所论列。

此外,我就把这本书底优点说一说。

首先,值得我们注意的,就是这本书底观点或立场。这本书底观点或立场,非常正确。一切观念论的和个人主义的色彩,完全没有。反之,它倒是站在极科学的立场,它以几千年底人类进化和几百年底近代科学所发展出底"科学—哲学"高峰为观点,正确性丰富极了,远非一切资本主义学者所著底任何历史哲学本子可比。

其次,作者底方法,非常科学。对于颠覆法则、循环法则、重复法则、进化法则、倾向法则、从属法则，对于神学史观、玄学史观、科学史观，对于物质气候观、生物心理观、历史社会观……通能给以正确的评论。这足见作者于最高的科学—哲学底理论了解得非常之深，迥非派系主义者可比。

再次，我们就来展望他底理论。他把历史哲学看作进化科学是最有见地底一点。反对忽视人底作用底客观主义，不独在他那时有必要，就在任何时候也有必要。由此，他就积极地阐扬人在历史上底作用，见解正确而新颖，构成了全书精华。因为人为历史所不可少，而人又是有理想存在的，他遂进一步物质论地把握理想，把它作实际看待。不知者以为他是对观念论让步，其实他是承《费尔巴哈论纲》作者底理论指示，吸取观念论底精华，丰富物质论底内容，因而给观念论以最后的打击，完全地否定了它底存在。至于他在当时反对伯伦斯坦（Bernstein）和乌尔特曼（L. Woltmann）一流底调和思想，尤其有拥护真理底革命精神。

末了就说他底体系。他这部历史哲学体系非常条贯。从来底历史哲学著作都在资本主义哲学家手里，总是玄学的形态。作者既把历史哲学看作进化科学，遂赋予以科学底姿容。全书底理论，按照科学教科书底编辑，排列成一定的秩序。一步一步地、一层一层地叙述，逻辑紧严，不可紊乱。这在历史哲学上，大有推进底功劳。

因为以上所说底种种，拉波播尔底《历史哲学》是最值得读底一本书。研究哲学底人及历史哲学底人，自然非读不可，尤其可作这些方面底教科书用。就是一般的人，有志于新学说、新思潮之深刻而正确的研究底人，都须诵读一遍。狭小的派系主义者，在这书里，可以得出麦格西士谟底科学精神。

一九三一，八，二九

（《二十世纪》1931 年第 5 期）

《历史哲学》与《历史哲学教程》

方 兴

《历史哲学》，拉波播尔著，青锐译，辛垦书店，定价一元二角。
《历史哲学教程》，翦伯赞著，新知书店，定价一元。

在抗建大实践的今天，我们不能忽视了历史学的深化，正像深化历史学的人，不能忽视了今天的现实。深化历史学，首先必须把握一个正确的方法论，历史哲学就是具体地阐发这方法论的。

《历史哲学教程》就在抗建第二阶段再版了。它系统地说明了研究历史学的正确方法，它有力地打击了一切含毒的意见和无视现实的理论；无疑的，翦先生提供了一部好书，一部值得赞扬的书。同样也早已出版而观点相当正确的历史哲学，那就是拉波播尔著的《历史哲学》。把这二本同性质的书比较来看，我觉得至少有下列几点不同：

第一，拉氏的《历史哲学》多半用否定笔法来表达肯定，这就是说：他在批判别家错误理论的时候，说明了他正面的意见。当然，正面的叙述有时也用的，这方法有好处也有坏处；对错误理论的批判比较详细，笔法比较活泼，使读者从实践里（这里指批判歪曲的理论）吸收正确的理论等，就是它的好处。但读者假如对历史哲学，脑子里先无一个肯定的概念，现在骤然给他个否定的场面，一般读者往往很难理会和吸收，这是它的主要坏处。翦氏的《历史哲学教程》却是一贯地正面叙述，在说明观点的时候，常常把批判作为反衬，所以在读者理会和吸收方面看，比《历史哲学》强多；但在批判工作方面看，似不及拉氏著作的具体而详尽。可是这也是相对而言，翦氏批判西洋历史学家固不如拉氏，但他对中国各史家观点的评述却非拉氏所能望其项背了。所以第二，拉氏《历史哲学》虽不愧为世界名著,但在中国还不能轰动一时,原因是该书只是一般的理论,与中国现实不吻合,并且加上青脱君佶屈聱牙的评笔,正叫人不能卒读。因之,在学术中国化的文化任务下,我主张拉氏的《历史哲学》非予以改写不可的;相反的,看《历史哲学教程》,我始终以为这是非常好的"中国化"的学术著作,它在说明原理的时候,列举了西洋史和中国史的例子,作反批判时候亦然,但好处不在"列举"而在说明得亲切有味、干脆爽快,深具中国三昧。第三,这两本书同样在阐明客观必然外,更强调主观的能动性,重视人,不轻忽领袖对历史的促进作用,但拉氏的《历史哲学》,因为重于反面叙述的缘故,有时不免使人有"矫枉过正"之感。第四,就整个编制看:《历史哲学》似不及《历史哲学教程》系统化(虽然也非常有系统了,这是不能抹煞的)。但确有许多材料前者比后者更详尽而具体;然后者因由中国进步作家创作,所以在配合中国现实和把握中国史家任务二点上是非常出色的。

因之,对一般学习历史的朋友,我慎重地推荐这本《历史哲学教程》,因为它不但告诉你怎样去研究历史,它更具体地指示你怎样去研究中国历史!但要对历史哲学各方面各学派多了解一些,拉波播尔的《历史哲学》也是不可不读的。

(《新知半月刊》1939年第3卷第4期)

评十九年出版各家史学新著

齐思和

《史之梯》(一名《史学概论》),吴贯因著。
《史学概要》,卢绍稷著。
《历史学 ABC》,刘剑横著。

在人类著述中,语其渊源之早,必推历史;而其进步之迟,科学化之晚,亦莫历史若。在西洋阮基 Ranke 以前,无所谓科学的史学也。所谓历史者,不过文学之一种,教士、政客之宣传品,王公大人之消遣资料而已。载笔之士,亦不过承颜献谀,固毫无科学上之价值可言也。自阮基批评史料客观研究之说出,远近响应,于是史学遂逐渐科学化。其后学者更推阐恢宏其说,条理愈密,理论益深,史学遂臻科学化矣。反观吾国史学,其发达之早,史料之富,恐较之任何国家亦无逊色;徒以墨守故辙,不思改进,致无显著进步之可言。五四以还,西洋学术思想渐为国人所采纳,当时胡适之、顾颉刚诸先生介绍西洋方法,倡改革中国史学之议,而新说一兴,举国哗然,断断而争,愤若不共戴天,不知其所述方法,皆数十年前西人即已施诸实行者也。今去五四,已逾十年,我国史学,仍无进步。以与欧西、日本史学之进步一日千里者比,不禁令人汗流浃背也。夫以国人整理国史,其便利较外人代我从事此项工作者宁止倍蓰?然而欧西、日本学者整理中国史学,其成绩远非吾国人所能及,岂非以其方法善耶?语曰:"工欲善其事,必先利其器。"器之未利,事焉能善?然则新史学之介绍,诚我国现今迫切之求已。西人之论史学原理、史学方法、历史哲学,见于英、法、德各国文字者,汗牛充栋,就中除史学方法已有定论外,其余皆见仁见智,因人而异。学者苟能博观约取,提要钩玄,著为一书,饷之国人之不谙西文而有志史学者,必大有裨益于中国史学之发达,可断言也。年来史学著作出版颇多,堪称良好现象,即就个人所知,十九年出版者,已有四种之多:曰《通史新义》,何炳松君著;曰《史之梯》,又名《史学概论》,吴贯因君著;曰《史学概要》,卢绍稷君著;曰《历史学 ABC》,刘剑横君著,可谓史学界之盛事矣。朱熹有言:"既有思矣,则不能无言。"爰将个人阅读上述三书之感想,要略述之,以资商榷,就中《通史新义》一书,十九年译自 Seignobos 之 *Méthode Historique Appliquée aux Sciences Sociales*,原书价值如何,学者早有定评,兹不论,论其余三书。

(一)《史 之 梯》

《史之梯》,又名《史学概论》,吴贯因君著,上海联合书局刊行。书系八开本,凡二百三十页,十九年六月出版。分六章:一,《导言》;二,《史学与其他科学之关系》;三,《历史进化之历程》;四,《史家地位之变迁》;五,《史学与史料》;六,《读史与论史》。

昔顾炎武论著书之难,以为必"古人之所未及就,后人之所不可无,而后为之,庶乎其传",此虽不能期之于一般作家,然既欲著书,最低限度,必将前人对是学之探讨,现在是学之趋势,了然于胸,然后落笔,庶不致徒灾梨枣。若人之已成为陈说者,我方诧为神奇;人之热烈争论者,我竟茫然莫解,而犹强著书,非惟无益于人,抑亦暴露作者之短。吾观吴氏之书不禁有感。夫史学之是否为科学,抑系艺术?史学之是否为社会学之一部,抑系独立科学?史学之真正价值何在?历史事实应如何解释?凡此等问题,皆现代史学家与史学家,及史学家与其他科学家所斤斤置辩,或已得到相当结论者。著者应如何折衷群言,详为叙述,使读者缘阶梯而窥堂奥。今此书于此等问题,悉未置一言,而于史学进化之历程、史家地位之变迁、史学与史料,自吾等观之,当置于史学史、史学方法中者,反刺刺不休,以占篇幅,是吴氏于现代史学之中心问题,殆犹未之窥也。

即就吴氏所论者,亦殊难使人满意。第一章《导言》论史学之意义,专集中精力，攻击旧史，为其不应专为帝王作家谱也。夫时至今日，此等议论，即作者不言，谁不知之？略述数言，直指其失，已近辞费，今则反复申论，不厌求详，统篇所论，更无他意，俨若史学之精义，即在于是者。然则不以帝王为主体，即足以代表现代之史学耶？Flint 之博奥，Shotwell 之深刻，Barness 之畅达，Croce 之精深，以及其他各家关于史学意义之讨论，应如何提要钩玄，饷之国人，今则于诸家之说，无一言之讨论，反于人所共知而不屑道之老生常谈，叨叨不已，是作者于现代史学之趋势，亦茫然莫解也。

虽然，吴氏第一章之失，仅在其不明现代史学而已，尚未有第二章论史学与其他科学之关系，则尤嫌牵强。夫史学包罗万象，与何科学无关系？今欲论史学与其他科学之关系，择其关系最要者申论之足矣，若一一列举，虽若何详尽，尚不免有挂一漏万之患。故 Langlois 论史学之附助科学，仅举古字学、铭刻学、文字学、档案学、考古学数种（Langlois and Seignobos, *Introduction Aux Etudes Historiques* 第二章）。Robinson 论史学之新同盟，亦仅举人类学、古物学、社会学的与动物的心理学、比较宗教学数种（*New History* 第三章）。de Vargas 先生论历史与其他社会科学之关系，仅详论社会学与经济学（*The Place of History Among Social Sciences*）。以上或详人所略，或举其最要，诚鉴于凡百学术，皆彼此有关，不能一一列举也。观吴君所列，则有统计学、考证学、年代学、天文学、语言文字学、考古学、生理学、社会学、医学九种之多，可谓详博矣。然细读其所言，亦未有非常之论，不过谓研究史学应具此数种科学之常识而已。苟其常识与史学有关者，即不厌求详，一一列入，则又岂此数种之所能尽？推而广之，以至于工程学、昆虫学之类，吾侪安能谓其必与史学无关系，亦将一一列入之耶？若不然者，天文、生理、医学之列入，实属无谓已极。尤足异者：作者于此章既以详尽为主，而地理、经济、心理诸学，大家共认为与史学最有关系者，反在弃置之列。去取之间，诚有令人莫名其妙者已。

再观其对诸科学之推阐。第一节为"史学与统计学"。按统计学为史学之新工具，Lybyer、Beard、Beer 用统计法以治史，皆获奇效，其后 Hull（见 Hull, C.H., *The Service of Statistics to History*）、Faulkner

(见其所作 History and Statistics in The Social Science and Their Interralations, pp.234-241)更详述统计学与史学之关系,于是统计学在史学上之功用乃大明。数年前梁任公先生首倡以统计方法治史之论,而卫聚贤君继之,其所论皆甚可观。今吴君亦列是学为与史学有关系之科学之一,佳矣。然统计学究与史学有何关系?吴君之解答不过为"史家编史,必[兼]具统计学之知识,其记载世系,始不越出科学常识之(外)[范围]",此不特小视统计学与史学之关系,且作者似对于统计学之内容亦不甚明了也。夫统计学为一事,用统计方法取得之结果又为一事,习统计学者未必皆有"科学常识",而吾人之"科学常识"亦未必须先习统计学始能得。姑就吴君所举之例观之(第十页)。吴君谓:"在同一国中,平均若干年为一代,甲姓与乙姓,相差必不甚远。昔马氏Malthus 著《人口论》,谓平均二十五年,可增一倍,即谓人类平均二十五年为一代;[一代]二十五年之说,虽不必确乎不可易,然人类之生育期,大略不甚相远。"以下吴君遂根据此种理论,证明"而在古人。虽以(鼎鼎大名)[大名鼎鼎]之司马迁,尚缺乏此常识"云。夫马氏之说之是否可据,是否须有待于后学之订正,稍习社会学者类能言之。即谓其言可信,吴君谓"在同一国中,平均若干年为一代,甲姓与乙姓,相去(非)[必不]甚远",马氏既非与吾等"在同一国中",安能以其学说施之于中国?况依统计方法,第一步须先收集材料,然后再区分之,比较之,求其代表,寻其均数,而后始能得结果焉。吴君谓:"一代二十五年之说,虽不必确乎不可易,然人类之生育时期,大略不[甚相]远。"果根据何种资料,经过何种统计方法所得到之结论乎?故吾谓统计学为一事,用统计方法取得之结果又为一事,习统计学者未必皆有"科学常识",而吾人之科学常识亦未必须先习统计学而后始能得也。

吴君据此更琐琐详论《史记》五帝三代世系之失,其结论曰:"由统计学上观察之,乃属必无之事,徒以暴露其无常识而已。"夫《史记》所列五三世系之失,一论之于欧阳永叔,再论之于钱竹汀,三论之崔武承,四论之于张照,凡稍治史学者,谁不知之?略述数言,直指其失足矣。且史迁《五帝本纪》,实本之《帝系姓》,其所列三代世系,当亦有所本,今吴君专就史公,痛加诋毁,似《史记》一书,悉出史公杜撰者,殊可不必也。

抑余又不能已于言者,太史公为中国史学之祖,其书之价值如何,学者已有定论,岂后生小子一二言之所能动摇?不过迁以一人精力,成百三十篇之书,述数千年之行事,疏漏牴牾,当亦难免。吾人苟博参详考,为之匡谬拾遗,亦未始非一极有价值之工作,而吴君既不能旁考博讨以匡其失(详下),徒作无聊之讥贬,一则曰:"而在古人,虽以大名鼎鼎之司马迁,尚缺乏此常识。"(第十一页)再则曰:"徒以暴露其无常识而已。"(第十二页)三则曰:"似此笨伯,宁足以语解经乎?"四则曰:"考证之疏,一至于此,可笑孰甚?"(第十六页)俨若史公乃一荒疏无识之学究,今日若在,当向吴君执弟子之礼者。此岂学者所宜抱之态度?

第二节论史学与考证学之关系。考证为史学之初步工作,吴君特提出论之,佳已。然推阐太少,举例太多,仍难令人满意。夫考证学在史学上之重要,事极显然,本无待于举例,藉云非举例不可,举一二例,明其重要,足矣。乃作者于是节之推阐,不过数行,而所举之例,以小字排印,尚占十页之多!不惟此一节然也,统观全书,正文不过一两万字,其余尽是举例。夫 Seignobos、Crump 等人,以三四百页之书,尚不暇举例,今以区区二百三十页之书,叙如此复杂之学理,应如何刊落冗言,综述要义?今则举例多于正文者,不下五六倍,殆作者欲敷衍成书之弊耳。虽然,苟其所举之例,确有所见,是其书虽于史学理论毫无价值,读者亦不妨独取其考证也。孰知其举例之荒谬,更有出人意表者。如是节所举第一、第四二例,皆据伪孔以攻史迁,第六例据伪古文以攻伪孔。夫伪古文、伪孔传之出于魏晋人之伪造,在今日已成定案。不惟今文家不信之,即古文家亦不信之,乃作者竟据以驳史公。夫史公受书于孔安国,明见《汉书·儒林传》,是史公对书之解释,乃皆本之于孔氏也。今吴君则据伪孔以攻真孔,非徒不明家法,抑亦无国学常识也。

第五例谓:"然而《大戴[礼]》之解文王生子之期,古来未有怀疑者。朱子之解《关雎》,古来亦未有怀疑者。岂知按之事实,疑点滋多,考据不精,遂使历史发生破绽,得非学者之过乎?"盖作者以为此系其独到之见解,前无古人也。余按吴君之说是否已精,尚属疑问,兹且不论。若夫此二事之不足信,前人言之者已多。即就浅陋如余者所知,《大戴礼》文王十五生武王之说之不足信,崔述早已言之。(《丰镐考信录》卷三)

至于朱子之释《关雎》为咏文王,不过据古文家之说耳。若夫今文家,自始即不以之为咏文王。《史记·十二诸侯年表》:"周道衰,诗人本之衽席,《关雎》作。"又《儒林传序》:"周室衰而《关雎》作。"《淮南子·泛论训》:"王道缺而诗作。"《后汉书·皇后纪论》:"康王晚朝,《关雎》作讽。"又《明帝纪》:"应门失守,《关雎》刺世。"皆以《关雎》为刺诗。至清魏源辑今文家之说著《诗古微》,亦以《关雎》为刺康王。作者既高谈考据,此类书,宜先取读,然后再睥睨古人,进退史公,未为晚也。今即自作聪明,目空一切,得毋太过乎?

以上所论,仅至第二十四页,而已浪费如许笔墨,若就吴书之全部,掇谬举误,一一详论,势将成一卷帙。故以下不复依次详论,信举数例,简单言之。

第二十六页谓:"此处所谓年代学,第一为人物生卒、书籍著作之年代,第二为各国历法之异同。"按年代学之定义及其范围,学者意见不一。然大都以为年代学可分为天文的及应用的两部。天文的年代学注重天文方面所有对于日月运动之知识与计算时间之学问有关者;应用的年代学则注重各民族历法之异同。(参观 Ludwig Ideler, *Hundbuch des Mathematischen und technischen Chronologie*, p.5; Ginzel, *Hundbuchder Mathematischen und technischen Chronologie*, p.4)平常所谓之年代学,大抵指第二种而言,如《大英百科全书》即以年代学为"研究时间之科学,其目的在于依照先后之次序,排列及表明世界史上之诸事件,并确定彼等相去之时间距离"(*Article on Chronology*)。从未闻以人物之生卒、书籍之著作,为年代学之一部者。自吾人观之,此应列之于考证学,不能与年代学混为一谈。质之吴君,以为如何?

第三十四页论《列子》离奇之记事,以为管晏生非同时,而《杨朱篇》记二人之问答,谓为:"空疏无学[者流],好弄笔墨,而假托列子之名以欺世。"第四十四、四十五页论老子《关尹子》书中有后世之思想,亦以之为俱伪。按《列子》之伪,学者类能言之,独于《杨朱篇》,虽勇于疑古如胡适之先生者,亦蔽于其辞旨之美,谓为可信,可谓目能察秋毫之末而不能见车薪。今吴君谓为赝鼎,其识甚卓,然仍嫌证据不足。何者?诸子托古,已为常例,管晏虽非同时,杨朱何妨托之?仅据是而证其伪,固为不可，以此遂目作者为疏陋，尤为不可也。而况乎是篇阐理之妙，文辞之美，自来学者，多为颠倒，恐非空疏无学者之所能为，然吴君犹目之为空疏，足征吴君之博雅矣。至于《关尹子》一书，命意措辞，皆依傍佛经，尚非魏晋清谈。若夫吴君之论老子之伪，不过撼拾梁氏之说，而不著出处，尤不足为训也。

第四十六、四十九两页，攻《书经·大禹谟》《五子之歌》之伪，以为皆后人之所伪作。按二篇皆系伪古文，其为后人伪作，学者久有定论。吴君又直录原文，细加讨论，似可不必。且第二十二页既信《大禹谟》为真，此处又谓此篇为伪，前后持论，判若两人，尤令人百思莫解。

第六十六页论史学与天文学之关系，谓"今后而欲新编国史，则一部二十四史，所有《天官书》《天文志》，与夫野史稗官关于天文之记事，皆应一笔勾消，从新输入科学知识"云云，按此足征吴君尚不明史学之特性，徒效清谈家竞作险语也。夫历史与其他科学不同，其他科学之目的在求最新之知识，新说一出，旧说立废，历史之目的在追溯以前进化程序，自他科学家视之，殊为荒谬可笑者，自史家视之，未始非绝好之资料焉。各史之《天文志》，以及其他书籍关于天文之记载，固远不如现代天文学之精确，然吾人苟研究吾国天文史学，舍此更何所取材乎？吴君既知今日为史，不当专注重政治，而当注重文化之发达、社会之进化，而天文知识在一国文化中又不能毫无地位，吴君乃以为应一笔勾消，吾不知其果何所见而云然也。

第一〇四页谓："他民族对于中国文化，其贡献最大者，莫如苗族。[《桂海虞衡志》谓：铜鼓为蛮人所用，南方古代蛮人]其势力最强者莫如苗族，其能创造文明者亦无过苗族……苗族盛时，不特大江南北，皆为其所有，且其大英雄蚩尤，尝逐帝榆罔至北方，又与黄帝战于涿鹿之野，使此役胜利，归于蚩尤，则汉族全为所征服，中国成为苗族之天下矣。幸而蚩尤战败身死，故中国全局仍由汉族执牛耳。"按，误以今之苗族为古之三苗，其说始于蔡沈。蔡注禹贡曰："盖三苗旧都，山川险阻，气习使然。今湖南瑶洞，时犹窃发，俘而询之，多为猫姓，岂其遗种欤？"是犹未定之辞。至清田雯著《黔书》，遂以今之苗族，即古之三苗。欧西、日本学者更推波助澜，巧为附会，遂创苗族为中国土著，汉族为外来民族之说。国人不加详考,咸信其说。至章太炎先生始直斥其谬曰:"自神农已营长沙,而黄帝与蚩尤战于涿鹿,夷其宗。世谓蚩尤为今苗人,非也。涿鹿者,今宣化保安州地,极北,不得有苗。今之苗,古之髳也,又亦与三苗异。当尧时,三苗不庭,遏绝其世,窜之三危,其遗种尚在。'三苗之国,左洞庭,右彭蠡'(按此见《魏策》),不修德义,'外内相间,下挠其民,民无所附'(按此见《逸周书·史记解》),夏禹伐之,三苗以亡。此自浑敦、穷奇诸族,何与于今之苗人乎?凡俚、猺诸族,分保牂柯上下者谓之髳,音变为苗,与三苗异所。中夏之族,西域、羌、髳所合也。"(《序种姓上》)其后朱希祖先生更推阐章先生之说,著《驳中国先有苗族后有汉种说》,证据益详确。虽二先生所论,吾人不能完全赞同,要三苗之非今之苗族,固粲然明白矣。而吴君必以为今之苗族即古之三苗,果何据而云然耶?

吴君又以为苗族有三大发明:一干戈,二甲胄,三刑法。余按古之三苗不能与今之苗族混为一谈,前已详言之。即此三者,果系三苗所发明,亦不能谓为今之苗族对于中国文化之贡献,而况此三者,是否可信,尚属疑问乎。三者之中,惟刑法较可信,然《吕刑》已谓"若古有训",则在周初,此不过一种传说,是否可信,尚不可知也。至于蚩尤造兵之说,不过至战国时发生,《吕刑》仅谓"蚩尤惟始作乱",并未言其作兵也。至《吕览》始有蚩尤造兵之说,《世本》又著之于《作篇》,于是蚩尤造兵之说,逐渐为一般人所承认。然亦有疑之者,如《大戴礼·用兵篇》引孔子之言曰:"蚩尤,庶人之贪者也,及利无义,不顾厥亲,以丧厥身!蚩尤惛欲而无厌者也,何器之能作?"(此盖后儒所托,未必即孔子之言)《管子》《山海经》固亦皆言蚩尤作兵,然《管子》之出于后人伪造,吴君亦承认之;《山海经》之荒唐,尤人所共知,奈何以此为据乎?即谓此二书可信,然就《管子·地数篇》察之,似蚩尤为黄帝之臣,故《五行篇》以蚩尤为黄帝六相之一。而《山海经·大荒北经》谓:"西北海外,黑水之北,有人有翼,名曰苗民。颛顼生驩头,驩头生苗民。"是蚩尤非特与苗民无关,苗民亦非方趾圆颅之人类也。吴君苟以此二书为可信,又安能谓黄帝杀蚩尤,三苗即苗族乎?断章取义,曲加附会,乃文人之惯技,非吾等治史学者之所应为也。至于据《龙鱼河图》"蚩尤兄弟八十一人,并铜头铁额"之言,遂谓"实则头戴甲胄,汉族未见此物,遂疑为铜头铁额耳。此等武器之发明,亦为苗族对于中国文明之贡献也",尤尽附会之能事。夫谶纬之荒诞无稽,人所共知,安能据此为说？即以之为可信,依《龙鱼河图》:"黄帝摄政前,有蚩尤兄弟八十一人,并兽身人语,铜头铁额,食沙石子。"(《史记正义》《中华古今注》《御览》引)是蚩尤乃妖怪也。若谓铜头铁额,系着甲胄,则兽身人语,系如何乎？食沙石子又系如何乎？且据《述异记》"秦汉间传说,蚩尤氏耳鬓如剑戟,头有角;与轩辕斗,以角觝人,人不能向",又谓"俗云人身牛蹄,四目六手",吴君既善附会,不知又将何以解之也。大抵吾人治史,当先求其同时代之材料,然后始能论其事迹,(参看 Croce, On History 第一章)苟已无同时代之材料可据,付之阙疑,未为大失也。若吴君之任意截搭,巧联曲说,又安足以语吴君所谓科学时代之史学乎？至于《国语》所记孔子之道楛矢之异,有识者皆知其妄。今吴君尚不知是说之出于《国语》,乃据《竹书纪年》《孔子家语》以为说,是尚不知此二书之为伪书也。

第七十六至八十三页论汉代伐匈奴对于欧洲之影响,第一一六页论旧史谓伏羲、女娲、黄帝之有母无父,为杂婚时代之现象,皆取梁任公先生之说,稍变易其辞。(参观梁著《中国历史研究法》第一八三至一八八页,又一三四页)其是非不必论,而不著出处。

第三章论史进化之历程,无一语恰当者。吴君分历史进化之历程为五时:一神话时代,二诗歌时代,三小说时代,四资鉴时代,五科学时代,皆就中国史学而言,意甚盛也。然吾人不可不知者,历史之事实为一事,史学之进化又为一事,后人对于古代之传说尤为另外一事,三者不能混为一谈也。余观吴君于三者间之区别,盖未能了然。第就其第一节观之:第一节为神话时代,且举盘古、天地人三皇、伏羲女娲神农之传说为证,盖以此为中国史学进化之历程之第一阶段也。然按盘古之说至晋始发生(首见于《述异记》),天地人三皇之名虽已见于《秦始皇本纪》,伏羲、神农、女娲之传说虽战国时已有,而《路史外纪前编》补《三皇本纪》诸书所述之此等事迹,类皆出于纬书,至坊间《会纂》《捷录》《易知录》诸陋书中此类之记载,则又由以上诸书稗贩而来。要之吴君所引诸说,皆汉以后之说法,其信否姑不论,此与古代之史学何与乎？是未明史实(Historical Facts)与史学史之区别也。

至吴氏之诗歌时代为历史进化历程之第二阶段,尤吾人之所不敢苟同。按吴君之误,盖本之梁任公。梁氏盖鉴于荷马之诗及印度之四吠陀,俱系咏史,而为韵文,遂臆谓中国最古之史的体裁亦必为韵文。其说本无根据,吴氏又袭其说,更为无识。吴君所举之例不过《大雅》耳。《大雅》著作之时代,说者不一,然最早亦不过成王之时耳。在此之前,中国遂即无史学之可言耶?《尧典·禹贡》,今人多不深信,不必论。然《盘庚》以下,即精于辨伪如吾师顾先生者亦认为可信者也。乃作者不此之论,乃求史学之进化于数百年后之《大雅》,异已。

吴君又以小说为史学发达之第三时代,所举之例证则《晏子春秋》《吕氏春秋》《吴越春秋》《越绝书》《穆天子传》《山海经》也。按《晏子春秋》《汉志》列之于儒家,《吕氏春秋》列于杂家,如以是为小说,则诸子无不是小说矣。即谓诸子全是小说,吾人亦须略明其著作之时代。《晏子》为伪书,《吴越春秋》乃汉人之书,不必论矣。其余诸书虽时代不同,说者不一,要不过皆战国末年人所作耳。今吴君列之为史学进化之第三阶段,以之代表《大雅》之后、秦汉之前之史学,是谓其时舍此而外,无史学之可言也。然事实果如是乎?夫春秋之世,我国史学,发达最猛。韩宣子见鲁《春秋》,孟子称晋之《乘》,楚之《梼杌》,史迁引《秦记》,墨子见百国《春秋》,仲尼见百二十国宝书,史学之发达,若何显然耶?然此犹得谓之类皆亡佚,无从申论,略而不言,尚有可说。若夫仲尼之《春秋》,左氏之内外传,论其书则俱存,言其时则远在吴氏所谓"小说之前",应如何详申细论,以明我国史学发达之步骤?今皆存而不论,乃远征乎后来不得谓之史之"小说",以代表我国史学进化之第三时代焉,宁不令人齿冷耶?

以上略评吴君之书仅至第三章,已费去如许笔墨,若再依次评论,非徒读者厌倦,抑亦作者时间之所不许,故以下不复再论,然即此观之,是书之价值已可知矣。

(二)《史学概要》

《史学概要》卢绍稷君著,十九年六月上海商务印书馆出版。书为八开本，凡二百九页，又附录五页。为章七：一、《绪论》，二、《中国史学界之回顾》，三、《西洋史学界之回顾》，四、《现代史学之发达》，五、《史学与科学》，六、《历史研究法》，七、《历史教学法》。

吾人对是书最不满意之点，为其内容之过于芜杂。即未阅是书者，但就上列之目录观之，已可知其范围之广泛，决难臻于佳境。夫学之难董理，有过于史学原理、史学方法者乎？史学方法乃由数十年来西方史家治学之经验积累而成，理精意微，推阐极难。近来此类之书出版虽多，然论其深入浅出，于初学确有裨益，尚无有出 Langlois et Seignobos, *Introduction aux Etudes Historiques* 之右者。良以方法不可空谈，苟非由亲自体验出来，鲜不流于空论。犹之纸上谈兵，非不娓娓动听，施之实际，毫无裨益。至若史学原理，学者间尚未得相当结论，见仁见智，各持一端，折衷云云，谈何容易。故史学方法，苟非硕儒宿学，确有金针度人者直不必作，亦不能作。史学原理，苟对之有兴趣，亦须费数年参稽之力，俟确有心得，然后始可问世。今卢君乃以区区二百页之书，举凡史学原理、史学方法、历史教学法，无不欲揭其纲领，述其要义。结果如是，无足怪矣。惟据卢君自序，上海中学高中部盖有史学概要一科，而是书则卢君之讲义也。该学程之内容既规定如是，则卢君不过就题作文，驳杂如是，盖亦有不得已者。然不能不令吾人窃怪者，则"今日大学区立之中学（如中央大学区之各地中学），则设有史学概要一科目"（页一一〇）是已。夫史学方法、史学原理何等深奥，即在大学亦非高年级生不得选读，中学教育既以授普通知识为主，此等高深课程岂宜于中学讲授？微论教师必不能胜任，学生必不能领略，纵使师资得人，学生亦能领略，究于学生何益？史学原理之微奥不必论矣，即历史教学法，中学既非造就师资之所，殊无讲授之必要。至于史学方法，非读史之法，乃修史之法也。即大学毕业生尚不能期人人皆有修史之能力，今乃责中学生以修史，且为之先讲方法焉，不亦颠乎？

抑吾人之不满意于是书者尚不止于是。吴贯因君之《史之梯》，其是非不必论，然十之七八尚出诸其平日研究之心得。若卢君之书，其自得者果何在乎？详观全书，盖不过就近人关于史学之论文割裂而成，而取自梁任公、何炳松先生者尤多，几占全书十分之五六，二君著作之价值如何不必论,然其书固粲然俱在,初非难得,何劳卢君为之摘钞乎?且夫时至今日,我国史学已大落人后,作者既以介绍新史学为职志,应就西洋此类佳作,详加披阅,究其流变,明其得失,然后再介绍于国人,庶为有益于人。今卢君于西方重要学说,咸未能讨论介绍,即偶有所征引,亦不过取自他人之译本;甚至片辞只句之征引,亦悉就他人之论述辗转钞出!如第一页所列各家史之定义,鲁滨孙、约翰生之定义皆取之何译,此犹可说;若弗里曼、奥古司、兰克之定义,亦不能参考原书,注明出处,而转录他人之征引,俨若原书已亡佚者。职是之故,外人著作虽若何重要,苟国人尚未介绍,卢君皆茫然不知,而国人之论述,虽肤浅疏陋,不堪入目者,卢君亦一一征引,视若瑰宝。凭藉如是而高谈史学,妄作之讥,岂能免乎?

故综观是书,不过撮集近人之史学译著而成,既不能博考详稽,又不能自有心得。自叙谓"今加修改而刊行者,纯由此种专书之缺乏,聊供教学高中或大学'史[学]概要',与研究史学者之一种参考资料而已,非敢谓有所贡献也",其是否能供给此种需要尚一问题,要其毫无贡献,则信然也。兹略举数例,以资商榷。是书第一章第一节论历史之定义,第八节论史学之定义,将历史与史学分开,甚佳。然观其所征引,则似于此二者之区别,犹未能明了。盖历史一辞,实兼二义:一指事实之本身,如谓中国有五千年之历史,孙中山先生有四十年革命的历史是也;二指写的历史,如《史记》《汉书》《十九世纪史》是也。(参看 Flint, *History of the Philosophy of History*, p.6; Shotwell: *An Introduction to the History of History*, p.2)此二义无论中外,皆混绕不明。近人为便于区别计,常名第二义(即写的历史)为史学,如李守常谓"史学是研究人生及其产生的文化的学问"。其定义是否通顺恰当兹不论,要之吾人所谓之史学,系指写的历史而言,非指 Historiography 也。今卢君亦分之为二,而实不能明了其区别。如其历史之定义:

《说文》:"史,记事者也。"

鲁滨生云:"历史是一种研究人类过去事业的广泛的学问。"

陈衡哲云:"历史是人类全体的传记。"

杜威云:"历史系记载社会的群体之活动中所有重要事。"

此皆指写的历史而言,与卢君所谓之史学之定义:

何炳松云:"历史者,研究人群特异演化之学也。"

萧一山云:"史学者,'钩稽史实之真象,为有系统有组织之研究,以阐明其事变演进之迹,并推求其因果相互之关系者也'。"

亦指写的历史而言者何别焉?而一则谓之历史之定义,一则谓之史学之定义,诚令人百思莫解。

是书以依傍他人而成,故常有沿人之误而不知者。三十页谓:"至武帝时,始置太史公,位在丞相上。"此当本之《史通·史官篇》,而不知史迁仅为太史令,汉并无太史公之官也。(参看《史记探源》卷二)三十四页叙唐宋之史学,于宋代史学未能特别表彰,盖误从梁任公之说,以为晋代为吾国史学极盛之时代而不知吾国史学以宋代为极盛也(陈援庵先生有详考)。凡此皆由作者不能自己参稽,因人成事,遂亦因人偾事也。

亦有因从两人之说,而作者无判别去取能力,遂前后自相牴牾者。如六页述中国史学之起源,谓:"中国史名,肇自黄帝。黄帝立史官,命仓颉为左史,沮诵为右史,左史记言,右史记事。"此盖本之《史通·史官篇》,以黄帝置史官为实有其事。而于第二十六页则谓:"而史官之建置沿革,其在邃古,如黄帝之史仓颉、沮诵等,虽不必深信。"此又本梁任公之说(参看《中国历史研究法》第二十二页)以黄帝设史官之说为不足信。前后持论,判若两人!

尚有原书本无大失,经作者略加改易,遂成巨谬者。如梁任公谓:

> 是故邃古传说,可谓为"不文的"之史。其"成文的"史则自史诗始。我国史之发展,亦不能外此公例。古诗或删或佚,不尽传于今日。但以今存之《诗经》三百篇论,其属于纯粹的史诗体裁者尚多篇。(《中国历史研究法》十五页)

是谓写的历史最初之形式,殆为韵文,惜此种史诗,今已不尽传,吾人仅可由后来之三百篇中之属于史诗体裁者推测其概略。此虽无根之谈,然措辞狡狯,尚能自圆其说。及经卢君窃取其意,略易其辞,遂成为:

> 史之起也,大抵萌芽于史诗;吾国自亦不外此公例。《诗经》三

百篇起自成周以前；其间夹述史事，可考者多。惟作者感物溯远，漫无伦次，固未足以言史籍也。有意记录之史，实始于王室之史官，而史官之建置沿革，其在邈古，如黄帝之史仓颉、沮诵等，虽不必深信，然至迟至殷时必已有史官……（页二十六）

此成何语耶？是直谓三百篇为史之萌芽矣。既以三百篇为史之萌芽，又安得谓"至迟至殷时必已有史官"耶？殷时已有史官，而史之萌芽乃在数百年后之周代，天下有是理乎？稍易数语，便成大错。人不学而强效解事人语，其结果固如是哉。

（三）《历史学 ABC》

《历史学 ABC》刘剑横著，十九年二月上海世界书局出版。书亦为八开本，共百零三页。为章六：一、《绪论》，二、《史学渊源》，三、《史学范围及其分类》，四、《历史研究法》，五、《谈史料》，六、《史的法则及其在史学上的重要》。

是书为世界书局所刊行之《ABC 丛书》之一，首有徐蔚南君之《ABC 丛书》发刊旨趣，略谓此丛书之刊行有二目的：一使各种学术通俗化，二使中学生、大学生得一部有系统之教科书或参考书。盖犹美国所刊行之家庭大学丛书 Home University Library Series 之类，用意本甚佳；惜去取太滥，鲜可观者。如日前天津《大公报》文学附刊所评论之《诗经学 ABC》，非特毫无专门研究，即常识似亦缺乏，以此而通俗学术，供给教科，其结果宁堪令人设想耶？刘君此书，其价值与《诗经学 ABC》殆亦相去无几。原书简略殊甚，不必详论，略举数义，藉供商榷。

综观全书主旨，盖奉马克司之唯物史观为历史学之圭臬，取材持论，咸以是为准的。如第九页论科学之特点谓："科学的法则是在事物的动态中产生的，要在动态中研究事物才是科学。"是明明用辩证法之根本原则而以反乎是者即非科学也。第十五页论历史学成为科学之经过，谓："历史学之成熟为一种科学，他也经过许多人的努力而始完成的。由维柯开始他的理想的企图起，经过莫尔干考察各民族的事实加以证明，直达十九世纪中叶才完成了这门（学问）［科学］。"是以维柯、莫尔根为科学的史学之创造者也。是书征引他书,多不注明出处,所举欧西人名,亦多不附原文,皆令人无法索解。此处所谓之维柯,究系何字译音,无从推测,至于莫尔干据后文注明,系指美国人类学家 Lewis H. Morgan(1818—1881)而言。按自 Engels 利用莫尔根之研究成《私有财产家族国家之起源》一书(*Der Urspeūng des Eigenthums, der Familie und des Sraates*),莫尔根遂变为所谓"科学的社会主义"之护法,崇信之者,固不仅刘君一人也。第二十三页论历史学演进的三大阶段,谓史学之演变"是经过许多阶段的,但这些阶段如果我们用一种科学的眼光来分析他,大概是经过下述的三大阶段……第一阶段是史学精神为神权支配时代……第二阶段是史学精神为理想主义所支配……第三阶段是唯物主义所支配历史学",是盖略改 Comte 之说而以唯物史观为史学之归宿也。第二十八页谓:"这第三阶段的史的观察,有许多的学者并不是完全不知晓的事情,只是他们刚要踏入这一阶段而为特种原因所蒙蔽又回了头。比如孟得斯究就是一个……其次是维柯、莫尔干并不是煽动造反的学者……白克尔也是要求这一法则的人啊!只是这一派的学者因种种关系而不敢和不能百尺竿头更进一步来完成这一阶段的历史学,把这功绩都归之于别人了。"是谓什么维柯、莫尔干之流,孟德斯究、白克尔之辈,尚不能推阐尽致,"(阐)[煽]动造反",必待马克司、安吉儿者出,始完成唯物史观之学说也。故第七十三页又谓:"史的法则现在已被先哲发现了,我们现在研究历史并不需要自己去创造。"盖谓历史的法则,既已为"先哲"发现,今后研究历史,仅可为唯物史观、阶级斗争,增添例证,犹如旧日学者之注解经典,代圣立言,不必舍旧谋新,自寻途径也。刘君更嘉惠后学,将所谓"历史的法则",列成一表,举凡辩证法、唯物史观,皆提纲挈领,归纳其中,吾等治史学者,仅将此表守而弗失,即得"历史的法则","并不需要自己去创造"也。全书宗旨,大略如是,而措辞闪铄,尤足见其手段之妙已。

平心论之,达尔文 Charles Darwin 之进化论、黑格尔 W.F. Hegel 之历史哲学、马克司之唯物史观,皆直接、间接大有功于近世史学之发达。达尔文与史家以进步之观念,使之知所谓黄金时代,不在过去,而在未来。(参看 Marvin, F.S., *Progress and History*)黑格儿使史家觉悟历史乃整个的而非片断的,连续的而非间断的,与史家以历史因续(Historical Continuity)之观念。马克司阐明生产方式为人类一切文明制度变动之基本原因,使史家觉悟经济要素(Economic Factor)在历史上之重要。皆于近世史学极有贡献者也。近年以来,马克司之唯物史观尤为从事社会革命者所热烈信仰。马克司之说,系多年苦心研究之结果,吾人不能不承认其有一部分真理。然社会现象,至繁至赜,决非一人之精力所能殚究,学者往往见其一偏,忘其全体,陷于简单化之错误,此乃事理之当然,不能独为马克司咎也。故时至今日,历史之解释,已有七派之多,莫不持之有故,言之成理,(参看 Barnes,"Recent Development in History", in Hayes, *Recent Development in Social Sciences*)要皆见其一偏而未窥其全。吾人正可采撷众长,较其轻重,去其偏颇,成一多元的解释。若墨守一家之言,则非徒为其所囿,且亦何足以语夫学术进步之义耶!吾观刘君持论,殆未免乎是,甚至谓:"史的法则现在是已被先哲发现了,我们现在研究历史并不需要自己去创造。"不思历史之目的既在"从人类社会的那些有联系、关系的活动事实中发现其因果规律为第一任务"(第七页)。苟其规律已被"先哲"发现,则吾人但讽诵刘君所列之"历史的法则"一表足矣,尚何有研究历史之必要乎?孟子谓"尽信书不如无书",此类是也。

所谓历史法则,近来稍习历史者,皆知其难,甚或以为不可能。法国史学家朗古鲁(Ch. V. Langlois)尝讥之曰:

> 思想家(类皆非治史学者)常以历史为媒介而求所谓"类似"与夫所谓"法则",甚至有以为彼已发现人类进化之定律,而遂使史学一跃而为证实科学者。此种冥行盲索,非惟常人不敢置信,即大思想家亦不之信也。据最近古朗日(Fustel de Conlanges,法大史学家)传者称,古朗日最厌恶历史哲学,犹证实论者之于形而上学也。大凡历史哲学多非出诸史学精博,思想缜密者之手,故已无信之者矣。(*Study of History*, pp.1-2)

现代英国史学家斯葛德(Ernest Scott)斥之益烈,曰:

> 世间淆惑听闻之事,无有过于欲以法则解释历史者。(*History and Historical Problems*, p.172)

历史家之厌恶所谓"历史的法则"者，可谓甚矣。夫自来喜谈历史哲学者多为哲学家，而真正之历史家，非惟不藉他山之助，反深加抨击者，此岂诚如刘君所谓彼等"意图遮盖人类过去活动的真象，使人们不能了解历史进化的法则，用作人类前进的工具"哉？亦惟以史家有历史研究经验，深知史料搜集之困难、事实确定之不易，洞悉其中甘苦耳。夫历史哲学须根据事实，而现今大部史实，皆未确定，有待于今后之考证。事实尚未确定，何法则之有？史家之所以不信"历史的法则"者此也。故史之法则纵有发现之可能，亦须待将来历史事实一一确定之后。而刘君则非唯深信历史法则，且谓已为先哲发现，俨若历史学之使命业已完成，今后不必前进者，宁不令人喷饭耶！

又刘君深信历史确已成为一种科学，而史学之所以成为科学者，皆由维柯、莫尔根寻求历史法则之功，故刘君于二人特别表彰，故以区区百页之书而二人之名凡九见。一则谓："历史学之成熟为一种科学，他也经过了许多人的努力而始完成的，由维柯开始他的理想企图起，经过莫尔干考察各民族的事实加以证明，直达十九世纪中叶才完成这门科学。"（页十六）再则谓："虽然白克尔提出这样的要求太晚了，不但维柯已理想到了，莫尔干加了一些事实的证[明]。"（页二十）皆以二人为科学的历史学之首创者。余按普通史家，大率以为尼波（Nielubr）以批评方法治罗马史，刊落群言，搜求实据，已近于科学方法。至阮基（Ranke）更进一步，专以客观方法，考核事实，鉴别史料，是纯为科学方法矣。（参观 C. P. Gooch, *History and Historians of the Nineteenth Century* 及 B. Croce, *On History*）二人于近世科学的史学为主动力，称习历史者殆无不知之，而刘君于二人之名，毫未提及，反归功于维柯、莫尔干，诚令人百思莫解，或刘君以为二人亦欲"蒙蔽历史学的目的……意图遮盖人类过去活动的真象，使人们不能了解历史进化的法则，用作人类前进的工具"遂黜其倡导之功欤？刘君所津津乐道维柯，《史姓韵编》非惟无其名，亦无其姓，疑非吾同胞而刘君又未注原文，定指何人而言，非吾人之能推测。至于莫尔干，据后文观之，知悉指美国人类学家 Lewis H. Morgan。按刘君以莫尔干为科学家，吾亦无间言，然奈其非历史家何？刘君为证明"史学确已成为一种科学"起见，遂强拉硬派，以莫先生为史学家，此种冒认同宗之手段,非惟人类学家恐将窃笑,即吾等治史学者亦以为大可不必也。

第[一]七页谓:"中国史开始就是盘古开辟天地,有巢氏架木为巢,燧人氏钻木取火,伏羲氏教民网罟,神农氏尝百草、教民稼穑等,这不是[在]未有文字以[前的]传说转入正史的事实吗?"察其语气,俨若此事极明显,不问可知者。然余按有巢燧人始见于《庄子·盗跖篇》《韩非子·五蠹篇》。(二篇兼举者,以有人《庄子》此篇为非出诸庄子之手者,至于燧人已见于《管子》,亦以其伪,故不举)伏羲氏首见于《易·系辞传》,神农氏首见于《孟子》,至于盘古之说,至晋时始发生,起源更晚。且以上诸传说,俱不见于正史。而刘君则谓皆未有文字以前之传说,转入正史者,不知何所据而云然?殆用辩证法的逻辑欤?刘君书中之考证,大都皆类此,取其一而略其余可也。

第十六页有言:"历史学的起源,尽人均能道其以有文字记述过去人类的活动了解为历史学的起源。"按刘君此书行文艰涩,往往令人费解,至于此语,更极佶屈聱牙之能事,非惟浅学如予者无从索解,即遍质友人,亦茫然莫对也。

综之,吴、卢二君之书,所失仅在疏陋而已,尚无他项用意也。此书则抹煞事实,妄加论断,疏浅偏宕,兼而有之,以此通俗学术,供作中学大学课本,非惟滑稽可笑,且贻误初学不知伊于胡底也。

结　　论

以上三书,《史之梯》之荒谬,《史学概要》之疏陋,《历史学 ABC》之偏宕,皆可谓出人意表,国人对于史学理论之幼稚,从可知矣。时至今日,吾国史时已大落人后,乃有目共睹之事实。为今之计,欲提倡新史学,苟学识尚未成熟,莫若先从事翻译工作,将西方名著,择要介绍于国人。此虽无著书之名,然不犹愈于不知而作者乎?至其贡献,必远非疏陋荒谬之著作所可同日而语,此则又可断言者也。

一九,一二,二七草于燕大

(《国闻周报》1931 年第 8 卷第 3、4 期)

评布哈林氏的《唯物史观》

如 心

近来新文化运动的兴起与社会科学的出版物不断的发现，尤其是外国译本占多数。差不多每天都有几本社会科学的书籍出版，而且某种名著常常有几种译本。这种现象在整个文化运动上无疑地是肯定的。

但是在这狂热的时期中，往往有许多书籍假借科学的名义"鱼目混珠"地随便发表，兼之经人"囫囵吞枣"地介绍一番，结果使一般读者无从辨别真伪，受害不浅。因此对于目前出版界的检讨的确是一件必要的事情。

我们在这里特别把布哈林（Bucharin）氏的《唯物史观》（本书译本新版改名为《唯物史观与社会学》）批评一番，因为该书有下面的几种原因，值得注意的：

（一）该书的销路在全世界社会科学书籍中占重要地位，有各国文字译本，中译既出版的共有两种译本（即北新及泰东），此外现代的译本亦在预告中。北新版最先发行，不数月内既三版，泰东版亦见售完，可见该书销行的广大。

（二）国内许多青年学者，因缺乏批判能力，因此对于该书的内容价值，无从判断，甚至我们马克思主义者自己队伍中有不少分子把它当作古典作品看待，崇拜布哈林氏的理论。

（三）布哈林氏曾是联共右倾机会主义的主要理论家，反马克思主义队伍中一位健将，他的政治观点的变化绝不是偶然，而是他的方法论错误底必然结果，因此检讨这本书，对于布哈林氏的政治观点底了解上有重要的意义。——虽然他现在承认其错误而复归到正确的指导之下。

布哈林在该书的序言中"冠冕堂皇"地申明他"始终是站在最正统的(?)、最唯物的(?)、最革命的(?)马克思理论传统的立场",他说恩格斯平生对于唯物史观问题上只做了初步工作,而他更进一步作一"深切的探讨",因此他在该书的叙述不限于"几个众所周知的原则,而认为更向前开展的可能"。简言之,他以自己居于"唯一正统派"的地位继续"发展"马克思的理论。这种态度何等堂皇,责任何等重大,俨然有"目空一世"之概,但是"探讨"的结果,布哈林不但没有保存马克思正统派的观点(更说不上加以正确的说明),反之他正在"最正统的、最唯物的、最革命的"假面具下努力地修改和曲解马克思的理论。

该书内容共分为八章,即:

(一)《社会科学中的原因论与目的论》

(二)《有定论与无定论(必然与意志自由)》

(三)《辩证唯物论》

(四)《社会》

(五)《社会与自然界的均势》

(六)《社会内各种成份间的均势》

(七)《阶级与阶级斗争》

这八章中第二、三两章直接属于哲学问题,其余的均是纯粹社会学问题。我们这里用不着按章批评,而主要的目的在于分析著者对于宇宙观、方法论上的观点,然后指出他的哲学错误与社会学的关系,换言之,在把握该书理论的核心,批出整个的方向。

哲学上所谓自由与必然问题

唯物史观(即历史唯物论)是辩证唯物论哲学在社会学领域具体运用的结果,它是辩证唯物论的一部分。旧式的唯物论大多数只及于自然科学领域,在历史上他们仍旧是一个唯心论者,如法国十八世纪的唯物论者与费儿巴哈(Fenerbach),尤其是费儿巴哈差不多完全锻炼了唯物论的体系而在社会历史上反停留在形而上学的地盘。马克思综合了费儿巴哈的唯物论与黑格儿的辩证法以后便创造了辩证唯物论把自然科学的唯物论提高到历史的领域,形成了唯物史观。

唯物史观既是辩证唯物论哲学具体化的结果,那么它在宇宙观、方法论上当然受辩证唯物论的支配。因之哲学问题如果不曾得着正确的解决,整个社会学理论将受它的影响。在这一点上布哈林氏的《唯物史观》患了严重的错误。

最先我们来看他对于自由与必然问题的解释。

自由与必然是哲学中一个重要问题,在过去哲学界有各种不同的见解。唯心论者承认个人意志完全自由,不受必然规律性的支配。机械唯物论者则将自由与必然形而上学地对抗起来,以为有必然便无自由,他方面有自由便不受必然的束缚。

自由与必然问题在哲学史中最先被十七世纪伟大的唯物论者斯宾诺色(Spinoze)正确地解决,他认为自由与必然这两个范畴并不互相排斥而辩证地联结着,即所谓自由是必然性的认识。伟大的黑格儿(Hegel)更进一步把这一个问题明显地规定,自由并不是由于对自然规律的意想独立而来而是由于认识这些规律,且由此规律中所得的可能性,用之以有计划地,到达某种目的。

马克思、恩格斯完全同意黑格儿的意见而同时更把它具体运用于社会历史领域上。照他的意见,自由完全建筑于必然性的认识上,人类对于自然界、社会界的规律性有一步的认识,便有一步的自由,自由的扩张将以人类征服自然权力的扩张为转移。完全的自由,只有在未来共产主义社会,因为那个时候阶级制度既消灭,生产无政府状态没有了,人类完全征服了自然界,意识地创造自己的历史,这个时候照恩格斯的话,"人类便由必然王国进入自由王国的飞跃"。这些理论恩格斯在他的《反杜林》和《自然界的辩证法》中曾有详细的说明。

布哈林对于自由与必然问题的见解恰恰与机械唯物论者相同。他认为必然的统治领域中无自由可言,他举出各种例子作说明"意志自由"不是无原因的,而是受"必然"规律的支配,因此"自由"是不存在。

比方他用演说家喝水的事实作例,他说演说家当他拿杯子的时候,他自己决定要喝水,谁也没有强迫他,他有完全的自由,自己决定喝水而不跳舞。而这种自由照布哈林的意见,不是真正的,因为他的行为是受原因的支配,他所以要喝水是因他喉管里起了一种变化,使他不得不发生喝水的欲望。(参看中译四六页)

这种论调显然是患了机械唯物论的错误。他把自由与必然两个范畴互相对立起来,以为必然排斥自由,自由否定必然。其实我们上面在指出,所谓自由绝不否定必然而是认识必然的结果,换言之,它是必然领域中的自由。

比方演说家喝水无疑地是因为他喉中起了变化而发生喝水的欲望,但是他可以不喝水而喝茶,假如水含有毒质,同时他虽然有喝水的欲望而可以暂时不渴——这里他完全可以自由决定,这难道不是自由吗?当时是的,这自由并不是否定必然而正是必然限度中的自由。

更进一步来说,必然不但不排斥自由而且到某个时期必然将辩证式地转变为自由,达到这种目的,照马克思的意见,是一种长期的历史过程。在原始时代人类对于自然、社会的必然规律性没有认识,所以他完全受必然束缚,毫无自由可言。但是当人类一步步认识这规律性时,他便一步步自由起来,一直到未来共产主义,人类完全统治着外界,他便由必然王国而飞跃于自由王国。社会发展史,可以说是一部从必然到自由的发展史。

根据上面的分析,布哈林对于自由与必然问题的见解,完全站在反马克思主义的立场,他的观点与机械唯物论者相同。

必然与偶然问题

对于偶然问题的见解在过去哲学界也有各种不同的意见。一方面唯心论者把必然与偶然形而上学地对立起来,以为某事物的发生不是必然便是偶然(偶然他们看为主观的产物),他方面机械唯物论根本否认偶然的存在,以为宇宙中一切都是绝对有定的。辩证唯物论则纠正了各方面的缺点,即偶然与必然这两个范畴并不是互相排斥的,偶然绝不否定而是必然的表现形态,这两方面应该把它看作辩证的合一。

布哈林对于这个问题的解释与机械唯物论者恰恰相同。他认为偶然与必然是"两个相反的概念"(七二页),因为"一切事实都是有规律性的,没有所谓一般的偶然性(无原因之意)"(六八页),平常所谓偶然性的现象,照他的意见,不过是因为"不知道它的原因"罢了。所以结论中,布哈林主张"偶然性"这一概念应从社会科学里驱逐出去。(七一页)

这种理论根本上是错误的。在方法上他把必然与偶然形而上学地对立起来,看为相反的概念,在宇宙观上他否认偶然的客观性,看偶然为主观的产物,等于鼓吹唯心论。

我们在上面既指出偶然与必然彼此并不对立而应该看为辩证的合一,因为偶然本身有一定客观原因,它是客观的范畴,它因此不否定必然规律性而不过是必然性的表现形态——特有的形态。

比方我们说最近蒋、冯的战争,樊钟秀之死是种偶然的事件,樊钟秀被派到前方而南京的军队的飞机师用炸弹把他炸死了,在他个人自身上说来当然可以说是偶然,但是难道这种偶然没有它的原因吗?绝对不是,它有一定的社会根据。樊钟秀所以被派往前方和南京飞械师所以在那里做这些都不是偶然的现象,它是目前军阀战争必然的结果,而军阀战争又是在帝国主义统治下的半殖民地的中国社会目前必有的现象,樊钟秀之死不过是这许多必然表现形态中的一种罢了。

关于必然与偶然问题,马克思和恩格斯在他们的著作中常常论及,尤其是恩格斯在他的《自然界的辩证法》中更把这个问题加以详细的说明。他对于形而上学者和机械唯物论者的观点曾加以严厉的驳斥,他认为只有辩证论者才能够完满地解决这个问题。他说偶然本身本是一个必然,而同时许多具体的必然现象又往往为错综的偶然现象所决定。恩格斯的意见以后被伟大的俄国辩证唯物论者蒲列哈诺夫(Plechanov)更进一步具体化(见他的《论个人在历史上的意义和作用》),伟大的列宁虽然对于这个问题没有特别的论及,但在他的《论辩证法问题》一文中即可以看出他的观点与马克思、恩格斯的完全相同。

布哈林既否认偶然的存在，所以他不了解历史的偶然底作用和意义。譬如他曾举出第一次世界大战作例说：

> 譬如说世界资本主义的发展必然要引起帝国主义的战争，但是奥太子的被刺杀却是偶然的现象。此处所谓偶然便是另一种意义。什么意义呢？这就是说，所谓帝国主义战争的必然性（原因的必然性，不可避免性）是说在社会发展中实有极重要的原因足以引起战争；而战争的自身又是极重要的事迹，有决定的影响，足以影响于社会命运的将来。所以这里所谓"历史偶然"的意义，是指那些在整个社会历史进化中无关轻重的事实，譬如即使没有那些事实，社会现象的进展未必有多大的变动。即使没有奥太子的被杀，帝国主义的战争仍旧是要起的，"事情"并不在于奥太子的被杀，而是因为资本主义社会发展中帝国主义列强间之竞争日趋剧烈，日趋火并的缘故。（中译六八、六九页，圈点是他自己加的。——如心）

这样布哈林完全把历史的偶然，看作为"无关重要的事实"，在社会历史进化中没有多大作用的事件！他说帝国主义大战是资本主义社会经济发展的必然产物，纵使没有刺杀奥太子的偶然事件发生，大战迟早都不可避免的。这是不错的。但是这样我们便不能把偶然的事件底作用和意义根本抹煞，因为必然虽然决定整个社会发展的方向，而偶然事件往往在某种具体形势之下表现重要的作用。例如刺杀奥太子的事件发生与否，在战争的必然性上是无关的，但是在发生的具体形态上，它却起了重大的作用，它当时直接地促进世界大战的开始。

布哈林既否认了历史的偶然底作用和意义，所以他这种观点等于拒绝了社会历史具体现象的解释。历史的偶然是历史必然的具体表现形态，而必然又是由许多偶然所组成，所以如果我们忽略了或否认了偶然事体的作用，那么我们只能了解某种事件必然会发生，而不能解释该事件发生的具体形态，而这些具体形态往往又变为决定历史必然的实现底重要条件，这一点恩格斯在他的《自然界的辩证法》中曾有详细的论及。

根据上面的分析，布哈林对于偶然问题的见解完全站在反马克思主义的立场，它与机械唯物论的观点却正相反。

唯物论辩证法与机械的均势论

布哈林所以不能正确地了解自由与必然和必然与偶然问题，这是因为它缺乏辩证法思想，而只有站在唯物辩证法的立场，这些问题才能得着完满的解决。

布哈林对于辩证法的了解是该书中最大的缺点，同时也就是他整个修正主义理论的基础。他在该书辩证唯物论一章曾说明辩证法的本质，而实际上他所谓"辩证法"绝不是马克思主义的唯物辩证法，他不过是在"辩证法"的名词下发挥他的机械论。

辩证法，照他的意见，就是机械的均势论，所以他说阐明均势论便是"辩证法理论的和有系统的解释及其理论上之系统的根据"（见中译附录七页）。

辩证法等于机械学——这是他的原则，所以他说："我们不能将现代机械学去与辩证法相对立。假如说机械学不是辩证法的，即一切变动都非辩证法的，那末，所谓辩证法所剩下来还有什么。"（中译七页）

这种理论根本上是错误的。机械学与辩证法当然不相对立，但这两者决不相同。机械式的运动是运动形态中的一种——原始形态的一种，它的范围只及于物体数量的、空间的方面的变动，它的领域非常狭窄。除此以外，更有更高的运动形态如物理的、化学的、生物的……以至社会的、思想的运动形态。各阶段的形态不同，它之规律性也不一样。辩证法是论一切运动的——自然界、社会界、思想界——规律底科学（恩格斯的话），它包括所有物质运动形态，它的范围特别广大而机械学不过这许多中的一种，所以只是它附属的一部分。

布哈林把机械学与辩证法互相同，看机械式运动为运动唯一形态，这完全是没有科学常识的话。

布哈林为系统地发挥他的机械论起见，特别"创造"了他的均势论学说来替代辩证法。均势论的要点大致如下：物体的发展可以分为三个阶段：（一）均势的状态，（二）均势的破坏，（三）均势的恢复。第一个阶段物体内部的各部分在势力上完全均等，它表示一种完全静的状态;第二个阶段中这均势便破坏了各部分中失了平衡;第三个阶段中这均势又重立起来,各部分的势力又在新的基础上得着平衡。布哈林将这三个阶段仿照黑格儿的三段法(Triad)称均势的原始状态为正题(Thesis),均势的破坏为反题(Antotheses),均势的恢复为合题(Synthesis)。

布哈林这里所谓均势是指一种绝对的静,一切体等在这种状态之下,便没有矛盾,没有斗争、冲突,只是到了均势被破坏时,才有斗争与冲突。他自己这样地说:

> 从以上这些例子里看来,我们所说的不管这个那个,实质上只是一个均势问题。但假定如此,那末,还有什么矛盾和斗争呢?恰好反过来说:斗争即均势之破坏! 那末究竟其总意如何呢? 总的意思就是:我们从自然界与社会里所考察来的均势,并不是绝对的、固定的而是不固定的。这是什么意思呢? 这就是说均势建立,马上又破坏,又在新的基础上建立起来,又重新破坏,如此辗转不已。(中译一三一、一三二页)

在这里布哈林反辩证法的思想充分地表现出来了。均势是存在的,这一点马克思主义者并不否认。在这均势的状态中内部各方面表现一种静的形势,但是这种静的形势是非常不定的,因为它是整个运动中的一部分,它因此完全受运动的支配。这样均势虽存在而它始终只是相对的。

均势既是运动过程中相对的一部分,那末它的形成绝不消灭矛盾或停止斗争,因为运动本身就是矛盾的发展,均势既是它的一部分,那末均势必包含着矛盾,同时正是因为这样均势是相对的、临时的状态。

布哈林承认"斗争是均势的破坏",那末在均势没有被破坏以前,斗争当时是没有的,他在这点上无疑地是承认绝对的均势即静,而否认矛盾的存在和作用(不管他自己口头上承认与否)。

否定矛盾的存在和作用在理论上便推翻辩证法的矛盾合一律(或译作对抗合一律)——这是布哈林最重要的错误,同时也就是他整个修正主义理论底核心。

矛盾合一律是唯物辩证法的基本规律,它说明物体运动本身必然包含着矛盾,因为矛盾是一切的推动者,如果没有矛盾运动便不能成立,因此运动本身便是存在的矛盾。运动的发展便是矛盾的发展,他发展到某一个阶段,便要产生冲突,把旧的矛盾破坏而代之以新的矛盾,这样不断地发展下去。

矛盾合一律是辩证法的重心,其他的规律如数量转变律、否定的否定率(即三段法)都不过是它的具体表现形式,因为运动本身包含着矛盾,所以物体才能够从数量转变到质量而达到最后更高的综合。这样伟大的列宁在他的《辩证法问题》中坚决地说:"只有对立物的合一才明示以锁钥去了解'突变',去了解'渐变的休止',去了解'截然变形',以及旧者的破坏与新者的出现。"(参照中译《唯物辩证法入门》江南版)

矛盾合一律既有这样重要的作用,所以它特别引起一般资产阶级学者和修正主义者的注意。资产阶级学者一直到现在不敢公开承认"矛盾为一切的推动者"(黑格儿不在内),至多承认"对抗的事实"(指外部的对立),修正主义者的态度也是一样。从比伦·斯坦(Berstein)起一直到考茨基(Kauzky,参照他的大著《唯物史观》),正都不断地努力修正矛盾合一律,甚至伟大的蒲列哈诺夫也不曾具体地把握这一方面的理论本质,这一点列宁在他的《黑格儿〈逻辑学〉笔记》曾特别地论及。

布哈林否认矛盾的存在和作用,鼓吹机械的均势论——这种理论等于根本推翻唯物论辩证法,因为矛盾合一律是辩证法的核心,脱离了他,辩证法便失掉了意义,宇宙的事物变化便无从理解,所以布哈林虽然还口口声声谈"辩证法""突变""数量转变于质量"……这些都不过是自欺欺人的空话而已。

布哈林一方面极力鼓吹均势论,他方面却又借黑格儿的三段法作护身符,将他的三段套在黑格儿的三段法上——这正是修正主义者一种手段——卑鄙的手段!其实黑格儿的三段法与布哈林的完全不同。他所谓正题并不消灭矛盾而包涵着矛盾,由正题而到反题,矛盾绝对不取消而不过变更了它的形态,最后所谓合题也不是矛盾的调和而是辩证的纵合,矛盾仍旧在新的基础上建立起来,这些理论详见他的大著《逻辑学》(Wissenschaft denlozik)。黑格儿的三段法是辩证的而布哈林的均势论是机械的,这两方面有原则的分别。(关于辩证法的各种问

题,读者可以参考拙作《辩证法学说概论》江南版)

提及布哈林的均势论使我们无意中回想起著名的反马克思主义者波古唐诺夫(Bogdanov)。波氏在哲学领域上是一位经验评判论者(Empirio—Kritizist),可以说是麻哈(Mach)唯心哲学的继承者,他生平曾极力地攻击辩证唯物论,特别是唯物辩证法(见他的《经验一元论(Empirio—monismus)》《活验哲学》等)同时正提倡所谓机械的均势论,否认矛盾合一律,与布哈林氏的均势论可谓无独有偶。不知布哈林和他的崇拜者对于这种"偶然"现象如何解释。

为节省篇幅起见,我们对于布哈林方法的检讨,暂时在这里停止。根据上面的分析既可以看出,布哈林的均势论不但与唯物辩证法没有丝毫的同点,而且直接地相反,在方法论上他无疑地完全站在反马克思主义的立场。

总　　论

我们综合上面几点的分析很明显地可以说布哈林不论在宇宙观或方法论问题上都站在反马克思主义的立场,这些错误绝对不能说是"缺点"或"无关重要的毛病"(一部分布哈林评论者的话),而是整个修正主义的倾向,那一个不承认这一点,那末他便完全不懂马克思主义。

布哈林修改马克思主义理论是站在机械唯物论的立场,他机械地把自由与必然、必然与偶然对立起来,机械地曲解辩证法,创造了机械的均势论,他的确是一位机械论者。但是机械唯物论者因为缺乏辩证法的思想,结果必须倾向于唯心论,在过去、现在都是这样。如十八世纪的法国机械唯物论者如荷尔伯(Holbach)、黑尔维济(Heivetius)、蓝默特(Iamettrie)等在自然科学领域上是一位唯物论者,承认为自然界的产物而在历史领域上又保留了唯心论的观点,以为言论可以统治世界。现代苏俄哲学界的机械唯物派如亚克色落得(Akcelrod)、乌里亚希(Bariash)、沙拉丙诺夫(Sarabanov)等因否认辩证法的意义,鼓吹机械论,结果倾向于主观唯心论,否认偶然、质量等概念的客观性,看为主观的产物。(关于这个问题详见拙作《苏俄哲学潮流概论》光华版)

这种倾向在布哈林的思想中也是有的,例如偶然问题是个很明显的证据。偶然,在他看来,是无原因的现象、主观的范畴,他在这里显然机械地划分了两个完全不同的世界:一方面就是那顺适一般规律,可以用科学解释的世界(必然),另外就是那不顺适一般规律,不能为科学解释的不可知世界(偶然)。偶然既是不能以科学解释的现象,那末偶然统治的领域中科学便失掉了作用,结果唯心论或神鬼论得着活动的机会。

机械唯物论因为缺乏辩证法思想,结果不可免地倾向于唯心论——这是一般的定律。

布哈林因为在哲学领域上患了这样严重的错误,所以他的社会学理论也不免因此受着不良的影响。我们在这里不能把他的《唯物史观》中社会学问题的各章详细地加以解剖,因为本文的任务在把握他的理论核心,但为揭破他的错误起见,这里简单地提及唯物史观的中心问题——生产力——是必要的。

布哈林对于生产力问题的了解完全是根据他的均势论原则。在该书的附录中"均势论与生产力"一段他把这个问题解答得清楚,我们把他的话录在这里:

> 对于这个问题(指生产力自身为什么变化问题。——如心)的解答——我认为唯一正确的解答——应当如此:生产力之决定社会的发展,是因为生产力表现社会(一种特殊的现实的综合)与它的环境间之关系……而环境与个体(制度)之间的关系归根结蒂是决定任何制度之一种因素。这就是变动的形态之一般辩证法规律之一(按,这里所指辩证法不是马克思的而是他的均势论。——如心)。这也就是一个框子,在这框子以内发生各种力之分子的移动,连接并解脱无数量相互影响和相互矛盾的结头。生产力要受"基础"和"上层建筑"的影响而变化,然而这些影响对于根本的事实绝对不能有所改变:社会与自然中间的相互关系,为社会所赖以生存的并社会生活过程中之一切变动所赖以随时改变形式的物质能力的数量,始终是一个决定其他一切的因素。如此,只有如此,才能够解决历史唯物论的根本问题。(中译附录一一、一二页,

图点是他自己加上的。——如心）

在这一段话中我们可以得着下面几点：

（一）生产力表现社会与它的环境（指自然界）间之关系；

（二）环境与个体之关系史决定任何个体（制度）之一种因素；

（三）生产力的变化是被自然界与社会中的相互关系支配的。

布哈林这里对于生产力的解释，根本是反马克思主义的。生产力表现社会与自然界的关系，这句话在某种意义是不错的，因为生产力发展程度的高低可以知道人类对于自然界统治力的强弱。但是说社会与自然界的均势关系是决定生产力发展的要素——这便是笑话。

社会是自然界的一部分，自然界的条件无疑地影响于社会的发展，但是这些影响并不是直接的而是间接的，这是说它只有经过生产关系才能够发生作用。人类是制造工作的动物，它适应自然界而同时改变自身的关系，所以研究社会现象只有在社会的"自身运动"（Selbst Bewegung）过程中去把握（这正是唯物辩证法的一个特征），不了解这一点便不配谈唯物史观。

布哈林说生产力的变化是由社会与自然界（即个体与环境）的均势关系决定，这是无常识的话。试问生产力自身矛盾的发展（如劳动力与生产工具的结合与分离）、生产力与生产关系的冲突、生产力革命等问题怎样可以用社会与自然界的均势关系去理解？

再进一层，布哈林所谓均势，照他自己的说明，是指"某种组织在均势状态时如果该组织不能自发地，即不加以外来的力量，便不能改变其状态"（附录一三二页）。那末试问"外来的力量"是什么？表现社会与自然界均势关系的生产力是否受这种力量支配？布哈林在这里不得不放弃他的唯物论观点，去崇拜所谓"第三者"的力量。

这样看来，布哈林根据他的均势论原则去说明生产力的变化，结果不得不破产。

布哈林的均势论不但影响于他的社会学而同时经济学方面也得着同样的结果。经济学研究的目的，照他的意思，是发现"均势的规律"（Das Gesetzt der Gleichgewicht，参照他的《转形期经济学》中译，平凡版），而马克思却规定经济学的目的为发现"资本主义运动的法则"（《资本论》序言），辩证法与机械论具体的运用完全不同。

布哈林因为有以上宇宙观、方法论和它运用上各方面的错误，所以结果使他完全脱离革命马克思主义的观点而形成了他的右倾机会主义理论。他对于现代许多政治问题的见解，如目前资本主义经济的分析、苏俄无产阶级专政时代的估量、工农关系等，他完全站在反马克思主义的立场。

在对于目前资本主义经济分析问题上，他鼓吹了所谓"有组织的资本主义"学说，否认资本主义社会内部的矛盾，将这矛盾曲解为帝国主义国家间的对立，客观上拥护所谓和平转变的改良主义学说。在对于苏俄过渡时代建设诸问题上，他否认了内容的矛盾，主张机械地联合整个农民（包涵富农）与资本主义分子妥协，维持各方面的均势，客观上等于向资产阶级投降。（关于布哈林的机会主义理论，这里只是极简单地提及，以后如果有必要时当作专论叙述）

所以布哈林的机会主义绝对不是"一时失慎"或"偶然"的错误而是他整个理论中必然——不可免的结果，这种倾向无疑地，应该根本铲除。

七月廿九脱稿

（《社会科学战线》1930 年第 1 期）

《历史动力论》

絜 非

陈易编著。
民国二十一年,大东书局出版。
一六二页。定价六角。

　　大约自从北大出版部译印了鲁滨孙的《新史学》(在译者何炳松君付商务书馆出版书前)以后,中国关于史学的译著、专著接着出版的时有所闻。译本有李思纯译的《史学原论》、何炳松译的《历史教学法》与《西洋史学史》、向达译的《史学》、黎东方译的《历史之科学与哲学》小册子,有何氏之《史学研究法》(皆商务),更有朱谦之著的《历史哲学》(泰东)、吴贯因著的《史学概论》(联合书店)、卢绍稷编的《史学概要》(实际上什九钞袭《史地学报》,不能为著述)、何炳松著的《通史新义》(商务)……虽然体例内容,精窳不一,终算历史学上,关于通论史学的著译,比十年以前大有增加了。

　　在最近一年内,我们又得读到一本《历史动力论》,——这是一个动人的题目,值得我们的注意的。

　　据序言说,本书"主要地是在纠正一般人对于历史的误解,使读者能从这本书上所述的一切解释之中,得到对于历史的动力之正确的认识"。

　　全书凡列十章,他以为历史的动力,是在"人类在获得生活资料的经济行为中生产力的发展和进步,是人类历史的主动力量,就是主要动力。其作用之伟大,有如马达在机器内或法条在钟表内的作用。这是我们抛弃唯心论或观念论,从客观的事实去研究历史应该认清的前提"。由此,我们可以推知本书是用唯物史观来解释历史的。马克斯曾以为一切经济的成因,可以决定人类生存所有的成因,就是说一切的思想、制度、行为都跟着它的生产的方法、分配的方式而变异的。本书虽然也肯定生产力的发展为主要动力,但征引所及,对其他地理、心理、人种各方面解释,也不加以完全的否认。

第一章《英雄问题》,"我们所常说的'英雄造时势,时势造英雄',我们在说这句话的时候,我们每每以为英雄是'时势'的动力,却不知'时势'才有力量造'英雄',任何伟大的个人,终难逾越物质环境的范畴"。并根据 Charles Rapport 对英雄伟大问题所定之科学第五条原则:"一、个人为被动的环境中自动的因子,二、个人行动的成果离开个人而独立,三、个人必与历史相适应才有作用,四、个人的幸福为考察(社会)[历史]之一标准,五、个人的作用随智识之进步而增大。"否认一切历史是少数英雄伟人所偶然创造出来的谬见,肯定个人必须与历史和时代环境相适应才有作用。第二章《地理动力观》,作者说明历史的地理动力只是客观的,缺乏一切自动的动力,要与"人类技术能力的继续之发展"联系起来,才能推进历史。第三章《心理动力观》,本书一方面承认心理史观或心理的历史的动力论者在史学上固然有相当的贡献,但同时另一方面,以为也有不可掩饰的缺点,而其缺陷,恰恰是与地理动力论缺陷相反。本章似可与英雄问题合并论述,因为说是属于同一问题。第四章《道德因素问题》,以为人类文化发展之后,道德日益受经济及生活的支配,最终结算起来,自然是受生产力状态的支配。第五章《历史与宗教》,以其考察宗教发展的领域和历史,而得到两种概论:一是人类受自然界的支配愈利害,宗教的影响就愈深刻;二是科学愈发达,宗教对于人类的影响就愈削弱,"神权的领域的消弱以至消灭,就与科学领域的扩大以至支配全自然成反比例的发展"。第六章《思想之来源》,作者以为思想的来源,"是从生活的条件得来的"。第七章《从美国内战来观察》,导言上称此章为举例。又称第八章《艺术之基础》、第九章《艺术与社会发展》,是讨论的性质,在本书中只能作为附录。第十章《结论》,乃综以上诸章而回顾。

本书不是创作,不过是根据欧美学者的著述来编成的。其所根据的书,主要是克拉克(Clarke)的《历史丛论》(*Essay on History*),其他如 S. Y. Wolfsen、Charles Rapport、Fairgrieve、Knowles、Sample 诸美学者的著作,也引用不少。

  这本书是着重于社会的尤其经济的历史观。在社会主义学说风靡的今日,一切思想和学术,皆一以社会尤其经济为论断的基础,历史当亦自不能为例外。可是若说这观念为是,那观念为非;物质为是,而心理为非,却是执一之见,未能即为定论。一时代的人类自有一时代的观念和解释,"穷则变",是当然的结果。所以本书谓为传统派见解的针砭,对于"以古之道,行于今之世"的守旧历史家足以示以一种新的认识,若谓为即为历史动力之唯一的解释,则殊不可。人类的活动,千汇万状,因原的复杂,与结果的出乎意外,往往匪可思议;欲一以贯之,决为不可能之事。又所称似客观而实主观,似以经济为历史解释乃又尝及其他一切,更是违科学精神。惟全书文字尚显豁,征引亦详明,至少足备研求历史哲学或有心探求史学意义者之一方面的参考。

        (《浙江省立图书馆月刊》1932 年第 1 卷第 10 期)

《历史动力论》

仲 明

陈易编著。
大东书局印行,一九三二年初版。
平装一册。定价六角。

《历史动力论》是属于历史哲学一类的书。历史哲学著作在中国顶少,是需要有些介绍和著作的。而历史动力论这个问题,尤有普遍的价值,它不论对于实践的政治、经济、社会诸问题和对于理论的历史学、社会学、政治学诸科目,均极重要。

而这本书在立场上也很正确,它是以经济为历史之动力的,对于地理动力观、心理动力观,俱加驳斥。并把道德、宗教、艺术在历史中的作用,亦予以考察,而否定其动力价值,在这些地方,我都没有訾议,并且十分赞同。

但在叙述法上,我却认为不好。有些部分,简直表现得无关于历史动力似的,绝似生拉活扯地插入。在一贯的体系上,十分不足。就在各章底叙述,也表现松散而欠条理,并缺乏清晰。论证不明不详,带武断性质。文字,因为是编的,由摘取拉波播尔(C. Rappoport)底《历史哲学》[1]等数书而成,所以亦很欠活泼流利。总之,读起来觉得没有引动人使感兴趣的地方。

另外还应说的,即编者对于拉波播尔底《历史哲学》本是根据辛垦书店底译文,而却写出英文译本(此书有无英译本,尚不知道)来。即使编者真是根据英译本,那译文如果是取自中译本的,亦应注出才是。

一九三四,三,二四

(《科学论丛》1934 年第 1 期)

---

[1] 辛垦书店出版的有,已再版了。

看了郭泰底《唯物史观解说》以后

泽　民

一部重大著作译成中文介绍到中国来,不是思想界上一件小事。郭泰底《唯物史观解说》现在经李达君转译成我国底文字了,我们知道二十世纪的中国读者中除我以外,一定还有许多人感谢李君为他们做完了这件工作。

现在固然有许多人抱十分慎重的态度,以为中国国情与西洋迥异,对于西洋所兴起的各种解决社会问题与代表社会趋势的主义底采择,该当酌量取舍。但是在研究社会状况一方面,我相信唯物史观至少可以贡献一种方法。或者更有人根本怀疑物质左右精神的主张,对于唯物史观是先抱着观望的态度,因而对于根据唯物史观的马克司主义根本地不信任;但是我总以为唯物史观虽不免"硬性"一点,而大部分的真理是一定有的。眼前的问题是生活问题。现在一般屈服于田主、厂主之下的农人、工人,他们的饥饿究竟不是纸上的"真""善""美"等等空名词所能疗救的——"没有面包固然不能生活,但是只有面包也不能生活",这是有产的读书人的真理。我们读书的人们一方面在说着这样高尚的话,而一方面有大多数人们连单有面包的生存都还顾不到;这真是人类的耻辱!

理想自理想,实际自实际,若单止理想,那么我们想着尼采底超人主义、托尔斯泰底无抵抗主义,以及现在中国一部分人中的无政府主义,当然是无所不可;但是涉到实际的问题,则物质的轨道依然存留着。

有人思想崇实,以为现在谈主义者大概徒托空言,难见实际。抱这种主张的人中也有我底朋友,他们那种切实的主张下面伏着满腔改革社会、牺牲一切的热忱；我对于他们抱十二分的敬意。只是实际是什么呢？若但求行于今日而收效于明日，那是容易使人堕入与先生妥协之一途的；若对于社会演进的哲学没有根本的主张，而徒然秉一腔同情热血求社会的改进，又热忱过度而求速效，我觉得他们是容易走上温情主义的道路的。在这种地方，我并不固劝他们信从唯物史观，却想固劝他们把唯物史观底意义虚心研究一番。

  我们并不想用宗教的精神来崇奉马克司作教主，但是产生了世界劳动运动的哲学，进出了赤俄共产党的革命之花，把潮流卷入素不相干的中国，这样一种人底这样一种学说，我是认定有几分研究法意底价值的。我同时也认定这样一种学说，或者根本上竟有错误，但对于物质方面的中国社会问题，是至少含有几分真理，而且至少能供献几许解决方法的。

  最后，我还要为中国留心社会问题的诸同志进一说。大凡解决一种问题，先须认清题目。对于我们中国社会问题的第一步，物质么？精神么？若我们相信精神造成物质，而且有充分的理由，那也罢了。若犹觉得一般衣食不周的被剥削者并不知道形而上学，而且觉得他们这种人底存在，使我们的光明美丽的理想主义上生出种种可耻的矛盾；那么，决定自己的社会问题解决观第一步恐怕究竟是物质而非精神罢？这种第一步的问题若犹未解决而遽欲走第二步的路，我很想问一声，你根据什么来解决第二步的行动呢？

  经济底趋势产出了物质的资本主义了，反动底心理自然是回复到精神运动；但是同一经济底动机又产出了改造的社会主义了，马克司是解释他自己所走的命运之道路给我听，我们听了以后觉得怎样呢？

（《民国日报·觉悟》1921年7月14日，第4版）

《历史哲学大纲》

陈之平

朱谦之著。
民智书局印,一九三三年初版。
平装一册。定价一元四角。

朱谦之这本书底次序,第一章是历史哲学底概念,第二章是历史哲学底历史,以后便依着历史哲学理论发生底程序写成神学的、玄学的、科学的历史哲学,而殿以新理想主义和生命主义的历史哲学,即心理的或生命的历史哲学。前三种次序是很对的,但在三十三年前的拉波播尔(C. Rappoport)却已在历史哲学上应用过孔德底三时期律。朱谦之是读了他底著作《历史哲学》[①]而后写的。然而他自称为"特开生面"(p.42),未免有些掠美吧。至后面加的心理的历史哲学,一则表明他不懂三时期律;再则表明他不懂社会中的发生学的方法之应用;[②]三则表明他不懂智识进化之实质的意义,而是根本谬误。

作者底理论,有一个是采用胡南陞(Flint)和绍特威尔(Shotwell),把历史看作时间的东西。其实这是黑格尔(Hegel)底辩证法之抽象,因为辩证法是动的逻辑,把一切都看成发展。所以后来拉波播尔简直把历史哲学认作"发现人类进化底一般的条件及其法则",[③]而将他底书题名为《作为进化科学的历史哲学》。[④] 胡南陞等在这里是既无创见之功,亦无特殊之理解的。因此,朱谦之这种看法,对虽然对,却不属

---

① 此书中文本在辛垦书店出版。朱谦之所读的,正是此本。
② 看《二十世纪》第二卷第八期一七三页便知。
③ 他底《历史哲学》,青锐译,一九三二,再版,八二页。
④ 前译者在内封面上是保存了这个原题名的。

作者底根本理论是生命哲学和心理主义。在前者为生物学的历史观,乃是机械的物质论,他并不知道今天底人不单是自然的人而还是社会的人;尤其不知道生活问题底解决不在于主观的生活要求而在于客观的生产能力。社会中的人,不是各个都同样有生存之欲么?但他们底生活却是千差万别。各时代底人,不是也同样为血肉所构成而需要营养物么?但他们底衣食住用却全然不同。所以生命论的历史哲学是宽泛而欠切实,不能说明历史之进化的。至于生机主义,那更是玄学的东西,毫无价值。

把握生活要求是必然走上观念论底道路的。而用心理学于历史观,则就是观念论历史观底改头换面。历史法则既为心理法则,那便无须研究历史事实了,内省即得。这是科学的么?当然是玄学史观。朱谦之把它放在科学史观之后,而不知新理想主义依然是理想主义,它只在时间上为后出,在学型上则本质是玄学的东西,殊非进步的形态。孔德底三时期律在科学后是否还有另一时期呢?这在今天,问题殊嫌太早。即使有,也不得是生命的或心理的东西,这不能与神学、玄学、科学等学型相提并论。作者以理论形态继知识形态,头脑底混沌直到令人不能想象的地步了。

这种混沌,在所谓社会史观上尤表现得非常明了。他第一不知道社会是一个笼统的名词,不能用来说明历史。这是拉波播尔已经批评过的,①朱谦之无反驳而又肯定它,太独断了。第二他不知道威廉(Maurice William)所谓面包问题应该归结于生产,而所谓消费则是决定于生产的。尤为可笑者,他既屡说历史哲学是社会学,那末所谓社会史观不过历史的历史观之一换语而已。试问用历史解释历史不等于说人就是人么?这简直是同义复词底把戏,没有说明底价值。

此外的错误很多,②不能一一地说。详细的批评,则为篇幅所不许,只好就此停住。

但还有不能不说的,即作者根本不理解哲学为何?历史哲学为何?

---

① 他底《历史哲学》,一七六页。
② 所谓恩格斯底"四大补充之点"(从 p.140 至 p.145),完全是理解无力以致曲为之解的表示。这是必须提出的。

所以把历史学底材料取入很多。同时也就不理解历史哲学底问题是些甚么,他叙述了枝节,根本的问题简直抛弃。在体裁上,则是纯然的历史学和历史哲学底历史,绝非历史哲学的著作,因为它应该是理论的而不是历史的。叙述理论底模式或种类,自可而且必须采用历史的方法作发生学的分类;把阐明某种历史哲学的理论著作变成历史哲学底分类著作,都很可也。但这种模式或分类,只能选取每种底代表学者或抽出每种中各家底共同之点来说,绝不能采取纪事体或编年体底方法,依时间底次序来一一叙述。而朱谦之这本《历史哲学大纲》底体裁,却不这样,所以只是历史哲学分类史,即历史哲学史之纪事体的编年体而已。

最后一句话,从历史哲学底内容和形式说来,这本书都说不上甚么。而拉波播尔底《历史哲学》,则在任何方面都优异于它,要研究这门学问的人,只有读它才能走上正确的道路。这就在世界底历史哲学界讲来,都可断言。

一九三四,三,二八

(《科学论丛》1935 年第 3 期)

《史学通论》

中 一

周容先生编的《史学通论》,早就在书摊上见到了,随手翻阅一下,未敢购买。但因为书名的关系,总觉得备置一本才好。近趁开明书局大减价之便,总算尝宿愿,可是仔细一翻,不免失悔,虽然减价,却并不便宜的。

就这书内容所涉及的范围上说,关于史学的各方面都曾论到过,允称"通论",但对于各方面的论列,确是浅浮得很,多"论"而不"通",兹略述于下。

(一)历史的定义　周君"沟通历史的本身的抽象的概念与历史的实在的记述下的历史定义",是:

> 历史是人类的已经过去了文化生活的事迹及其记述。(本书页六)

在这定义中,不但在历史是"已经过去了"这点上与周君自己说的"我们不能武断地说只有过去的事迹是历史,现在的事迹也是历史,未来的事迹也是历史"(本书页二)相冲突,自己打自己的嘴;而所谓"文化生活的事迹及其记述",尤使人难于理解。我们且不必追求"文化生活的事迹及其记述"和由这里透露出来的"文化生活的事迹及其记述"系何所指,单就"文化生活的"这形容词来说,也就不大"通"罢?

周君是看过《史学要论》的,那书中的历史定义是:

> 历史就是人类的生活并为其产物的文化,因为人类的生活并为其产物的文化,是进步的、发展的、常常变动的,所以换一句话,

亦可以说历史就是社会的变革。(本书曾引过,见页五)

我们把李守常先生下的定义和周君的一比,真有白金与臭铁之感!而周却说李氏的定义,"仍旧不能包括历史的实在的记叙",宁不滑稽?周君是否理解了李氏的定义,虽不敢妄言,但由那"文化生活的"一词来推测,却不能不令人生疑。因为"文化生活"如果是"人类的生活并为其产物的文化"的缩语的话,那便是没有理解生活与文化的范畴!文化是人类生活的产物,不是生活之文化或不文化的!

(二)史观　史观是"历史的解释",周君是知道的,但因为时代及阶级的不同,史观亦随之而有差异,周君则无论及,似未理会。不唯此也,即周君虽知史观是"历史的解释",有时却把它作为一个主体,说什么——

于是史观和社会主义结了新的同盟。(页一二六)

什么史观和社会主义结了新的同盟呢?词意飘忽,使人如在云里雾中,莫名其土地堂!

这类例子还有些,限于篇幅,不克多举,但本句如此,内容亦可概见了。兹另举他例,作个结束:

中国史学发达最早,但是并不曾产生有系统的解释历史的哲学,到了近代才有人注意到历史的解释,例如陈公博……(页一二七)

"史学发达最早"的中国,真的"到了最近才有人注意到历史的解释"吗?这不是周君"不曾产生"四字所能抹杀,有历史的记载作证。不用说唐宋以降即秦汉以前就有的,例如邹衍——

称引天地剖判以来,五德转移,治各有宜,而符应若兹……作主运。(《史记·邹衍传》)

远在战国,就产生过解释历史的五德终始说,但周君却轻轻地用"不曾产生"几个字把它取消了!

(《华北日报·史学周刊》1935年3月28日,第7版)

介绍《史学概论》

忆恬

俄国：朴易科夫斯基著
日本：西雅雄译,东京白扬社出版
定价：日金一元二十钱

  在中国,史学脱离经学、文学的范围而变成独立部门的科学,是最近十数年的事。但研究者都把大部分的精力花在整理史料上,对于整个的"史学"反忽略过去。因而史学研究的方法,以及史学理论亦很少有人讨论。即是偶尔有人注意到,讨论到,也只是限于技术方面——史料的考证与批判。结果,学史学同学文学几乎是同样的。只讲究领会,不讲究方法。初学者只需要读书,读过许多书以后,才会体验出研究的方法来。因为史学的老前辈是走这样的路子的,所以他们教后学也照样走这条路子,从来不讲究什么研究工具和方法。在这上面,不知有多少青年花费了冤枉时间,更不知有多少青年因此知难而退。

  其后,因为欧洲史学界的影响以及实际的需要,乃逐渐有人注意到《历史研究法》。近几年来,国内也很有几本《历史研究法》以及《史学概论》等书出版。但因为都是拾人唾余,没有很大的价值。并且都是代表资产阶级的东西,在时代的大轮下,早已成为陈迹了。

  唯物史观派的史学研究,是世界史学界的一个新潮流。因为它阶级背景的伟大,遂有席卷这个史学界的趋势。这种情势,在中国也是同样。但在中国的唯物史观派史学研究者,有一个大的缺点,即是只有方法论而忽略了技术。所以,研究的结果,大都是空空洞洞的架子。这种情形,在目前的史学研究者已经有了觉悟,最明显者,即是本刊第六十三期靖五君所发动的新史学建设运动。

新史学建设运动所主张的有两个要件：正确的方法论，与客观的技术。这在中国尚是史学研究的一个新方向，所以依此为根据而建设的历史研究法，还没有。但我们在苏俄的史坛上却发现这样一本书，即是朴易科夫斯基的《史学概论》。

是书俄文本出版于一九三一年，日本译本初版出于一九三四年，增补版出于一九三五年九月。它在苏俄史学界占很重要的地位，对于新兴史学的发展给予了很大的贡献。它的编撰，与靖五君所发动的新史学见解，大抵相同：溶合马克思主义的方法论，与传统史学家所积累的研究技术。全书共分三部分：

第一部分是序论，专讲史学的方法论。对于正确方法论的把握，以及史学阶级性的分析，都有极透辟的见解。

第二部分是历史研究的技术。对于史料的区分、史料的搜集，以及研究的步骤和计划都有详细的说明。对于新进的史学研究者有很大的帮助。

第三部分是历史的批评，即是对于史料的考证与鉴别。其中包含"史料之形式的分析批判""记念物之技术的分析批判""记念物之预备的综合批判""记念物之最终的综合批判"。这些都是过去史学研究者经验的积累，对于史学研究者是极好的工具。

是书因为并不是专为中国人作的，所以有的地方好像对中国人没有用处，譬如"历史的批判"一部分，便是根据外国文字和书籍、古物来立论的。不过，我们认为此书的优点，并不在此；而在于它能指示给我们研究史学的一个正确道路。在这上面我们可以看出未来新史学应有的各方面——它不是专有技术而无方法论，或专有方法论而无技术的东西，它必须以方法论作绳墨，以技术作斧凿。所以，此书虽然有许多不适于中国研究者的地方，但仍然值得我们详细读一读呢！

一九三五，十二

（《华北日报·史学周刊》1936年2月20日，第7版）

评维森著《历史辅助科学论略》

齐思和

Aids to Historical Rseearch, By John Martin Vincent, New York, Appleton-Century, 1934. 173 pp.

近世学术研究虽趋于分工专门,然各门学问皆不能完全独立,而有待于其他学科之辅助,如研究生物学者必明物理、化学,治经济者须明统计方法,此人所习知者也。历史一学以其范围之广、关涉之繁,其所需要之工具知识,自较其他学科为尤多,因之有所谓"历史之辅助科学"(Auxiliary Sciences)焉,盖谓此皆研史者所必具之工具知识也。辅助科学一辞本不甚恰当,盖所谓辅助科学者未必皆是科学(如语言、档案学等),而其能称为科学者(如地理、考古学、人类学)又非专隶属于为史学。抑史家以其所研究之范围之不同,故其所认为历史之辅助科学遂亦各不一致,不过就其普遍者言之,则文字语言、档案、历法、谱谍、印鉴、服章、地理、考古等学为研究历史者所必具之工具知识,此殆史家所皆承认者也。

顾此等虽为治史者所必有工具知识,而专书甚多,搜集为难,教者、学者,俱感不便。近年来在西洋有关于历史工具知识之两大丛书出版。一为英国伦敦宣教会所出版之《史家辅佐丛书》(*Helps for Students of History*, 51 vols. Edited by Johnson, Temperley, and Whitney. London, 1918—1924),一为德国麦士德所主编之《德国中古近世史研究导言》(*Grundriss der Geschichtswissenschaft zur Einfuhrung in das Stadium der deutschen Geschichte des Mittelaters und der Neuzeit*, 2 vols. Leipzig, 1906—1927)。两书皆将史学各种辅助科学

网罗于一丛书之内,执笔者皆各学著名权威,读者便之。惜两书皆卷帙浩繁,陈义甚深,虽适于学者之参考,而不便于初学之诵习。最近美人维森教授著《历史辅助科学论略》一书,将历史之重要辅助科学汇于一编,以浅显之文字,述各学之要义,诚史学入门最便之书也。

维森博士为美国约翰霍金大学教授,近已以年迈退职。前曾著《史学方法导言》(*Historical Research*, New York, 1911)一书浅显简易,为史学方法入门之佳著。退职后更网罗许多历史辅助科学而为此编,其浅近易读与前书相同,而其为用则或尤过之也。

全书共分十二章。第一章,史之定义,略论史之意义及两千年来历史学进步之大略,及现今史学之趋势。第二章,论史料之种类及其价值。自第三至第十章,分论档案、古文、年代、印鉴、服章度量、泉币、谱谍、外交诸学。第九章论地理与历史之关系。末章论史料之性质。都共五万言,言质而不俚,疏而不漏,可谓极简约之能事矣。

惟是书本为西洋人说法,内容取材自以西洋史为主。其论历史方法诸章虽足供吾人之参考,至于古文、年代、服章、泉币、谱谍诸章,皆就西洋史而言,则似与中国史关系甚少。然吾国历史之研究,辅助科学尚未完备。小学、历法等学,虽已极昌明,然在兹科学发达时代,尚需要科学的整理。其余若档案学、服章学、谱谍学,则方在萌芽,而有待学者之研究。是以参照西洋方法,整理旧学,实为当今中国史学界之急务,则此等书虽究心国史者亦所不得忽视,至于专治西洋史者则更当手置一编详加研究,尤不俟论矣。

二十六年四月十九日

(《历史教育》1937 年第 2 期)

《唯物辩证法论战》读后感

沧　白

　　几年来受生活的限制,不但未能写什么,甚至连看什么的时候都很少。屡次在报纸广告中看到张东荪及其门人之反唯物论的文字之标题,也看到二十世纪社反驳文字之标题,但始终未能买来一读。近来乡居,与此等文字见面之机会更少了。

　　偶然从友人处借得一本《唯物辩证法论战》,心中非常喜悦,因为我们这些既未参战又未观战的人,如能看到关于此次战争之活动影片,也算是一种福气了。

　　然而翻开序言、目录一看,却令我大失所望,因为这战事片子只包括着一边的战绩,而对方种种还要我去亲自访问调查,未免太不舒服。然而我仍然耐心地读完了它,希望在片面的战功中看到一种有光辉的、有力量的、令人喝采的"武把子"。结果使我更失望,因为它不仅不是思想战争,也不能称为战事影片,仿佛是滦州的影子戏,只是木偶或皮人之暗淡的留影而已。

　　这些文章的作者都是唯物辩证法的反对者,但是这些反派明星的表演实不能称为精彩。单就导演而兼主脚的张东荪来说,已经是个不称职的演员。因为他自从开始反对辩证唯物论,直到如今还是一个不知辩证唯物论为何物的聪明人。辩证唯物论(恐怕尚不止于此)之于张东荪,始终是个 Ding an sich。Ding an sich 本来是不可知的,而张先生偏偏要知道它。这种知其不可知而知之的精神虽然很可钦佩,然而表演起来,不仅其困难之状甚于骆驼之穿过针孔,其姿态之笨拙亦甚有可观也。

张先生与其门人都不愿社会主义者谈哲学,只准他们谈经济学与社会主义,这态度未免太武断了。张先生与本书的著者们既然"差不多都赞成社会主义",那末为什么禁止社会主义者作哲学家呢?

傅统先的大文只能表示其哲学知识之浅薄与思致力之薄弱。牟宗三只眩弄其冒充的数理逻辑之公式,却并未触到辩证逻辑之要点。这些"门人"除了与马克斯、列宁生疏以外,对于柏拉图、黑格儿等等似乎也不大熟悉,居然也来参战,未免太"那个"了。

牟宗三在批评辩证逻辑时只抓着陈启修死打,而南庶熙在批评唯物论时也只扭着叶青不放,这都表示这些战士们之阿Q精神。打这些容易打的人,正如打一个小尼姑的光头一样,真是件轻松而又容易得胜的事情。打人者似乎是打倒了一个最厉害的敌人,而事实上却毫末无损于辩证唯物论,因为辩证唯物论本不在这里。(关于陈,不必讨论了;关于叶,我久想写点东西,但因手下无《二十世纪》,只好待诸异日了)

像张东荪这样的海派哲学家居然也标榜为思想而思想,这不仅使叶青等窃笑,亦将使中国其他学者齿冷,因为他不仅在客观上是统治阶级的哲学发言人,而且主观上也是醉翁之意不在哲学呀。

我在这里不愿征引张先生的文句以多所辩难,我只以现象的资格写几行后感而已。我不愿多事纠缠以致再与张先生及其门人摔角,因为我觉得同这些文弱的人摔角有些虽胜不武。

这册论文集不仅表示辩证唯物论反对者之思想的贫乏,而且表示辩证唯物论者境遇之恶劣——同这样草包的人物比武永远不能训练出好的拳师。辩证唯物论之在中国似乎颇有"我来,我见,我胜利"的气概,但是没有主过一次不朽的战功,这也是它历史的不幸。

以上所说的独偏于张东荪一边,现在我愿对整个论战表示一种感想。我前面说南庶熙之打叶青很像阿Q之打小尼姑,同时我又觉得叶青之批评张东荪好像武术家之打桩。叶青为着练习他的哲学武艺似乎不能不找一个对象,然而活的、太棒的东西不大容易打,于是就抓着张东荪当木桩来练功夫,结果就成了新哲学之体系。张东荪这边也编成这学论文集。交易而退,各得其所,双方都达到了目的,双方都胜利了——这就是这次论战的结果。

最无所得的是我们这些观众,既没有看到生龙活虎的斗争,又没有看到花拳绣腿之表演,只是零乱而拙劣的画面之前看倦了双眼。

十一月十九日北平

(《清华周刊》1934年第42卷第8期)

评张东荪编《唯物辩证法论战》

江振声

中国的思想界近来太沉闷了,太没有出息了,才是这样无声无嗅地过去。前十几年有过一次科学与哲学的论战,其实,那时所讨论并不是什么学术思想上重要的问题。在我们现在看来科学与哲学只有互相同化、互相合作而绝没有战斗之必要。自有思想史以来,谁都知道有一个恒久不能解决的问题,那就是唯心与唯物——或非唯物与唯物——之争。但是这个问题在近代的中国思想界只有信仰,只有盲从,而没有讨论,没有论战。现在张东荪等打破了这种学术沉闷的空气,思想论战的导火线已经爆发了。这种枕戈待旦的神情我们可以在张先生所编的《唯物辩证法论战》一书之,所以这本书是值得我们批评和介绍的。我希望这次唯物论战的运动广播于整个的中国学术思想界。

《唯物辩证法论战》一书是张东荪、傅统先、南庶熙、牟宗三、吴恩裕、孙道昇等十人合作的而由张东荪先生所主编。这种讨论学术的方法在欧美是最风行的了。如培黎、霍尔脱、孟太格等六人曾合作地著有一本《新实在论》,远有菊拉克、濮拉特、塞勒斯、洛机斯等七人合著一本《批判的实在论论文集》,还有在汤姆生计划与整理之下的《今日之科学》也是由摩耿、蒲朗克诸大科学家所合作。所以张先生这本书实为中国学术界合作讨论之先声。不过这本书的诸作者其合作是只限于消极、破坏的一方面,而其各人的主张系统是并不一致的。

这十位作者合作这本《唯物辩证法论战》的动机,我们是在该书上很明白地知道。张东荪先生说:

> 总之,我们是注重分工合作,由分歧自由发展而可有相当连

络。他们(辩证唯物论者——振声注)则注重于包办统一使一切在一个系统下皆定于一尊。所以我们是科学态度,他们是宗教态度。这个做学问工夫的态度乃是我们与他们根本上不能相容的地方。我所以不惮烦劳而作此篇,并不是专为了唯物辩证法在理论上说不通,实亦是对于他们这个态度不能不起来加以矫正。他们这个态度大足以阻碍中国将来学术的进步。我们对于青年有指导的责任,断不能不挺身而出以挽救这样的狂流。(《唯物辩证法论战》第二〇七页)

傅统先说:

我要不因为辩证法唯物论在中国太猖獗了,我也不至于来批评马克斯。

牟宗三说:

有些人常以为逻辑是反对不了的,但一方面反觉得辩证论理似乎也很有理。于是人们徬徨了。读者若读过了这篇东西,我想对于你的徬徨不是一点补救没有的。同时,辩证逻辑家也不要再丢脸了,你何必为一时的革命就造出这么些谬论,到将来时过境迁岂不悔懊有碍于真理的发见?(第一一八页)

这几段都足以表现他们不能不挺身而出的神气。他们有了这样的动机于是起而做他们的工作。他们工作的内容是摧破唯物辩证法,而他们工作的目的就是要矫正以宗教态度来研究学术的态度。张东荪说:

他们以为马克思不会有错误。(甚至恩格尔思与列宁亦都不会有错误。他们的学说简直无须有丝毫的修正。)不但马克思以前的人不及马克思,并且马克思以后的任何学者都不能超过马克思,……这便是以马克思为神(Max as a god)。我们以为非根本打破这样的态度则思想不会进步。所以我们现在并不是要打倒马克思,乃只是要废弃"神的马克思",仍恢复为"人的马克思"(Max as a man)而已。我名此为"马克思之复人运动"。若谓本书即为此运动之开始,亦未尝不可。

所以他们的目的为"马克思之复人运动",提倡研究学术之科学态度。

《唯物辩证法论战》诸作者共同进攻的内容是这样的:

首由傅统先君从整个的辩证法唯物论着手总合地批判辩证法与唯物论。牟宗三君阐明辩证唯物论之限制,而从逻辑方法断定辩证法既非逻辑,复不能克服逻辑。孙道昇君短短地说明辩证法之本身就不能是辩证的自相矛盾。李长之批评马克斯等信徒仅余八股式之空壳,而罔增荒谬之影响。南庶熙前后两篇是答复《二十世纪》记者对张东荪哲学之批判。这两篇东西也可以说是从知识论、本体论、宇宙论、人生论四部分驳斥唯物论的理论。而张东荪的一篇《唯物辩证法之总检讨》尤为全书之总命脉。他对唯物辩证法根本之攻击可以抄下面的一段话:

> 以上所言已十分显明:足证唯物辩证法既不能兼是方法与法则,又不是能只是法则或只是方法。因为,若说兼是方法与法则,而实则两者万不能兼。若说只是法则,则便变为经验的结果,失了万世不易的铁则之性质。倘若说只是方法,便又变为假设,有唯心的嫌疑。(一八二页)

因为篇幅的关系,我不欲把全书理论的正确与否加以详细批评。我所要说的第一是可惜这本书如张先生自己说的没有一个预定的计划,各篇互相间的关系并没有逻辑上的次序。第二点张先生在弁言里似乎以唯物辩证法即赤色哲学,这是我不敢赞同,因为相信唯物辩证法的人不一定各个都是赤色罢?我以为"赤色""共产党""社会主义"仍只是一些政治上的或社会学上的名辞,根本上不必以之混入哲学境界。哲学界是以"学问为至高无上的",是"把学问视为自足的"。学问既是不可以有其外的别种用意所决定,以免除其内容之牵强、附会、诡辩,那末我以为哲学上冠以"赤色"两字,这也是轻视了哲学。质之东荪先生以为然否?

廿三年十二月二日

(《光华大学半月刊》1934 年第 3 卷第 4 期)

介绍《唯物辩证法论战》

储安平

张东荪编。
北平民友书局出版(二十三年十月)。
五三〇页。定价大洋一元四角。

　　本书分上下两卷,每卷有七篇文章。下卷各文,曾散见各杂志,而上卷各文,则全系新作。这本书虽然名为《唯物辩证法论战》,而实际上则全是一些反对唯物辩证法的文章。编者曾在弁言里说明理由:"本书既名曰'论战',则理应登载正反双方的主张。无如赞成唯物辩证法的书籍现在大有满坑满谷之势。而反对论除散见于各杂志外,从无专书。所以本书虽名曰论战而实际仅登载反对一方面之论著。"

　　这一本书论战的内容,是完全偏于哲学一方面的。他们反对唯物辩证法,都是站在哲学的立场上的,对于政治、经济方面,完全撇过不谈。同时,各文的作者,他们在哲学上的见解,则各有各的门户,各有各的主张,并不完全一致。所一致者,就是对于唯物辩证法,则大家都站在反对的立场上而已。

　　这是一册专门反对唯物辩证法之书,然而他们反对的理由,都是根据学理的,毫无谩骂的气味。上卷第一篇文章,是傅统先生的《辩证法唯物论批评》,作者先将新唯物论的发展过程作一番简单的叙述,说明辩证法和唯物论的起源、十八世纪的机械唯物论的内容,以及十九世纪马克斯和恩格斯将黑智尔的辩证法和费尔巴赫的唯物论拼合了起来,成为今日的辩证法唯物论。于是作者将今日的辩证法唯物论的内容,加以一次概括的陈述,这陈述分为两部分:

1. 新唯物论之唯物理论
    1. 存在与意识
    2. 物质之本身
    3. 现象与本体
    4. 真理之标准
2. 新唯物论之辩证法
    1. 矛盾律
    2. 由数量到质量之转变
    3. 否定之否定律

作者将辩证法唯物论的内容，一一代为陈述之后，然后再来加一驳击。作者的批判又分为"一般的批评"与"特殊的批评"。作者在一般的批评里，有几句话说得非常透澈。作者说：

> 这般新唯物论者喜欢拿一个拢统的名词，应用到许多其他的意义上。他们预先有了一定社会学上的主张，然后他们把一切能拉拢到原有的那种主张里面去的那些哲学理论上去，再加上几个拢统的名词，以示其业已经过辩证之炉所综合的学说。"资产阶级"是他们最喜欢用以形容其一切相反的理论之名词；"无产阶级"这是加在他们所赞成的学说上之另一名词。凡不是唯物论者的一切理论都是资产阶级的胡说，凡无产阶级的话都是真理。……这绝对不是追求真理的态度。

而作者宣明他的主张，说："理论的真伪并不在资产之有无，也不在阶级之分裂。"

这是作者的一般的批评，接着是作者就学理上对于唯物辩证法的反驳，作者举出十大端：

1. 官感是唯一的认识机关吗？
2. 意识是脑经的产物吗？
3. 存在是独立于意识之外的吗？
4. 由现象所认识的是物质的吗？
5. 真伪是以实践来证明的吗？

6. "物质"到底是什么?
7. 辩证法唯物论绝对的是真的吗?
8. 一切都是内在的矛盾吗?
9. 数量的增减能转变性质吗?
10. 否定的否定有实在的意义吗?

这十大端,在唯物辩证法的信奉者答来,当然是肯定的,然而在作者答来,都是否定的。作者列举出极丰富的资料,来证明他的否定,我们觉得这实在是近年来反新唯物论的一篇好文章。

全书共三十余万字,要是每篇都来详细介绍,在篇幅上是不可能的,所以我只大略地将第一篇举例出来。总之,这是近年来中国学术界里极有意义、极有价值的一次学理论战。赞成或反对新唯物论者,这本书对于他们都是一本必要的读物。我现在即将本书的内容,开列如后,以作结束。

上卷　傅统先:《辩证法唯物论批判》
　　　牟宗三:《逻辑与辩证逻辑》
　　　牟宗三:《辩证唯物论的限制》
　　　张东荪:《唯物辩证法之总检讨》
　　　吴恩裕:《辩证唯物论的哲学》
　　　南庶熙:《答〈二十世纪〉记者叶青》
　　　孙道昇:《辩证法本身是辩证的么》
下卷　魏嗣銮:《辩证法与唯物史观》
　　　李长之:《八股式的辩证法》
　　　施友忠:《唯物史观分析及批评》
　　　张抱横:《黑格儿与马克思之辩证法》
　　　吴惠人:《形式逻辑与马克思方法论》
　　　牟宗三:《唯物史观与经济结构》
　　　南庶熙:《〈张东荪哲学之批判〉之批判》
附录　罗　素:《我何以不是共产主义者》
　　　杜　威:《我所以不做共产主义者的理由》
　　　柯　亨:同上

(《读书顾问》1934年第3期)

《唯物辩证法论战》

谢幼伟

编　　者：张东荪
出版者：北平民友书局
价　　目：一元四角

　　晚近青年之醉心唯物辩证法,已为不可否认之事实,此可于坊间流行之杂志、译著见之。此等新作品,十之七八,均含有唯物辩证之倾向,且文笔粗劣,句钩字棘,不可卒读,而青年反嗜之,亦可见其说之入人深也。但所谓唯物辩证法者,今日一般青年,亦未必真解,即解矣,来源如何,错误何在,亦多不明,惟以先入之见为主。盲从之后,不复用脑,持论之异于唯物辩证法者,即诋为唯心或誉为资产阶级或小资产阶级之意识形态,以塞其口,一若不如此不足以显其富有革命性者然,荒谬狂悖无以复加。张东荪先生等惧青年之迷而不返也,因叠为文,加以驳斥,并辑为一书,曰《唯物辩证法论战》。书虽以论战名,实则皆为反对唯物辩证法之正面文字,内分上下卷,共文十四篇。卷首复有张君劢先生之序言,卷末则有附录四篇:一为罗素之《我何以不是共产主义者》,二及三为杜威与柯亨之《我所以不做共产主义者的理由》,四为张东荪先生之《答复〈张东荪哲学批评〉著者之公开信》。

　　全书十四篇论文中,以张东荪先生之《唯物辩证法之总检讨》一文及牟宗三君之《逻辑与辩证逻辑》一文为最有精采。牟君文从逻辑本身着论,认逻辑是"理性自身的发展","这个理性全是法模,全是架子,这架子间的推演关系就是所谓套套逻辑。套套逻辑的推演完全是先天的,不依靠经验的。凡个前题一确定,就可以推出全部的逻辑世界。所以逻辑只讲可能,而不讲实际。实际是它的应用。逻辑只是客观绝对,主观相对或选替乃是它的表达或应用"(原书九三页)。故逻辑仅有一个,而不能有两个。路易士(C.I. Lewis)之所谓选替逻辑(Alternative Logic)乃从逻辑之表达上及界说上言,而非从逻辑之本身言。路氏之选替逻辑纯以不同之含蕴(Implication)界说而造成。此点美国哈佛大学教授挟华尔氏(H.M.Sheffer)已有批评。据挟氏意不惟逻辑未尝有两个,即几何学亦未尝有两个。所谓"非欧克立"几何学者,实以不同之空间界说而成,以不同之点、面、线界说而成,此可视为派生的几学何(Derivative Geometry)而非选替几何学。将欧氏几何学上之几条公理改变其一二条意义,所得自与欧氏几何学不同,然不能谓此为另一几何学也。同理,将逻辑上之根本概念(如含蕴)改变,亦可得不同之逻辑系统,然亦非另一逻辑也。牟君所言实与挟氏暗合。据此则所谓另有辩证逻辑可与形式逻辑对立而克服之者,实不明逻辑之真义也。我国唯物辩证法之信仰者,对形式逻辑之误解,牟君有颠扑不破之批评。其病全在不知逻辑规律为思想上的,而非事实上的。吾人不运思则已,一运思,则同一律也。矛盾律也,拒中律也,皆不能不遵依也。

张东荪先生一文,则注重批评黑格儿与马克思之混用"对待"(Contrary or Contrast)、"负面"(Negation)、"矛盾"(Contradiction)三名辞而统谓之"相反"(Opposite)。实则此三名辞之意义,全不相同。所谓对待者,如动静、冷热、上下、左右之类是也。此在名学上为"相对名辞"(Relative term),即此一名辞之成立须依赖他一名辞之相对。然宇宙内之名辞,不皆相对也。次所谓负面者,即"人与非人""椅与非椅"之类是也。然"非人"者,除人以外之一切事物皆为"非人",实事上决无"非人"之一物。"非椅"亦然。此"非人""非椅"之负面在名学上可有,在事实上必无。以名学上之"负面"用为事实之"相反",可谓为张冠李戴也。至"矛盾"则纯为名学上之专门名辞,指两个命题之不相容或不皆真而言,如谓"凡人必死"之一命题为真,则"有人不死"之一命题必假;如"有人不死"之一命题为真,则"凡人必死"之一命题必假。此两命题不能同真,故矛盾。矛盾之生,生于坚执此两命题为真也。"马克思与黑格儿对于这三个都不加以分别,并且利用其混淆不清,以偷关漏税之法，由负面而移至矛盾。因为这三者在他二人皆统名之曰相反。乃是使'相反'一辞具有三个不同的意义。以致有时明明说负面的相反，而却一转变为矛盾的相反了。有时明明说对待的相反又一转变为矛盾的相反了。而在我看来，就负面来讲，甲之与非甲并没有不相容、不并言的关系。并且亦决不会互相抵消。至于对待，则虽不能使一物同时是大又是小，然而只须观点变化一下，这个的东西本来是大亦可变为小，这里亦没有矛盾。因为矛盾是在名学上的，而对待则在经验上，二者性质不同。黑格儿与马克思总是把对待与负面混而为一，使其最后都移于矛盾。他们的根本错误就在于此"（原书一七一及一七二页）。换言之，马、黑二人均误于（一）不知分别此三种名辞，（二）不知将名学与事实分开，将名学上有效之名辞，亦以为在事实上为有效。其中尤以马氏之误为最不可恕。因黑氏本谓思想与实体为一，其逻辑则纯为讨论思想形式之书，故矛盾、负面等辞可用，一被马氏移用于政治经济上，则不知所谓。再加进"斗争"一辞，则更从天外飞来；以对待也，负面也，矛盾也，皆不含斗争之意。谓在辩证历程上有斗争者，非马氏曲解黑氏之义，即由马氏强硬拉进者。虽信仰辩证法者，亦不必信仰马氏之"阶级斗争"说也。

除张、牟二君之文外，其他各篇对唯物辩证法之错误处，亦各有深刻之批评，读者可自行披阅，兹不多赘。简言之，此书实为人生观与科学之论战后，我国思想界最有意义、最有价值之讨论。所令人痛心者，则此种问题在欧美思想界无须费许大气力以驳斥之耳。以欧美思想界非如我国有此许多马克思之信徒，虽有之，亦非如我国信徒之谬妄，谓可推翻形式逻辑，及视马氏哲学为独一无二之哲学也。作者希望今日青年于未信仰唯物辩证法之前，请先读此一书，然后决定或迎或拒可也。此书错字甚多，望其于再版时改正。

（《新民》1935年第1卷第3期）

读《唯物辩证法论战》后

许宝騄

《唯物辩证法论战》,张东荪编,二十三年十月出版。

近几年来,国内流行着一派很时髦的、舶来的思潮,叫做唯物的辩证法或辩证的唯物论。说唯物的辩证法是重在辩证法,说辩证的唯物论是重在唯物论,总之是把辩证法与唯物论扯在一起的一个东西。这派学说现在风行全国,大有弥漫全思想界之势。而一班研究哲学的人却一直不曾予以相当的注意。现在这本书——《唯物辩证法论战》——出世,据个人所知,可以说是我国哲学界的人们对这赤色哲学第一次的总检讨,从内容看亦可以说是总攻击。当此狂潮澎湃之际,来了这一个"中流砥柱",无论反对派或赞成派,无疑都应当予以重视。

编者是张东荪先生,他底名字不用在此介绍,他底哲学主张及在哲学界的地位是稍留心学术的人们所共晓的。其他十位作者,亦都是精研哲学,能够独立思想的学者。以他们底论著编成的这本书在态度上表现着两个优点:(一)所说的话纯是学理的探讨,并且是自由独立的探讨,与带作用的宣传或机器式的播音是不可同日而语的;(二)各篇文字,除李长之先生底《八股式的辩证法》一篇稍病轻激外,态度都是很庄严郑重的。无谓的谩骂,恶意的嘲讽,在这里比较很少。有这两点,读者会觉到这是一部有头脑、有意义的著作,不感到什么不舒服、不痛快。

书底体裁可以说是一本论文集,包含着十一位作者底十四篇论著(附录在外),都是独立的篇章,不相衔接联系的。这样,论点底配置以及思想底系统当然就不能像一人独作的或有计划合作的那样严整划一。理论底重复，名词底不一律，是在所不免的。可是集多人独立的思想于一书，论点自比较周密，论据亦比较充足，这又是好处。编次底方法，除第一篇外，是以交稿先后为次第的。这不是最好的办法，因为未免忽略了理论上的分部及次序，致读者初读时不易得到集中的理解。然而这只是小毛病，无关宏旨。

这书底名字，与其叫做《唯物辩证法论战》，不如叫做《反唯物辩证法战线》更为确当。因为书中所收只有攻击的文字，并无赞成的文章；只代表一方面的壁垒，不算是两方面的交锋。不过这倒无伤，因为它是对唯物辩证法或辩证唯物论一般理论的检讨，而非对某一篇或某几篇特定文字的辩论。并且这派学说风行一时，书籍、论文非常之多，在这书中是无法尽容，在读者却是俯拾即是。读者可以找来阅看，也应该找来阅看（此书第一及第三篇中开有目录足供选择）。

以上略论这书底体裁、态度及性质，现在讲讲它底内容，上面说过，这书底编次以交稿先后为次第，不是最好的方法。所以下面对每篇的叙说，是以讨论的题目分部，以文章底性质为序，来按照原书底次第。一方面便于行文，一方面亦可算对读者建议一个读这本书底方法。原书之分为上下两卷，亦好像没有什么重要的用意，可以不管。

谁都知道，所讨论的这派赤色哲学有一套的理论，这一套的理论，分而言之，有三个东西：一是新唯物论，二是唯物辩证法，三是唯物史观（严密点说，是经济史观）。这是构成这赤色哲学本体的三个东西。此外与它有关的还有两个东西：一是黑格尔底辩证法所谓唯心的辩证法，因为彼辩证法是直接本此辩证法而化生出来的；二是形式逻辑，因为唯物辩证法是号称逻辑且自居为动的逻辑而抹杀静的逻辑的。要了解这赤色哲学，非了解这五个东西不可；要攻击这赤色哲学，亦非就这五个东西立论不可。现在就以此为纲目说说这书底内容。不过这样分法亦非绝对整齐，因为这五个东西有的是不能不连带着讨论的。

关于新唯物论的，主要的有两篇：一是傅统先先生底《辩证法唯物论批判》（书中第一篇），二是吴恩裕先生底《辩证唯物论的哲学》（书中第五篇）。这两篇对新唯物论及唯物辩证法均有叙述批评，在性质上可以当作这书底总论读。傅先生底文章首叙唯物论底略史，次列新唯物论底文献,再次述新唯物论底理论(唯物辩证法在内),再次对新唯物论(唯物辩证法在内)内容作一般的及分点的批评,最后估定新唯物论在哲学史上的地位。批评底结论是:(一)感觉非唯一的认识机关,(二)脑子产生不了意识,(三)实体不能独立存在于意识之外,(四)物质跳不出观念底范围,(五)实验证明真理只是"一造的官司",(六)新唯物论说不出物质到底是什么,(七)辩证法不能绝对地真,(八)矛盾律与辩证唯物论本身不相容,(九)数量转变性质没有理由,(十)否定之否定没有实义。吴先生底文章比较偏于叙述,批评不多。它先叙马克司反对唯心辩证法的理论,次叙马克司反对旧唯物论的理论,然后正面地叙述辩证唯物论及唯物辩证法底要义。从前两段的叙述,我们可以明了唯心辩证法与唯物辩证法、旧唯物论与新唯物论底关系如何,不同如何。它还有一段,说明马克司底哲学不是传统的形上学系统内的思想,这是很有见地的一个区划。至关于这派赤色哲学底地位,傅、吴两先生都认为只是历史哲学、社会哲学,在哲学史上没有什么位置。这也是公平的估定。

关于辩证法,最重要的一篇是张东荪先生底《唯物辩证法之总检讨》(书中第四篇)。这不止是对唯物辩证法的检讨,实是对辩证法本身的一个总批评,很深刻而周密。它先说明辩证法意义演变底历史;次检讨黑格尔底系统,指出有些范畴不合于正反合。再次,说明马克司如何袭取并改变了黑格尔底辩证法,指出两点不同:(一)黑格尔底辩证法是形而上学的,马克司底辩证法是非形而上学的;(二)黑格尔底辩证法是没有时间的,马克司底辩证法是展开在时间上的(因而困难也更甚),以后便都是对辩证法本身的批评。所提出的困难有几点:(一)关于否定与相反,要义是说,事实界无所谓否定,亦无所谓相反,而斗争也说不上相反;(二)关于法则与方法,要义是说,辩证法若说是方法,则当是假设的,与经验的具体世界无涉;若说是法则,则当是归纳底结果,对于将来者不能保证其必然;(三)关于方法与思想律,要义是说,辩证法说是方法学,则空泛无用;说是思想律,则动的思想律绝对不能用来说话。这些是张先生分析批判辩证法最主要的几点。还有一段讲决定底关系,主要是对唯物史观而发的,从纯学理上指出经济因素决定人类思想说底几点不通的地方。此外纯论辩证法的还有三篇：一是牟宗三先生底《辩证唯物论的制限》（书中第三篇），二是孙道昇先生底《辩证法本身是辩证的么》（书中第七篇），三是李长之先生底《八股式的辩证法》（书中第九篇）。牟先生这篇文章分析辩证法底性质，认为只是一套元学理论；又检讨唯物辩证法底内容，认为只取了黑格尔辩证底形式而骨子里完全不是辩证的意义。孙先生底文章对辩证法完全是"以子之矛攻子之盾"。它说，假定辩证法本身亦是辩证的，则一反将不免产出非辩证法，再一合又不免产出混辩证法；假定辩证法本身不是辩证的，则是辩证法之下至少有一个例外，而这一个例外就能将辩证法整个推翻。这点意思可算是一针见血。李先生底文章，除对唯物辩证法论者底态度方法表示深恶痛绝外，指出唯物辩证法六点根本的错误：一、否认了道德上的绝对的评价；二、所谓矛盾底统一不是同一属性中的矛盾底统一；三、所举例证只是牵强的比附；四、先立论后填证不合于科学的态度；五、未分清质量底意义；六、把人类底问题看得太简单。这篇文章不能说没有力量，只惜意气过盛，理论太少。

关于唯物史观的文章，这书中有三篇：一是牟宗三先生底《唯物史观与经济结构》（书中第十三篇），二是施友忠先生底《唯物史观分析及批评》（书中第十篇），三是魏嗣銮先生底《辩证法与唯物史观》（书中第八篇）。牟先生底这篇文章对唯物史观叙述的批评堪称详尽深刻。它首述唯物史观底公式，次论唯物史观与唯物论，认为二者是不相通的，因为此所谓"物"与彼所谓"物"不是一个东西，用唯物论来构成唯物史观便是误用了唯物论；再次论所谓经济结构，说明在经济结构中已有脑筋底运用，已不能缺少法律、政治等制度；再次论经济结构与矛盾，认为辩证法在唯物史观上是不可能的，因为事实果中根本无矛盾，用辩证法来构成唯物史观便是误解了辩证法；最后分析经济结构底发展过程，认为经济自身不会起矛盾。施先生底文章比较简短，对物质决定意志、意识之说，一认为无根据，因历史上、社会上的因果关系不能尽数分析而得；二认为不能自圆其说，因辩证法、唯物史观等学说自身即非物质环境底映射；三认为与事实多有不合，因历史上、社会上确有不少意志改变环境底例证。魏先生底这篇是问答体，很为有趣。他找出了唯物史观本身与辩证法本身之间的矛盾,即以二者互攻,判定二者如有一个对的必有一个错的。

关于黑格尔底辩证法,全书中没有一篇有系统的叙述。就这本书说,这是一个很大的缺憾。关于黑格尔辩证法与马克司辩证法底异同,除吴恩裕先生底一篇中说得较多外,成为专篇的要算是张抱横先生底《黑格尔与马克思之辩证法》(书中第十一篇)一篇了。在这篇文章中,张先生于叙述二人思想出发点底不同外,主要的意思是说明:实在与思想应常划开:"正反"之说在事实界根本没有;黑格尔在"思有同一"说之下还可以讲他底辩证法,马克司则简直不能成说。

关于形式逻辑与辩证逻辑的这里有两篇:一是牟宗三先生底《逻辑与辩证逻辑》(书中第二篇),二是吴惠人先生底《形式逻辑与马克思方法论》(书中第十二篇)。牟先生这编文章分为四段:一、逻辑之定义,二、辩证逻辑之历史的叙述,三、辩证逻辑与逻辑底根本原则,四、方法论。结论是:辩证法(一)不能成为一个逻辑与形式论理相对抗,(二)亦不能成为一个特殊方法与科学方法相对抗,(三)乃不过是一套玄学的理论。吴先生底这篇文章分为上下两篇。上篇系批评马克司派对于形式逻辑的攻击,要义是说:形式逻辑纯粹是思想律,而思想律与事实根本是两回事;马克司派欲硬使思想律满足事实律底条件便是不懂形式逻辑。下篇叙述并批评马克司反对形而上学思维方法的理论,同时并检讨马克司底方法论。这是很忠实的叙述。结论认为马克司底方法论大体正确,然而并不深刻:这也是公平话。

与赤色哲学直接有关的各篇已经略略叙完了。此外还有两篇,是南庶熙先生底《〈张东荪哲学批判〉之批判》(书中第十四篇)及《答〈二十世纪〉记者叶青》(书中第七篇),我以为应归在附录之中。《张东荪哲学批判之批判》是批判叶青先生所著《张东荪哲学批判》的一篇文章,《答〈二十世纪〉记者叶青》是答复叶青先生所著《新哲学的讨论》(是答复《〈张东荪哲学批判〉之批判》)的一篇文章;其实都是借张东荪先生作引子来反复讨论一般哲学问题的。所讨论的问题为哲学底意义、认识论、本体论、宇宙论、人生论,与赤色哲学并无直接的关系。附录四篇中有三篇是译罗素、杜威、柯亨三人所述他们各人所以不做共产主义者底理由。罗素、杜威各举出理由数点,柯亨则专从历史底实例立论。从这里我们很可看出欧美思想权威对共产主义的意见。第四篇是张东荪先生致《张东荪哲学批评》著者一封公开的信,没有什么理论。

这就是《唯物辩证法论战》大概的内容。在说完之后,我深深觉得这是中国思想界人人所应当看的一本书。

(《复兴月刊》1935年第3卷第10期)

腐败哲学的没落

——为批判张东荪编的《唯物辩证法论战》而作

陈伯达

（上）

腐败的哲学家已索性地否认了哲学上本体论的存在,却假称哲学上只剩下了认识论了。可是这也正是腐败哲学家的自白,因为腐败的哲学本来就只是像失掉了血和肉的幽灵;因为腐败哲学所凭依的历史,在现阶段上,正在大踏步地丧失着自己历史的生命。把哲学上最基本的问题,本体论的问题——也即是思维与存在之关系的问题,根本地取消了,这哲学还成为什么哲学？ 哲学上的本体论与认识论,好比一刀的两面,彼此构成了不可分开的关联。事情决不是如傅统先所说的"本体论是根据于认识论的讨论"(张东荪编的《唯物辩证法论战》六一页),也决不是如牟宗三所说的"离认识而独立的本体是乌有的"(同书二八九页);却是相反：离本体而独立的认识是乌有的;认识论是依据于本体论的基础,离本体论而独立的认识论也是乌有的。腐败哲学家自称自己的哲学,只是没有本体论的认识论,在一方面,这是显出了腐败哲学自觉的没落,在另一方面,他们却正不可免地要在这里来直接地或曲折地暴露自己关于本体论的见地,暴露自己对于思维与存在关系之极端的颠倒;因为哲学决不能容忍你掩盖你自己的本体论,只要是你想挨到哲学。你固然想"根本不问本体"(牟宗三语),然而本体却会问你,却会向你提出问题,而你却又会不自觉地给了本体以答复。

张东荪编辑的《唯物辩证法论战》,在本质上,基本的内容就是关于本体论论战的内容。他们对于本体论的问题——对于思维与存在之关系的问题,做了如何的解答呢？我这里举出他们一个代表者。为要反对"意识是人的头脑之产物,而人自己则是自然的产物"这个唯物论的观点,傅统先瞻望着西方一切腐败哲学家的后尘,否认了意识和人类头脑的结合,否认了人类头脑是意识的机关；他说："脑经是占有空间的,而意识是在任何地方都找不着的,也许意识存在空间的什么地方,但决不在空间之内……"(《论战》五四页)傅统先这里确是从一切腐败哲学家那里学得反对唯物论的一个关键,因为如果意识果真是不与人类头脑相结合,那末,唯物论便要流露了自己一个大的破绽。费尔巴黑说过,唯物论与精神论之间争论,是关于人类头脑的争论。虽则费氏对于人类头脑的了解,是缺乏了历史的观点,可是这里是道破了唯物论与唯心论之间争论的初步轮廓。一般唯心论者否认了思维(意识)与人类头脑的结合,然而从来没有一个人告诉过我们：意识是存在什么地方？是从那里来的？要向那里去？为什么傅统先的祖先死过了就再不会流露出什么意识？为什么傅统先活着就会写反对新唯物的文章？不答复这些最简单的问题,那末,否认人类头脑是思维的机关,就等于什么都不否认。

我们并不满意费尔巴黑关于人类头脑那种"直观"的看法。费氏并没有了解："为什么人类头脑会变成了思维的机关？"缺乏历史的观点,就不能根本捣碎一切唯心论者所谓"人为万物之灵"的宫殿。解答了上述的问题,那就应该归功于近代唯物论者。近代唯物论者不仅认为"人类应该从实践中证明其思想的真实性",而且认为人类的社会实践是人类思维的根基,而且认为那成为人类思维机关的头脑,也是人类社会实践的产物、历史的产物。所以,这里,不仅如费尔巴黑以至于蒲列哈诺夫所指过的：头脑要与人类相结合才成为思维的机关；而且我们还要进一步地指出：人类社会历史的实践才发展了思维和人类头脑的结合。从人类历史的实践,来说明人类头脑发展的过程,来说明从猿的脑怎样变成人类的脑,来说明思维和人类头脑的结合,这在一个伟大哲人的《从猿到人》文章中,曾给我们以光明的典型论据。腐败的哲学家是不敢正视这真理的,可是这真理却要正视着腐败的哲学。腐败的哲学家对于所谓"为什么人会思维而动物不会思维"的问题,企图作最后的诡辩,正被这真理根本地戳穿了。

　　承认了"意识是人的头脑之产物,而人自己则是自然的产物",这就是等于承认了存在先于意识,物质先于精神;等于承认了物质乃是精神的基础,精神只是物质的一部分(物质发展的一部分)。否认了"意识是人的头脑之产物",那就必然地要把存在和意识的关系来颠倒,要把物质和精神的关系来颠倒。腐败的哲学家怎样地来把这个关系颠倒呢?傅统先自己提出了底下的问题:"在一个绝对没有知识的境界,唯物论先生们尚知有存在吗?"(《论战》五六页)傅君往下写道:"唯物论先生们居然肯定了在绝对无知识的境界,而有事物存在的知识……他们这样证明:在没有人类、没有意识之前,早有山川、走兽的存在。但是到现在,假使还没有山川、走兽等概念,你们能认识其存在吗?"(同上页)根据腐败哲学家的意见,就是:存在的存在,是由于知识的存在;我们之所以认识有山川、走兽的存在,是由于山川、走兽等概念的存在。傅君在这里往下写着自己的结论:"知识之外绝对无知识;绝对无知识则绝对不知有存在。"(五七页)当然这种意见,并不是我们腐败哲学家的新发明,而是自伯克莱、休谟、康德、马、黑以来无数次重复着的陈调。然而,腐败哲学的先生们,你们也正不妨问一问自己:如果没有腐败哲学的先生们先存在,是否还会有腐败哲学的存在? 如果没有新康德主义者先存在,是否还会有新康德主义的存在? 如果没有儒者先存在,是否还会有儒学的存在? 当新大陆还没有被旧大陆的人所发现的时候,旧大陆的人不知道新大陆的存在,然而新大陆的人却早已知道了新大陆的存在,因为新大陆的人,在新大陆被旧大陆的人所发现以前,早已生于新大陆,居于新大陆,食于新大陆。当新大陆还没有被旧大陆的人所发现的时候,新大陆的人,同样地是不知道旧大陆的存在,然而旧大陆的人却早已知道了旧大陆的存在,因为旧大陆的人,在旧大陆被新大陆的人所知道以前,早已生于旧大陆,居于旧大陆,食于旧大陆。旧大陆的人不能因为自己不知道,而取消新大陆的存在,正如新大陆的人不能因为自己不知道,而取消旧大陆的存在。反之,新、旧大陆的存在,乃是存在在被新旧大陆的人所互相知道以前,而新、旧大陆的人这种互相知道,乃是新、旧大陆互相存在而且是存在在互相知道之前的反映。再来一个比喻罢:比方我在没有读到傅统先的文章之前,我并不知道傅统先及其文章的存在,请问傅君,这时候傅君及其文章是存在呢?还是不存在?如果是存在的话,那末,傅君及其文章的存在,便先存在于我的知道之前;如果是不存在的话,我又何从而读到傅统先的文章,并因此而知道傅统先的存在?这里是傅统先所被挤到的牛角尖,也是一切腐败哲学家所被挤到的牛角尖。而唯物论在这里,却开拓了海阔天空的视野了。

唯物论关于哲学上的物质概念持如下的见解:"物质是表示在感觉上被给与于人类的,离我们感觉而独立存在,而又为我们感觉所复写、所摄影、所映像的那个客观的实在——之哲学的范畴。"腐败哲学家故意把这个唯物论的物质范畴和各种唯心论的绝对观念混淆起来。傅统先说:"……实在论也是这样主张,只是不承认外界即所谓物质。"(三三页)在另一地方又写道:"而且绝对观念论的'绝对'也可以解释为独立存在于意识(作个人意识,并且凡唯物论都只认意识是个人的)之外,而刺激我们之感觉的。"(六二页)事情是很明白的:唯物论的物质范畴,是指那离我们感觉和意识而独立,而作用于我们感官,为我们感觉源泉的客观实在;而各色绝对唯心论的"绝对观念"(或如新实在论的所谓"逻辑的结构"),以至于宗教的上帝,则首先就只是一种意识,从来不曾离开我们意识而独立存在;这些观念,正如从我们一切经验的指示所理解到的,那只是某种现实社会关系虚幻的映像,为创造这些观念者自己神秘的化身;这些观念,从来不能刺激我们的感官,不能被我们所感觉,不能再被过渡到感性具体的认识;除了从真实的社会关系中,我们无从求得这些观念所隐藏的具体形态。把这种社会关系之虚幻映像,倒置起来,转来作为支配社会关系及一切存在(物质)的主宰,这正是反映出社会关系的倒置。所以,上帝呀,各色唯心论的绝对观念呀,和唯物论的所谓物质,绝无丝毫相似,而且,完全相反;所以我们这里可以了解:为什么唯物论者偏要承认这个物质,而各色唯心论者却偏偏要否认这个物质;而且,可以证明:腐败哲学家的企图混淆唯物论,只是一种徒劳而无功的浪费。客观唯心论和主观唯心论,彼此之间,只是一种本质的两种表现；客观唯心论结果必然演进到主观唯心论。而且，客观唯心论和主观唯心论，都必然殊途而同归，演进到僧侣主义，演进到宗教。唯心论本来是启源自万有精灵论，启源自神的信念，而结果还是没有例外的，回归到神的怀抱里去了。

"没有抽象的真理，凡真理都是具体的"。近代唯物论之所以是真理的，正因为它是具体的。怎样知道真理是具体的呢？具体的真理怎样会被我们所知道呢？人们经过自己的实践去接近事物，而事物也经过人们的实践而接近于人们，人们从这里把握了具体的真理，而真理也正从这里表现了自己的具体性。人们的认识发展随着人们的实践发展，随着人类自己历史的本质发展，同时又是随着世界一切客观事物的发展。认识以实践为基础，而认识对于实践又转成一种能动的作用。人们从自己的实践过程中，改变了自然，而又改变了自己，同时并改变了自己的知识。例如：人们经过自己的实践，发现了水力可以变成发电的动力，因而在某个有水力的地带，设置水电站，或者在某地带根据可能的条件以人工造成水力，设置水电站，这样子，便在那里完全改变了自然的旧观，同时随着劳动条件的改变、生产的发展，也改变了人们自己劳动的性质和一般生活的习惯，改变了自己对于自然的了解。所以，人们从自己的实践过程中，把握了真理，运用了真理，再现了真理，而证实了真理，同时也发展了真理，改变了真理。所以，"关于与实践分离了的思维之现实性或非现实性的论争，纯然是一个烦琐学派的问题。""实践乃是真理的标准。"无数的实践，证明存在（物质）在我们感觉和思维之外，而抽象的思维，同样地是一切可感觉的个别具体物之一般属性，经过感觉转化的反映。"……一切认识却都感觉量 Sinliches Messen"（杜译《自然辩证法》）。无数的实践，同样地证明：各种唯心论的"绝对观念"和宗教上的上帝，只是某种人们写照自己的头脑产物，而不能转化为人们感觉的源泉；它自己首先就要依赖存在而存在，而不能是存在转依赖它而存在；当它所依赖的其种存在（某种社会关系）消失了的时候，它自己也就会从人们的头脑中消失了去。

腐败的哲学家如何地来了解近代唯物论所提出的"实践"这个东西呢？傅统先答道："所谓实践……就是说外界的可感觉性或影响，也就是说我们能感觉它,或由感觉去推动它,也就是叶青所谓反应。……何由而有实践,乃因耳闻目睹及由耳闻目睹之推论。"(《论战》六○、六一页)阿弥陀佛! 所谓"实践",据腐败哲学家看来,就是"推论","可感觉性","由感觉去推动","反应"! 当然的,腐败的哲学家,正如其所代表的寄生根基,肩不能挑,手不能持,除了躺在安乐椅上,"推论着","感觉着","由感觉去推动着",这已是惟一难能的"实践";对于他们还能有什么"实践"? 还能想得到还有什么其他的"实践"? 我们之所谓实践又是什么东西呢? 我们之所谓实践,是社会生产的实践,是社会历史的实践,是和自然界的奴役奋斗的实践,是和社会界的奴役奋斗的实践。作为腐败哲学的支持者的社会寄生者,却正是游离了、躲开了、恐畏了、抑压了这实践。他们装了一副麻木的脑袋,对于世界真实的东西,他们实在并没有"感觉着","推论着";最多,他们也只"感觉着""推论着"那一些无从捉摸的幻影。社会生产的实践和社会历史的实践相一致,反之,社会生产的实践之隔绝,也正和社会历史的实践之隔绝相一致,而这种隔绝,也必然地要隔绝了真理的认识。腐败的哲学家,随着客观历史的发展,随着自己社会真实根基的没落,已由客观地隔绝真理的认识的过程,进到于主观地否认任何认识之可能与存在。二百年前英国的主教伯克莱以为物就是感觉,"存在就是被知觉"。现代的腐败哲学家随着对于本体的否认,并且也在索性地否认着知觉,而我们中国的腐败哲学家,中国的新康德主义者,就最露骨地来做这样的否认了。牟宗三在剖取外国腐败哲学家的"理论",写着所谓"物质自身是乌有的。物质是被人认识的物质"之后,急忙地附注道:"这当然不是说真的有什么物质被人认识了。"(《论战》二八四页)这里的意思以为:即使那"物质是被人认识的物质",也是没有被认识。这样子,腐败哲学不但取消了物质的存在,而且又取消了认识的存在。本来根据腐败的哲学看来,认识即物质,物质即认识,换句话说,只有认识,没有物质;再换句话说,认识就是认识,可是事实上,没有任何认识不是物质的反映,不是客观实在的反映;认识不能就是认识,而且认识亦不能就是认识的反映;所以,否认认识是物质的反映,否认认识是客观实在的反映,结果就必然地进到否认认识的可能和存在,因为根本地没有那种不是客观实在反映的认识。

腐败哲学在现阶段正是进到了这个地步，公开地否认了本体论，进至否认认识论，这二者的行动是必然要互相追随的，而从哲学上取去了本体论和认识论，这就是整个地、丝毫不留存地，取消了哲学。腐败哲学家从这里自己宣告了自己哲学的完全破产和没落，历史迫得他们自己也掩盖不了自己了。历史对于腐败哲学破毁得不留余地，正如对于它所依据的社会真实根基破毁得不留余地一样。

腐败哲学家的否认本体论，并进而取消认识论，在一方面，是因为腐败哲学家所依赖的社会真实根基之一般地颓废，无望，畏惧，厌倦，纯粹寄生的养活，不顾问任何真实的东西；另一方面，依此所反映的，则也正是哲学历史本身发展的结果，因为近代唯物论的作战，终于击碎了腐败哲学任何企图颠倒真实的诡辩，摧毁了腐败哲学一切最后的避难所。一个世界正崩解着，其他世界如日方升，腐败的哲学家就这样地宣告了什么都没有了，除了神秘的虚无，虚无的神秘。如果我们说，为历史所逼迫得无路可走的现代世界寄生者代表的唯心哲学之特征，是由理性主义转变到非理性主义，那末，在我们中国，腐败哲学这种非理性主义，比起那里都要走得远些。如张东荪的阐发什么"冥索的哲学"，主张什么"向心探求"，认为要"明宇宙的真际"和"事物的真相"，只有"向内探求自心的构造"，这正是在发展这种神秘的非理性主义，把宇宙的真相，都归结于任意的，神秘的"内心"。

不错，张东荪曾经企图过调和理智和直觉，他说："我们只有直觉与理智这两条路，一个是从外面，一个是从内面。"（《论战》一九三页）即是说，理智是从外，直觉是从内。然而他并不终止于调和，而只是急转直下地走直觉的道路。他关于柏格森（直觉主义者）这样写道："……法国的柏格森以为理智不能对付动，而主张用'直觉'，他的话亦不错……"接着他说他赞同罗素关于"理智成功"的见解之后，他继续写道："虽则理智所窥见的动是动之'再造'（Reconstruction），但我们所要知道的，只是科学对象的'事实'，而不是形而上学的'本体'。则我们除非走直觉的路，从内部去体会动，把自身与动合而为一以外，实在没有另走一条路的必要。"（一九二——一九三页）这些话告诉了我们什么呢？这就是说：要体会科学对象的"事实"，只有向内部，从直觉去探求，除此而外，没有其他的道路。这样子,"理智"在张东荪的脑袋中,是完全没有了。剩下的还只是迷茫的、神秘的直觉。

腐败哲学家的阐扬神秘主义、非理性主义,实是腐败哲学没落的一种表演,这种表演,和他们的否认本体论,以至于否认认识论,构成了不可分开的过程。

这里应该提出上面的分析所遗留下来的一个问题:为什么腐败哲学自觉地宣告了本体论的废弃,自觉地否认了任何认识的可能与存在,而却又不可免地来暴露自己关于本体论的见地,来暴露自己关于认识论的见地?为什么他们想"根本不问本体",而却正如上面所说的,本体总要来追问他们,本体总要来宣布他们关于本体的见地?这里是一个矛盾,然而并不是不可了解的矛盾;这里正像矛盾哲学家的社会真实根基一样:他们本想躲开历史,而又为历史所逼迫;想脱离现实,而又为现实所紧缚。你看,你想,谁曾躲开过历史的"如来掌心"?谁也能躲得开历史的"如来掌心"?就另一方面来说:现在他们的所谓"本体",也就是非本体;他们的所谓"认识",也就是不认识;再倒转地来说,根据他们学说的推演,非本体也就是"本体",不认识也就是"认识"。所以,在腐败哲学那里,本质上本体终于是乌有的,认识也终于是乌有的;这里真正的历史意义是在证明自己社会历史基础的已不再存在,是在证明自己已屏绝在真正的认识界之外。腐败的哲学真正无情地没落了。假使有奇异的人工造作,然而木乃伊却不曾再活动地翻过身来。

(中)

正如对于本体论的颠倒一样,腐败的哲学家把逻辑(即所谓"名学"也即是认识论)看成为"与经验的具体世界无涉"。张东荪关于这点有无数重复的论调,例如,他说:"矛盾与负面是名学上的,而不是事实上的或经验上的。"(《论战》一七一页)"矛盾是在名学上的,而对待则在经验上……"(一七二页)"矛盾只在于名学上,乃是关于说话的,本与实际无干……"(一七三页)像这类的话,就在他那篇《唯物辩证法之总检讨》的文章上,也够你抄得忙不过来。在这里,为便利说明问题起见,暂且把他所提出关于"矛盾"是否只在"名学"上的问题拨开,我这里只指出:张东荪这里告诉我们:"名学"是和事实,和实际,和经验完全无干,而只是"关于说话",或者更恰当于张东荪的意思来说:名学就是修辞学;如果更率直地来说:那末,名学就是名学。腐败哲学家这里说明了什么呢?这就是说,什么都不说明,而且也没有什么可说明。这里事实的发展,恰好就是在证明我们上章的指示:腐败哲学对于逻辑的取消,对于认识论的取消。[在近代唯物者看来,逻辑(伦理学、"名学")辩证法,和认识论的相互关系,正如一个伟大哲人所写着:"三个名词是不必要的,它们同是一个东西。"]

关于上述这点,我们还有很好的注证。张东荪写道:"须知寻常逻辑是'理智'的作用,并是其唯一的作用。"(一九二页)在这话之后,张东荪便接着谈论关于"理智"和"直觉"的问题,结果张东荪是只要走"直觉"的路(见上章我们的引述)。虽然张东荪只要走"直觉"的路,而不走"理智"的路;虽然张东荪把逻辑只看成是"理智"的作用;那末,张东荪的否认"理智",恰不就是在否认"逻辑"吗?

腐败哲学的非理性主义,神秘的直觉主义,实在自己对于旧式逻辑("旧式名学")也是采取不能容忍的态度。张东荪写道:"……概念的范围大小,本可随人意而定。……旧式名学家主张内包愈大,则外延愈小;内包愈小,则外延愈大,在今天看来,这个反比例并不正确……老实说,一个大概念包含有小概念,是由于这个大概念的范围是我们随意决定的。我们爱使他包括几个小概念,就可以包含几个小概念,这其间并没有什么理性进展上的推移。这只是在命名上有些关系,在分类上有些关系。但分类与命名,都是可以由我们随意规定的。"(一四六页)张东荪在这里主要的意义,就是以"随意规定"来代替旧式逻辑的法则;旧式逻辑(即形式逻辑,或所谓"静的逻辑")与理性主义曾有历史的关联。腐败哲学在现代历史阶级上虽然离开了理性主义,当然也不能与旧式逻辑相结合。腐败哲学实在不仅否认了客观法则的存在,而且也否认任何主观法则的存在。在腐败人的眼光,世界根本就没什么法则,而只是万花撩乱的动乱,一切都只得凭任自己的意志,一切都只得凭任自己的冲动,一切都只得随便横冲直撞;因为腐败人对于历史的绝望和眩晕,除了盲目地横冲直撞之外,就找不到还有其他的远景。形式逻辑,这曾经是现在腐败人的先辈,对于世界所描摹的某一部分的法则,曾经是世界某种有限部分的法则的反映,当然也就要被那唾弃任何法则的现在腐败人所取消。这样,形式逻辑,就好像其所依据的历史根基一样,走到了完全无望的穷途;而且这也好像其依据的历史根基一样,这是自己内部的矛盾发展所必至。人类历史新生活的开拓,无数自然科学的新发现,完全形式逻辑所不能解答,而且与形式逻辑不并存,使形式逻辑的拥护者也被迫得在辩证逻辑的面前,宣告自己的无用了。然而这并不简单地宣告无用,为着应付辩证逻辑,必然要同时宣告任何逻辑的不存在。可是,逻辑的不曾消灭,也正如世界客观法则的不曾消灭,也正如人类认识的不曾消灭一样。逻辑随着客观法则的发展,随着人类认识的发展,早由一种逻辑形态转变为另一种的逻辑形态了。

逻辑的认识与感性的认识相结合;而且逻辑的认识是出发自感性的认识。二者都是根基于实践,而又归结于实践。"从生动的直观到抽象的思维,从抽象的思维到实践,这是认识真理的辩证法的路程,是到达于客观的实在之认识的路程",一个伟大的哲人这样说。感性的认识与逻辑的认识,代表认识发展的不同阶段,也即是反映实践发展的不同阶段,而且也即是反映客观实在发展的不同阶段。而逻辑的认识比起感性的认知,则更为"比较深刻、比较正确、比较完全的反映自然"。逻辑的认识出发自感性的认识,而逻辑的认识又反转而使感性的认识更扩大了领域。中国人民对于世界先进的资本主义者所加的民族压迫,在第一时期,只感觉到一些个别具体的事实,表现一些散漫的、个别的、原始的、混乱的反抗。到了世界资本主义发展到帝国主义的阶段,对于殖民地半殖民地的压迫和掠夺,采取了更进一步的积极形式,一直演到重新瓜分世界的大战;他们在中国,直接自己进兵和造成中国循环的内战,不断地交叉扩大表演,而从政治上、军事上、经济上、文化上,加深了中国的殖民地化和奴役;这里,中国人民从自己的民族不断争斗中,综合一切具体个别的教训,理解了帝国主义掠夺殖民地的资本主义历史法则,理解了各个帝国主义对于殖民地化中国所采取的具体策略及其相互关系,于是自己明确分清了世界的和自国内的友人和敌人,决定了、进行了明确的政纲和行动。这时，中国人民的反对帝国主义，随着自己力量的发展，和帝国主义自身的矛盾发展相对照，和中国社会内部生产力与生产关系的矛盾发展相对照，是由自发的、散漫的反抗之阶段，进到了自觉的、有组织的反抗之阶段；同时，中国人民底对于帝国主义的认识，亦正是由感性的认识阶段，进到了逻辑的认识阶段。而这种逻辑的认识，使中国人民能更正确地、更锐利地，感觉到帝国主义任何个别的、巧妙的，以至于细小的行动；这种更正确的、更锐利的感性的认识，又转而加深了中国人民对于帝国主义逻辑的认识。

腐败的哲学把逻辑的认识从感性的认识分离出来，从实践分离出来，把逻辑的认识建筑于空中的楼阁，结果必然要走进否认逻辑的认识。腐败哲学家这种离开自感性之外的逻辑学的发展，与其社会真实根基从历史舞台消失自己生命的发展，适相陪衬，而且正是因为其社会根基的消失，消失了自己的生命。

在另一方面，另一种逻辑新形态的出现，也正是伴随着新历史根基而出现，而且是根基于新历史根基而出现。形式逻辑与辩证逻辑之在中国前后出现，正是描写着中国觉醒之在"五四"发后不同的阶段。逻辑的东西与历史的东西相一致，全部逻辑学史，不仅是全部人类认识学史，而且是全部人类社会历史所反映的一种形态。所以反对历史发展的，也必然反对哲学史的发展。腐败哲学家的所以死敌新逻辑，正是一种历史的命运。

东方的腐败哲学家所以反对新逻辑的设辞，当然也是脱不了抄袭西方的腐败哲学家的陈调。但是这种抄袭，却有时故意装着"自己发明"的姿态。我们知道，从唯物辩证法的创始者那个时候起，许多法利赛人即借口黑格尔的"三段法"来反对唯物辩证法，"以为"新唯物者乃是按照黑格尔的"三段法"来排列任何事实。这些陈调，早为近代唯物的创始及其后继者反击。可是我们当前的法利赛人却还在借此嚣闹，企图愚弄人民的智慧。在张东荪所编辑的《唯物辩证法论战》，反来复去，对于唯物辩证法，只是在说新唯物论者如何如何"预立一个万古不变的正反合程式"，唯物辩证法如何如何除了"三位一组"无他物。这完全是故意曲解真理的无聊之诬赖，因为他们不顾唯物辩证论者多少次数的表明，不顾唯物辩证论者对于社会、思想、自然那无数具体的、活生生的分析。近代唯物论者从来没有主张过预立什么万古不变的公式来把一切事物排列于这样的公式之中，而且从来没有过根据任何万古不变的公式来排列事实。真正的新唯物论者，真正的唯物辩证家，只是在活生生地，经过自己的实践，去接近客观的事物，握住事物，从事物的具体性和全面性去解剖事物发展之内的联结以及外的联结，去解剖事物内部具体矛盾的各方面，指出这些矛盾怎样地从旧的事物转化而来，怎样地经过具体的争斗形态，这事物又将转化为其他新的事物；而这其他新的事物又是怎样把先前发展的两阶段奥伏赫变于自己之中。唯物辩证法的先哲，从对于事物这样的分析中，大概地指出了事物发展的三个根本法则：由质转变为量，由量转变为质；对立的统一；否定的否定。这三个根本法则，就是从来我们从一切事物中所发现过的每个事物发展的三个根本形态，不可分开的、互相关联的三个根本形态。这三个辩证法的根本法则乃是从自然史与社会史之中抽引出来，为自然史与社会史的反映；而不是唯物辩证家设计了这三个根本法则，强加于自然史和社会史上，强令自然史和社会会史来依赖于辩证家的设计。"三段法"在这里只是构成辩证法的过程之"外部的、表面的一方面"；拨开了事物发展具体的联结，拨开事物内部本质各方面、各阶段之矛盾发展和具体转化的历程，而只从事于"三段法"的排列，这不是辩证法，而只是企图以僵死的公式来代替活生生的内容之辩证法，企图以表面的片面，来代替那无限复杂、无限丰富之本质的全面。唯物辩证家从来也不会以为辩证法的法则，只限于上述的三个根本法则，不多亦不少。不，不。世界的事物无尽，而法则也无尽。上述的三个根本法则，只是给了我们以无尽法则的一个纲要。不从活生生的每个具体事物，去解剖、去握取每个事物发展法则的特性，而只把上述的三个根本法则，当作简单的图案，那也不是唯物辩证法。

辩证法就是寄托在活生生的事物上，是宇宙万千无尽的事物之灵魂。没有矛盾，没有辩证法，即没有宇宙，没有自然，没有社会，也没有思维。腐败哲学家所谓"矛盾"只是在"名学上的"，认为矛盾只在"说话"中存在，这里只有一点意义，就是在企图否认真实历史的发展，固定真实历史的秩序。然而历史的不被固定,犹如腐败哲学家的有生必有死。"辩证法本身是辩证的吗"? 我们的腐败哲学家认为这个问题的提出是"宣告了辩证法的死刑"(见《论战》三〇五页)。毫无例外的,毫无疑义的,辩证法本身就是辩证的,可是在这里被宣布死刑的,却不是辩证法,而倒是腐败的哲学。我们就世界辩证法发展的历史看来,这个历史同样地也是经过否定之否定的过程的。在古代,辩证法曾经是唯物论的,古代希腊哲人曾经发现过:"从最小的分子到最大的大块,小自一粒沙,大至太阳,自蚊虻至于人,总而言之,全部自然界都存身于永恒的生与灭,不断的川流,不停的运动及变化中。"(见杜译《自然辩证法》)这是原始的唯物辩证法。然而这原始的唯物辩证法为后来唯心辩证法所否定,为黑格尔的唯心辩证法所否定,而这个否定又为近代的唯物辩证法所否定(即否定的否定)。原始唯物辩证法,这正如一个天才哲人所指出的,"只是天才的臆测";而黑格尔的唯心辩证法,"会由自然科学与历史中,引出千百可惊的例证,以确定其辩证定律";这唯心辩证法,已不只是天才的臆测,而已是具有千百可惊的自然科学与历史例证之丰富的内容;然而这唯心辩证法是错误的,虽则他曾由自然科学与历史中引出千百可惊的例证,"他的错误在乎不从自然与历史中抽引出这些定律,而只把他们作为思想之定律。由此出来一个糊涂的,甚至可怕的结论:世界(不论他愿意不愿意)应与逻辑系统相符合,其实所谓逻辑系统,不过是人类思想发展某一阶段中的产物"(上面括弧内的,均引自《自然辩证法》)。于是,这唯心辩证法被近代的唯物辩证法所否定了。近代的唯物辩证法把那被黑格尔所"倒置"的辩证法"再倒转过来",从"那神秘的外壳之中,发现合理的核心",把"唯心哲学中那好像极端神秘的辩证定律,变为简单的明白的定律"。唯心辩证法的否定原始唯物辩证法不是单纯的、完全的否定或取消,而是表现辩证法这一步向上的发展;这发展,在一方面,"扬弃"了原始辩证法的唯物原素,在另一方面,却把原始辩证法简单的内容弄丰富了。近代的唯物辩证法的否定唯心辩证法,也不是单纯的、完全的否定或取消,而是表现辩证法更进一步向上的发展,这发展,在一方面,扬弃了唯心辩证法的唯心因素,在另一方面,又保存了唯心辩证法所发展之丰富的内容。这里,近代唯物辩证法对于原始唯物辩证法不是简单的"复归",对于唯心证辩法所保存的,也不是简单的保存。近代唯物辩证法克服了原始唯物辩证法和唯心辩证法的缺点和错误,而复将其所发展的最好成果,加以综合、扩大和改造;所以,近代唯物辩证法,不论在那方面,都不是陈旧的事物,而是辩证法自己内部辩证的发展,经过数量的变化进到质量的变化之崭新的事物。

此后辩证法是否还会发展呢?同样地,这是毫无疑义的问题;是否还是辩证地发展呢?同样地,这又是毫无疑义的问题;一切事物都是辩证地发展的,辩证法如不是辩证地发展,那也就没有辩证法了。但是一切事物发展,不会按步就班地依照过去发展的形态进行。人类自从以自己的劳动从一般动物脱离出来(对于动物之否定)之后,而复经过自己的劳动无数次改变了(否定之否定)自己的本质,然而这种人类本质的改变(否定之否定),并不是使人类向动物复归(虽则"人类胚胎时期的进化的历程,是重复了我们动物的祖先之生理进化的历程;同样的,孩童的精神演进史,亦是动物祖先之智育的演进史之重演"——见《自然辩证法》),而只是表现人类历史发展的新阶段。同样地,我们可以断言,在我们所预知的社会历史范围内,唯物辩证法必不会再为唯心辩证法所否定。事实上,我们知道:自唯物辩证法的创造者以后,唯物辩证法已表现了新阶段的发展,而且正在表现着新阶段的发展,这种发展乃是根基于历史的发展、人类实践的发展,也是辩证法自身所必至的发展。这种发展不只是单纯数量上的发展,而且也包含有质量上的发展。

辩证法自身的矛盾依存于一切事物的矛盾之中,依存于人类认识过程的绝对真理与相对真理的矛盾之中。事物矛盾的发展无尽,人类认识过程矛盾的发展无尽,辩证法矛盾的发展也无尽。只有对于历史发展积极的袒护者、创造者,才敢正视这辩证法的真理,而且发展这辩证法的真理。"辩证法本身亦是辩证的",这正是证明了辩证法充塞乎天地之间之不可抵抗的力量。辩证法本身之矛盾的发展,不是否定辩证法本身的存在,正如婴儿之产生,不是否定母亲本身的存在一样。但是,婴儿的产生(经过在母胎内数量上的发展而达到突变之质量上的发展),这是一种新生,是从母体分离出来,是一种对于母亲的否定。蒲列哈诺夫在《历史一元论》写道："花是植物的一机关。并且,当作这样东西看的花之不否定植物,恰如密海洛夫斯基的书之不否定密海洛夫斯基本人一样。但是,果实,正确地说,受胎了的卵,实际上当作新的生命的发展之出发点看,是一定的有机体之否定。恩格斯从那由受胎了的卵生出的植物之发展的开始,到植物把受胎了的卵再现为止,观察植物的生涯。"这个例子,同样地可以拿来说明辩证法本身。

傅统先写道："辩证法唯物论本身与内在的矛盾律是不相容,因为辩证法唯物论本身若含有矛盾,则该理论不能成立;若无有内在矛盾,则矛盾律之普遍性即被摧残。"(《论战》六五页)上面我们已辩解了不少关于"辩证法本身是辩证的吗"的问题,现在我们继续来检讨辩证法与唯物论之关系是否辩证的,是否与矛盾律相容的问题。唯物论本来的历史同样地也就是矛盾发展的历史,正如我们上面所牵涉的古代的原始唯物论是原始辩证法的唯物论,这原始辩证唯物论后来为机械的唯物论所否定。但这机械唯物论,却包含有新的历史和广大自然科学的基础;这机械唯物论,由于历史的发展,由于社会科学和自然科学的发展,又为近代的辩证法唯物论所否定(否定之否定);这种唯物论的否定之否定,正与辩证法的否定之否定相结合,一方面为辩证法唯物论,另一方面为唯物论辩证法,而唯物辩证法这方面正是依存于辩证唯物论方面。这两方面构成了辩证唯物论,一方面不存在,他方面也不存在。这两方面是矛盾的吗?是互相矛盾。然而这互相矛盾又被解决于辩证唯物论的自身中,在一方面,事物是在客观上存在,是在我们意识之外,在我们主观之外存在,经过无数实践的证明,这是终古不变的,这是不会倒置的;在另一方面,客观存在的事物,是不断在变化的,在流徙的,在否定的,而人类的认识(事物经过人类对于事物的实践所反映于人类头脑中的),也是不断在变化,在流徙,在否定。前一方面,是唯物论的基础;后一方面,则是辩证法的基础,这就是辩证唯物论内部不可分开的矛盾,撤去任何方面之一,就没有辩证唯物论。这两方面的矛盾,随着客观事物的发展,随着人类认识的发展,随着辩证唯物论本身的发展,在辩证唯物论中,自己争斗,自己解决,而又进至更高的阶段,而又自己争斗,自己解决。这样子,我们看到辩证法唯物论内部之充满了矛盾。然而,这种矛盾的发展,正如事实的辩明,正如我们上面对于唯物辩证法几个例子的引证,并不是否定辩证法唯物论本身的存在。而且我们可以断言:在我们所预知的社会历史范围内,辩证唯物论也必不会再为机械唯物论所否定,因为事物辩证法的发展,并不是简单地遵循旧路,在这里,只是把辩证法唯物论推进到更高的阶段。这样子,辩证法之成为不可抵抗的力量,不仅为自然和历史所证实,而且也为辩证唯物论自身所证实了。

张东荪领率下的马下将牟宗三自述其反对辩证法的理由,写道:"今之人不明白哲学史各家术语的定义,但是又离不了他们,所以只好望文生义……辩证论者所最起劲的,就是世界是变的、相关的。这个道理我敢说无人不承认虽愚夫愚妇亦尽知之,虽下愚不移,一经指点也可明白。没有一个人反对这个道理的;所反对的,就是专门术语之不可乱用……"(一二六——一二七页)又写道:"辩证论者所说的否定之否定,其所指完全是具体事实之发展过程……辩证论者名目上用否定之否定,而骨子里则实是在讲事物之发展的内部因果关系,这是万难掩饰得住的。"(一二九页)这两段话所证明的,就是一点:即使是如何顽固的辩证法反对者,在不可抵抗的辩证法力量之前,亦只得对辩证法屈服下来。不错,唯物辩证法最起劲的,是关于世界的变,一切事物的相关是在"骨子里实在是讲讲事物之发展的内部因果关系"(虽则这样简单看,还是不大恰切),这在辩证论者从来一点也不会掩饰过,而且是以全力来发挥。真实的辩证论者没有那末多的空间,和辩证哲学家,争执什么术语,而只问那术语是否反映具体事物的发展。腐败哲学家承认了辩证法的事实,承认对于辩证法,"虽下愚不移一经指点也可明白",而却只反对辩证论者应用辩证上的术语;因为根据他们看来,应用逻辑上的术语,就不应牵涉事实。这里正是反映着我们与腐败哲学家对于逻辑本质上不同的见意:腐败哲学家以为逻辑是独立于事实之外,与事实无干,而我们则以为逻辑只是事实的反映,逻辑的发展与事实的发展相一致,没有事实也就没有逻辑。

辩证法也讲反对辩证法者来证实辩证法了。你看!那里找得到比这个更伟大的力量?

（下）

　　哲学是一种科学。"哲学是关于自然、社会,和人类思维的一般法则的学问"。它是在人类实践的基础上,与一切自然科学及社会科学相伴随地、交叉地发展是一切自然科学和社会科学发展的一般成果,而又转成为继续发展自然科学和社会科学的武器。更进一步地说,更确切地说,转成为人类"改造世界"的一种武器。人类经过自己的实践,和世界奋斗,认识世界,说明世界而又经过自己的实践,改造世界。这里首先为近代唯物论所阐明,而又为近代唯物论以寄托的精神之所在。在哲学史上,近代唯物论者首先自觉地把哲学放在改造世界的基础上,这正是近代唯物论所凭借的历史展开自古未有的伟大历史实践之反映。

　　近代唯物论者同样地首先指出了哲学的党派根性。哲学的为历史所限制,正如某个人类集团的为历史所限制一样;而且在历史上,为历史所限制的哲学,正是为某个人类集团的历史根性所限制。"海阔从鱼跃,天空任鸟飞",这诚然是自由的了,然而鱼跃终不得越出海外,鸟飞终不得越出天空一定的界线。这个法则可以拿来说明历史上自由与必然的某种状态,也可以拿来说明哲学思想及其他一切思想上自由与必然的某种状态。许多中国腐败哲学家在哲学争论中,时常自许自己的思想为超历史的自由,可是归根到底没有一个能够越出了自己历史的界线。柏拉图不能不成为奴隶的袒护者,中世纪哲学必然成为神学的婢女,十八世纪的启蒙思想家只成为布尔乔亚世界的讴歌者,伯克莱、休谟及其一切后继者成为布尔乔亚向上帝忏悔的祷告者……这里正表现了没有一种哲学或那个哲学家能不受自己的历史所约束或不存在有自己的党派根性。自从这种根性为近代唯物论者所指出之后,一般腐败哲学家企图遮掩自己历史的私心,利己的贪婪,却以全力来诋毁这种根性的存在。近代唯物论者一方面或摘其他哲学这种根性,另一方面又公开自己哲学这种根性。以全人类利益为利益者,他们必不掩盖自己这种根性,而且必要越是尽力表扬自己这种根性,才越能发露其他哲学这种根性,才越能发露自己之历史的能动作用,"改造世界"之能动作用。

　　张东荪因为近代唯物论者指出了哲学的党派根性,反转而诬蔑了近代唯物论者"否认"哲学。是的,近代唯物论者否认腐败哲学,却从来没有否认自己的哲学。你说这是近代唯物论的偏袒吗?对的,是偏袒,是对于历史的偏袒。然而又不是偏袒,因为这偏袒是适合于客观真理的发展,适合于客观历史的发展,适合于全人类利益的发展。反转来说,只有腐败哲学家的偏袒,是一种利己贪婪的偏袒,是对于历史的戕贼的偏袒;这种偏袒,使人类永远不能忘记中世纪光明思想家所遭的惨痛及其后代这种惨痛扩大的重演。

　　腐败哲学家指斥近代唯物论者"破坏思想自由",把思想限于"八股式","不许作第二种答案",关于这些,李长之那篇《八股式的唯物辩证法》说得最为无聊和丑恶。然而,这里挨嘴巴的,却不是近代唯物论者,而是腐败哲学家自己。腐败哲学家一方面企图把人们束缚于空虚的幻梦中,一方面凭借火与剑以攻"异端",企图使人们永远俯伏为保守历史和自然的奴役。而近代唯物论者则正是在启发自己和人们要从空虚的幻梦和一切不合理的奴役中解放出来,启发人们的自觉,面着历史和自然,经过自己的实践,去接近并把握活生生的具体的事物和过程,因而发现活生生的具体的真理,并经过自己的实践去改造真理。这真理之"接近于客观的、绝对真理的界限。在历史上虽被附上条件,但这种真理之存在,却是无条件的,我们逐渐接近于具体的真理,也是无条件的"。惟其是这真理,从人类实践而获得,从人类实践而再现和证明,这真理在当时是独一无二的真理,而且这真理在当时只能有一种最确切的"答案";做这种"答案"的,对于这答案的承认和实现,自然会以全力去争取,在这里,拥护真理者的不容有谬说或真理的歪曲,亦正如谬说者的不容有真理。谁是思想自由的历史"破坏"者,谁是历史"八股式"者,腐败哲学家的丑恶却在这里把自己表露无遗了。

　　张君劢给《唯物辩证法论战》写序言,开头就这样写道:"异哉,近年吾国思想界也!以外人为网罟,自待若鱼虾,鱼虾入绳网之中,无异于自寻死路。以外人为围场中之猎者,自视若兔雉,兔雉在天罗地网之中,终于为人所擒。人之投网罗而不自知,未有如吾国今日者矣!"这一段八股文章表现了中国腐败哲学家内容之穷极无聊的悲鸣。然而这段话所形容的,同样地不是近代唯物论,而倒是中国腐败哲学的自供。不用说:在现代的中国,谁匍匐于"外人"宗主的足下在各方面来奴役自己人民,这是人所周知的事情。为这个根基的上层思想活动者,当然毫无例外地,投入于这"外人"宗主的绳网;这种投入,在他们是自觉(自知)的,而且也"乐于公然自居"(用牟宗三语,见二八一页),作外人的鱼饵,来企图钩尽整个的中国人民,供外人宗主的宰割。在张东荪编辑的《唯物辩证法论战》,差不多千遍一律地重演了"外人"一切反对近代唯物论的"武器"(姑名之曰"武器"),完全说不了什么"休谟""康德""柯亨""柏格森""罗素""杜威"……这些外国宗主的"天罗地网"。张东荪等流人对于这些"武器"的搬运,并没有发明什么,也没有增加什么,只是把这些"武器"弄得更丑恶化,万花缭乱而已。我们知道,那些精神武器全是近代外国宗主奴役自己之民和殖民地人民的鸦片剂。张东荪等流代表,这里除了效劳外国宗主来奴役自己民族外,别无其他意义存在。更无耻的,他们居然公开把日本帝国主义("日本主义")侵略中国的讴歌者纪平正美(如二八一页),也奉来作他们学说的祖宗。这里,张东荪等流人的"自由"又在那里?历史的必然,把张东荪等流人的思想完全束缚在自己社会根基的栏栅内。

"自由,是由于对必然的了解"。只有了解必然的人,才有真正的自由;了解了必然,才能操纵自如地来驾驭必然。操纵自如地驾驭必然,这并不是取消了必然,而是能更顺应地,更大踏步地,来推动必然的发展和前进。孙子说:"知己知彼,百战不殆……不知彼,不知己,每战必殆。"军队中的参谋本部对于那军队的作战,所以能有决定的作用,就是因为它是从事考察自己和敌人政治上、经济上、军事上的各种具体情形,根据这各种具体情形以制定作战计划。如果它所考察的是正确的,那末,由此所制定的作战计划也当会是正确的;在这个时候!它的指挥作战,进退就来得很有把握。在这个时候,参谋本部是自由的,因为它了解了必然。在这个时候,必然转成为自由,因为必然已被参谋本部所了解;而自由又转成为必然,因为参谋本部根据自己的了解,推动了作战的开展。

"……自由不外是根据于自然的必然性之理解的,对于我们自己与外部自然的支配。所以自由,必然是历史的发展之产物"。所以,自由具有自己的历史性,具有自己历史的范围。这里换句话说:历史上不是任何社会阶层都能了解必然;向历史倒退的社会阶层,同时是阻碍了自己对于必然及其发展的了解,而且,不管他自己以为自己是"自由",可是在事实上,依然是盲目地受必然的支配。工厂主或许以为自己有打算出产商品的完全自由,可是首先他自己就必要考虑利润的条件;而且,这种无政府状态的商品生产自由(资本主义生产的基本状态),由于生产与消费的矛盾,却以历史的必然(完全为资本家所不自觉的、所不能控制的、所莫名其妙的),造成资本主义经济周期扩大的危机,引导资本主义的灭亡。同样地,张东荪等流入历史的偏见,把他们从历史必然的了解隔绝起来,他们丝毫没有看见历史的远景,而只周转于丑恶的虚幻。如果这叫做"自由",那就是混乱的"自由",而不是科学的自由。他们企图以全力把这种混乱的"自由"来代替科学的自由,来摧毁科学的自由。这种混乱的"自由",只是盲目的别名,只是对于历史的必然,表示自己完全的盲目,完全没有办法的屈服,正像张东荪等流人的历史真实根基的终要在历史面前屈服一样。

近代唯物论者之所以是自由的,正因为近代唯物论者把握了、把握着历史发展的动向,把握了历史发展的法则。近代唯物论者之所以是自由的,正因为他们是自觉地成为历史必然的发展者、奋斗者、创造者。近代唯物论者是历史的有定论者,认为自然、历史都不是乱杂无章地进行着,而是有一定的法则。然而近代唯物论者绝不是历史的宿命论者。近代唯物论者了解:人是历史的产物,而历史却正是人所创造的。虽则人受必然的支配,可是当其了解了必然却要使必然来受自己的支配。九一八以来,日本军国主义进行侵华战争,我们从其所遭到的中国人民抵抗的战迹上看,这军队内部的对外士气,比起甲午之战和一九〇五年日俄之战的日本"武士道",是不可以同日而语的,在这点却正是反射日本帝国主义历史必然的衰颓,而东北四省的占领,只能是它垂暮的返照。可是历史的必然,东省的夺回,还是要取决于中国人民力量的决战。中国人民对于这种历史必然的觉醒,必须从自己的抵抗中,更深刻地去发现自己的力量之所在,发现日本侵略者内部各方面的腐败和弱点之所在,来决定自己战略和行动的去取。这时候,在日本侵略者那里,是受必然的盲目所支配,因此而加强自己历史必然的溃灭;在中国人民这里,则正是必然转成为自由,必然转受自由的支配,因此而加强自己历史必然的前进(自由又转成必然)。毫无疑义的,历史的宿命论者,就是等待论者,和历史的有定论者完全相反,他们在这里只是在解除民族抗战的武装。

真正的思想自由,依赖于真正的社会自由。真正的社会自由,必须由于社会不合理的桎梏之摆脱,由于人间榨取之消灭,而这种状态只有在近代唯物论者所指出、所力取的那个历史境地之下,只有在那境地,才有广阔无边的社会自由,才可以真正从自然的奴役中解放出来,才有真正的"事在人为"。只有在那境地,全体人民能从必然的盲目状态之下解放出来,获得普通的自由,能普遍地从盲目地服从自然法则转变为自觉地来发展、来控制自然法则,把自然法则自身转变为我们的法则,由思想的自由进到自由的思想。"这将是人类由必然的王国,进于自由的王国之突变"。然而这自由还是依据于必然的了解。

所以,认为近代唯物论者"破坏思想自由",纯粹是无聊的诬赖。在事实上,近代唯物论者乃是站在真正自由的历史前头。中国近代唯物论者也从来没有做过任何"外人"的俘虏,如张君劢的胡诌。中国近代唯物论者,只是在自觉地也即是自由地(因为他们了解了必然)作着忠诚的历史人物;他们把自己看成四海兄弟,而且为四海兄弟所共看待,除此而外,我们找不出其他的意味。

一九三五,三月十四,夜

(《读书生活》1936 年第 4 卷第 1、2 期)

胡哲敷《史学概论》

齐思和

二十四年二月,上海中华书局出版。定价银七角。

近年国人以新国史之要求日切关于新史学之译著甚多。就个人所知,西方史学之经国人译成中文者,有鲁滨孙之《新史学》(James H. Robinson, *New History*)、巴恩斯之《新史学与社会研究》(Harry E. Barnes, *The New History and the Social Studies*)、绍特威之《史学史绪论》(J.T. Shotwell, *Introduction to the History of History*)、巴恩斯之《史学之发展》(*History: its Rise and Development*)、朗古鲁与斯尼卜斯之《历史研究法绪论》(Charles V. Langlois and Charles Seignobos, *Introduction aux Etudes Historiques*)、斯尼卜斯之《社会史研究法》(*La Méthode Historiques appllques aux Science sociales*)(何炳松先生之《通史新义》即据此书改编)、傅林之《历史方法概论》(F.M. Fling, *The Writing of History*)、傅林悌之《历史哲学史之绪论》(Robert Flint, *Philosophy of History*)、黑格尔之《历史哲学》(G.W.F. Hegel, *Die Philosophie der Geschichte*)、施之《历史之科学与哲学》之上卷(Henri Sée, *Science et Philosophie de l'Histoire*)、约翰生之《历史教学法》(J. Johnson, *Teaching of History*)。国人自著者,则有梁任公之《中国历史研究法》《中国历史研究法补编》,吴贯因之《史之梯》、刘剑横之《历史学 ABC》、卢绍稷之《史学概要》,而最近出版者,则又有胡哲敷先生之《史学概论》。以上所举,限于见闻,犹未能遍。然即此观之,可见年来国人对于现代史学兴味之浓厚矣。

以上所列举国人所移译西洋史学之书,多系史学名著,虽其价值高下不同，要皆可供国人之不谙西文而有志史学者之参考。梁氏于国学虽极渊博，于泰西史学则所窥甚浅，其所根据者，仅一威尔斯之《世界史纲》。夫威尔斯本非史家，其《史纲》尤不足以代表现代西方之史学。而梁氏乃就其书以窥西方史家著作之体例，而议国史改革之途径，故其所论列多肤廓不着肯綮。吴、刘、卢三氏之作，内容更次，余尝为文以摘其误而匡其失（见二十年《国闻周报》）。胡氏之书，最为晚出，宜其后来居上，突过前人，而其疏略浅陋，或较诸氏为尤甚，此则余略览一过，不觉为之失望者也。

胡氏《史学概论》，为中华书局刊行《中华百科全书》之一种。据舒新城氏总序，此丛书发刊之目的，"原为供中等学生课外阅读，或失学青年自修研究之用。所以计划之始，我们即约定专家，分别开示书目，以为全部丛书各科分量之标准"。又曰："这部丛书发端于十年前，计划于三年前，中历征稿、整顿、排校种种（手续）［程序］，至今方能与读者相见。在我们总算是'慎重将事'。"可见主编者于选择作家之严、从事之慎，与其目的之大。但就胡氏一书观之，则此总序中所言者，殆未实现。

夫居今日而谈旧史学之改造，"与新史学之建设"，则作者不惟须于吾国旧日之史籍，能溯其源流，辨其得失，即于西方之史学方法，亦须曾受谨严之训练，有研究之经验。于现代西方史家之大著作，须有亲切之认识、精密之研究，然后始可本其个人之经验，参照现代史家之规模体例，融会东西史学，为初学指途径，为国史谋出路。如是始能知其甘苦，言之有物。今观胡氏之书，非惟于当今史家之体裁义例，几乎茫然；即于现代论史学之要籍，亦未遍谈，仅就三五已经国人译成中文，讨论史学之书，引伸堆抄，敷衍成篇。昔郑樵之论《史记》，谓"所可为迁恨者，博不足也"，吾于此书著者，亦不免有同感焉。

惟其然也，故著者不惟于现代史学，不能有亲切认识，系统之介绍；即于史学一辞之意义亦不甚明析。如其为"历史"下"界说"曰："盖历史一科，内包极广，本不易有极精确的界说，又以史家的时代不同、环境不同，与兴趣不同，目的不同，其所认为史学者，亦即因之而异。总核言之，可以说史学是以人类为中心，记述过去演进的事实，求其因果，以激励来者，和（了解）［明白］现在情势的学科。"（页十五）按著者为历史下定义,而曰史学,是以"历史"亦可名之为"史学"也。夫"史"与"史学"之别,梁任公亦已辨之,故其言曰:"有左丘、司马迁、班固、荀悦、杜佑、司马光、袁枢诸人,然后中国始有史。自刘知幾、郑樵、章学诚,然后中国始有史学矣。"(《中国历史研究法》页四十四)二者之别,本极明显,盖史为事实,与事实之记载,而史学则为研究史家记载事实之体例内容者。此在一般言论,名词上不妨稍为含混,而此专讲史学之书,竟亦不加分辨,其所下之定义,乃史之定义,并非史学之定义也。又如结论中论,"新史学的趋向"分"文化""政治""宗教"三方面言之;而其所讨论者,乃"人类进步的现象,和将来社会的进程"。是乃"事实",更非"史学"矣。夫"史学"既不可与"史籍"相混,更不可与"史实"相淆,今著者混三者为一,未免太形粗疏矣。

纵谓历史亦可称之为史学,然著者于历史所下之定义,亦仅见一偏而未见其全。夫历史一辞,实含二义:一、事实之本是,二、事实之记载。如吾人谓中国有四千年文明之历史,孙中山先生有四十年革命之历史。此处所谓之历史,非指某家之中国史,亦非某家之中山年谱,而指其事实之本身也。如李延寿之《南史》《北史》,脱脱之《金史》《辽史》,此处之所谓史,乃指记事之史也。此二义在中西文中,俱易混淆。而前人对于历史所下之定义,率指写的历史,俨若此外即无所谓史者。至脑都之为历史的解释,开宗明义第一章,即分析二者之区别,而后其义始明。(见 Max Nordan, *The Interpretation of History*, pp.1-46)现代史家,皆从其说,著者殆未之见。然亦可就何、郭二氏所译《西洋史学史》,即郭译《历史哲学》导言中,窥其梗概,二书固著者所常依据者也。

又本书虽于吾国旧日之史学,掊击甚力,于西方之史学,推崇备至,而作者于西方史学,似极茫然。如作者于西洋史学之发展,分为上古、中古、近世三时期。于上古史学之发展,大抵依据何、郭二氏所译之《西洋史学史》。然此书讫于上古之末,至于中古、近世史学之发展,皆未叙及,末但列历史之解释,以为全书之结束。著者于此书之外,又未参考他书,故于中古、近世史学之发展,叙述简陋。如其论中古欧洲之史学,即以绍特威之论基督教诸章,敷衍成章。不知基督教固与中古之史学有大影响,然基督教不足以概中古之史学也。缘不惟《圣经》之制作,远在中古之前,即朱理亚阿夫立揆那之《年代学》、攸栖比阿斯之《教会史》,皆成于上古之末年(页一五〇至一五一),不足以代表中古之欧洲史学。即奥古斯丁,亦罗马末年人(三五四至四三〇),而其《上帝之城》,乃阐教义之书,著者称之为"是又史学界的一大进步"(页一五二),殆未见奥氏原书也。夫绍特威之《史学史》,讫于中上古之末,其述之奥格斯丁宜矣。乃著者竟取基教之影响,与奥斯丁之《上帝之城》以当中古之史学,不惟于中古大世家如 Mathew Parts、Lambert of Herzfeld、Joinville、Proissart 之著作,毫未叙及,几于中古史学发展之大概,亦未能作一概括的叙述。至于论欧洲近世史学的发展,则仍本绍特尔书后之附录,敷衍了事;不知绍特尔此文乃论历史哲学,而非论史学者。著者即此撮抄,以述欧洲近世史学之发展,不惟于人文主义与史学之发展,宗教革命与史学之影响,十六、七世纪倍根(Francis Bacon)之为亨利第七世传,考宁(Corning)之考德国之法律,古鲁(Gruter)之搜集碑文;十八世纪史家与史料之搜集、史迹之解释,大史家如集彭(Gibbon)者之作品,未能叙入,即于西洋史学发达至极盛时之十九世纪,亦未提只字。夫十九世纪于史学之大贡献者有二,一为阮克(Ranke)等之建树科学的历史研究法,一为兰蒲莱(Lamprecht)等之扩大史的范围。所谓现代的史学,殆皆由二氏建设者也。既著《史学概论》,宜若何阐其学说,而明其影响?岂著者不知有此二人乎?

此书中所举例证,亦颇有偏狭违失之处。如其论《新史学的趋向》之"政治方面"曰:"以政治言,则东西各国的往古政治,殆没有不是君主独裁之政体。"(页一六一,下同)是不知希腊、罗马之曾行共和制也。又曰:"自十八世纪以来,卢梭、孟德斯鸠等,提倡天赋人权及种种政治上之探讨,而民心大为醒悟,旧有政治大为动摇,而卒成一七八九年的法兰西大革命。"是不知法国大革命,令有其他更重要之原因在也。又曰:"于是法人'不自由,毋宁死!'的精神,遍布于世界,比利时、美利坚、希腊诸国,均在他这革命潮流澎湃的当口,先后独立了。"是不知美国革命,远在法国革命之前也。又曰:"其他专制国家如英吉利等,亦渐觉悟,而力求改良其宪政。"不知英国自一六八八年后,已成虚君共和之局,国会主持一切,君主等于虚设。法国之革命,即间接英、美制度之影响。至十九世纪,英国宪法之改革,乃在推广选举与被选举权,而不在推翻专制也。凡此之类,不能悉举。

至于本书校对之疏略,亦至可惊异。鱼鲁之讹,举不胜举。至第五章,据目次为《新史学特质》,据本文则为"新史学的建设"。吾不知所谓"慎重将事"者,究何所指而云然也。

二十四年,十月,七日

(《大公报》1935年11月27日,第11版)

评《历史学主义的起源》

张贵永

Die Entstehung des Historismus. Von Friedrich Meinecke. 2 Bände. München und Berlin, R. Oldenbourg, 1936.

在介绍本书之前,不能不把著者先给国人介绍一下,他是值得我们认识的一位现代德国史家。

格丁根大学教授布兰底(Karl Brandi)在《五十年来的德国学术》(Aus Fünfzig Jahren deutscher Wissenschaft)[①]关于中古史与近世史一文里,曾经有过这样的话:"融合哲学思想与真实历史研究的人,在我们方面得首推孟纳克。"当孟纳克教授过七十岁生日的时候,柏林大学近代史正教授翁铿(Hermann Oneken)曾在德国出版的《研究与进步》(Forsehungen und Fortschritte)杂志上,发表一篇纪念文章,开头就说:"在我们这个人世的史家中对于青年后起最有影响的,要算孟纳克了。"如今孟纳克将近八十岁了,实在足以称为德国史学界的泰斗。

弗烈特·孟纳克犹如好多欧洲有地位的史家,是从档案馆史料研究工作出身的,第一次大战前已在斯特拉斯堡大学(Strassburg)任历史教授。那里愉快的学术生活最初形成他生平三部杰作的根本观念,所以这本《历史主义的起源》也就是献给对战前斯特拉斯堡大学的美满回想的。过后他在佛来堡(Freiburg)大学与柏林大学教书,直到他年迈退休。他是普鲁士学术研究院(Preussische Akademie der Wissenschaften)多年的会员,《史学杂志》(Historische Zeitschrift)几十年来的主编,经

[①] 本会编译之《中德文化丛书》之六(第二册)四五一页至四八四页。

徐贝尔(Sybel)与特雷特克(Treitschke)时代,直到国社党的执政,始终是负全责的。他直接继承十九世纪德国史家兰克(Ranke)的传统,无论在治学与著述方面,都是严于史料考释,与富有实事求是的精神。

可是孟纳克贡献最大的是在思想史的范围,他是柏林几位置身于唯心主义史家之一。他们产生大批精萃著作,关于普鲁士复兴时代大人物的生平。孟纳克的《包恩(Boyen)传》《德国复兴时代》(*Das Zeitalter der deutschen Erhebung*)都是显著的成就。《普鲁士与德国》(*Preussen und Deutschland*)亦是他精美的论文集,具有民族的高尚的责任,其中最有影响的当然要提到他三部曲中的第一部杰作,《大同主义与民族国家》(*Weltbürgertum und Nationalstaat*)一九〇八年初版,一九二八年七版。这是久已成为研究思想史的模范著述,以历史专著出至七版,就可想见它的成功了。在这书中他一方面把德国从康德(Kant)经菲希特(Fiehte)、谢灵(Schelling)、黑格儿(Hegel)以至兰克、俾斯麦的政治思想作最精细的分析,而以大同主义到民族国家的大题目为其中心结论;另一方面他叙述普鲁士与德国的历史关系,阐明近代德意志民族国家创造过程中的根本问题,无论在精神思想与实际政治的研究,都是精诣到家,无与伦比。欧洲大战以后孟纳克起了内心冲突,他的第二部杰作《近世史上的国家利害说》(*Idee der Staatsraison in der neueren Geschichte*,一九二四年初版,一九二九年三版),是这种冲突的明证。国家利害说就是以国家的利益为政治家一切行动的中心源泉,至高目的所在。他以马克维利(Machiavell)的现实政治思想开端,述及黎胥留(Richelieu)、菲得利大王(Friedrich der Grosse)、孟德斯鸠、菲希特、黑格儿、特雷特克等人的国家至上的观念,强权利害的要旨,极具深刻意义。孟纳克对战后德国时势起无限感慨,而以精神史研究发挥其精神寄托。要知道凡是和他同辈的史家,在年轻的时候最受老威廉与俾斯麦治绩的影响,充满民族国家的观念,正逢到德国的盛世,到了德国战败以后《威玛宪法》(*Weimarer Verfassung*)把德国变成社会民主的国家,孟纳克亦是参与制宪的人,这样真是使一位照我们旧日理想说来忠君爱国的志士,变成自由的民主党人,其所经过之精神痛苦,可以想见,真是以忠忧谋国,以一片纯洁心灵去接受震荡。爱护民族不是轻易,更不是投机。可是几年前德国政局又起了根本变化,国社党的执政,民主共和的推翻,再度激动他的内心冲突。无怪当年有人问他政治意见的时候,他感觉自己年老不能了解了。在这最后思想境地上登峰造极的著作,《历史[学]主义的起源》的序言里,他说:"我由高处并以老年人的谦逊进入这生命第三与最后的历程,对于着手问题的一切困难比从前知道得更加正确,对于它们的期望因此亦就增加,可是自己觉得这里所给的,只是心目中所认为理想解答的一个断片。"著者在他生平晚年所感到的是自身和当世文化的内容冲突,精神寂寞。

著者自认在这时候要写历史主义起源的历史,似乎是一个大胆的尝试。因为好多年来大家都感觉历史主义将来必成为过去。可是精神思想的革命只要有一次经过,决不无毫无踪迹地像是没有发生那样过去;反过来各方面的影响,极为深远。就是今日德国有了新的革命在进行,亦不至于消灭,何况历史主义的兴起确是西洋思想界所经验到的最伟大精神革命之一。

历史主义(Historismus)这个名词在国内很新近,听来亦不甚悦耳。英国史家辜适(G.P. Gooch)曾经在他所著的《德国》(*Germany*)书中,有一章讲到德国思想,移用德文 Historismus 原字,不加翻译,仅附以解释,说是指历史思想 Historical Thinking。可是历史思想涵义广泛,西洋古代史家、哲学家以及世界其他富于历史意识的民族亦可以说具有历史思想。历史主义所指确定,既为 ismus 不妨译做主义。其实这个字在原文要比这精神革命的创始年轻一个世纪,并且不久就有过实与变相的意义。据著者所知最初见于维尔纳(K. Werner)的书,叫做《惟果的哲学的历史主义》(*Der philosophische Historismus Vicos*),一八七九年出版。后来就带有非难的意思,这在孟格尔(Carl Menger)对许摩勒(Schmoller)的攻击文字里:《德国经济学上的历史主义病》(*Die Irrtümer des Historismus in der deutschen Nationalökonomie*),一八八四年出版。孟格尔认为他的本意是说许摩勒对于历史在经济学的价值,崇扬过分。值得注意的,是在光明、暗淡之间,有一精神史上的伟大现象存在,需要一个适当名词。一九二二年届络尔铨(Ernst Troeltsch)的大著《历史主义及其问题》(*Der Historismus und seine*

Probleme)问世,这里对于它的弱点有诚挚的批评,对它在人类内心需要与丰富结实,能以深刻理解阐发无遗。

历史主义初先不过是把莱勃尼兹(Leibniz)到歌德(Goethe)死时大精神运动所产生的新生命原则应用之于历史生活。这个运动继续成为一个西洋普遍的运动,最高造诣归功于德国的精神思想,不足以称为宗教改革后的第二大贡献。既然它根本是新的生命原则,所以历史主义的重要,仅当做一种学术思想的方法而已。世界与人生如果我们放开眼光来看,是要比较深奥玄妙。历史主义的核心认为对历史的、人类的精力,须具有一种个性化的观察,替代普遍化的。这并不是说历史主义此后摈弃对于人生普遍定律的追求,可是它在意义上一定要和个性融洽。这是它所唤醒的一种新意义。这也并不是说人的个性以及由此所创造的社会与文化的形成,直到那时不曾受人注意过。从前以为人类及其理智、情欲、道德与罪恶根本始终如一,这种见解固然中心思想不错,可是不知道形态变化的深刻与复杂。这些都是个人以及团体的情感与精神生活所经验得到的,不拘人类根性如何不变。特别从西洋古代以来所盛行的天权学说(Naturrechtliche Denkweise),使人印入人性不变、理智不变的信仰。理性所指为绝对真理,不受时间限制。

这个天赋权利的信仰如屈络尔铨所昭示的,亦能与基督教联合一起。不能忽视的是这天赋权利不论由于它基督教的,或自文艺复兴以来非神圣的形式,对于西洋人的思想几乎有过两千年的重要意义,经过西洋历史上所有动荡,如晨星之照耀。它给思想阶级对于人生的绝对定见,并且因基督教的启示更为坚强。天权与宗教久已互相融解,影响实际人生,即便经新的趋向个性化的思想程序冲破的时候,它的历史地位与力量,至今还是见得出来。所以十九世纪才真是这两种思想途径的会合水道,而历史主义的创始亦要到十八世纪后半期,可以说是新旧交错的蓬勃时期。

但从此以后,历史主义成为近代思想的重镇。我们只须稍会留意,能在人类创造的各方面察觉它的痕迹,可是只在少数大的现象历史主义才能发展它全部深刻意义与精力。本身之趋于浮浅,与外来的粗鲁见地,使它在今日起了危机。这种浮浅态度足以产生相对主义(Relativismus),有损人类创造能力。历史主义现时已不能号召大众。

可是著者相信它对于人类事物的了解,已经达到最高阶段,并且对我们周围与当前历史问题,信任它有发展能力,自己会把因相对价值所致的伤痕救治。最后亦会有人把这个主义造成真实人生。

历史主义的另一元素是演进思想。因为演进与趋向个性化的思想方式直接属于一起。个体的本质只能由于演进才能启发。演进的定义自然颇有出入,雷凯特(Riekert)举出七种,在历史主义的创始亦可以看出好多不同的演进观点。为纯粹研究目的起见,著者把历史主义的演进定义引申,认为自生的,具变迁能力的,与不能预期的。一方面并不限于由萌芽而发的变化,那种较狭侧的想象,另一方面和启蒙运动的完善思想(Perfektionsgedanken)与进步思想(Fortsehrittsgedanken)有所区别。由于演进思想就能胜过从前判断历史变迁的实用主义(Pragmatismus),实用主义和大权的思想方式直接有关,根据人性一致的观念,利用历史当做教训的,实际应用的例子,并以浅近的原因解释历史变迁。

对于本书的体裁与材料的运用,著者认为有两条途径可循。一以普遍待解释的问题为中心,把每一思想家的贡献纯粹以思想问题为依归,这样为哲学的有系统的思想家所乐从,能把思想的相互关系说得透澈,可是掩蔽了思想的个别生命与背景,把历史生活变成空论。所以历史家有他的理由采取另一途径,他根据活泼的个人,叙述他的思想变迁。这种方法著者在前两部杰作中已经采用过,这次亦是照旧不变。

所以材料的选择集中在三位德国的大思想家——莫塞(Möser)、赫德(Herder)、歌德(Goethe)。在他身上十八世纪早期历史主义表现得最强烈,他们的贡献成为将来发育的园地。特别须从他们个人的思想结构去求解释。为着要明了这一点,不能不把十八世纪初期最重要的前阶段,包括英、法两国的启蒙运动史家,与先期浪漫主义的激荡,以及一般思想史上最重要的相互关系加以阐明。天权、新柏拉图主义、基督教、新教、敬神主义(Pietismus)、自然科学,以及十七、十八世纪的游历好奇心理,最初的自由与民族意识,由于这种种在有天才人士心灵中共同的、交互的影响,产生历史主义。这些都得有清楚的叙述。著者原来意思还想述及少年兰克的精神修养,书中却只附录一九三六年一月著者在普鲁士学术研究院兰克逝世五十周年纪念的演辞。这是一件极可惋惜的事情。十九世纪初期现在只叙及歌德晚年的全部思想。著者并不否认歌德历史思想由于十九世纪初叶的空气中养成，蓬勃新兴的浪漫主义，黑格尔所代表的德国唯心主义的历史哲学的冲动，特别是那几年的伟大历史经验对于歌德精神的最后完成发生影响，他亦是真能吸收时代精神的液汁。可是能如此丰富结实的躯干，还是根源于十八世纪。所以他晚期的历史思想并不和他早期与中年的有何差异，不过发展得更为广大深远，足为十八世纪历史思想的至高成就。

因此本书内容大致如此。第一本详述前阶段与前启蒙运动的史学，把谢甫次柏莱（Shaftsbury）、莱勃尼兹（Leibniz）、阿诺尔德（Gottfried Arnold）、惟果（Vico）诸人当作预备人物，次叙伏尔泰（Voltaire）、孟德斯鸠以及他们前后的法国历史思想，如都尔果（Turgot）、刚独赛（Condorcet）、卢梭等等。至于英国的启蒙史学则以休谟（Hume）、吉朋（Gibbon）、劳伯生（Robertson）为代表，最后还讲到英国的先期浪漫主义，与福开森（Ferguson）、柏尔克（Burke）等人的思想。本书的第二本除了第一章对德国精神运动作一鸟瞰，曾经提及雷兴（Lessing）与温克尔曼（Winckelmann）其余全部都是归给莫塞、赫德与歌德的。尤其是歌德的思想阐发得精详无遗，他的世界观与人生观包含一个新的历史意象。这里著者的贡献具有创造意义的，不仅见解敏锐，思维精辟，并且独具慧眼与人生体验的。

关于历史主义的起源根本没有人写过。只有狄尔泰（Dilthey）的《十八世纪与历史世界》①算是最重要的先期作品，可是他只叙到赫德为止，所以还不能直接说到历史主义的起源，只是启蒙运动的预备工作。本书亦不是一部史学史，像孚德（Fueter）②与李德（Ritter）③那样，而是叙述为史学史与历史思想基础的价值标准与形成原则。孟纳克胜人之处就在对于哲学思想造诣极深，而于历史解释那更是当代大家，最能运用自如。

（《中德学志》1940 年第 2 卷第 4 期）

---

① 见 Schriften Bd. 3.
② Ed. Fueter, Geschichte der neneren Historiographie.
③ Moritz Ritter, Eutwickiung der Geschichtswissenschaft.

介绍《史学新动向》

张 伟

拉狄克等著,盛岳译。上海杂志公司出版。

《史学新动向》是一本一百页的小册子,内中包有七篇关于史学的文章,作者都是苏联现在政界及学术界的权威。这几篇文章原是分别刊载于苏联《真理报》《新闻报》及波尔什维克杂志上。经盛岳先生翻译出来,辑成此书。译笔是非常流畅的。

本书各文大都是以批评包克罗夫司基学派为中心。包克罗夫司基是苏联早期的史学家,成名于一九〇五及一九〇七年革命时代。他的史学思想及方法在苏联新成立的十数年中很流行。其所以流行的原因,即是由于他能够大刀阔斧地否定了旧日资产阶级的历史学,开辟了唯物史观史学研究的道路。同时,也正因其如此,所以他的方法终未能脱掉原始的姿态。随着近年来苏联社会建设之进展,他这种史学方法也就遭受了新的否定。至此,苏联的史学研究便转到一个更高级的阶段。

这本书意见的中心虽然都是对苏联本国的史学界而发,但其中有几点意见,颇可拿来作为中国现代史学研究的参考,尤其是在唯物史观旗下从事工作的史学研究者。

目前中国的史学界,无疑地是旧史学研究还占着优势,唯物史观的史学研究尚是萌芽的时期。旧史学研究是实证主义的,而萌芽期的新史学研究(即唯物史观的史学研究)又多是图式主义的。处在这一个阶段的青年史学工作者想把握住正确的工作方针,原是一件难事。在一个大动乱的时代,每一个热血的唯物史观的史学青年,受了环境的刺激,受了认识的指导,难免走入实践的圈子。可是,在实践的圈子内来研究史学,多半要弄成只知抽象的理论而不知具体史实的图式主义者。另外一部分史学青年,有鉴于图式主义的错误,毅然摆脱了实践的圈子,走进研究室去,专心去作分析具体史实的工作。可是,他们处在旧史学占优势的气氛里,不自觉地就脱离了唯物史观的立场,陷于实证主义的泥淖。这两者,虽然都是以唯物史观为招牌,但归根结底,谁也不是真正的唯物史观史学研究者。虽然,任何一方面都不肯承认自己的错误,而自己的错误实在就在对方的攻击中呈现出来。

《史学新动向》一部分的意见,正可以矫正目前中国唯物史观史学研究者错误。它指示出唯物史观之史学研究的正确道路和工作方针,这是我们极应当注意的地方。

现在我把本书中可注意的意见,和中国目前史学研究的情形统一的申述一下:在中国一九二七大革命时代兴起的社会史研究者,因为他们大都是从实践的阵营中转来的,所以对于唯物史观方法论都非常注意。这种情形到现在仍然继续着。不过他们并没有正确地明了唯物史观。他们忘却了研究社会史过程中的"理论"与"实践",其"实践"却不只是社会革命的"实践",并且还要有处理史料的"实践",并且能把它活用。每个特殊国家的社会运动上,在后一种实践中我们才能明了唯物史观之历史法则论并且将它活用到每个特殊国家的历史上。因为历史是具体事实的发展,而不是抽象的图式,单纯地了解唯物史观社会学是不能够研究历史的。在苏联初期的史学家即包克罗夫司基学派也正是犯着这种错误,所以拉狄克在本书中说:

> 第一件要求我们史家的——就是不要再把马克思列宁主义当成"万应仙丹",以得此仙丹而满足,应该很精细的来研究一切历史资料的总和。史家研究的对象应该是整个的历史过程。……(原书一六页)

他并且引证了恩格思的一段话,这一段话是非常重要的,我再重引到这里,让大家看看唯物史观创始者的意见是如何:

> 在德国"唯物论"这个名辞已经成了许多年轻作家的口头禅,

用以解决凡百一切事物，而自己却绝不肯费点心思去作进一步的研究，挂了一块唯物主义的招牌，便心满意足，昂头天外。我们对于生活的了解，主要的是导入于研究之门而不是以之为杠杆用黑格尔学派的风格来妄构一切。整个的历史都须从头研究起，应当很仔细研究各种社会制度存在的条件，然后再将适应这些制度的各种政治、法律、伦理、哲学和宗教的学说钩稽出来。因为锐意研究的人少，所以在这方面所得成绩，直到如今还是微乎其微。正在这一方面，我们需要很大的帮助，这里也正是英雄用武之地，只要谁认真工作，其建树一定很多，而成绩是［很有］可观的，但皆不此之图，轻浮自用，以历史唯物论为口头禅，贸贸然忙于将所知道一点浅薄的历史学识就发而为文，著书立说以欺己误人，毫不反省一下，竟埋头冒昧前进，这未免太可哀了。（原书一五页）

拉狄克在本书最后一篇中又说：

要写出这种历史，首先就要求史家深刻了解马列主义。但是在马、恩、列的历史文献中兜圈子而一味重复其说，又大可不必。我们的这些先觉者势不能对一切历史的时代都有过详细的研究，且当他们在生之日，关于亚洲史的许多史料既未为他们所经见，自然也就不能凭空杜撰。（原书九八页）

这些话都是目前中国一些只重理论不重史实的史学家应当注意的。并且"马氏尝谓无产阶级的历史学乃为客观的科学，故首先必须了解具体史实，并戒人勿以了解经济基础为已足，盖以历史现象之深邃复杂，非了解一经济基础即足以容其奥妙，尽得其底蕴"（原书五四页）。企图以社会史或经济史代替整个历史的研究者应当注意这一点。

此外，目前中国一些脱离了实践阵营走入研究室的史学研究者，却又未免矫枉过正。他们一方面因为痛恶图式主义者的狂妄，另一方面因为受了实证风气的包围，结果只在研究史料上求其畸形的发展。他们认为研究历史应当先整理出史事的真面目，然后再施用唯物史观的理论去贯通，所以他们不惜用全力去整理各种小的问题。这完全是将方法论与史料分割开的见解，其堕入实证主义的泥淖乃是必然的结果。

史料与方法论原是统一的,两者不应有一时一刻的割裂开。譬如我们研究某一朝代的政治制度或经济制度,如果单把所有关于这种制度的材料搜辑起来,而从这些材料中去了解它,而不在整个社会构成中有机的关联上去了解它,其所了解的决不是活生生的制度,而只是死板的表象。极力避免谈理论的人,一定不能活用理论,其所得到的也只是阉割了的史学。

包克罗夫斯基在晚年也因为矫枉过正,犯了割裂方法论与史料的弊病。他以为历史的发展往往可以突破历史法则。《史学新动向》的几位作者曾深刻指摘出这一点。布哈林说:

> 唯物论的辩证法不将社会史的原理与历史的事实分开,社会事变与他的活动人物分开,"客观情形"与"个别人物、集团、组织、政党"分开。这就是活的历史辩证法。(原书四二页)

他责备包氏说:

> 但他不该将社会与他的"经纪人"分开,将整体与其各部分开,不该分裂抽象与具体,"法则"与"事实"。(原书四三页)

历史法则是唯物史观创始者根据具体史实发现出来的。事实上,这种法则也就自然地存在于各种客观的史实中。正如血脉贯注在人体的任何一部分一样。如果我们想理解人体任何一部分的有机构成,那非得把整个血脉循环系统和具体的表象统一起来看不可。我们对历史的研究也正是如此。不在整个的历史法则下去理解各种史事或制度,至多只能"知其然",而不能"知其所以然"。

此外,本书中又论到经济唯物论和商业资本主义各问题,都有很正确的见解。读者也可以注意。

(《北大周刊》1936 年第 1 卷第 1 期)

评《历史哲学》

关琪桐

汉译世界名著。G.F. Hegel 原著,王造时、谢诒征译述。
二十五年十一月商务印书馆发行。
洋装一册,七二八页。价贰元。

  一向人们对历史,主要的有几种看法:第一,一般人认历史是与科学对立的,以为它是一往不返,而无条理可寻的;第二,有的历史家认历史是一种科学,有自己的条理法则,也可成为一种科学;第三,有的哲学家认为历史是实现某种价值目标的一个过程;最后,基督教又认历史是一部基督救世的工作。第一种是常识上的看法,第二种是一些史学家的看法,第三种是有些哲学家的看法,第四种是宗教上的看法。黑格尔的历史哲学似乎采取了第三种看法,而略兼第二种看法。

  黑格尔纵不是最大的哲学家,也是最大的系统家,他的整个系统,分为三大部分:第一就是逻辑的观念,第二就是自然,第三就是心灵。这个系统的第三部分(即心灵哲学)又分三支,即主观的心灵(心理学)、客观的心灵(法学、道德学、和政治学),和绝对的心灵(艺术哲学、宗教和哲学)。讲究第二支的书籍有《权利哲学》(*Rechtsphilosophie*)和《历史哲学》(*Philosophie der Geschichte*)。

  《历史哲学》是黑格尔在柏林大学时所作的讲演(自一八二二至一八三一),他先后讲授了五次,他的弟子干斯博士根据黑格尔的原稿和诸家的笔录编辑成功,此书是为第一版(一八三七),后来黑格尔的儿子查理·黑格尔又完全以原本为根据,而以诸家笔录只供校刊之用,重新把此书编排了,是为第二版(一八四○)。到了一八五七年英国的 John

Sibree 才把它译为英文。王、谢二君所根据的即是 Sibree 的译本。

此书体大精思,深奥难解,但却系统谨严,鞭辟入里。它的目的在于说明世界历史为一个理性发展的过程,他认思想与"实有"是一致的,理性一面是无限的质料,为一切自然的及精神的生活之基础,一方面又是无限的形相和力量,可以推动这种质料,因而它乃是万物之无限的内容和精华。这种理性不只表现于飞潜动植的自然界,也一样表现于心思情意的精神界。物质界的主体在于重力或吸力,精神界的主体在于自由,全部世界史都是寻求自由的表现;精神的一切属性皆从自由而来,一切都是取得自由的手段,都在追求自由,产生自由。自由本身非是它自己的成就之对象,就是精神的惟一的目标,就是世界历史的旨趣。

但是自由仍是一个含混的根本的概念,它在向外表现自己时,不能不依照种种法则。黑格尔把自由实现的过程比之于一个三段论结。在一端,它的理想就好像是"普遍的主体",系存于精神的内部,另一端就是永恒的事物之复合体,即客观的物质,至于实现此种理想的活动就是中名词。至于历史过程的演出的方法仍是依照他到处所用的对演法的。"自由"与"不自由"构成了一个对立,它们表现于历史中就是:一人自由的时代(如东方)、多人自由的时代(如希腊、罗马史),和全民自由的时代(如近代史)。这是由数量方面来表示自由底"成因"的各个阶段的。

至于这种自由在性质方面则是由下述的途径渐次上升的。按黑格尔说来,自由并不是个人的、主观的自由,它必须与合理的意志结合起来,而成为一个道德的全体,就是国家。国家是现实界的一个形式,个人必须在国家中才可以享有他的自由。法律、道德、政府,不是束缚,乃是"自由"之积极的完成。一种低级的自由只是放纵。因此在世界历史上,惟有形成了一个国家的那些民族,才能引起我们的注意。国家就是自由,就是绝对目的之实现,它是为它自己而存在的,而且人的一切价值,都是由国家而来的。因此,他的历史哲学是与国家的成立一同开始的。

但是国家原是不存在的,各个民族很可以经了很长的生活,才达到了这种决定的地步。这个阶段在近代的文化史中认为是野蛮时代,它乃是一个"非精神"(Nichtgeist)的阶段,乃是精神的"无机的存在"。这种史前史是不在黑格尔的目的之中的,它乃是属于自然的、偶然的。

黑格尔的历史哲学完全限于国家的发展上,他把世界史分为三个大段:一为东方世界,一为罗马世界,一为日尔曼世界。在东方世界中,客观的与主观的意志是互相对立着的,而在中国与印度,它们是分离得最远的。在中国一方面,只有统治者的绝对的权力;个人并不曾反身自省,认得自己是与这个权力相对的,也不曾认清这个权力是与自己一体的。在印度一方面,个人又是毫无权利的,阶级的强硬区分把精神否定了,而复沦于自然中。世界史上第一个民族乃是波斯人,它的政治上的进步在于主体成为较活动的,而且未有阶级出现,只有品位;它的宗教的进步,就在于"普遍地"出现为"崇拜"之对象,而不对于各种特殊的事物加以崇拜,如中国和印度的偶像教。到了犹太时代,精神则被纯洁化了;"自我思想"也出现于意识之中,而且精神的发展也严格地与自然分开。这就构成了东方与西方的分离点,精神已经降到人间,承认它与抽象的基本原则是一致的。发现具体的精神的,乃是埃及人,但埃及人的狮身女首怪乃是他们的精神之象征,从兽体内探出人头来,就表示精神开始从自然界里出现,它已比较自由了,不过还不曾完全解脱了"自然"的枷锁。他们认识了精神的不灭,但是他们却把灵魂当做原子,把不灭视为轮回。希腊的伊德普斯解决了这个妖怪的谜。希腊人把客观的与主观的两种成分同样加以着重,在一切范围中,这个成分的美的关系都存在着,而为世人所津津乐道。到了罗马时代,就出现了国家对于个人的那种粗厉的统治权,那些个人把精神的自然性失掉了,把其内性剥夺了,并且净化成为抽象的(实则普遍所谓具体的)人格,因而陷于悲酸之中。"客观的"也被罗马帝国消灭了,他们因为崇拜凯撒之故,所以把无限的做成有限的,有限的反做成无限制的。基督带来了解救与完成;基督在形式上是有限的,但在本质上则是无限的;在他以内观念成了具体的,客观的成了现实的。同样,"主观的"在宗教方面也实现在日耳曼人的心情的深处,而在政治方面也实现在个人的伟大自由中,藉这种自由,社会的关系就分散成了私人权利和私人义务。一方面的教会,和另一方面的束缚就成了目耳曼人心情的戒笞。当西方净化为具体的精神之时,东方的回教又净化为抽象的精神,而且一切主观性都消失在这种精神中。——同时世界性又在三个形式下来反抗中古时代的新原则,第一是以各个国家来反抗弗朗克国,第二是以个人来反抗国家权力,第三是以教会来反抗世界性,虽然教会是经由世界性,才成为"世界的"。当世界精神得了势时,就来了宗教改革,依照这个学说讲来,所谓信仰乃是神圣的精神所施展的一种确信,这种精神不是按个人的特殊性来到个人身上,而是按它的本质来到他身上的。藉这种确信,个人就成了一个真实的主体,并把它的特殊的内容牺牲于实质的"真实"上,"自由精神"之旗帜于是高揭起来。在法国革命时,各个特殊的意志都想来从事统治,普遍的意志想成为经验上的普遍的意志。但是在德国,真正的君主制却实现了,那个君主制并不如柏拉图的共和国似的,把主观的自由压制下去,它乃经由新教而把自我意识的自由与国家的权利调和起来。

这就是黑格尔在世界史中所见的性质上的进步。他用几个纯粹抽象的名词作为对立,而企图把世界精神的运动构造起来。客观与主观,具体与现实,无限与有限,自由与束缚,就是他所用的四对对立。这些对立在形上学方面说来并不是完全同一的,在心理学上说来又有许多(岐)[歧]义,可是他却用它们在简短的公式下把握住各个伟大的时代。

但是黑格尔不仅把各民族发展的抽象的轮廓给与我们,他还征引了许多史实。历史的、社会的、政治的、民俗的、宗教的、艺术的、道德的、哲学的、语言的各方面,他都顾到。他对于各种事实都有一种新奇的看法,类如由腓尼基人之崇拜那夭折的阿东尼斯(Adonis),他便看出来"神也是无常的";又由如埃及人之女首狮身像,他便看出来,精神在仰首向外窥伺。由英吉利之征服印度,他便推论说:"受制于欧罗巴人乃是亚细亚各帝国的必然的命运,不久中国也必屈服于这种命运,"他又说:"中国的文字从头便是学术发展上的一大障碍;或者正相反的,正因为中国没有真正的学术,所以他们才得不到好的工具。"由中国之五常、五行和五方,他便推论说,"五"是中国所特别着重的一个数字,如西洋人之注重"三"数一样。

著者站在天表,俯瞰人间历史,仿佛一个巨大的图画,他看到了形形色色、兴亡更替的民族、国家、个人，永无宁息地，交互推移着，一幕一幕演下去。但是黑格尔所感到的，不是无常的幻灭、世运的循环、往古的追怀、英哲的零落，乃是世事变化所带来的更新，死亡所换来的生命。历史好像阶梯似的，一步高上一步，它又是照着一个目标进的，一步近似一步。"凡存在的都是合理的"。因此，他对于历史是乐观的，而且他的学说似乎比莱布尼兹的预定的和谐说还更为积极。因为莱布尼兹的和谐是静态的，黑格尔的自由之实现是动态的。

黑格尔的学说特色也很多，兹择重要者数端，略述如下。（一）就"自由"为历史的目的说来，这种见解是与事实上的历史进程正相契合的。因为在初民的社会中，主体所受的约束是较后来为强的，人类的争战，不论民族的、阶级的、宗教的，都是为争求自由的。但是据我们看来，(a) 因为历史的中心不是一个，而是多个，所以希望一个社会在此时纵然得到自由，也可以因为以后竞争失败之故而沦于奴隶地步。所以人类的自由乃是交互更替，而非直线相承的。(b) 又因为社会的组织愈来愈完密，所以人类的责任也就愈来愈紧迫，在集体动作之下，个人是无甚自由的。但是人类的活动终究是朝着自由解放之路走的。

（二）历史的进程是受一个大意志、大力量、大法则所推动的。人间一切稳固的组织，一切宗教的、政治的团体，皆建筑在远非一人或众人所能控制的若干原则上。而且古今中外，无论何人都是在这些原则中生长活动的。这些原则并非教士权力和君主权力所私创的。这些权力反而是从那些原则来的；这些原则也不是社会契约的产品，社会反而是它们的结果；这些原则更不是人类的薄弱意志的空想，人类的行动反而是它们所统辖的。黑格尔此种思想是很重要的；他认为主宰世界的，不是偶然的命运，而是睿智的理性。——但是我们应当知道，客观的、绝对的、完整的精神自身是不能发展的，只有它在变为主观的精神以后，才有变化，就如它在犹太人方面变成抽象的，在印度人方面变成自然，在希腊人方面变成美的自然。这样它已经不是客观的精神了。我们在形上学方面虽然可以说，"绝对者的运动"是精神之返回自身，但是实际上，我们宁可说，历史乃是有限的精神趋向于无限的一个进程。

（三）黑格尔特别着重"国家"，这个阶段，他以为人类必须结合为一个国家,然后才能够具有形式的文化,才能发生各种科学、诗歌与艺术;这也是合乎事实的,因为所谓文化就是在各种物质条件下才能发生起的,而分工合作乃是最大的条件之一,这个条件又只是在国家之下,才能完成。因此,黑格尔并不认过去的野蛮状态或所谓乐园在黄金时代。在国家之中,各项权利、义务不复听凭于任意的选择,而被规定为确定的关系。国家乃是全体的灵魂,全体的主宰。人类是不断地进步的,各个民族在这个进步之环中都负荷着一个原则。但是每一个民族是以"灭亡自身"为代价,而得畅饮世界史的精神的。一个民族或一个原则灭亡之后,另一个新的原则就步上了舞台。——但是黑格尔这里也有些错误,第一因为国家之成立乃是历史上逐渐的步骤,它并不是顿然生起的;第二因为人们已经证明各时各地的社会状况都是一样的。一个新的民族并不都带着一种新的社会形式或原则,踏入历史的大路上,它乃是与先前的民族必须经过同样的阶段的。没有一种民族是单限于一个原则上的。就如希腊罗马世界曾经过家长国家、共和的阶级国家,和在基督教上建立着的君主国家;又如西欧民族曾经过家长国家、封建国家,和专制的君主国家,而现在又生活在代议制的政体下。又如中国和印度两个老民族,黑格尔虽认为是已经过去,可是它们仍然活得超过了后来的新民族。在另一方面,在黑格尔时代,合理的君主制既然已经达到,而且精神又把自己找到,所以历史就再没有目的,而当停止起来。凡此等等都足以证明黑格尔所谓历史运动乃是一个形上学的迷阵,并不是一个经验上的线索。因此,历史的进程的各阶段是被黑格尔妄加于各民族和历史上的,而且经验上的主体是被他变为形上学的主体,而加以陈述了。

　　历史的进程如果有法则的话,应当是一线相承的,它或则应当在一个民族中进行,或则应当在一个地域中进行,而不应当在时代不同、地域各异、民族有差的现象中表现自己。因为如果这样,则变化的线索不可寻觅,而且辩证法的法则也无所施展。因为各个民族既然不是一个,则此一个民族的否定,与彼一个民族无关,因而不见其有何法则可言。如果有人为黑格尔辨护说,世界精神是一元的,不妨同时表示于各处,那么各种民族也就成了并行的,而其间似无因果可言。且我们焉知地球以外再无其他人民也有历史？无论如何黑格尔在这里终久是一个地球中心主义者、人类中心主义者。

依常识上的观点看来，人类既有情欲、意志和需要，就不得不根据自己的要求来活动，所以历史的活动，实在就植基于人类意志的本性中，这个意志一部分是无意识的。原始的人类意志，一部分是有意识的，并经由反省而加强的个人意识。黑格尔所谓世界历史的逻辑过程，实则就是全体人类的一种心理学的过程。这种过程是可以经过历史上的任何一个阶段的社会中的。这样一看，则历史过程的同点和异点似乎都可以解释了，就是，我们可以用人类的共同趋向解释了同点，用其天才、环境、社会状况等解释了异点。

此外可讨论者尚多，例如推动历史的力量为理性，抑为物质，乃是聚讼纷纭的一个问题。又如"矛盾"与"反对"之混合，也是应当考究的，可惜此处不能详述。但是黑格尔的方法毕竟是伟大的，能启发人的，他的学生们都应用他的方法发展了一套自己的学说，如干斯的《继承权在世界史上的发展》（*Das Erbrecht in Weltgeschichtlicher Entwicklung*）、马克思的《政治经济学批判》（*Zur Kritik der Politischen Oekonomie*）、《哲学的悲惨》（*Das Elend der Philosophie*）、《资本论》。Biedermann 的《历史哲学》、Michelet 的《历史哲学》、Hartmann 的《历史中的无意识》（*Das Unbewusste in der Geschichte*），其尤著者。

关于中文译本，评者认为译者中英文字都很不错，所以译文的叙述部分都很流畅明白。关于理论部分，除绪论前半外，余则稍嫌晦涩，阅后往往难以索解，但此系原文之病，而非译者之咎。从有些译名看来，译者似对于哲学非专攻者，如 Formel 译为"正式的"，Notwendigkeit 译为"必要"。且译文前后也非出一人之手，而似又未曾互相校正，如 Theodicee 一字在前译为《辩神论》原对，临了又译为《神统纪》则误。句的错误并不算多，此处不必详论。又译者爱用中国成语，本是可以免去译文生硬之弊，但成语与原文的"外延""内包"并不常相等，此也是应当注意的。

（《中德学志》1940 年第 2 卷第 4 期）

略评《历史哲学教程》

伏 生

翦伯赞著。新知书店出版。

在中国，历史哲学似乎还在很幼稚的阶段，然而，我们新的收获却是有的。

中国并不是完全忽视历史的国家。学术界里标榜历史主义的也不少。清朝的朴学家，是颇尊重历史的。经古文学家，也是把六经都看作"皆史也"的。再倒诉上去，汉时刘向父子，对于历史极为注意。且有人疑《左传》为刘歆所伪造，司马迁著《史记》也是把写作历史，看作为"观天人之变"的一门学问（见《报任少卿书》。这里的"天"，多少有些"自然"的意义）。但把历史研究的方法，作为一部门学问来讨论的，这样的著作，实在还很少见到。梁启超写过一册《历史研究法》，那是大体上从实验主义立场出发的。之后，朱谦之也写过一册《历史哲学》，那是以柏格森的生命哲学为其基础的：把历史只看作为"生物学的人类"的发展史。特别把马克思哲学的历史哲学这一部分门提出来写成一册书的，我们还很少看到。翦先生这册书可说是在中国出版界里的首创，值得我们介绍的。

马克思哲学，大致可分作两部分，其一是辩证唯物论，其二是历史唯物论。马克思主义流入中国，初期的时候，是偏重于马克思经济学与唯物史观，而忽略了辩证唯物论，所以造成了中国一部人的机械唯物论的思想倾向。甚至把"唯物史观"——历史唯物论——看作为单纯的"经济史观"了。第二期，对于辩证唯物论开始注意了，但比较深入的著作，还很少看到；艾思奇的《大众哲学》，是首先把辩证唯物论在普遍中打下了深入的基础的。自然,一般作者还是直接从外国文研究而得的。到现在显然又有一个倾向:研究马克思主义哲学的人,都竭全力在辩证唯物论上,而忽略了历史唯物论。在校正这一个倾向上说,薾先生这册书,也值得我们介绍了。

一般地说,这册书有它的优点。它是把马克思的唯物辩证法来作为研究历史的一种提示;同时,它又把历史的发展基础,建筑在马克思的唯物史观的上面。所以这一书,可以说是马克思全部哲学应用于历史研究上的一种科学。

自然,这书还有些不够的地方。据我的意思,觉得薾先生在他建立历史哲学之中,对于中国过去历史家的历史观的批判不够。有很多出色的著作,是从批判中建立起自己的学说起来的。中国过去的历史家的历史观,值得批判的怕不在少数。梁启超的历史哲学,薾先生已部分提到,朱谦之的仿佛就忽略了。朴学家的"还他本来面目"的纯客观的历史主义,是应该批判的;与封建社会相关联的以历史作为帝王家书的历史观,也应该批判的。司马迁的历史观中的平民主义色彩(反封建统治的色彩,如他的传游侠和刺客等等),和他相应于商业资本的发展的些微的经济观点(如货殖传之类),这和后来班固他们是有不同的,也值得分析与批判。关于这些,最好薾先生能特别写一册书,那就会使我们觉得更亲切有味了。但像薾先生这样的说法,是不对的:

> 可惜他(指司马迁——作者)未能进一步的以社会经济作为全部中国历史事实的根基对中国历史展开其全面的研究,也未能从社会各阶层与各阶级间之相互的矛盾上去指出历史运动的法则,依旧只从政治的表层形式去说明历史,所以在究极上,他和杜佑等人一样,并没有逃出玄学史观[的旋涡],都是以儒家的伦理主义贯穿中国的历史。

说他是玄学历史观是可以的,但是要司马迁来应用马克思哲学,这样的说法,是忘却了司马迁所处的社会与时代,忽视了司马迁本人的历史了。批评各派的历史观,必须以马克思哲学的眼光,指出它观点的中心在那里,和发生这观点的社会基础,而不是要求他应该怎么办。如以马克思的历史哲学,要求三千年前的司马迁来这一样做到,那首先是暴露了自己的非历史观点。只有无知的某国人,在北平会把司马迁的《史记》,当作马克思的著作来禁止的。我相信这是翦先生行文上的不够斟酌。但同时,也是翦先生在全书中一贯地过分"夸大"自己一边的真理的口气所造成的小小的错误,我以为。

(《上海周报》1939 年第 1 卷第 7 期)

《历史哲学教程》

胡 莫

著作者：翦伯赞
出　版：新知书店
定　价：法币一元

在对历史哲学有深切认识的人看来，也许认这本薄的《历史哲学教程》还是不十分够；不然的话，我认为这本书是每个研究历史学的人必须一读的。因为这书非常切合于现实，并不把历史哲学神秘化起来。真如作者所说：

我们认为，必须要以正确的、活的历史原理，作为这一伟大斗争的指导，使主观的努力与客观情势的发展，相互适应。

所以贯澈全书，没有"经院式的历史理论之玩弄……而是为了配合这一伟大斗争的现实行动而写的"。

其次这书给予了我们研究历史的工具，使能有系统地把握着历史唯物论的每一论据，在中国的著作界中，这可算是凤毛麟角的了。至少可以这样说，这本《历史哲学教程》，给予了我们研究历史的一柄大刀。

第一[章]作者对过去的史学理论，有了一个比较详尽的批评。这是非常重要的，因为在过去有人——尤其是陶希圣、李季之流要把理论来适应他的政治环境起见，对中国历史极尽其杜撰、歪曲、牵强附会之能事。所以把中国历史扰得乌烟瘴气，这"对于一般青年对中国历史之正确的认识，尤其对于中国目前正在进行中的民族解放斗争的前途的认识，更是一个毒害。因此对于这些错误的历史理论之澈底地澄清，不仅是历史科学的研究任务，而且是目前中国民族解放斗争中一个紧要的政治任务"。

它的内容,共分六章,第一章《绪论》:把历史科学的任务和历史科学的阶级性等,正确地说明。尤其对历史科学的任务,指出"历史是人类生活斗争及其革命的实践",所以不是为了说明历史而研究历史,反之,是为了改变历史而研究历史。

第二章《历史发展的合法则性》,在这章里作者指出了中国历史发展的一般性和特殊性的辩证的统一。

第三章《历史的关联性》,说明了历史时空上的联系性和主观、客观的辩证的统一。这就是说,它说明了历史的全面发展。

第四章《历史的实践性》,作者批评了过去的历史是人类"理性的体现"和"意欲是历史的动因"的谬误,也批驳了现阶段法西斯国家的历史家的"暴力论"的错误,而明白指出"历史上一切的变革,[决不是人类的意欲之体现,而]是当时生产力与生产关系发展到不能不破裂的必然的结果。一言以蔽之,就是那时代的经济产物"。

第五章《历史的适应性》:观念论者,认历史是少数的英雄所创造,便是说历史是人类的意识的产物,而机械论者,恰恰相反,把历史单纯地认为是经济的产物。其实活生生的历史事实,并不如此,所以最正确的认识,是经济是历史的下层基础,而政治等上层意识形态,同样地可以影响着下层基础。

第六章《关于中国社会形势发展史问题》:作者把过去一般学者对中国社会形势发展史问题的讨论,做了个简单的叙述和批评。书中对在中国历史研究领域中曾经或一直到现在还可以多少发生一些作用,而有着欺骗青年的毒素的几种历史理论给了无情的批判,尤其像陶希圣的历史理论,作者用了史的唯物论的一柄利器,把它赤露露地解剖了一下。从这里,我们更可以看出了他的政治生活所以会走向出卖民族的一路的缘故。

全书文章的大意,已略加介绍了,至于所介绍的是否有错误,当然看了这书后的读者自会知道。再得特别说一说的,便是那开头作者的一篇再版代序——《群众领袖与历史》,完全说明群众在历史创造中的作用的伟大,和作为群众领导者的个人在历史创造中的重要。这文章文字和内容并美,值得慎重介绍给每个新知读者。现在把他的一段结论录下,作为本文的结束吧!

> 历史的发展,不是自动的,而是要依于活的人类的创造才得以实现;但活的人类,也不能依照其自己意识、愿望而自由地创造,他必须依照于历史发展之一般的与特殊的规律性,所以任何一个历史行动或历史变革,都是由客观条件与主观创造之辩证地统一实现出来。

(《新知半月刊》1939年第3卷第3期)

介绍《历史哲学教程》

邹泽溥

翦伯赞著。生活书店总经售。

诚如著者所说:"一直到现在,关于历史哲学(的)[之]系统的著作,在中国我们还没有看(到)[见]。"当然,在我们民族解放的伟大的历史飞跃的时代,决不能让理论落在实践的后面,历史哲学毫无疑义地应该列入解放斗争的课程中。这本《历史哲学教程》的产生可说是适得其时的。全书分为六章:(一)《绪论》,说明历史科学的任务、性质及发展的史略,(二)《历史发展的合法则性》,(三)《历史的关联性》,(四)《历史的实践性》,(五)《历史的适应性》,(六)《关于中国社会形势发展史问题》。现在,我把他提出如下的几个要点,介绍给青年朋友们:

第一,历史的主观作用即人在历史上的作用。关于这一点,著者郑重地指出了历史机械论者的革命胜利等待主义的错误。他说:"革命是历史的发动机,是胚胎于旧社会内的一种新制度的接生妇,而领导大众从事于革命斗争的这个人,便是历史的司机者[,或接生妇]。机械论者把历史变成[了]一个刻板的公式,在其对历史的飞跃的过程中,只看见死板的经济力量之自然的机械活动,而看不出人的作用。""虽然在(极究)[究极]上,一切主观的动因,是客观事实的产物,而主观的意识,又是促成,至少是加速或延缓客观的历史发展(的)[之]唯一活力。""使一国内社会主义胜利,或民族解放斗争胜利,有其可能性的现实性,不过只有在依据于各个国家和民族之广大的人民的斗争,才能保证这种胜利的可能性的现实。"他同时也指出了"个人吐一口痰,都可以引起几十年战争"的历史的英雄主义的错误。他说:"人类是历史的创造者,但创造历史的是世世代代的大众,而不是某一个时代某一个人,自然,个人是大众的一分子。""把历史发动的动力,完全建筑在个人的动机上,而不建筑于大众的创造上,这自然是绝大的错误。"因为这个个人,"只有当他这一动机是反映着大众生活要求的时候,才是推动历史的动机"。这里我不妨再引著者的几句话:"过于着重客观的动因与主观的动因,都是错误的,历史的发展是客观与主观辩证的发展"。

第二,中国的民族主义不是大汉族主义。"在中国以往的历史,一贯的都是以汉族为主干,汉族以外的其他与汉族有关的诸民族历史,除非那个民族曾经'入主华夏'以外,一切都以'夷狄'二字而摒诸中国史之外,即有记载,也非常简略,一直到洪钧的《元史释文证补》,才知道从蒙古种族发展上去搜取材料,但对于相互影响,并未予以说明。"这是在中国历史上的的确确摆着的事实。虽然此后还有魏源、徐松等,也谈论这"边徼"的形势,但又正如著者所谓"他们总是把其他民族孤立起来去谈,而不把其他民族与中国历史关联起来,进而从关联性上说明其相互的影响"。由于中国历史的这种大汉族的作风,遂忽略了中国历史的许许多多的外在的(也有内在的)矛盾,致使后来的历史研究者,缺乏现成的完整的材料作根据,而须要多费精力。比如过去中国社会性质热烈的论战,结果没有得到一个正确的结论,这也不能不算是原因之一。

著者除了批判了大汉族主义的历史之外,同时还指出了中国封建社会长期停滞的原因之一,是由于其外在的矛盾——落后民族的侵入,而引起中国封建经济的不断的逆转。——这似乎是一个值得珍视的意见。

"中国的民族主义不是大汉族主义,而是殖民地谋解放的反帝的民族主义,它包含着伟大的国际意义",本书的《绪论》中这样说的。在我们全民族(汉、满、蒙、回、藏、苗)须要而且正在精诚团结同日本帝国主义作坚决到底的斗争的时候,从历史上来作民族主义正确的估价,是有深重的意义的。

第三,历史与现实斗争。历史(纪)[记]录着以往的斗争,同时又指导着现实的斗争,这是谁都不能否认的天经地义。但是由于某些历史家受其社会性的局限,不仅使中国的历史本身没有得到真正的科学的整理,同时使一般人对历史的认识都阴晴莫辨,这种对历史的错误的观念,现在还广泛地留存着。在本书中,对于这一点阐明得颇为详尽。其《绪论》中说:"我们不是为说明历史而研究历史,而是为了改变历史而研究历史。"即是说我们应该从历史中,找出现实斗争正确的路向。可是另一方面,那些想拥抱着历史的人,也在研究历史的,不过他们研究的目的恰恰相反,而是为了使历史不被改变而研究历史,当然这是不可能的,所以他又说:"无论封建主义的历史家或资本主义的历史家,他们对人类社会发展过程之历史的理解,都只能局限于其自身所隶属的社会意识之中,从而他们的历史,只是压迫者集团胜利的(纪)[记]述,而空白了被压迫集团痛苦的那一面。"然而这也就是一种现实的斗争,不过是反革命的。因此,在我们这次神圣的民族解放战争中,也有想在历史理论上起破坏的作用的,他们否认中国是半封建半殖民地的社会,暗地里来反对我们的打倒日本帝国主义的战争。

最后,本书还提到了历史的发展必然引起理论的发展。比如摩尔根发现了氏族社会,我们就不能再把亚细亚的与古代的百种生产方法,当作相续的两个社会形态。又如列宁在反帝国主义的斗争中,在□社会主义的革命运动中,证实了资本主义发展的不平衡的法则及他们彼此间矛盾的尖锐化,与夫苏联社会主义的建立与壮大,我们就不能再以为社会主义不能在某些国家单独胜利。

至于这本在没有系统的历史哲学著作的时期所产生的《历史哲学教程》,是否已经担负了中国的历史哲学的任务,那当然是很难说的。我觉得这本书有一个重大的缺点,就是都是用抽象来说明抽象,因为历史法则本来就是几条抽象的原则,又用抽象的语句来说明这对于历史本身的阐发和对于读者的了解,都是不大好的。具体的历史材料引用得实在太少了,虽然著者说是因了京沪沦陷而材料失散,这理由是有而不能作根据的,其他如写得太重复,一些马、恩的话,常有引用至两三次者,这倒是很小的问题。

不过我总觉得,《历史哲学教程》,在方法论上是很正确的,还是够作"这一伟大时代的指导",因此我就高兴地写了上面的几句话。

(《中学生》1939 年第 13 期)

评翦伯赞著《历史哲学教程》

王 沉

关于历史哲学这个部门,中国的著作尚甚飘渺,我们所看到的有胡适的《中国哲学史大纲》上卷、冯有兰的《中国哲学史》、陶希圣的《中国政治思想史》、吕振羽的《中国政治思想史》、杨东(震)[莼]的《中国学术思想史讲话》。胡适的著作,老早就被人目为实验主义的尾巴,应该予以扬弃。其余诸人,都认为是堆砌主义者,没有一贯的见解。最近我又看到翦伯赞的《历史哲学教程》,因为这本书的出版,是在二十七年八月,在七七抗战以后,同时书中常常用历史哲学的见地,去解析抗战的真谛,然而当我读完本书以后,所得到的结论,依旧是教条主义和堆砌主义的混合物,而且处处显出矛盾、歪曲、误解的地方。

我对于这本书的批评,不是凭我的主观,而是站在中国历史哲学发展的必然性的立场上,去了望这本书的缺点。

《绪论》中的"历史的任务",他引着马克斯的话,说社会的历史是阶级斗争的历史,可是紧紧地接上去补充了一句,"历史有阶级性和时代性"(页三),马克斯认定历史是阶级斗争的历史,其见解未免过于偏激,这种说法中国老早有人说《春秋》是一部相顾书(隗禧说的),陈眉公说历史是一本大账簿(见《晚香堂小品》)。所谓相顾,是包括有斗争的意思,却并不就是阶级。所谓(账)[账]簿,终须有清算的时候,这种见解,中国人未使没有,但不能作系统的叙述而已。三民主义也分析着历史的斗争现象,可是这种现象并不全部属于阶级的。民权主义上曾指出几个阶级,最初是人与兽争,再是人与天争,再是人与人争,如果依阶级的说法,人与兽,人与天,这个阶级性怎么能够成立?而且"历史有阶级性和时代性",这句话,好像下一代的历史,要和上一代的历史斗争似的,这真是顶不高明的说法。

在第二章《历史发展的合法则性》,特别提到亚细亚的生产方法问题。翦伯赞首先提出蒲列哈诺夫是陷于历史的二元论,使后来的学者根据他的说法,构成机械论和地理史观以及曲解史的唯物论。于是得到一个似是如非的结论:"所谓亚细亚(代)[的]生产方法,决不是[一种]属于古[代]的'东方的'法则、一种特殊历史,也不是一种先于古代的一种社会构成,或(民)[氏]族社会与奴隶社会的一种过渡形态,更不是可以武断地说(他)[它]没有独特的存在于人类历史发展的过程中。"那么,亚细亚的生产方法是怎么一幅形象呢?翦伯赞又没有说出来,这个问题,在苏联,在日本,过去都有人去讨论过,像马札亚尔在布罗夫斯基、早川二郎、秋泽修二、森谷克己等,纷扰地争辩着,仍然得不到结论。

翦伯赞没有研究民族主义,因为民族主义上,曾详尽地说明东方民族的特性与生活方式以及生产形态。第一讲里说民族构成的原素有五,第一是人种,也就是血统。第二是生活方式,"谋生方法的不同,所结成的民族也不同"(民族主义第一讲)。这是很显然的,生产的方法,是构成民族因素之一。在民生主义第一讲里,又指出"为甚么不学外国直接来讲社会主义,要拿民生这个中国名词代替社会主义呢?这是很有道理,我们应该要研究的"。这便是指出东方的特殊性,然而这种特殊性,并不是在历史之外,而是整个历史中的一环。那些硬要把中国历史的特殊性抹煞,嵌进欧洲历史过程的法则,这不仅是昏迷在教条主义上,而且是故意歪曲中国历史发展的叛徒。

在说到历史的飞跃性,翦伯赞主张飞跃,然而飞跃有其限度,中国现阶段的发展,是站半殖民地的资本主义,解脱链锁的立场上。我们拿苏联为例,也要通过资本主义机构的道路,才能向社会主义的路上去。如果以作坊工业的生产工具,把这些生产形式通到社会主义去,那是极糟糕的事,一定要弄得四不像。

东方式的生产,要急进飞跃,一定迈到惨酷的失败。

总之,翦伯赞没有提出具体的办法,中国历史的路线中必须是民生主义的,他忽略了这一点,所以以其见解,就陷于歪曲的路。

(《大路半月刊》1940年第3卷第6期)

《历史哲学教程》

黄 绳

翦伯赞著。新知经售。

历史的学习,成为今日民族战士的迫切课题。对于过去人类活动的具体过程,特别是中华民族的历史实践,我们应获得了解。承继珍贵的历史遗产,转过来就变为方法,对于我们当前的革命运动,有着重大的意义和作为指导的价值。

由于历史学习的荒疏,历史智识的贫乏,我们还没有能够从历史的发展,充分地论证今日的民族革命和把今日的民族革命理论具体化、深刻化;同时在一般的理论学习上,也没有能够达到历史主义的认识方法的充分把握和适当运用。最近学术界读书界提出了"读史"的论题,当然不是偶然的。

然而无论中国通史或世界通史,我们都还找不到完善的著作。一般的历史书,都不是在正确的方法论的光照之下编著成功的,那不是以帝王、圣贤、英雄为中心,专门记载朝代兴亡、治乱事迹,成为少数历史人物的传记;便是偏重于人类文化生活的记载,而没有说明文化兴衰递嬗的社会根源,反而以为靠意识形态的改变,便可以改变旧的社会生活,而陷于唯心论的错误。所以当我们注意"读史"的时候,为着养成辨别历史书籍好坏的能力,和避免为那些不正确的历史编制所迷乱,历史哲学的学习,正确的历史方法论的把握,便显得特别重要和迫切了。忽略了这方面的学习和把握,我们"读史"便将难有所得。而当我们"研究历史"的时候,对于一大堆一大堆的"断烂朝报",更将感到头脑纷烦而不知从何下手了。

这里，我们愿意介绍翦伯赞的《历史哲学教程》。他在序里说：

> 在这样一个伟大的历史变革时代，我们（决）[绝]没有闲情逸致埋头于经院式的历史理论之玩弄；恰恰相反，在我的主观上，这本书，正是为了配合这一伟大斗争的现实行动而写的。在目前，隐藏在民族统一阵线理论与行动阵营中的"悲观主义""失败主义"等等有害的倾向，都有其社会的历史的根源；因而从历史哲学上去批判过去及现在许多历史理论家对中国历史之一贯的错误见解，及其"魔术式"的结论，却是我们一个不可逃避的任务。

从这段话，我们便知道这是一本有战斗性的书。这里没有经院式的论究，有的是明快的论证，大刀阔斧的批判。著者企图写一本关于中国社会史的大书，抗战发动后便改变了计划，要以对于历史原理的阐明，达到指导实践的目的，不使理论的发展，落在实践的后面。

历史，作为社会发展学，是始于十四、五世纪，而经过卡尔和恩格斯之手，才被提高到科学阶段。卡尔和恩格斯建立了历史唯物论，历史过程被作为一个客观过程来考察。历史唯物论，不仅是以唯物辩证法来研究社会现象的方法的科学，而且是对于实践给以"决定方位的力量和必能胜利的确信"的行动的指针。

著者在其《历史哲学教程》里，便是企图接受卡尔和恩格斯以至伊里奇的见解，来阐明历史的发展规律性、关联性、实践性和适应性。他简约地解说了历史发展诸阶段的相续性及其特质，解说了客观条件与主观创造、下层基础与上层诸建筑之辩证的统一；明快地批判了实验主义和机械论者的历史观点，并揭露其隐蔽着的阶级性和政治任务，批判了胡适、顾颉刚、陶希圣、李季、郭沫若、吕振羽、佐野袈裟美诸人对于中国社会形势发展的见解。

理论指导实践，同时跟着实践发展，理论该是实践性的。对于历史的了解，我们不能单靠一套公式，我们不该"用幻想去代替事实，用公式去嵌镶历史"。过去历史家对于中国历史发展的论究，多数专门详征博引卡、恩的文句，甚至为了适合自己的偏见而割裂或曲解其文句，把具体的历史事实去迁就其抽象的公式，或"直截了当"地把抽象的公式当作具体的历史。这是公式主义者、玄学论者的勾当。

著者批判了这公式主义者、玄学论者的历史见解。他指出历史唯物论，不是凭空幻想出来的教条，而是从具体的历史事实中抽象出来的结论，当新的事实发现，我们必须在不背叛其原则的条件下加以补充，而使理论随事实之发展而发展，而不停留在事实的后面。

是的，资本主义进入帝国主义的阶段，伊里奇的《帝国主义论》便不能不继《资本论》而分析这一新的历史时代。"伊里奇主义不只是卡、恩学说的恢复，而且是这一学说适应于新的历史条件，适应于帝国主义时代之诸特点的具体化与继续发展"（□定）。一国建设社会主义，在卡、恩时代是不可能的，在伊里奇时代却是可能的。从这里可知无智地死守卡、恩在一定历史条件下所达到的某些结论，和断章取义地搬弄卡、恩的一些文句，将如何地陷于对历史唯物论的背叛和对卡恩理论的曲解。所以，逻辑公式的活的运用，革命理论的活的把握，实为我们研究历史时所应做到。而著者就已藉此对于作为中国社会史主要问题之一的发展阶段问题，获得正确的结论。

其次，著者非常注意地、详细地阐明历史的客观条件与人类的主观创造力量之辩证的统一。这一点对于当前的民族革命运动，是显得特别有意义的。过去时代的历史家，片面地夸张了个人对于历史所起的作用，他们显然把整个人类的历史，"当作个人活动和观念的宏图的历史"；相反的，那些机械论的历史家，却又绝对否认个人对于历史的影响作用，而完全把它抹煞。这是同样陷于错误的，因为主观的意识，固然被决定于客观的条件，但同时客观的条件又被影响于主观的创造力，只有他们的相互关联，才能推动历史的发展。

著者更指出历史唯物论者不仅承认群众对历史的创造作用，并且从其生活诸条件上研究领导群众行动的规律。指出过去时代，剥削阶级本质地还是一个革命阶级的时候，唤起了群众去担负革命的任务；而当它接近胜利以至完全胜利的时候，却又倒过来给群众以剥削和压榨，群众被出卖一千次，还可以被出卖一千零一次。然而著者同时指出，这样的时代已经过去了，群众从不断的失败与不断的斗争中，提高了对于政治的警觉性，对于一个历史行动的监视性。他们不但能够发现一个历史行动中某部分的反动性，而且能够以自己的力量来纠正和消灭这种反动性。这在现代历史上已经有了例证,对于我们当前的民族革命运动,无疑有着非常严重的教训意义。

再次,关于中国社会形势发展阶段问题,著者极力论证了中国历史,也和世界其他文化民族的历史一样,经过了一系列的发展诸阶段。所谓亚细亚的生产方法,不是一种属于古代的"东方的"法则,也不是一种先于古代的社会构成,而是一种奴隶制的变种。奴隶所有者社会在中国是存在过的,它是人类历史发展中的必要的一环,而且必然是仅仅后于氏族共产社会的一个历史阶段。从奴隶所有者社会过渡到封建社会,三国历史经历了一个悠长的"停滞"时期,等到中国的布尔乔亚开始履行其阶级任务时,却来了国际资本主义强力的袭击;外来资本力量一方面加速了中国封建经济的解体过程,一方面又附与中国新兴布尔乔亚以买办的属性,使中国社会赋有一种半封建半殖民地的性质,而目前则向独立自由发展的过程转化。

然而中国的历史发展诸阶段,比之世界其他文化民族的,还不能不有形式上的差异。中国的殷代奴隶制,没有发展到希腊、罗马的奴隶制那样高度的典型的程度,而表现为"亚细亚的"形态。但著者没有指出中国奴隶社会的"发育不全"的原因。对于"中国封建社会长期停滞的原因是什么"这一个大问题,著者给我们的答案只是"中国封建社会并不是停滞在同一水平上,而是经常不断地在发展中。不过发展的速度,比之欧西,较为缓慢"两句话,却没有进一步说明这发展缓慢的原因。这恐怕是《历史哲学教程》的美中不足吧。

(香港《大公报》1940年6月2日,第8版)

《历史哲学教程》

胡　庸

翦伯赞著。新知书店经售。

　　历史决不能是偶然事件的连缀,先行社会表象的累积。然而从来庸俗的历史学者,很少有能脱出这窠臼的,这由于他们所处的阶级,显出了他们的嘴脸,因此,在他们的笔下,希特勒就成了个"伟大"的"历史创造者",资本主义制度的存在也就被认作"永恒的真理"了。可是有阶级性的历史科学,终究有一天促使人民自己掘发了历史的奥秘,科学的历史观也就随之而被确切地建立起来了。

　　尽管实验主义的历史学者,仍在怎样搬弄繁琐的史料,凑成历史的百货店,可是这对于现实历史的说明,显得是多么的无力和空洞。他们这架空的无稽的论调,除了给他们自己串演一下"掩耳盗铃"的悲喜剧外,再也不蒙蔽不了我们了。我们要的历史,是要它能显示出历史的真相;我们要的历史,是要它能指出历史发展的规律,更要它能和盘托出客观条件和主观创造作用相对应的途程。那末,这任务自然是只有科学的辨证唯物史观者才能完成它的。也唯有这样,历史才不致成了徒托空言的滥调、徒具形骸的僵尸,更唯此历史成为了动的社会发展的真面目,可用来作为我们实践的指导者。

　　这科学的历史观,被介绍到我们国内来,固然是好多时了,可是很少有人能好好地消化了它,运用了它。搬用马列的文句,套用历史的公式,竟成了一时的风尚。原来是马列辉煌的有生命的语言,到了他们的手里,就变成硬化而死僵的东西;而本来是动的社会发展诸阶段的规律,一经他们的强就其范,也就成了刻板而不合理的公式了。结果若不是趋向教条主义,就是陷入了机械主义的泥淖。这就因他们只看到书本上的理论,而没有把视线转向客观的实体。以致弄到后来,每个自命为史的唯物论者,对于中国的社会形势发展史,都有他自己的见解,造成分歧销杂的论争,差不多是走进主观主义的歧途了。王礼锡他们于这个论争中,甚至说出了"中国谜的时代"的话,把中国的历史当成了谜,不仅是显出了他们在理论上的贫乏,否定了唯物史观拓荒者的任务,而且将我国正在萌芽中的科学的历史观有意无意地扼杀了。同时更有那些"天才"的史学家,居然以唯物史观的外衣,来藏起自己凶狞的面目。而他们对于历史方法论说是茫然,要想他们能将中国的历史整理出成绩来,自然是不可能的了。

然而我们也有不少的忠实的史学家,潜心于史学的探讨。翦伯赞先生就可算是近年最光辉的一个了。在《历史哲学教程》一书里,我们可以看出翦伯赞先生是在怎样地努力着。翦先生绝不似以往的学者生吞活剥地搬弄马列的话,而马列的话,也唯在这里,使我们感得它的确切宝贵。态度的严肃,认识现实的深刻,翦先生实是够得上这样的推崇的。

"正在过渡时期的中国社会情势下,歪曲与错误的理论,反能获其流行的可能。在大学的讲座上,在各种流行的刊物上,到处散布其欺骗青年的毒素。他们任意歪曲、蒙蔽或涂改具体的历史事实,以求适合于其阶级的要求与幻想。像这样各种各样的历史理论,不仅对于历史科学的本身,是一个污蔑,那对于一般青年对中国历史之正确的认识,尤其是对于中国目前正在进行中的民族解放斗争的前途的认识,更是一个毒害",这是翦先生序里的话。的确,反动者就最怕自己吸血的统治制度有被人揭穿的一天,便假手于被豢养的史学家,来隐蔽历史血淋淋的事实。翦先生接着说:"我在本书中,仅就在中国历史研究领域中曾经或一直到现在还可以多少发生一些支配作用的几种理论体系,作为批判的对象。"由此我们可以知道翦先生这本书,就是向国内反科学的史学家掷出了锋利的□,同时也是建立正确的历史理论的基点。

在这本书中,固然是清算了我国实验主义者的错误的历史方法论和伪唯物史观可耻的欺骗手段,而对于实验主义者考证史料的功绩,都给了它公正的评价。

这书的最可宝贵的收获,是把旧史的唯物者的错误理论都改正过来了。

旧的史的唯物者最大的错误,就是无视于主观创造作用与客观发展的规律,在历史运动中辩证地统一。正如翦先生所说:"忽略客观发展的规律,是史的观念论一贯的作风;忽略历史主观创造的作用,也不是辩证唯物论者的历史理论。"再版代序的《群众领袖与历史》,可说是翦先生专针对着这个问题而不厌其详地阐释的。在第三章里亦曾有专题论列。

"我们知道历史不是离开人类的创造而自然主义地发展起来的。事变之客观过程,并不能排斥人类的主观活动。反之,人类的主观活动也正是客观化的结果,即所谓历史的产物"。这对于旧的史的唯物论者正给以有力的指示。而这一现实的问题,在我们的思想中也往往犯了这重大的错误,翦先生对此的条分缕析,是值得我们的珍视的。

一般性和特殊性,在历史发展的规律中,也应该是被作为辩证之统一看的。同样是古代社会,希腊、罗马和东方的殷、商就有了不同的形态,我们要是没有把它弄明白,就无从解释这具体的历史事实了。在第二章的《历史发展的合法则性》中,翦先生就首先提出了它,确是有重大而深长的意义的。

历史上之时间的相续性和空间上的关联性,更是我们认识历史时不可少的一个历史原理。翦先生对此的论断,正能把握住历史的核心。你能把历史总的行程中的某一时代某一阶级割裂了孤立地来看吗?你能在历史全面的发展中,把某一民族或某一领域孤独地来观察吗?除了实验主义者之外,我们想不会有人仍是这样的呆想了。

第五章的《历史的适应性》,说明与诸社会相适应的上层构筑(政治构造和意识形态),将历史的各部门,作一概括的描述。第四章的《历史的实践性》,却给"为什么读历史"这一为大多数人所不能了解的问题,给以明确的解答。同时暴露了御用学者歪曲历史的诡计。最后的一章是专家批判关于中国社会形势发展史的问题的。在这一章里,我们似乎隐隐地瞧见了中国历史新生的远影,因为不仅是翦先生对于诸家的中国社会形势发展史见解的批判,算是使得我们认为满意的。而翦先生自己的见解,更使我觉得凡是一个忠实的史学家,无论是我国今日史料卷帙的浩繁、真伪的□辨,和地下发掘材料的缺乏,给治史者以重重的困难,真理总是渐渐地接近于他们的了。

在今日的我国,作为行动指导原理的历史,是需要我们严正地去认识的。然而没有把握到正确的历史理论,想产生这样的历史,仍然是毫无是处的。前此关于这一类的书,固然是多看,可是除了抄袭相杂凑而外,还有什么呢?这一本书可算得是一盏明灯,治史者拿来投在古书堆中,会照出历史的道路来的。而被称为名史学家兼名教授的诸先生,还可以拿来照出自己脑袋里的毒菌来的呵。

卅五年七月九日于杭州

(《文汇报·图书》1946 年 7 月 25 日,第 8 版)

介绍《历史哲学教程》

子 婴

翦伯赞著。新知书店经售。

历史不是谎造的故事小说和神话,不是几个人的音乐,更不是杜撰的传奇,它是人类生活长期斗争中所展开的社会经济形态的发生,发展与更替的相续诸过程的血与火的记述,历史是被群众、被革命的劳动阶级及被压迫民族的广大人民所创造,是人类革命实践的领导和指示。

然而,在我们祖国的一般所谓历史学者,他们穿上经济唯物论和观念论的外套,戴上深度的老光眼镜,拼死地否定这一历史真理,他们对人类社会发展过程之历史的理解,只能局限于其自身所隶属的阶级意识的界限内,丝毫不能给与历史以真实、科学的认识。

他们在历史领域,是尽了买办奴性的能事,作了政治上阴谋的能手,于是,观念论、机械论者大批"御用"的历史大家,不择手段地去歪曲颠倒历史事实,任意割裂历史的全面性,任意滥制,涂改历史。这样,在它们的历史书中,活生生的事迹变成了抽象的概念,变成了"断代为史"的抒情诗,"英雄""帝皇""上帝""圣贤""功臣"的游魂,充满于字里行间,被压迫的勤劳大众、人民的疾苦,是永远找寻不到。历史在它们手里,变成观念的公式的呆板的东西,全部抹杀了历史的阶级性、战斗性、实践性、生动性、关联性。这些所谓历史学者,更害怕国际革命的理论影响到中国人民,害怕中华民族的解放,影响到他们阶级的没落,又把人类历史一部分的中国历史从世界史中孤立出来,它们只企图把中国历史作为它们的阶级永恒统治大众的工具。要之,中国一般的买办历史家,在历史发展过程中,完全掩盖尽劳苦大众的社会生产力和生产方法,否定经济是历史的基础,尤其抹杀历史是生产发展过程中的阶级关系和阶级斗争,而一味迷惑于"特殊个人""天生圣哲",把历史从具体的历史的现实性中,拖了出来,交给"上帝",交给"理性"去管理,拿马克思的话来说,"这并不是历史,而是黑格尔式的音乐,这不是通常的历史——人类的历史——而是神圣的历史,观念的历史"。但,像这样的历史,用来欺骗、毒害中国人民,已是久远的年代!

这不仅对历史科学本身,是个污蔑,对于一般青年大众对中国历史之正确的认识,尤其对于中国目前正在进行中的民族解放斗争的前途的认识,更是一个深刻的毒害。

在这严重的情形之下,在这历史哲学在中国历史科学的领域上,没有展开更高的发展的今天,翦伯赞的《历史哲学教程》的出版,可说是我们历史科学著作中最值得介绍的第一本。

作者灵活地运用了史的辩证唯物论的方法,有系统地批判从来各家的中国史意见,他充分地指出神学、玄学、实验主义等等不同的错误见解,尽情地驳斥了许多对历史歪曲的谬论,作者更进一步地以"辩证唯物论的火炬,去照明这种隐蔽在历史科学领域之内的诸敌对倾向,〔就在于〕站在一定的(阶级的)〔社会〕立场,去消灭站在劳动大众对面的那个阴影,〔就在于把历史还原到他自己所具有的社会性、战斗性、实践性、生动性和科学性,〕把历史科学从那些所谓饱学的奴才之污秽的手中夺了回来,使之成为大众以及一切被压迫人类革命斗争之最高的指导原理"的新的历史科学的任务;他对于历史发展的合法则性,历史的关联性、实践性和适应性,作了科学的说明,关于中国社会形势发展史问题,尤其根据经济形态而正确贡献了意见。在这里,我们可以深切了解作为阶级斗争的历史的究竟,它更告诉你怎样去研究历史,它提供了科学的大众的方法,给与每个被压迫劳动人们去接受历史的领导指示。

今天,我们的民族解放,已经把中国历史推到崭新的时代,中华民族已经站在世界史的前锋,充任了世界史转化的动力;要争取这一历史的伟大任务完成,必须要以正确的、活的历史原理,作为这一伟大斗争的指导,以获得有利的客观环境,加强主观的创造作用,而使之互相适应,那么,历史哲学也应该成为每个人尤其青年们所应努力学习的课程。

这里,我们热烈希望作者除《历史哲学教程》的好的著作外,更有正确的中国通史的著作。对其他进步的历史学者,当亦如此期望。

三月,苏北一小市集

(《上海周报》1941年第3卷第17期)

《史学通论》

毓

杨鸿烈著。二十八年四月商务印书馆初版。
平装一册,三一八面。价二元。大学丛书本。

本书共分七章:第一章《导言》,述"史"字在中国文字上之原义。据《说文解字》:"史,记事者也。从又持中;中,正也。""中"之意义,有"简册""官府簿书""盛算器具"三说,各具理由,著者则赞官府簿书之说。西语 latopla historia Geschichte 及其同族之字,含义亦有广狭。次述中外学者对"历史"所下之定义,而殿以著者所拟定义,谓"历史是一种很客观而有系统的叙述人类在过去所有的行动的记录"(面一六)。次述中国史学之进步,以《史通》《通鉴》《通志》《文史通义》诸书为代表,与近代西洋及日本史学之进步相参照。次论国人对"历史"与"史学"定义之混淆;西洋、日本学者亦有是病。著者所下"史学"定义,谓"研究与'历史'有关系的种种'理论',和搜辑、鉴别史料的最可靠的方法,与必需的技能的学问,就叫做'史学'"(面三〇)。著者自称本书最大使命在使读者明了何谓历史。至史学方法,另有专书云。(面三一)

第二章《史学的"科学性质"的鉴定》,史学能否成为科学,有否独立价值,论者不一。著者首述西洋学者对"史学是否为科学"之意见;次论科学之范围、历史与其他科学不同之点,以证明史学为一专门、独立之科学。

第三章《史学的今与昔》,首论本章命名"今昔"而不曰"新旧"之故。

次比较昔日与今日史家在"选材"与"方法"二点之得失,并举例证以明其说,且指出昔日史学之缺失,与现在及将来史家所应特别注意之诸点。惟著者于本章中攻击《清史稿》,毫无恕辞(面六六),又谓"我国旧日史学者根本就没有什么科学知识"(面七〇),则不免过甚。

第四章《论历史的正当目的》,论中国过去史家有"垂训""资治"二大派,欧洲有"阐扬宗教""提倡爱国"二大派,四派不惟不足使历史之地位庄严尊崇,反贬损史学的"科学的独立性质"。著者主张历史之目的在"说实话","记真事",与"获得过去的真象"。

第五章《论历史的功用》,论中国学者有推尊历史之功用太过者,有轻视历史之功用同小技者,皆属不当。著者谓"经验"为有用,历史是人类经验之记载,故为有用,可以无疑。故著者谓历史之功用为:(一)历史使人了解存在事物之原始情形;其现已不存在者,若有根据亦可追述。(二)历史使人了解且承认一般社会上之风俗习惯常在变更,藉以治疗畏惧改革之病。(三)历史自近世扩大范围之后,可纠正吾人自来相沿袭之"时间"的错觉与"空间"的狭隘观念。(四)历史使人知人类变迁皆由劳作工具改变而来。(五)历史能使人认识人生之意义与价值。(六)历史为研究各种社会科学之门径。(七)历史为使人能超越"小己"之最有效工具。

第六章《论历史的分类》,述诸史艺文志以至《四库》史部之分类,梁启超氏据《四库》修正之分类,刘知幾《史通》中所述之分类,章学诚《史籍考》之分类,杨概之分类,章炳麟、陈剑谭、陆绍明、刘师培、李大钊(本书作李守常)、吕瑞廷、赵澂璧、李泰棻、朱希祖、胡适诸氏之分类,日本、欧美学者之分类,或依体裁,或依内容,皆说明其故,评其得失。著者则以内容为准,分历史为"普通文化史""特别文化史"二大类,各大类又析为若干类。(面一七一——一七二)次述依地域为准之分类,如柳诒徵(本书作柳翼谋)之分类,欧洲学者之分类,而殿以著者所拟分类。次述依时间为准之分类,所谓通史与断代,自郑樵,历章学诚,以迄近人之论辩,并举欧洲学者断代史之分法。次述依历史进化级段为准之分类。

第七章《论与历史有关的种种科学》,首述欧、美学者对与历史有关科学之意见,各评其得失。著者之意见,分历史补助科学为二大类,曰

"一般的"及"特殊的"(细目见面一九六)。本章所论及之历史补助科学,"特殊的"有言语文字学、年代学、考古学,"一般的"有人类学、民俗学、社会学、政治学、经济学、地理学、心理学、文学、哲学。盖择要论列,非谓历史补助科学尽于此也。分论各节,比较史学与其补助科学各学门所研究之对象,其范围、其目的与其方法上之差别,其相助相成之点;胪列中外学者之意见,与成绩之实证,以证明或驳正其说。本章占全书篇幅三分之一以上,其目的亦在借其他诸科以解释史学为一专门、独立之科学,不可目为非科学而废之也。

晚近出版史学理论之书,除何炳松氏所著《通史新义》及译述数种外,尚罕规模较大之作。杨氏此书,虽未能尽善,然用力之勤,已足令人钦佩。其所征引,皆详见各章后注脚,亦颇便学者参考也。

(《图书季刊》1939 年第 1 卷第 4 期)

关于《联共（布）党史简明教程》一书与马克思列宁主义底宣传

杨　松

《联共（布）党史简明教程》底出版已经两年半了，该书底出版不仅是苏联共产党（布）思想生活中一个最大事件，而且是资本主义各国里和殖民地半殖民地各国里共产党思想生活中的最大事件。该书已译成三十一国文字，该书出版后四个月（该书于一九三八年九月出版）在法国就销售了十五万五千本。该书出版后五个月在美国销售了十万本，由于第一版很快卖完了，立即印行了第二版十五万本。该书在英国销行十万本，从这几个简单数目字，我们就看出：资本主义各国里先进工人们和人士们是如何热烈地欢迎该书之出版。

该书在殖民地和半殖民地中国人民中也受到热烈的欢迎。在一九三八年十一月该书出版两个月后，该书第七章和结束语就已译成中文，在《解放》上发表。不久有三种中文译本流行于中国：第一种译本是重庆的译本，第二种译本是上海的译本，第三种译本是莫斯科外国工人出版社的译本。三种译本以莫斯科译本在意思上为最精确。上海译本我们没有收到，不知译文如何。

该书是在中国流行最广的一本马克思列宁主义的书籍，重庆译本分上、下两册，多流行于大后方各省，上海译本多流行上海和新四军活动区域，莫斯科译本则多流行于华北各抗日根据地和陕甘宁边区，大后方和华中各地亦常见莫斯科的译本。在华北某些抗日民主根据地（如晋察冀边区、晋冀豫边区和山东等地）还有自己的翻印本，专供当地发行，以免从我后方运输到敌后方浪费许多人力、物力和财力。由于各地纷纷翻印该书,对于该书发行总数难作精确统计。但据我们估计,该书在我国发行总数约为十万本。在文化理论水平比较落后的中国,在敌后方敌人的摧残与大后方国民党当局的压制之下,像这样第一流的马克思列宁主义的著作,在我国流行这样多,不能不说是空前未有的。

不仅从该书散布上,我们可以看出我国先进工人们和知识分子对该书之欢迎,并且从对于该书的深刻研究上来说,从该书在我国思想界所起的影响上来说,从因研究该书而引起阅读马、恩、列、斯底原著的兴趣上来说,该书确实是我国工人们和各界知识分子所最欢迎的。

且举延安为例。延安党、政、军、民、学各方面的高级和中级干部都已学完了《联共(布)党史简明教程》一书,高级干部都从一九三九年五月起至一九四〇年五月底止,学完了该书。中级干部从一九四〇年六月初至今年三月底止,亦学完了该书。听联共(布)党史大课的中级干部,在去年六月开始上课时,为一六一八人;到该课完结时为二一二八人。学习人数不仅没有减少,而且增加了。学习联共(布)党史的,不仅有我们党各部门的干部,还有非党的干部,如作家、音乐家、画家、戏剧家、医生、技师等等。在学完该书以后,延安许多机关已组织起各种研究会和读书小组,开始独立阅读和研究马、恩、列、斯底原著。所有这些事实,都是说明:该书在宣传马克思列宁主义底理论上,在提高我们党干部的政治理论上,在巩固我们党队伍上,在提高工作效能上,都起了巨大的作用。

《联共(布)党史简明教程》一书为什么在中国得到广大读者的欢迎呢?原因不仅在于,该书是已经胜利的苏联工人阶级政党——布尔塞维克党底科学历史,不仅是共产国际第一个支部——苏联共产党(布)底伟大经验的阐发与总结,而且因为该书是我国共产党人掌握马克思列宁主义底强有力的武器,是我国共产党人和非党的先进知识份子认识社会发展和政治斗争底规律强有力的武器,是把马克思列宁主义底宣传提高到适当的理论高度的武器。

《联共(布)党史简明教程》一书的出版,纠正了和正在纠正着该书出版前在马克思列宁主义底宣传中的许多缺点,纠正了和正在纠正着关于历史战线上,特别是关于联共(布)党史中的许多缺点。

在该书出版以前,一般联共(布)党史课本的主要缺点有三:

第一个缺点是"叙述联共(布)历史时,和俄国史、联邦史没有关联",因此"联共(布)的历史将不成为历史,而好像关于过去事情一篇轻松的和不完全的故事"(见斯大林《论联共(布)党史课本》)。这个缺点在《联共(布)党史简明教程》中被纠正了,在该书每章的前面,都给苏联经济的和政治的状况,以历史的说明,站在严格历史主义的观点上,根据每个时期的具体历史条件,去观察当时的政治事变与解释党的政策和口号,这是历史的、科学的叙述方法,这是马克思列宁主义底叙述方法。这种方法是与历史战线上流行的所谓朴克洛夫斯基学派不同的,他们不是从历史的观点去分析历史,而是从"今天的观点"去分析历史,因此,真实的历史被歪曲和被粉饰,其结果是历史变成非历史。

在该书出版以前,一般联共(布)党史译本第二个缺点是:"它们把自己限制于叙述或简单地描写反对各种倾向的斗争事实,而没有给以必要的马克思主义的说明"。因此,使"联共(布)历史中的派别斗争与反倾向斗争将成为不可理解的争吵,而布尔塞维克就好像是不可救药的和永不疲倦的争吵者与殴斗者"(同上)。这个缺点在《联共(布)党史简明教程》中也被纠正了,该书不仅叙述事实,不仅叙述各个时期对于工人阶级和党内各种派别的斗争,并且给这些事实以马克思列宁主义的科学说明:指出了工人阶级和共产党内部各种倾向和派别存在之历史条件,是由于在革命前的俄国既存在现代资本主义的各阶级,也存在资本主义以前的各阶级;是由于俄国本身的小资产阶级性,以及俄国工人阶级内部成分之复杂。而其思想根源,则是由于资产阶级的影响与小资产阶级的影响。并且该书也是根据斯大林下列指示而写成的。斯大林指出:"布尔塞维克与反布尔塞维克的各种倾向和各种派别的斗争,曾是保护列宁主义之原则的斗争;在资本主义条件之下,一般地说,在敌对阶级存在条件之下,党内矛盾与分歧是不可避免的;在上述条件下只有克服这些矛盾,才能巩固无产阶级的政党;如果不与这些反列宁的各种倾向和各种集团进行原则的斗争,如果不克服它们,那么我们底党亦将如第二国际的社会民主党一样,不可避免地陨落下去了,第二国际的党就没有采取这样的斗争。"(同上)

《联共(布)党史简明教程》出版以前，一般党史译本第三个缺点是："它们苦于结构之不正确，苦于事变的划分时期之不正确。"(同上)但在《联共(布)党史简明教程》一书中已纠正了这个缺点，它是根据斯大林联共(布)历史底时期划分为基础的，这种时期的划分是完全符合联共(布)底客观历史发展阶段的。

《联共(布)党史简明教程》一书的优点不仅在于纠正了一般党史译本的上述三个缺点，它的优点还在于纠正了过去关于马克思列宁主义底宣传上的许多缺点。

在该书出版以前，在马克思列宁主义底宣传中的第一个最大的缺点，是马克思主义与列宁主义间有害的脱离，"以致把列宁主义当作独立的学说，而与马克思主义分开，与辨证的历史唯物论分开，与党史分开来教授；忘记了列宁主义是在马克思主义的基础上成长起来的与发展起来的，忘记了马克思主义是列宁主义的基础，如果不认识列宁主义的这个基础，是不可能了解列宁主义的"[见联共(布)中央关于《联共(布)党史简明教程》出版后底宣传的决议]。

《联共(布)党史简明教程》一书底出版，纠正了在党底宣传中把列宁主义与马克思主义脱离的缺点，该书特别强调马克思主义与列宁主义间的继承性，强调它们内部的不可分离的联系性、完整性与一致性。这种一致性首先表现在：列宁和斯大林从革命活动开始时起，就与一切马克思主义的敌人进行无情的斗争。列宁在俄国战胜了民粹党，把马克思主义与工人运动联系起来了。后来列宁继续反对俄国合法马克思主义、经济主义、孟塞维主义、第二国际领袖们的机会主义以及托洛茨基主义。列宁反对各种机会主义的斗争，就是保护马克思主义的斗争。列宁死后，斯大林继承列宁的学说和事业，反对联共(布)党内和共产国际各支部内各种"左"、右机会主义，反对反革命的托洛茨基主义，反对曲解列宁主义。斯大林反对各种机会主义的斗争，就是保护列宁主义的斗争，间接也是保护马克思主义的斗争。

列宁主义不仅是马克思主义之保护，不仅是马克思主义真正内容之恢复，它是在新的条件下，在帝国主义与无产阶级革命条件下，在苏联社会主义胜利条件下，马克思主义的继续和发展，列宁主义是帝国主义和无产阶级革命时代的马克思主义。列宁主义是马克思主义各组成部分的一切方面之发展。列宁所著《什么是人民之友》《唯物论与经验批判论》《哲学笔记》,斯大林所著《关于辩证唯物论与历史唯物论》,都是马克思主义哲学之向前发展。列宁所著《俄国资本主义之发展》《帝国主义》,列宁和斯大林关于资本主义发展不平衡的学说、关于社会主义底政治经济学,斯大林关于战后资本主义总危机的理论、他对一九二九—三二年资本主义世界经济危机的分析等等,乃是马克思主义底经济学说之向前发展。列宁所著《做什么》《进一步,退两步》《两个策略》《国家与革命》《"左"派幼稚病》,斯大林所著《列宁主义问题》《民族殖民的问题》等等,乃是马克思、恩格斯关于社会主义的理论,关于无产阶级社会主义革命的学说,关于国家的学说,关于无产阶级党底战略和策略,关于党的学说之继续向前发展。

在《联共(布)党史简明教程》出版以前,在党底宣传中第二个主要的缺点,是党的政策与马克思主义的辩证法脱离,与马克思主义的哲学唯物论脱离,与历史唯物论脱离。

这个缺点在《联共(布)党史简明教程》中被纠正了,在斯大林所写《关于辩证唯物论与历史唯物论》一节中,清楚地指出马克思列宁主义党之理论基础与它的政策间之内部联系性。

例如,当斯大林阐明马克思主义辩证法底基本特征以后,就在结论中阐明如何把这些特征用到无产阶级党底实际活动中去。正如斯大林所指出的:

> 由此可见,不是要指靠于社会里那些已不再发展的阶层,即令这些阶层在现时还是占较大比重的力量,而是要指靠于社会里那些正在发展着,并具有远大前程的阶层,即令这些阶层在现时还不是占较大比重的力量。
>
> 由此可见,为着不致在政治上弄出错误,那就要向前看,而不是向后看。
>
> 由此可见,为着不致在政治上弄出错误,那就要作革命家,而不是作改良主义者。
>
> 由此可见,为着不致在政治上弄出错误,就要进行不调和的阶

级的无产阶级的政策，而不是进行协调无产阶级与资产阶级利益的改良主义政策，而不是进行协调无产阶级与资产阶级利益的改良主义政策，而不是进行让资本主义"长成"社会主义的妥协主义政策。

当斯大林阐明马克思主义的哲学唯物论以后，他也做出以下的政治结论：

> 由此可见，无产阶级党底实际活动，应当不是以"卓越人物"底善良愿望为基础，不是以"理性""普遍道德"等等底要求为基础，而是以社会发展底规律为基础，而是以这些规律底研究为基础。
>
> 由此可见，无产阶级党在其实际活动中，应当不是以什么偶然的动机为准则，而是以社会发展规律，以及由这些规律中所得出的实际结论为准则。
>
> 由此可见，科学和实际活动间的联系，理论和实践的联系，它们的一致，就应当成为无产阶级党底指路明星。
>
> 由此可见，为着不致在政治上弄出错误，为着不致陷入空洞臆想家的地位，那末无产阶级党在自己的活动中，就应当不是从抽象的"人类理性原则"出发，而是从社会底具体的物质生活条件，即社会发展底有决定作用的力量出发；不是从"伟大人物"底善良愿望出发，而是从社会底物质生活发展之现实需要出发。

在该书中不仅在第四章第二节指出了：辩证唯物论、历史唯物论与无产阶级党底政策之内部联系，并且在全书中都贯彻着这种精神。

在《联共(布)党史简明教程》出版以前，在我国进行马克思列宁主义底宣传中也存在了上述两大缺点。在最近两年来我党已开始在纠正这些缺点，例如在延安我党所办学校中，已经不是把列宁主义当作独立的学说来教授，而是把列宁主义、辩证唯物论和历史唯物论合为统一的课程来教授，名为《马克思列宁主义底基础》。在研究马克思列宁底哲学问题上，亦开始纠正哲学脱离党的政策之缺点。

《联共(布)党史简明教程》一书出版后，我们虽然部分纠正了关于马克思列宁主义宣传中的一些错误，虽已初步提高了干部的理论的水平；但是，我们决不能因此引为满足。我们应该用最大的努力，来克服我们思想战线上的落后，我们要进一步地深刻研究马克思、恩格斯、列宁和斯大林的原著；我们要进一步地把马克思列宁主义底理论应用于中国实际斗争中，我们要进一步地掌握中国社会发展和政治斗争之一般规律和特点，把马克思列宁主义的理论与党的政策联系起来。

(《解放》1941年第128期)

《联共(布)党史简明教程》(上册)

大 维

中国出版社。

它不仅为一整个的宝贵的史料,而且是无产阶级斗争必定胜利的昭告!

它决不是死板板的几项教条,却都是无产阶级争取革命成功的指导!

记得从前读那举世闻名的传记《从一个人看一个新世界》的时候,它虽然内容是包藏着如何可歌可泣的事实,文笔是如何生龙活虎地气概,可是不知怎样地始终看不下去,感觉复杂、散漫、混乱……前后不能因果地全面把握——这也许是我个人的笨拙,然而它给一个初学俄国布尔希维克斗争史的人看,确乎未免稍嫌繁复一些,我曾抱了这"繁复"的经验,去读这《联共(布)党史简明教程》(虽然书上面是写着"简明"字样,可是我心里终想一部党史终不会叙述的比传记更好吧!),那知道一开卷便不费力地冲过五十页,从畏怕疑惧心理顷刻转变到惊异贪恋的态度,一共费了一天还不到,轻松地结束了这三百三十一页的党史教程,于是我怀疑起我从前的智力了,更怀疑到该书的内容。但当我把《列宁选集》附卷联共党史一比较后,我立刻相信这是著者的成功、译者的努力和该书称为"简明教程"的不虚!

上册共六章(下册我们希望译者印者赶快出版),是按照史太林论联共党史课本末段"大纲"划分的,从一八八三年普列哈诺夫组织"劳动解放社"(第一个我国马克思主义集团)起,一直到一九一八年二月革命建立临时政府止,中间凡卅六年的普罗列塔利亚底斗争和布尔希维克的领导革命,一事不遗地记载着。它不惟叙明了斗争的经过和结果,并且遵照了史太林的指示,把每一斗争的时代和社会经济情形扼要地说明了,把党和工人阶级内的各种趋势和派别以及布尔西维克向各派别斗争底原则等以马克思主义解释了,这使学习者不惟能很快地、很明晰地把握着党史的全面,并且能很确实地把"学习党史和工作联在一起"(史太林语)。

大维读后识

布尔希维克的"实践的历史,它的经验的丰富,在这世界上是没有相等的"(《列宁全集》第廿五卷,一七五页)。真的,就在这短短三百余页的简明教程里,我们已能得到很多的教训和指示了。

它告诉我们"无产阶级底伟大导师马克思和恩格斯与乌托邦社会主义者相反,他们第一个解说社会主义——不是幻想家(乌托邦者)的空想,而是现代资本主义发展的必然结果。……只有无产阶级,才可以把人类从资本主义从剥削下面挽救出来"!依"无产阶级……他是与最先进的经济形式,——大生产相联系的劳动阶级,因此他有很大的前途"!而"在俄国第一个实现了社会主义与工人运动的联结"!

他告诉我们什么是"青年派"或"经济派",什么是"警察社会主义"(苏巴托夫派)、"十月党"、"八月联盟(中派)"、"取消派"、"召回派"等和他们的错误。

他告诉我们牧师也会组织"工厂工人会议"帮着俄国资产阶级行凶。

他更告诉我们什么是"血的星期日""红色的普列斯尼区""一九〇五年不可分离的口号"以及《火星报》《真理报》的前后不同意义。

列宁在论创办党报的重要时,同时启示了游击战的原理。他说:"很灵活的,善于一方面当敌人把全部力量集中一点,他的力量超过我们很多时,会在战场上避免斗争,同时又会利用这个敌人的呆滞,在他最不提防的地方和时候向他进攻!"他更叙述了现代知识份子的弱点,斥责马尔托夫同时告诫着一般知识份子:"作为现代资本主义的社会特殊阶层的知识份子底特点,一般的说来,正就是个人主义和不能接受纪律和组织。""缺少组织和纪律精神的自我教育的人,不是无产阶级,而是我们党内的某些知识份子!""资产阶级知识份子的心理(他们认为自己是站在群众组织和群众纪律之上的"特权人物"),在这里变现的异常清楚,……对于知识份子的个人主义,一切无产阶级的组织和纪律是农奴制度。"

列宁论党的组织、性质和任务,在这书里,是配合上时代和社会,以最详明的方式叙述了。他在《进一步,退二步》论组织无产阶级政党底重要时,提出二个不朽的命题:"无产阶级的组织上的物质底统一去巩固思想的统一!""无产阶级在争取政权的斗争中除了组织外,没有别的武器!"

在革命的高潮和低潮的时候,革命者进退的技术,列宁阐发得最正确和最详明,说革命者不仅要善于在革命高涨的时候坚决地进攻,在先头队伍中去进攻,而且要善于在已经没有高涨的时候正确地退却,按照环境的变迁,变换策略,要退却得不溃乱,而有组织地、安静地、不惊惶地退却。要利用每一最小的可能,来保全干部,不使他们遭受打击,整理自己的队伍,蓄积力量,并准备向敌人作新的进攻,列宁并指出:"在这种时机中(指退潮时——大维注),革命的政党应该继续学习,在革命高涨时,他们学习了进攻;在反动时期,他们应该学习如何正确地退却,如何转入地下,如何保存与巩固非法的党,如何利用公开的可能,利用一切公开的特别群众的组织来巩固与群众的联系!"所以布尔希维克在退却时最重要的战术原则,最主□的是非法工作和在各种合法工人团体中合法工作的配合。

在第一次帝国主义大战时期,列宁对"战争"的诠释,是不可磨灭的理论,就是他划分战争为二种:(一)是正义的、非侵略的:解放的战争。其目的,是在保卫人民,防御外来侵略,正如我国目前的抗战;或是在使人民从资本主义奴隶制下解放出来,如俄国的革命。(二)是非正义的:侵略战争。其目的,是在侵略和奴役别的国家、别的人民,如意大利征阿比西尼亚等。而社会主义者的操守,在这里便应当有所选择,列宁很明白而确实地指出布尔希维克是赞成第一种战争,而反对第二种战争的！并且提出了一句口号："战争是自命为社会主义者的各党各派底试金石！"在今天的中国，我们读了这些至理名言，更可进一步地了解苏联对于我国抗战的态度当是怎样，而同时对列宁的伟大，更不得不予以莫大的钦敬！

本书特点，最后必须指出的，就是它把列宁名著如《二个策略》《唯物论与经济批判论》等简要地介绍其内容和时代背境，并且处处指明列宁订定新方针、新理论时，是怎样地扬弃或高级地发挥无产阶级伟大的导师马克思和恩格斯的著名论题（如农民革命运动必须配合无产阶级革命等论），这样，使学习党史的人，更能进一步地学习正确的理论，并且把理论和实践统一地把握起来。

列宁说"我们不是无缘无故地被称为铁石人的！"这句话，本书尽了解答的任务。

(《新知十月刊》1939 年第 5 期)

介绍《联共(布)党史简明教程》

许立群

出版者：大华出版社

最近出版的《联共(布)党史简明教程》，是根据一九三八年九月九日到十九日苏联《真理报》译出的。这本党史由联共(布)中央党史委员会编著，由联共(布)中央委员会审定，其取材的严谨、态度的正确是毋须怀疑的。

现在谨就其中所呈现的优点，向读者作一简略的介绍：

（一）研究联共(布)的历史对当前实践的意义

首先，我们要问：大时代中的中国青年研究联共(布)的历史对当前的实践具有什么意义呢？

中国当前实践最艰苦的任务，是坚持持久战，坚持统一战线，完成最后胜利的目的。由于这一任务的长期性与艰苦性，使得许多动摇分子转变，使得许多意志薄弱者悲观。历史要求每一个决心担当起这伟大而艰难任务的青年，首先要把他头脑武装起来。

武装头脑最重要的武器，是对历史社会发展法则正确的把握，与对革命动力正确的认识。有了这一锋锐的武器，法西斯崩溃的必然性、中国的最后胜利，才不是乌托邦的空想，不是不可知的命运，而是有科学的根据的。一切悲观动摇分子，认为久战必败，或者把民族解放事业看作无把握的冒险行动，因战争不能速胜便主张投降妥协，在这一武器前便粉碎了。研究联共(布)的历史，对我们去把握这一武器，是有力的帮助。

其次,联共(布)的历史可以当作苏联的民族解放史看。在革命以前,在军事封建帝国主义的沙皇统治下,俄罗斯是黑暗的、落后的,经过英勇无比的牺牲奋斗,经过三次大革命,特别是十月革命以后,内部有高尔察克、邓尼金强大的白军,外面有十四个帝国主义干涉者的围攻,革命军方面缺少训练,武器落后,粮食恐慌,当时环境比今天中国困难得多,但是在布尔塞维克领导之下,革命人民粉碎了一切内、外部的敌人,完成了民族的彻底解放。研究联共(布)的历史可加强中国青年战斗的勇气。

再次,在今天,在资本主义世界愁云满布,正在进行战争以谋解决自身矛盾的旁边,社会主义的苏联却坚强地发展着,成为自由、幸福的象征,世界和平的柱石。去年第三届五年计划又开始了。苏联的能有今天,除了因为曾以流血和国内外敌人进行残酷的斗争外,更进行了正确而艰苦的建国工作,经过了困难的新经济政策时期,经过两个五年计划时期,清除了托匪、右派、两面派、帝国主义间谍的阴谋破坏,才能奠定了社会主义建设的基础。对联共(布)历史的研究,在中国青年面前提供了最好的规模与榜样,更提高对奸细托匪、两面派的政治警惕性。

总结来说:研究联共(布)的历史,武装我们头脑,坚定最后胜利的信心,加强斗争勇气,提高政治警惕性,这便是研究联共(布)的历史对中国当前实践的意义。

(二) 当作马克斯主义和列宁主义发展史看的联共(布)党史

这本《联共(布)党史简明教程》的特点,可以说是以马克斯—列宁主义的发展作为中心而写成的。

列宁主义不是宗教的教条,而是一切合乎科学的组织的行运的可靠的指南。这部党史更反映了这句名言的正确:"没有革命的理论,就没有革命的行动。"

战斗的、革命的列宁主义在实践中愈益丰富其内容,它是马克斯主义在实际上的运用,更进一步发展了马克斯主义。

列宁主义在摧毁了民粹派、经济派、孟塞维克、右派的取消主义、"右派"的召回主义、托洛斯基主义、社会爱国主义、无政府主义等等斗争中发展起来的。列宁的党也是在与这些革命的敌人斗争中而发展起来的,这本党史每一页都把列宁主义学列宁党的发展的配合,表现得很清楚,这是这本书最大的特点。

列宁的《什么是人民之友》与《俄国资本主义的发展》摧毁了民粹派主义;他的《做什么?》根本动摇了"经济派"的思想立场,强调了党和工人运动的领导意义,为党奠定了思想的基础;他的《进一步,退两步》打击了孟塞维克组织问题上的机会主义,坚持党性,反对小组织,奠定了党的组织基础;他的《在资产阶级民主革命中社会民主的两个策略》粉碎了孟塞维克机会主义的策略方针,强调工人阶级的领导作用与转变民主革命为社会革命远景,奠定了党的政治的(策略的)基础;他的《唯物论与经济批判论》对于因为一九〇五年革命失败而变为马克思主义的变节者是致命的一击,保持了党的理论基础。列宁主义的发展完成了党的准备工作。

革命组织的阶段,由普列哈诺夫的"劳动解放社"到普拉格代表会议布尔塞维克成为独立的政党(从一八八三——一九一二),在这中间如一根线贯穿着的是列宁主义的发展。

这本党史,把每一件列宁的具有划时代意义的理论工作成果(如前面举的写作),都给了相当篇幅的分析与阐述,更给了简明的历史意义的总结。还专门有一节解释辩证唯物论与历史唯物论,博古先生曾批评这一节说:"……把辩证唯物论与历史唯物论给了最正确而又简单的叙述,实为研究新哲学不可多得的佳作。"(见《辩证唯物论与历史唯物论》前言)

正如本书引言所说的:"研究联共(布)的历史……帮助精通布尔塞维克主义。"

根据上面所说的,假如这里可以贡献给读者关于阅读本书的方法的话,也是同样的:把握住这本书的重心——把握住列宁主义史的发展,也即把握了党史的发展。

(三) 几个优点

这本教程对于党史的研究者,特别是初学者是一本最适合的书。

（一）这本党史不论编法或者写法都做到了"简明"两个字了。比起以前出版的耶鲁斯拉夫斯基的《联共党史》来，对于初学者适合得多了。它的简明表现在搜集材料的扼要上，不必要的材料都没有列入；又表现在编写的体裁上，他把党的发展阶段与革命高潮的涨落分为章，每章分作几节，都有意义明显而完全的标题，对每一个问题的分析，如民粹派的错误、一九〇五年革命失败的原因，都不是笼统地叙述，而分析为几点来说明，这是对读者最方便的地方，便于记忆，便于有一个完整而有条列的概念。

（二）每章末尾附了一个"简略的结论"，以几百字、千字左右，把全章主要的史实作简略的叙述，总结斗争的成果与经验，并指出今后发展的方向，这"简略的结论"可以说是全章的骨骼与轮廓，这一工作无疑地也是能给读者以很大方便与帮助的。

末了不能不提一提的是译笔的流畅与印刷的美观，译文没有生硬或者很长的、难于消化的句子，经过博古先生的的校阅，译错或者不忠实的地方，一定极少或者没有，也是可以信任的吧！全书用新五号字排印，美观阅目，增加阅读的兴趣。

现在把博古先生在《辩证唯物论与历史唯物论》前言中对于本书介绍的话，拿来作这篇介绍的结尾，他说："这本书是近年来苏联的历史科学与马克斯主义理论的重大收获。"

（《学习》1940年第1卷第10期）

评《社会史简明教程》

平　凡

邓初民著。生活书店出版。

这本书所要解答的问题就是：社会怎样构成着？又是怎样变革着？作者在自序中说："我却是很谨慎的接受了对于这个问题的正确的答案，和对于这个问题的考察方法，而一步一步展开对于社会构成过程与社会变革过程的忠实记述的。换言之，我是努力站在科学的营垒，才开始努力于社会进化历程之科学的记述的。"这种"科学的著作"在"目前国内出版界实在还有必要"，"因为中国学术的落后，正在流行的先生们的浅薄的思索力，不但对于那种方法的构成的理解过于艰难，而且对于一切事物、一切现象，希望他着眼于所谓全体性的考察，即对于事物之必然的辩证的过程而作全体性的考察，实在已是太超过了先生们的视线及其生活要求的限界了"。

但是我却以为：（一）作者本人在亲察社会史的方法上是不科学的，（二）在解释社会的构成上是机械的，（三）在说明社会进化的过程上是反辩证的。现在把这三点加以略简的说明。

第一，从唯物史观者看起来，一切的社会的上层建筑和一切社会的演变过程都是以物质为基础的，都是受经济的力量所决定的。这是对的，这没有人可以否认的。但是我们觉得这种看法还不够。例如说，人的生活建筑在许多的细胞的有机作用上。这是不错的，但是许多细胞的有机活动却并不就是人的生活。人类的社会生活没有经济基础是不可能的，但是徒有经济基础也是不可能的。假使只有几块基石而不造一建筑，这不成其为建筑。假使只有经济力而没有其他的力量，这也不成其为社会。假使我们要根据"全体性的考察"，虽然我们承认物质是精神的必需条件，但是我们决不能用解释物质的方法去解释精神现象。科学方法最大的前提就是要建筑在客观的事实上。假使在客观的事实上，物质和和精神有不同的内在关系和不同的性质，"虽然两者之间有发生上的关系和休戚相关的有机性"，那么我们就不能把它们混为一谈。我们应该找出两方面的特点，然后运用配合这种客观事实的方法去观察它，分析它和解释它。假使我们只凭主观的信仰，拿同一把钥匙去开各种不同的锁，这些门是永远开不了的。

第二，说到社会的构成，诚如作者所说，除了经济基础之外，还有政治和意识形态两个因素，其实他还忘了两个因素，一个是使个人之间发生变通的教育力量，一个是由文艺所表达出来的社会情绪。我以为唯物史观的人对于生活的情绪方面并没有和生活的其他方面平等地重视。他们以为人类的生活是完全要根据理智的判断。其实情绪又何尝不是同等重要的生活的一方面呢？还有一点是我认为作者没有明确解释的，就是经济、政治和意识形态三者之间的关系，它们各自有其特殊的使命。这决非只用生产、劳动等等字眼所能解说明白的。我以为经济是社会生活的物质基础，政治是社会生活的组织力量，意识形态是社会生活的计划机构和控制机构。作者在这方面似乎还认识不足。

第三，在社会的演进方面，作者以为各个阶段的不同完全是因为经济结构，再由经济的结构的不同而有不同的上层建筑。但是社会的变革有时是意识形态方面发生了变化，然后，根据这个意识形态去变革社会的物质方面。这样例子很多。例如苏联的革命是先有了马克斯的唯物史观，中国的革命是以孙中山的三民主义为根据。到现在为止，还是被有三民主义的理想而没有完全实现三民主义的社会。再说到中国的社会改革，我们的思想受到西方文化的影响，深对现状不满，然后我们才逐步地改良，甚至于采取革命的方式。这就是所谓"得风气之先"，所谓"先知先觉"。还有在各个阶段上我们以为各有其不同的特点，而这些特点并不能完全用"唯物"两个字所能包括的。

全书内容"简明"尚可当之无愧，详细的批评留到以后再写。

(《申报》1946年5月4日，第8版)

《社会史简明教程》读后

胡膺东

邓初民的《社会史简明教程》,是一本关于社会构成过程与变革过程的探究的著作。全书共分六编,关于编制的系统上,在纵的分期方面来说,是把社会进化的历程,分为原始共产社会、古代社会、封建社会、资本主义社会、社会主义社会各阶段,而叙述了由原始公社到社会主义时代的全系列。在横的方面,作者把人类主要的社会生活为研究的内容与对象,由社会的经济结构,进而考察政治的形色、精神的意识形态,以发掘出各个社会阶段的特征。

作者在本书《自序》上这么说:"我的动机与理由,就是在对于研究社会科学的人们,尤其是初学的人们,做一有系统的、科学的记述,而指示出社会构成与社会变革的一般简单明了的概念。"本来,企图把人类社会的发展的各个断面,做一详细的研究,这决不是一件轻而易举的事。浩如烟海的史料,准会令人感到疲于应付,尤其是像我国的特殊性社会,由于史料之缺乏可靠性,很难做得完善。邓先生的这本《社会史简明教程》,是在极度经济的和科学的叙述之下,从一般的整个社会全系列的,到某一社会的、特殊法则的,作一个动的看法。我们从作者的努力上来看,他的确已经做到了"社会进化历程之科学的把握"。这一点,正由于这科学性的考察与研究方法的应用。因此,在内容的启发性上极容易为初学者打开研究的路线,开拓一认识的方向。

研究社会科学的最基本的步骤,就是把整个人类社会的变动发展,做一个科学的、全盘的鸟瞰。因此,我说邓先生这部著作,是研究社会科学者,必须一读的。

邓先生在本书第三章,说明了社会意识与经济的、政治的诸过程间的关系。他说:"由物制的生产力决定生产关系,生产关系的总和,就是社会的经济构造,即经济的过程,由社会的经济构造决定政治组织、意识形态,即政治的过程与精神的过程。"换言之即生活关系的变革,使社会意识形态发生变革。例如,在资本主义的生产关系之下,便有适应着它的社会意识出现,在质的方面表现为个人主义;表现在经济上,为经济的个体主义;在政治方面,便是个人的社会契约。

在《近代资本主义社会生活之政治过程》一章里,作者发掘出社会形态中交互并存着的生产关系,以及由生产联系所决定的复杂的阶级关系。资本主义社会中,社会的阶级构成虽然颇为复杂,然而它的基本的阶级关系,却只有布而乔亚与普鲁塔利亚,近代的政治,即是这两个阶级的对立。

跟着作者又提出了"法西斯蒂是资产阶级专政的公开形式"这一句话,他分析了法西斯蒂的本质、先决条件及其特征。他说:"法西斯蒂是资本主义的总危机,在战后日益深刻化,由战后第一期直接革命的威胁,金融寡头资本家利用贫穷化的中间层——破产的农民、城市的小资产阶级、落后的知识分子、退伍的军人等等为镇压革命势力,加紧剥削工农大众,加紧侵略殖民地半殖民地,剥削殖民地半殖民地民众,希望挽救空前紧张危机局面下的垂死的资本制度——资本主义世界之最后挣扎的一种最反动、最残暴、最酷虐的政治形态。"因此,它所表现的特征是暴力独裁、否认社会阶级的存在和排外战争。法西斯的本质决定了它的特征。在意大利、德意志、日本这些国家,国会愈变成"聋子的耳朵",愈成为法西斯的温顺的工具。凡是不温顺的国会,都被解散;凡反对他们的人,都被拘囚屠杀、放逐。如今,法西斯化国家,已经遭受到历史的制裁。然而,我们不能否认,尚有法西斯的残余的灰烬,潜伏在这世界中,以某种掩护的方式扮演着历史的悲剧。认识法西斯的内容,从社会史的角度,去剖析它的政治的、经济的诸特征,这于我人对现实社会的看法,必然会加深一层的。

本书的另一个特点,即在其研究并分析各个社会阶段的时候,确是先把社会生活之经济的过程的叙述,作为张本,再进而讨论关联着社会经济的各项政治过程与精神过程。后者包括了政治演变的史料,与宗教、哲学、科学的发达程度与特征,而比各项意识形态的体现,又莫不处处与前者(社会道德)的因素相互呼应反证。

在这里,作者对于近代资本主义社会生活之精神的过程中的哲学思想,叙述得颇为详细,他批判了近代资本主义社会的哲学唯物论的反动——新康德主义在社会学上的反应,新里格尔主义之法西斯的功用。

不用说的,邓先生这部《社会史简明教程》,已经指出了社会怎样变革着?和社会怎样构成着?他的处理材料与叙述以忠实性,的确是费了很大的力气的。

认识时代的演变,把握住社会进化的历程与动向,研究社会科学的朋友,可以从这书里立一个基础,才后再进一层作更深的研究。

笔者之所以乐于介绍这部著作,正根据以上所说的"社会进化历程之科学的把握",因为在这里可以使你窥见各个阶段的特征与诸意识形态的丰富的内容;同时它在内容以叙述上是比较完整的一本书。

(《前线日报·书报评论》1947年4月4日,第6版)

《唯物史观的批评》

似　彭

The Materialist Conception of History：A Critical Analysis, By Karl Federn，London，McMillan，1939. 263 pages.

近来批评唯物史观的书很多，这一本比较是晚出的，内容共分八章。第一章引用马克斯自己的话，说明唯物史观的十五要点。自第二章至第七章，作者把马克斯的十五要点，一一加以批评。第二章批评"生产力"。第三章批评生产条件与思想活动的关系。第四章批评革命论。第五章批评历史分期说。第六章批评历史辩证法。第七章批评历史上的必然论。最后一章，作者提出自己对于历史发展的看法。

前七章占全书最大的部分，但因过去批评唯物史观的人太多了，所以书中并找不到特殊新颖之点。其中有一段批评马克斯主义者的为学方法，却很有趣。他说：

> 马克斯主义者对于历史的发展，不去细心地搜集事实，也不去谨慎地分析过程，因为他早已有答案在胸。他们在研究之先，就相信一种运动，必有他的经济原因。他的判断是偏颇的，他的方法是演绎的。他们不去从事实中找原因，但是只去寻找可以凑合他的理论的事实。

假如作者所描写的，是马克斯主义者研究学问的方法，那么这种研究方法，是应当反对的。本来唯物史观，如把他当作一种研究学问的工具看，也可有他的贡献，其效用正与别的史观相等。一切史观，都是一种假设，都可作我们研究问题的出发点。但是我们要注意的，就是出发点与结论之间,还有一段搜集事实的过程。假如我们所搜集的事实,证明某一问题的发生,的确与经济原素有关,那么我们所下的结论,也许与唯物史观者相同。反是,假如我们所搜集的事实,证明某一问题,与经济原素毫无关系,或虽有关系而不密切,那么我们决不歪曲事实,硬说他有经济的基础。我们一定要用别的观点,搜集别一类的事实,来解释这个问题。我们决不牢守唯物史观,而不敢放弃。这是利用唯物史观,而不是迷信唯物史观。这是把唯物史观当工具,而不是把他当作信条。纯粹社会科学者,与马克斯主义者,其分别在此。

在最后一章中,作者说明他自己对于历史发展的看法,只有十八页,所以不能说得很详细。他以为要了解历史,一定要把握着三种原素,即生产、智慧、与武力。生产是由于需要。生产方法的改变,完全要看人类智慧发展的程度。智慧与武力两种原素合起来,决定谁去工作,以及工作的收获,如何分配。历史上有钱的人,并不是工作最勤劳的人,而是拥有武力的人。在野蛮的时代,一个强的部落,常把弱的部落赶走,而占有他的土地。游牧的善战民族,常常征服安居乐业的农民,把男子杀尽,把女人及牛羊带走。外来的征服者,常以贵族自居,而把被征服者当作平民或奴隶看待。一直到现代,最富的国家,每年总要花很多的钱来维持他的武力,来练兵造船,否则他的财富,将为别的国家所掠夺。

从作者简单的说明中,我们可以看出他是用唯物、唯智、唯力三种史观综合起来解释历史的。如有所偏,他是偏重于唯力。作者在最后一页的附注中,说是他正用这个观点,写一本新书,名为 *Essay Towards A Phenomenology of History*,我们很希望最近有读到这本著作的机会。唯物史观的书,我们已看得太多了,但唯力史观的著作,却不多睹,我们很想看作者如何利用这个观点,来解释历史的发展。

(《新经济》1942 年第 7 卷第 5 期)

《中国历史新研究法》

诚　鑑

蔡尚思撰。
二十九年十月初版，中华书局印行。
平装一册，一五八页。定价八角。

作者拟厘中国通史为四编：（一）绪论；（二）中国经济史纲要，包括生产、消费、分配、交换及财政等；（三）中国政治史纲要，包括政法、军事、民族、疆域及各种制度；（四）中国学术史纲要，包括经学、文字学、历史、思想、文学、艺术、科学、医学、宗教、风俗等。本书即中国通史之绪论也。名之曰新者，盖自清以降，中国史学界中分为"正统""怀疑""扬弃"三大派，著者即主张"博学应像正统派，明辨应像怀疑派，融贯应像扬弃派，即以扬弃派的精确方法，而兼正统派的学问与怀疑派的精神"。

所谓新者，即此意也。

全书计十二章，曰《历史的关系一切》《史实的成分与中国历史的特色》《中国史书的分类》《科学的新史观》《新史观的应用与中国史的分期》《归纳两种比较鉴别方法》《书本内外两种搜集方法》《选择分配与社会眼光》《批评叙述与客观态度》《作史的条件》《读史的要诀》《历史的创造》，所论范围殊广。第三章《中国史书的分类》，所列分类标准达八种之多，似觉过于琐细。第四章《科学的新史观》，全盘承受辩证法与唯物史观成说，亦有可以商榷之处。第五、第六、第八、第九四章，皆论史观及方法，似可并为一章。第七章《书本内外两种搜集方法》，则泛论一般的研究方法，与本书体旨不尽合，似可不必勒为专章。第十章《作史的条件》，论才、学、识、德四者孰为首要，稍觉辞费。第十一章《论读史要诀》，所举古今、中外、名实、成败、人己等五种互察，颇具新见，使读者能不为成说所囿,此其佳处。最后一章《历史的创造》,所以鼓励吾人之创造未来,殿于篇末,语重心长,意至善也。

本书取材布局方面,间有失之过简者,如第四章中论近因、远因与主因、副因,著者斥前者而主后者,而所言破多于立,恐不易使读者信服。第八章论中国通史应侧重的方面一节,为全书精要所在,似宜详为论说,而著者仅粗举若干条目,不过二百余字。反之,第七章全章,及第十二章论时间的久暂一段,引文则微嫌累赘。而第七章附录文集中的中国史学批评史料简目所引各书,下加问号者有六种之多,虽著者声明偶然遗忘,但所引文集有见于《四库总目》者,如元杨万里《诚斋集》、清金门诏《金东山文集》,一检即得。又汉初诛诸吕,朱虚侯、东牟侯兄弟功不在小,著者于东牟侯下亦置一问号,似均宜加以补正。

第七章研究与人数一节,作者以修史者人数之多寡为史书优劣之标准,亦有可议。谓《史》《汉》为家庭合作,不及陈寿《三国志》、万斯同《明史稿》,以僚友合作之《资治通鉴》列第三等,改编成书之《通鉴纪事本末》列第七等,均有可议。举汉文帝为一自欺欺人、有名无实之昏暴皇帝,责其屈己事虏,纵敌杀人,则未免故为苛论。

案:此书视梁任公之《中国历史研究法》及《补篇》,其推陈出新之处颇多,草创不如继述,斯又一例。著者师承有自,并世学者多其师友,又曾居南京国学图书馆有年,多窥旧籍,自谓涉猎文集达三千余种,用力可谓勤矣。惟对于欧西史学似少研究,书中称马克斯为欧洲最大史家,已属不经;以唯物辨证法为进步之史学方法而侈谈辨证法之处,论证又常与本书要旨扞格不相入,斯则骛奇好新而不能化之过也。

(《图书月刊》1941年第1卷第6期)

《中国历史研究法》

宗 颐

吴泽编著。峨眉出版社发行,一九四二年十一月初版。

在一般读书界中,对于中国历史的研究与兴趣相当提高了的时候,本书的出版是值得欢迎的。虽然这并不能算是一本新的著作,不过是旧的论文的编集。但因编集在一起,尚能保持统一的面貌,且内中不乏可读的好文章,所以我特在此地向读者介绍,并指出一些应该批评的地方。

本书包括五章,每章又分节,实际上是十一篇论文。其中大多数是本书编者吴泽的作品。

本书中最不能使人满意的是第一章和第三章。第一章《引论》,有一个副标题是"中国史学的动向",实际上并没有对于"动向"有所分析,对于过去的史学的活动并没有完整的检讨和正确的评价,我们不能不认为这篇《引论》实在有点不相称。第三章的标题是《中国历史研究法的基本原理及具体方法》,其中第一节《中国历史研究法的基本原理》,几乎全部是同一本文献的照抄,这种写作方法是值得商榷的。我们固然承认所抄的都是正确的,并且也没有抄得牛头不对马嘴。但是知道当有人对于某一个问题的成了权威的论文以后,后来的人所能做的事就只是照抄原文了事?假如只能照抄,那就索性地说明是节录,而把自己补充的材料附录在后,这是一种应有的科学态度!除了这个关于基本的原理以外,只有一篇《研究中国古史的态度和具体的方法》算是说明"具体方法"的,也令人觉得非常不够。

第二章是《我国错误的中国历史观的批判》里面介绍翦伯赞与华岗

批评实验主义观点与秋泽修二的法西斯侵略主义观点的两篇论文,都是值得一读的。但是目前论坛上流行的是比实验主义更落后的观点,是更巧妙地化装了的法西斯主义观点,却并没有被批评到,不能不令人有不足之感。比较更能使人满意的是第四章《中国历史批判运用方法的基本原理及具体方法》和第五章《中国历史研究提纲,经历阶段纲要与历史上诸问题》,尤其在后者中所包括的吕振羽著《中国历史研究提纲》和吴泽著《中国历史发展阶段提纲》,是对于一般读者极其有用的。

也许并不是本书编集者的本意,全书内容很容易令人发生重视古代史而忽视近代史的印象。因为在本书中所涉及研究历史的方法与运用史料的方法,都只谈到古代史,而无只字谈及近代史。本书编者在《研究中国古代史的态度和具体方法》一文力说古史研究和当前实际并非无关,这当然是对的。但我们也决不能以为,必须把古史研究好了以后,才能进而探讨长期的封建社会时代和近百年的历史。特别对于一般有研究历史的兴趣的青年朋友,更重要的该我们以为是引导他们去做近代史的研究。

(《新华日报》1942年11月30日,第4版)

《中国历史研究法》读后

陈家康

吴泽先生编著的《中国历史研究法》一书,是一部可读的书。在这部书中说明了中国史学的许多动向,这许多动向,在吴泽先生看来有四个方面:第一方面是郭沫若、吕振羽两位先生开端的新史学体系,第二方面是食货派的史学体系,第三方面则是日本法西斯宣传员秋泽修二之流的中国史学体系,第四方面是古史辨派的史学体系(以上见《中国历史研究法·引论》)。在这四方面中,我想提出第一方面和第三方面的问题加以讨论。为什么?因为,最近六七年来,我们的新史学体系对于日本法西斯宣传员秋泽修二之流的中国史学体系展开了一个坚决的斗争。这个斗争与我们的抗日战争是息息相关的。吴泽先生说:"我们为着民族文化与运动解放,我们绝不容秋泽修二及民族'内奸'们,小丑跳梁,迷蒙中国革命方向;因此我和陈伯达、吕振羽、华岗诸先生等一再致其批判,揭示其侵略阴谋。"(《中国历史研究法·引论》)清算秋泽修二之流的理论是我们新历史家抗战以来最伟大的成绩。因此,当我们阅读《中国历史研究法》时,必须特别着重这个问题。同时,必须尊重吴泽先生对于这个问题的继续提出。

《中国历史研究法》中有两篇文章是专门对秋泽修二的。有一篇列为第二章第二节,标题为"法西斯侵略主义中国历史观的批判",出自华岗同志的手笔。又一篇列为第五章第三节,标题为"中国历史研究上的诸问题",出自吕振羽先生的手笔。这两篇文章值得我们细读。秋泽修二的中国史论是根据他的外铄论、停滞论、循环论、退化论构成的。秋泽修二对于中国历史阶段的划分,更是岂有此理。吕振羽先生说:"现在来检讨日本法西斯军阀侵华宣传员秋泽修二的见解。他的《支那社会史构成》，是集一切反马列主义的反动的错误的观点之大成的中国史论。关于中国社会的发展形式，他说：'我们认为，大体上从春秋─战国到秦汉时代的中国社会是奴隶所有者的构成的社会，从唐代到清末是封建构成的社会，而自汉以后至唐的期间，是从奴隶所有者构成向封建构成转化的时代，向封建社会构成之明确地确立的时代。'（二一四页）但他又在同书二四五页上说：'在春秋战国时代、秦汉时代（至少在前汉时代），及北朝的若干诸王朝是奴隶制成为支配的生产方法，唐宋以后到清末的时候，封建的农奴制成为支配的生产方法。'二四一页又说：'在隋代，奴隶制又成了重要的生产关系。'二四三页说：'至元代，由于元征服的结果，奴隶制再复活。'二五七页说：'周以前的时代，所谓"殷商"时代（前十八世纪到前十三世纪）大体是氏族制社会的时代。'二五七—八页说，'殷代末期'，'社会阶层分化的开始，表现着国家的始基形态'。二〇五页说：'奴隶制，到周种族对殷种族的征服后，终成为决定的东西。'二一五页说：'殷代末期及周代的初期，是种族奴隶制的时代。'二〇七页说西周是'成立于种族奴隶制的时代'的'原始国家'。"（见吕振羽先生用曾兴笔名发表《中国社会史上的奴隶制度问题》一文，载《群众》五卷第九、十期合刊及第十一期）秋泽修二关于中国社会史的分期，究竟有什么意义呢？华岗同志说："同时秋泽修二又曾暗示着我们，在这'千年'过渡期中，由汉朝的匈奴到北朝的蛮族侵入，曾有着重大的作用，到这我们才明白，原来秋泽拼命把中国社会史的'奴隶制'拉大，乃是为了配合匈奴等异族入侵的缘故。至于事实，汉唐是否还是奴隶制社会，□倒是无关紧要的。"（见《中国历史研究法》第二章一节，三九页）这个判断，颇为中肯。配合着日本法西斯武装进攻的秋泽修二的中国史论，乃是我们新史学体系的当前大敌，何况还有秋泽修二私货的所谓历史学者作□□。我希望由于吴泽先生新作《中国历史研究法》的出版，引起我们对于这种法西斯主义的中国史论，继续展开斗争，以使我们保存我们的民族史学。

至于我们的新史学体系，诚如吴泽先生所说："由于中国革命方向问题的严重和世界的科学历史观新潮的高涨，而引起中国历史研究的新史观的运用,郭沫若的《中国古代社会研究》,便是始创巨著,其后,是吕振羽氏的《史前中国社会研究》等相继出版,中国新史学体例,就此具备了端倪。"然而也正因为郭、吕两先生对于殷周社会性质的判断不同(郭先生至今认定西周是奴隶社会,吕先生至今认定西周为封建社会),于是新史学体系内部也就分成两条道路向前发展。虽然,分成两条道路发展,但是,据我所知道的,所有关于社会发展形态如何划分的争论,都在东汉以前,魏晋以后,没有争论。这就是说:从魏晋到清代鸦片战争止定为封建社会,大家并无异议。把封建制度下农民战争认为是社会革命的动力,更无异议。从鸦片战争后定为半殖民地半封建社会,大家也无异议。而且为了更联系实践起见,我们号召用新史观研究中国历史的朋友们,今后应当加强对于鸦片战争后中国社会史,以及对于历代农民战争的研究,以便使我们新史学体系的重心不致局限于古代一隅。

当然,我并非不赞成研究古典社会。若就古典社会而言,吕振羽先生开始的系统极为各方重视。这个系统认为殷代是古典(奴隶)社会,由西周至鸦片战争为封建社会。吴泽先生《中国历史研究法》的系统,是与吕先生的系统一致的。要想了解这个系统的人,最好读《中国历史研究法》第五章三篇文章。其次说到郭沫若先生的系统。郭先生的系统有新、旧两说。新说以郭著《殷商是奴隶社会》为代表作(载《学习生活》第三卷第一期)。这个新说仍然坚持西周是奴隶社会,还认为殷代也是奴隶社会。因为郭先生的新说与吕先生的系统相差只有一个西周。郭先生的旧说以《中国古代社会研究》为代表作,这个旧说认为"商代和商代以前都是原始共产社会"(见《中国古代社会研究·绪论》),又认为从西周起才是奴隶社会。这个旧说被郭先生自己取消了。郭先生的旧说自然自动取消,但又有根据郭先生学说以发展者,□为侯外庐先生。侯先生的主张以最□□□的《中国古代社会史论》为代表作。他认为殷代不是奴隶社会而是父系世族社会(原始公社制度社会的末期,或野蛮上□)。他认为从西周起才是奴隶社会,此点与郭先生的旧说相同。就我个人而言,我深信中国古典(奴隶)社会可以分成两期,西周是前期,秦汉是后期。西周为奴隶制度的城市与农村特殊统一的国家,秦汉为奴隶制度的一统帝国。殷代为原始公社制度社会的末期,或者说父系世族社会,魏晋则为贵族占田制的封建社会。目前新史学体系内部的争论,我想总不外于这四者。而郭先生的旧说与吴先生的体系不无日趋接近的可能。郭先生的旧说与侯先生的意见,以及我的意见,亦无不日趋接近的可能。总之,新史学体系内部的争论,并不如一般人所想象的那样分歧。而且这些争论都是属于秦汉以前的,东汉以后并无关于社会发展阶段划分的争论。今后我们再加深刻研究以及自由讨论,不久将来,定会取得圆满的结果。

因此,我再次向我所敬爱的青年朋友介绍《中国历史研究法》这本书。这本书中对于研究中国历史的方法,有精确的见解。然而还有不能已于言者,吴泽先生原书第四章专论史料问题。过去我们的新史学家,除一二人外,对于史料的真伪问题不注重。吴先生能用专章讨论这一问题,足以启发后学,就我自己而言,也得益不少。但是,研究史料不得多拜老师,我们应当拜古史辨派的钱玄同、顾颉刚先生等作老师,拜今文学家康有为和古文学家章太炎作老师,拜罗振玉、王国维作老师,拜嘉乾朴学家作老师,拜欧阳修作老师是不成问题的,甚至于再拜朱熹作老师,恐怕这位朱老夫子的辨伪功夫倒□在我们之上。而且摆在我们眼前还有一位老师,就是郭沫若先生。□意:吴泽先生没有把辨伪功夫放在适当的地位。譬如拿《洪范》作为研究西周宗教政治哲学的可靠资料(见原书页一五七),略□□量余地。又譬如强调神话和传说的史料性,也会发生毛病。中国的神话和传说,出于战国初年以前的极少,而且极无系统,与希腊神话大不相同。战国中叶出现了一位黄帝,于是逐渐出现包牺、神农,最后到盘古为止。这个神话,与其视为传说,不如谓为后人的造说,如何靠得住。禹在殷周时代,总算一个传说中的伟大人物,连禹的存在与否都不免引起学者的怀疑,尧、舜更无论矣,何况黄帝以上。因此,除了甲骨吉金以外,我们对于《诗》《书》《周易》《春秋》四部古籍都要加以辨伪、去伪的功夫。凡是甲骨与《诗》《书》《周易》《春秋》上面没有的人物和没有的制度,最好存疑,以待古物出土更多时,再作定论。

(《新华日报》1943 年 1 月 25 日,第 4 版)

评《历史艺术论》

燕义权

著者：姜蕴刚
出版：商务印书馆

在最近出版的书籍中，姜蕴刚教授这本《历史艺术论》，是比较值得我们注意的，因为犹如他的另一大著《社会哲学》一样，他能以最美的文辞，表现其特殊的见解，这充分证明了著者写作态度的严肃，研究工力的深刻。

依照著作自己的解释，所谓历史艺术论，主要是指著述历史的作风与手法而言的，如在《自序》中说："试读时下许多有价值的历史作品及一般散文记载，差不多全都是富于历史艺术论的作风。其所以受欢迎及[使]读者发生很深印象的原因，就全然由它不是呆滞的公式手法，或论证的意义解释，而是活活泼泼的一件艺术品，因其内容及形式都是艺术化了[的]。"又说："在今天的写作，要不采取历史艺术论的手法及作风，不仅他抓不着读者的心情，也抓不着历史的象。"说得已非常的明白。而在《历史与小说》中，则更有肯定的表示："（假设）[设若]要以小说的方法去写历史的事实，这正是'历史艺术论'的流派。""写历史而小说化，这是历史新途径的成功，这种新途径的成功，正符合于我们历史艺术论的主张。历史艺术论的具体意见；怕也该就是历史小说体罢！因为小说的特质，并非就是离奇古怪，而应该是入情入味的艺术态度。"

这种历史艺术论的主张，在今天确有鼓吹的需要。因为不仅就历史传统的效果讲应该如此，而就今日学术的风气讲，实更应该如此。大概自新文学运动以来，我们无形中有一种非常错误的观念，就是对于写作的技术,太不注意讲求,竟认为这仅是文艺家的事,并不是一般学问家的事。所以号为硕学专家,写出文章,也往往辞不达意,而且也毫不以为怪,无形中影响到一般国文水准的低落,普遍学术力量的衰减。所以今日高谈历史艺术的理想,主张艺术表现的方法,实具有深切的意义,不失为对症的良药。

但是显然的,著者的主张,也并不仅是一个表现问题,而乃是一个整个看法,简单来说,著者对于历史艺术论不仅认为是方法问题,还认为是本质问题,如他所说"历史根本是人生的描写""人生就是一件艺术品,宇宙也还是一个艺术现象"(《历史艺术论》)的话,就可得到证明。同时著者对于历史艺术论,也不仅认为是永恒性的,且更认为是时代性的,如他所说"我很(相)[自]信,此后的著述世界,应该是'历史艺术论'的时代,至少这个时代,可以定名曰'历史艺术论'的世纪"(《自序》)的话,意思就很明白。这可以说是著者自己的系统,我们就原则上看,认为大体可以成立。尤其是后者,著者在《社会哲学》《人类文化的展望》中,亦已有了详细的阐发与开展,认为孔德的宗教、哲学、科学的三阶段,本是人类情、意、智三方面的发展;但科学阶段的智的发展,并不能算是人生的,故在事实上仍重新发展出意与情的两方面,而今后感情生活之复活的阶段,就是所谓"艺术阶段",这可说著者已由单纯的历史艺术论,扩展为普通的文化艺术论。自然,在中国作同样主张的,尚有朱谦之先生,读过其《历史哲学》与《文化哲学》的,当会承认:虽然二人见解也有小异,但在根本态度上实甚一致,尤其二人都是"唯物论"者,至少我有这样感觉。不过这并不是我所欲讨论的,我所欲讨论的,乃是以下几个问题:

一、历史艺术的地位问题,如果著者的意见,只以历史艺术论作为历史的方法,所谓:史家就要以艺术那样的精神、态度与工作,来对付历史。这个历史方法是成功之史,否则便是失败之史,(《历史艺术论》)自然可议。但著者以为"历史[应该]是真、善、美三位一体的(精)[尊]神,三位一体的化身,应该正是历史的精灵与面貌"(同上),而此真、善、美既是所谓历史艺术的"三个基础",又惟有历史艺术的标志所谓"玄想"方能够达到目的,这就不无可议了。因为著者之历史艺术论,既然说不属于历史科学和历史哲学,亦不反对考据和史观,"它不过在考据及史观上来,来一个有边际的玄想"(同上)。姑无论这个"玄想",在作如何的解释,或具有多大的力量,我们实也难说它就能兼具历史科学和历史哲学,亦即考据与史观之特长;虽然在理论上,艺术的美,亦可说即真即善,而在事实上我们不能不承认考据的主要意义在真,史观的主要意义在善,而艺术的主要意义仅是在"美"而已!过去中国理想的史学家,必须兼备才、学、识三长,因"史所贵者义也,而所具者事也,所凭者文也。[孟子曰:'其事则齐桓、晋文,其文则史,义则夫子自谓窃取之矣。'](并非识)[非识]无以断其义,非才无以善其文,非学无以练其事"(《文史通义·史德》)。而"义理存乎识,辞章存乎才,征实存乎学"(同上《说林》)的话,正不失为真理的名言,而这里所说的义理即是史观,征实即是考据,辞章即是艺术。当然欲达真、善、美三者之目的,必须兼具考据史观与艺术三者之特长;仅只是一个艺术的玄想,如何能达到这样的任务?同时著者在解释"史料,史学与历史"时,既说:"史料之研究是科学的,史学的研究是哲学的,历史的研究则必是艺术的。"而此"艺术品之存在,全然出于具有综合(注意综合)的全体的生命性"。既又说:"历史固原有其生命之成长及进展,当然不必有赖于其他者之充实;其生命始可存在。"凡此犹如著者过于调调"玄想"二字一样。这里要附带批评一点,就是著者所说"人类之所以能够进化,就因为他比较其他一切动物能够抬起头来玄思"的历史艺术论的话,似乎又与其"(人类之所以能进化的原因乃由于弱)[人之所以能进仕,便是弱之缘故]"的"弱的进化论"(见《社会哲学》),略有冲突;但我赞成的确是前者,因为人类就表面讲虽是"弱",而就能"玄想"的讲却是"强",而且此"强"亦是能补其"弱"而有余。真使人有堕入云里雾中之感。

二、历史艺术的内容问题。著者对于历史艺术的要求,虽然强调"真"字;但著者对于历史记述的评价却又归于"撒谎"(《撒谎的杰作》),自然这说法是新鲜的;但似嫌太勇敢了一点,你看他说:"上帝之造宇宙及造人类也就是一位了不起的撒谎大家。""宇宙及人类既是由上帝之撒谎而来,则宇宙间有何事物不是撒谎所构成的呢?"所以"人类文化的本身,老实说就是撒谎"(同上),历史当然更不消说。不过他还找出了原因:"大多数历史家未必都是在诚心的撒谎,可是在事实上有时还不得不撒谎的,有时或是故意的要撒谎,有时是一种推测的撒谎。"(同上)而著者之所特重的撒谎、提倡的撒谎,是"要包含有一定的条件,这撒谎的结果,是要使一般人相信,而复发生一种有人生意义价值的预期的效率"(同上)。其实这是夸大描写,事实并不如此。过去历史的记述,固有些次真实处,但历史家却不能不尽力求去真实;同时历史记述如是真能入情入理,即令不是某一人的事实,亦必是某一人的事实,与其谓之"撒谎",仍不如谓之"纪记实"。这里我们无须举出"在齐太史简,在晋董狐笔"(《正气歌》)之类的例证,来驳正著者的偏见。即就著者自己所举的例证而论,也实在是一种误会,如谓:"中国最早的历史是孔子的《春秋》,而《春秋》之作,据说是在'寓褒贬,别善恶','使乱臣贼子惧',并非全然为的历史,因此复有所谓的《三传》了。"(同上)其实真正为乱臣贼子惧的,正是不折不扣的真实的记述,颠倒黑白的撒谎历史,并不能产生"寓褒贬,别善恶"的效果。至于《三传》之作,乃是详略问题、体例问题,更与撒谎不撒谎(《春秋》有问题处是其所讳处,但亦不即是撒谎)无关了。大概著者专从其缺陷处着眼,所以有此结论,其实历史固"必然有他的不寻常之悲与酷的生命"(《历史艺术论》),又何尝没有不寻常之乐与美的境域?中国历史的发展,固"是一幕悲剧之连台的演出"(《国史悲剧的发展》),但又何尝没有一幕喜剧之连台的表演。我们亦不是什么卫道派,问题的关键,究还在著者是否真站在最高处,而未蔽于一隅。历史与人生,尤其是在中国人的历史与人生,果真是值得那样悲观的吗?其实要真照历史艺术论的看法,倒正应该是一个相反的结论。

三、历史艺术的法则问题。著者由历史艺术的观点,认为历史的过程是一种超机的现象,历史的演进是一种超机的延展,所以它不是生物的、有机的,而是只能体味,只能感觉,它只能由传统的暗示方面加以描绘,而不能用固定的科学方法加以分析。只是给人们一种"唤起作用",而不是给人们一种"报告录",更不会有什么清晰的秩序。这个认识,本也是无可议的,但也因著者之过于强调,便使人觉得不无可议了,如他说:"事变的理由是不必真,或不必要的。许多历史上之事变理由,大概都是后来所加上去的,大多数的理由都不会是引起原来事变的,许多事变的发生,都是无理由可说。偶然的凑合,每为事变之所由来,但是并不能追寻其理由。理由都是有作用者所向机制造的,或者为事变之结果说明。故人生的真象及历史的再造,纯然是要靠人类纯熟之心理去发现。"(《历史之超机的演进》)这显然把历史的表象,看得太过简单,其实历史之变动,决不是一个偶然的突变,而是一种继续的渐变,一个革命之发生,并不是突然的发生,而是事前经过多年的酝酿。重视"历史继续"的观念,正是近代史学的进步,美国新史家鲁滨孙的《新史学》,对此就有详细的阐发。我们不能不承认这样的认识,更比较来得深刻与合理。其次历史固有其独特的智慧生命之存在,非绝对根由自然法则而活动;但历史也未尝没有其自己的法则。所以著者所斥责的现今一般皮毛的物论者"拼命要把任何一部民族史去适合他既定的公式;可以附会的便附会之,连附会都不能的便予以否认或抹杀,或认为伪造[了]"(《历史艺术论》),固然很对;但如要肯定地说"历史更无'阶段说'遵守之必要"(同上),似未免过甚其词,实则历史的发展,虽不是固定不变的"命定",却有其大势所趋的"趋势",再说著者所用以代表时代的历史艺术论及文化艺术论,又何尝不是一种法则性的阶段说呢。

上面是笔者对于著者《历史艺术论》之理论的一点浅见。至于著者在本书中运用历史艺术论的态度与手法,根据中国过去的神话与传说,对中国史前时代的四篇历史创作,我实在感到极浓厚的兴趣,而且也认为这个努力具有极大的意义。其实在理论方面,我又何尝没有同感,只是我另外还有一个感觉,就是著者的理论原则是不错的,但话说得却过火了一点;著者的理想世界也是不错的,但现在也还嫌太早了一点。不过对这本书,我愿诚恳地推荐给青年学生们,因为著者的研究态度,固值得我们学习,著者文章技术,更应该作为模范,在这精神饥荒的今日,谁不应精读这本名言的结晶,有谁不应朗诵这个美丽的诗篇?

(《文化先锋》1944年第3卷第4期)

历史的艺术性
——评姜蕴刚氏《历史艺术论》(商务)

周上能

史观中有一种是艺术史观,也称历史艺术论,专就艺术来解释历史。它是建筑在表现的形式上,所以它注重直观,不承认有什么作用阶段和因果法则,不构成什么概念,也不使用什么方法,只在构成一个明白限定的个体的艺术领域。这是姜氏《历史艺术论·自序》引克洛西(Croce)这派主张的大意,当然作者更是发挥这种学说的。因此他认为要认识历史,只有历史艺术论才能达到这个目的。在这个时代中,他肯定了他的主张:"事实上,在今天写作要不采取历史艺术的手法及作风,不仅他抓不着读者的心情,也抓不着历史的真象,他是一个行尸论者,而反自以为是一个正统派的卫道君子;结果,忍受不着失败者的悲哀,反骂世人是流俗肤浅!"他坚定地主张:"此后的著述世界,应该是'历史艺术论'的时代,可以定名曰'历史艺术论'的世纪。"以及本书对于历史及人生的看法,要充实新的生命,在他《自序》中已经标举得非常明显了!

这本书一共有十四篇文章,先后聚集起来的,都讨论前面那个主题,虽然能成为比较有系统的思想,但语焉不详,不免杂乱分歧断续,除了提供一点新意见以外,没有多少更进步的建树,所以还是没有真实地建立起基础来。而且用艺术解释历史,也不是最新的学说,同样也是最古的学说,章学诚说"六经皆史也",与以前所谓"文史不分"的话看来,可说有密切关系。"文"是艺术,"史"据《说文》:"史,记事者也。从右持中,中,正也。"可见史是文之属于记述,当然也是艺术的。在史学发生之第一时期,就是传奇记载的审美的历史,从前的史诗,希罗多德

(Herodotus)《波希战争史》、司马迁《史记》等史书，都有这种性质。因为艺术重审美，自然免不了生动，但也不免主观夸大；因为求内容与形式的配合，而割裂了其他更有价值、有用的史料。历史与艺术究竟有分别，不是一种东西；而且艺术也只是解释历史的一方面，它也是建立在物质基础上而用人精神表现出的一种东西。历史更其如此，它是以民生的物质为中心，而与艺术同在一种基础上面，谁能说人类历史是以艺术为基础的呢？如果是那样，历史便落了空，单是艺术也不能负担起这个使命！这不是很明显吗？人类的历史真没有因果法则可寻吗？很多史家的答复是否定的！如果我们不否认历史哲学尤其是历史科学的话，我们不会那样说。如果我们否认有因果法则，而又同意历史哲学与科学，那也是矛盾和冲突的！

历史艺术论者，重视神话（Myth）和传说（Legend），认为是历史的构成部分，所以说"所有的历史都是传说"，"民俗学也说神话是真理之核的外壳"。本书强调："古史固然是由传说得来，便是现代史乃至新闻材料，也都是传说的。"（页四）甚至他说"历史也还是撒谎"，以为："史观与考据，在历史上都是一偏之见，因为历史不仅有现象也还有灵魂。"但他也承认："历史艺术论者既不反对考据，亦不反对史观，它不过要在考据及史观之上，来一个有边际的玄想，以盼望获得一种过去的可贵之暗示（吧）[罢]了！"这可见他的历史艺术也是不很健全的。他认识历史有生命，一切都是活的现象，似乎像是生物的发生似的历史，这和常乃德氏之生物史观，也是相合的。他说："历史根本是人生的描写。人生的表现，决不是因袭的、堆积的、命定的，而是循着一条生命线为创造的前进。"（页十一）又说："人生就是一件艺术品，宇宙[也]还是一个艺术现象。""上帝所写的这部宇宙及人生历史，是非常求和谐的。""所以历史家应该是艺术家，历史除去了艺术，便毫无生气。"这简直可称为艺术的生命史观了。他认为："历史之艺术有三个基点，也即是普通艺术之所谓三基点，即真、善、美，我想福利德尔所谓有边际的玄想，其边际应该以此为标准。历史若不真，就成为纯然虚构的小说了；若不善，就成为零碎的见闻杂记了；若不美，就成为断续的流水账簿了。若流水账簿，若见闻杂记，若小说，均各有其真或善或美，但非真、善、美合一，这如何能够成为历史呢？历史应该是真、善、美三位一体的尊神。三位一体的化身,应该正是历史的精灵与面貌。"(页十四)。例如他说:"中国历史所以比较推崇《史记》的缘故,就因为作者无公式、阶段等成见的先入,而有活泼的玄想的描写叙述。写汉高,写项王,栩栩欲生,各尽其性,写得真是美极了。"

作者过分夸大生命,把自然的宇宙和历史的宇宙严格划分,以为后者不能用科学方法研究,他忽略了生命现象的基础是建立在物质上的,离了物质生命是空的;人文科学也自有其科学方法可寻,基于人类生活的原理,我们可以用人类求生存的方法和科学的法则性去研究。如果否定了一切研究的手段,目的便不容易接近了!作者对史料、史学、历史三者,解释为不是同一种东西:"史料的研究是科学的,史学的研究是哲学的,历史的研究则必须是艺术的。"这倒相当合理。他在《撒谎的杰作》一文中说:"政争及兵道是提倡撒谎。"并举国内与国际政治为例,也不过尔诈我虞,在彼此撒谎欺骗罢了。他以为撒谎甚至是人类文化之起源,这与桑戴克(Thorndike)以文化起于魔术,同是过分夸大。自然古今来做大事成大名的人,免不了撒谎,就是日本也是纯属于撒谎的历史,这都不无理由,恐怕卫道者也是承认的。作者认为历史超机的演进,不会重演。这与常乃德氏主张历史是有机的演进,有重演亦有个性,恰恰相反。他认为:"'历史不准准确确是一种科学',所以便不能用科学方法去整理它,或发现它。"(页四八)但如果说它不全是科学便不用科学方法研究,这便欠妥;何况它也是人文科学之一部分呢?

以前有人将历史的演进分四个时代:最初是神学时代,其次是哲学时代,其三是科学时代,其四是今后的艺术时代,各代表一种不同的文化,像一个由下而上的金字塔:

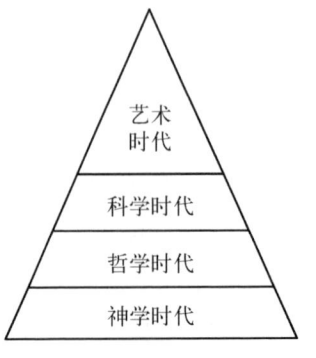

这种把现在和将来看作艺术时代,颇为一般人赞同,本书作者也特别重视它,他说:"就是因为(唯)[惟]有艺术的看法及艺术的态度,方可以认清超机现象的人类历史;历史之超机的演进,也就必然是历史艺术的了。"(五八)本书既主张历史艺术,因此特别标榜"历史小说化"道:"我以为应该

更进[一]步了,这便是我们所说的历史小说化了。这历史小说化的进展,我们姑[以]名之曰小说体。年、人、事,三者之混一而以历史之灵活为主,大体是偏重于时代,再予以回忆、补写、插曲之类的点染,那就全部都非常生动了!"他举国史上的例子:"左丘明的《左传》,以及司马迁的《史记》,其生动感人处,不是小说化了的是什么?譬如说《项羽本纪》中的'鸿门宴'一段,有声有色,正是一篇很好的短篇小说"。他讨论古史也是比较有名的,不过仍多照从前加以解释,间有新见地。他说:"盘古[既]不是一个人,也不是一个民族,更不是一个部落时代的别名;便连三皇氏那个系统的推测也不能用,完全是代表原始时代人的一个'宇宙概念'。"(盘与磐同,大也,盘古者太古也)他以为中国民族最早转徙的结果有三个系统,即所谓三皇氏,它是三个系统的一个时代,每个系统中还有部落,作者以盘古开始,后接三皇,有巢氏为传说史之开端,和燧人氏在同时代中平行发展独立的时代。他以为祝融氏即燧人氏即女娲氏,为一人之三称。他认为中国社会史发展分为二:一、伏羲时代(游猎、渔鱼、畜牧三阶段),二、神农时代(一〇二页),与他人分法不同。

常乃德说人生是一悲剧,本书也说国史悲剧的发展,他认为秦皇、汉高,魄力、功业有过于俾斯麦、拿破伦,但后者受人重视尊仰,而前者则被人轻视,他们也不免于一幕悲剧,自后各朝多半如此。因此他感叹说:"这些都是帝王史,帝王中国,是历史所写成的中心。"他主张:"(一)人生就是艺术;(二)艺术就是人生。"(一三八页)"人生的理解,就是艺术的理解,也正是人生历史的理解。"(一四三页)他重视民间历史节日,曾把四川作一个介绍。他又曾预言欧洲说:"所以欧洲的未来,希望是秦始皇的产生,不是恺撒的复活。是真正的统一,不是暂时征服。"(一三七页)现在似乎在向这条路走。

历史的艺术性,是偏于直观形式的表现,自然也重内容,不过求形式与内容的配合,却相当困难。它鼓舞人生,肯定生命,从艺术的角度去看历史,把历史写得生动、活泼、有趣,只是一种史观,虽不能完全解释历史,但也有新发现和新认识。他打破旧观念,揭开那卫道先生的假面具,使他露了真象,这或不无功绩吧!

(《世界月刊》1946 年第 2 卷第 20 期)

《史学纂要》

蒋祖怡编著。
《国学纂要》之八。三十三年七月重庆正中书局出版。
二加一八一页。定价二元七角。

是书分四编。第一编凡两章：（一）论"史"字文字之本义与历史或史书之意义。关史观大致有七种：哲学的、道德的、宗教的、文学的、伟人的、经济的及地理的。（二）史书与史学，论两者间有不可分离的关系，而吾国史学又特别表现于史家所著之史书中。是书第二编曰史书，第三编曰史学，即分别讨论此两事。

第二编凡七章，述纪传史、编年史、纪事本末史、国别史、专史及杂史各体之源流派衍，于各体各举名著若干种作为例证说明。末章论史书之体例及文章，只就纪传史、编年史约略言之。

第三编亦七章。前三章史学略史，上章述《尚书》《春秋》至明代之史学，中章述清代至梁启超氏之史学，下章述晚近史学界之情形。蒋君区晚近史学界为疑古、释古、考古三派，评骘三派之得失。蒋君最推许考古一派。四、五两章分述《史通》与《文史通义》两书大概。第六章论史料，分纸上的与纸上以外的。纸上的有旧史、经书、子书、文集、档案、私家选辑史料、方志、信札、日记、禁书、外人著述等。纸上以外的有传说、竹木简牍、卷轴、石列、古器、甲骨等。第七章论史料去取与史学的关系，大意谓史料有直接、间接之别，私家修史二者兼采，官修之史则甚少采取直接史料。蒋君举《史记》取材以示例。于史料之鉴别，蒋君完全引证梁启超氏之说。

第四编余论两章：（一）注史与论史，注史之中又有注训诂与注事实之别,论史之中又有论史事与论史例之别,蒋君皆略述其源流。(二) 史学之前瞻,论现代史学,应为整个社会的而非为某一特殊阶级的,应为人生的而非为宣扬死人的,应分为专门的与普通的,应为比较客观的、科学的,应宁质而直,毋雅而失真,应注意事与事间的关系,应注意因果。又谓史家叙述史事,应注意其经济的、政治的、智识的、社会的源流。谓现代史学与旧史学之显著不同点有二:一为客观之资料的整理,一为主观的观念之革新。

全书论述简明扼要,三、四两编较一、二两编尤为畅达,惟论史料之区为纸上的及纸上以外的较为牵强。是书谬误亦所不免,如"三史""四史""十七史""二十一史""二十四史",为纪传史若干种之习惯的合称,而蒋君以为正史之名类(页二六),非也。又如谓《三国志》"也是集前人之大成的,与范书相似",集大成者,究不知何所谓。且范晔刘宋时人,陈寿晋时人,陈早于范,不能学范为书。蒋君云云,颇有语病也。

(《图书季刊》1945年第6卷第1、2期合刊)

《史学家与科学家》

杨　实

Gaetano Salvemini 原著，周谦冲教授译。商务印书馆出版。

在未介绍这本书之前，我们先把原作者沙尔非米尼教授（Prof. Gaetano Salvemini）介绍给读者，他是当代义大利最伟大的史学家，对义大利文明史有着独特的造诣。一九二五年当恶魔墨索里尼和其法西斯党徒刚开始叫喊声，这位一代史学大师，不思坐视这些作贱人民的恶货猖獗，他第一次在佛罗仑斯大学的讲座上向全义大利人民和全世界揭发这个集团的独裁和危险；因而遭捕。出狱后亡命于英国，继而到美国，在这个新大陆上他讲学于耶鲁大学和哈佛大学，并尽力暴露墨魔的独裁罪行，与同时在美国的大作曲家托斯干尼尼（义人）此唱彼和，鼓励义人起来反抗法西斯。

这本书是沙氏在芝加哥大学的讲演集，所以文词清淡，保持着谈话的格调，阅读起来倍加亲切。并且术语很少，由浅入深，加之译者周谦冲教授的清趣笔调，使这本巨著绝没有板起一副庄严面孔好像道德家在讲道说经的那样苦涩，因之我们特向读者们推荐：这是最近出版的一本很难得的书。

近二十年任何国家的人都盲目地信从着一些自然科学家关于政治的、经济的和文化的意见，这使沙尔非米尼教授感到很愤慨，以他的渊博的学问来反驳那些认为"历史就是常识"或者"历史就是艺术"的论调，史学本身就是一门科学，史学家也是一个科学家，不过不是自然科学家而已。（沙氏称自然科学家为"物理世界的科学"，人文科学为"人类世界的科学"）史学和物理对科学而言并不是一"是"和一"非"之差别,而是一"多"一"少"之差异,因为史学上的一切结论和论据不能和物理一样有百分之百的真实性,因之,史学家"丧失了很多信仰者"。史学家所研究的事实必然是带有惟一性和复杂性的,他不能用客观标准去测量其所研究的现象,他不能把已经过了两三百年的历史再来重复一次,使他经无数次的实验后,像物理家一样以寻求因果关系。因之,史学家的结论是允许有偏见和错误的,而且是需要时时修改的。但这不能说史学家不是科学家;假使如此,我们可以宣布巴斯德(Pasteur)不是科学家,因为他认为一切疾病皆由于病菌,但今天医学界已证明疾病是由于某种维他命的缺少,或者器官的失常,因为巴斯德有错误,所以不是科学家能讲的通吗?同样也可用到人文科学上。还有史学界中许多比较单纯的部门如古文字学、钱谱学,它的真实性和有系统性并不逊色于任何自然科学。这是说现象愈简单,就愈接近科学的范畴。反之,在化学中,愈复杂的变化中愈不接近真实性,迄今尚有许多无法证明其真实性与否的假说。

兹于许多讨论后,原作者认为史学家甚至社会科学家没有是完全错误的,而且允许有偏见的,他之用偏见去寻求一件历史现象的因果关系正如一个自然科学家用假说去企图解释一切物理现象一样。"在解决社会问题上,既没有人是无错误的,那末,解决社会问题的惟一途径,就在尝试各种[的]解决(问题)办法……我们没有把握,在社会问题上,拥有绝对真理。因之,我们必须勿蔑视与我们站在反对地位的种种观点;我们没有权利,去用暴力手段,(来)[去]消灭他人的意见",这是沙翁全书的精华,也就是他的自由、民主思想的理论根据,诚如他说:"只有法西斯主义才说'墨索里尼永远是对的,天主教信徒采取服从一个上帝,一个真理,一个耶稣教会'。和那些固持的共产主义者才认为'马克思的资本论永远是没有错误的',自由主义者应当有'谦德和恕道',在解决社会问题上有尝试与可能有错的态度——就像英国人所说的'暗中摸索'(Muddling the rough)一样;不尊重敌方的意见和发言权就是非科学的精神,那种史学家我们不承认是真正史学家,更不能为科学家了。"

在讨论哲学和历史的关系上,我们有点不敢苟同于沙翁的意见,他说:"哲学家的著作似乎是云雾的制造厂,会把我的观念变混乱……我没有历史哲学。"但是作者却忘却了自己为什么讴歌民主、自由,反对法西斯独裁,那不就是他的历史哲学吗? 也许这是他在过分谦虚呢。

在这本书的后面又附一篇极有价值的论文《何谓文化?》,大致说和前面不太有连贯。文中沙尔非米尼教授对近代的教育制度有中肯的攻击:"许多教师认为读书治学,必须博闻强记,具备百科全书的知识;这种疾病就是'食古不化',使教师和学生两方面的思想健康损坏了。""学校不能灌输的知识——为人生所必需的,有用的或愉快的知识。学校所能供给的,是少数清楚明白,组织有条不紊的事实和观念,能够作为一种结构,把将来更多的人生经验配置于其中。"作者这种论调和萧伯纳的论调有许多相同之处,因之这最后的一篇论文也许对学校的教师和学生更是值得一读。

通读全书后,我还认为一个健全的史学家对自然科学也应有良好的基础,看沙氏的许多引证到物理、天文学和医学的文句,使我们知道他对"物理世界的科学"并没有放松,而有极高深的造诣的,与那些光向旧纸字篓钻的史学家大为不同。

(《申报》1947年12月25日,第8版)

评介《生物史观浅说》及《历史哲学论丛》二书

李铭钧

《生物史观浅说》与《历史哲学论丛》二书,均是常燕生氏之遗著。前者列为国家主义丛书,中国人文研究所民三十六年一月出版。后者是商务印行,渝版,民三十三年七月初版,同年六月再版,今为便于醒目计,分别推介。

（一）生 物 史 观

是书为常氏对历史以社会学之眼光,于史观下一见解,而以生物之动态为研究历史之对象,假令历史之演变如生物发展然。故于书中分为八章,先以"历史科学上的几种观点",而推论之"何谓生物史观",再进而为"民族意识的构成与发展",以及分析"国民性",和"民族与自然环境"之关系,最终以"生物史观与政治""生物史观与经济""生物史观与宗教"为终结。对生物史观,以显明而浅近之原理,加以概括之说明,使读者,可以一目了然。

在第一章《历史科学上的几种观点》上,提出历史是社会科学之一种,而非斯宾挪沙、海格尔所构成之玄学历史哲学,更非《易·系辞》和老庄之文学历史理论,而是"历史本身的理论研究"。并说明"英雄史观"是"否认一切历史事实中必然的原动力的探讨,而看重了偶然事变的价值"。此种"无元论"之存在,不如"有元论"之较为可信。有元论中之一元论,则以唯心、唯物为中心,内分唯神、唯理、唯数、唯性、本能、物理、地理、经济、种族诸史观。又于二元史观中,寻求善恶、精神、物质、遗传环境、个人、社会之对立研究二元之对象。将古今中外之史观,与以明白之推介,使读者能自求圆满之解答,而于中外之史观,得一简要之概念。再论产生物史观,此为该书中最重要者,特于下段再论之。

生物史观,是从生物学之观点,而观人类之历史,凡循生物学一切法则而说明人类历史现象者。其根据以人类为社会之一分子,人之一切行动,均为构成人群之主因,人群活动之记录,实足以说明历史之事实。生物是生存竞争,竞争欲强,组织欲复杂,人群之演变亦是如此。由血统关系之家族社会("相当于个体细胞动物的最下等形式,如海动物及腔肠动物的时代")进而为部族社会("相当于无脊椎动物的较高形式,即节足动物的时代"),再进而为民族社会("相当于脊椎动物的初期,即鱼类与虫类的时代"),及至成模型之国族社会("颇类似高等脊椎动物,如鸟类哺乳类阶段"),此为常氏之主要论据。一切之理论,皆以生物为出发,而求生物所表示之现象,且以人群为主体,故生物史观,可称为人群史观。此人群史观,犹不及民族史观的扼要,盖因一国有一国之历史,"晋之乘,楚之梼杌,鲁之春秋,一也"。荷马之《史诗》,希罗多得之《通史》,味吉尔(Uirgal)之《伊尼特(Aeneid)英民族》。吾人研究历史,不能不从民族下手,而史学应以各国之共通性,即各民族之差异为范围,方能求其史学之真义,故太史公有"成一家之言"之句,非偶然也。余甚言常氏对历史演变之注眼,而不敢苟同于史学之研精,此余读生物史观而有感也。

至若民族之构成与发展,纯据社会之演变而以生物之成熟、衰老、死亡为必要之阶段,似乎时专指社会之进化及其衰弱,而与历史阶段,形成脱白。"国民性""乃社会在演进时期所产生的文物制度,自相熏陶的结果",实治史者,所宜重视也。

民族之发展常受自然环境之限制,对于影响历史上诸变迁,人类实为主角。人类固系生物,生物非专指人类,不过人类有生物之现象耳!人类既是群居,即不能离开社会,营求孤独之生活,"与木石居,与鹿豕游",效鲁滨孙之漂流荒岛,遂有政治之表现、经济之要求、宗教之信仰。此常氏所以阐明详尽,而求乎生物必然发展之现象矣。

（二）《历史哲学论丛》

是书，系辑常氏历年发表有关历史与文化之十余篇文字而成，内容不仅限于历史，且涉及于社会与文化，其最重要者为《历史与哲学》《历史与历史学观念的改造》《史观的意义及可能性》《历史的本质及其构成程序》《历史的重演问题》《历史文化之有机的发展》诸篇。此外，《关于思想》《日本民族的人格分析》，亦有周到处；而《人生的悲剧与国际的悲剧》《文化与国家》《中华民族在世界中的地位与其前途》《中华民族怎样生存到现在》，均有间接之价值。

首篇为《历史与哲学》中，提及历史与哲学不能分离，应合而为一，要之，"哲学家专尚空谈，而历史家特重记忆"，前者是句句出于我心，后者是字字皆有来历。出于我心，不敢抄人只字；求其来历，不能杜撰丝毫。以外表观之，固属矛盾，实则互相调协。否则，只偏据一角，不在考据上打圈，即在字句之精求，忽略哲学之理论，应树立唯一有系统之史事记述。故老子以哲人而兼作柱下史，司马迁以"究天人之际，通古今质变"，而"创一家之言"，定成一部千古不□之《史记》□著。章实斋提倡神圆方智之说，论皆历史与哲学不能分离之明证，常氏所见，治史者易犯之通病也。

于《历史与历史学观念的改造》之第一节上，首即以："中国民族是世界上最富于历史观念的民族。中国历史著述及文献的丰富在世界各民族中也要数一数二，但是因为中国人的民族性偏重实际而不长于理论之故，（历史学并不发达）[历史著述虽然发达，而史学并不发达]。"此实证明中国史料之多，而无有系统组织之理论著述，日人佐伯好郎云："中国之史学，等于半部世界史。"洵非诬也。吾人应知所谓学者，贵有系统与组织，而对事实，应加以深刻之了解，故历史研究之对象是属于时间。而其他学术研究对象，即为空间。一切科学，均可称为历史，如天文观象史、地质史等之类，而各学科本身亦可成为历史，如天文学史、数学史、生物学史之类是也。治史贵在得乎史法，然不得与史学混为一谈，以为研究历史即为史学，此常氏所提示之一。吾人学史者，所应留意者也。且历史所研究者，均属过去之事实，须历史方法与之联系，贵乎校雠考据之功夫，但此功夫，不能谓之史学，只可作敲门砖相视。双流刘咸炘考史结论有云："博杂之考据家，专以考事为史学，亦只为拾骨之学。章氏所谓史考，非史学者也。"此常氏所提示之二。为吾人学史者，最为疏忽者也，吾人决不能以为历史家认为史学家！不计其著述之多寡，而仅以历史家称之。故举凡史论与史评、历史之考据、历史之方法，均不得称为史学。前人多所错误，为常氏所注意者矣。刘咸炘于《史学绪论》云："史学有二，一曰作史之法，二曰读史之识。作者有识，乃成其法；读者因法，而生其识，虽二而实一也。"与常氏之学说，大同而小异，盖即指有组织系统之学也。

又于《史观的意义及其可能性》中，指明史观是人类对过去之历史，作有系统之理解；不求其狭义之历史解释，而应以一定之法则和因果关系，寻求以社会为主体之社会史观。要之，今人所谓之"史观"，即昔人所谓之"史识""史意"是也。章学诚于《文史通义》云："能具史识者，必知德，德者何？谓著书[者]之心术也。"此即常氏所谓之狭义史观，在求人类与人类自身造成之史迹法理是也。由是观之，今人实步古人之后尘而进入更深之阶段。史观分广狭，□□道德之标准以准绳之，前多有偏重。此常氏所未言，而□宋所补充者也。

在《历史的本质及其构成的程序》一文中，"史事""史料""史实"，加以说明。而认为构成历史之本质，由于"事物"与"事体"之不同，而产生人物、时间、地理之各异，三者之因素，构成其"事实"。以时间之转变而遗留其史迹，谓之"史料"。"史实"是由"事实"与"史料"合而成为完整之"史事"。末端则以历史是属于"现代的、创造的，过去者早已过去，决不能还原"为终结，犹为独到。

且在《历史的重演问题》中，以历史为有机动物，必有类似之演变呈现，与余所见言同。惟余是据历史演变得到之结论，常氏则以生物史观之看法而定准则。

写于《历史文化之有机的发展》一文，论及人类是有机之发展。为求种族之繁衍，自身之生存，不能不有文化之产生。故文化制度之对于社会实有机体之功用。对中国文化之发展阶段及其世界文化发展之体系有周期性,附列有简明之表,使读者于表内得悉中国与世界文化发展之概要。此篇纯以生物史观为出发,而述及历史文化有机之发展。

论思想,重在系统与结论,且以流行于社会(或宇宙)而使群众(或人生)发生社会观念之影响而□□□说。以为人与人同人与国之间,彼此互相矛盾、冲突,不能不产生兴趣,此乃断定人生悲剧与国际悲剧之所必然而生者也。其《文化与国家》一文,详述国家文化之关系,末以《中华民族怎样生存到现在》和《中华民族在世界中的地位与其前途》二文,述出中华民族有悠久之历史、特殊之文化,故能永久生存,而为世界各民族所重视。终篇为《日本民族的人格分析》,在乎剖析日人强盛横之理,使吾人以资借镜,彻底洞悉之了解。

综括之,常氏二书,不外以生物史观为出发,研究其历史与社会之经。而于中外历史之渊源法则,与以概括之推介,自成一派学理,此为学术中之最上层,盖以树立有中心思想也。如梁漱溟之修身治学于中西文化之不同衣、食、住、行,均注意之,所谓学与境化,已达治学之最上层,惜乎!常氏遗著有关史籍专研不多,而仅见于零碎之散文,不能不为吾国史学界□。

余肆业金大时,常氏执教于齐大,尚于□□□□社会问题诸文,未及见史考□事。今岁春,于友人处借得《生物史观浅说》及《历史哲学论丛》二书,始知常氏史学之□□,斯人□□,不复竟存,特将二书介评之,实为余钦佩之□,亦即余读史之心得也。

(《新中国日报》1948年5月29日,第1、4版)

唯物史观是真理吗？

——评观察丛书，吴恩裕著《唯物史观精义》

黄　力

一

自从马克思和恩格斯在一八四八年发表《共产党宣言》，确立了唯物史观的原理到现在，恰恰是一整个世纪。这一百年来，唯物史观的说教，不仅在思想的领域中，就是在政治实践的领域中，的确发生过极大的作用和影响。可是这却并非即等于说，唯物史观确是真理。因为唯物史观之所以能够传扬一时，乃是由于它理论上的严密组织性和一惯性，以及那种强烈的党派性和战斗性所致；由于这些性质，使它容易转化成为一种政治斗争的武器，所以便为无产阶级的政治运动所掌握和运用了，并也跟着这种政治运动的成长扩大而蓬勃发展起来，成为一种固定的世界观和历史观。若说它本身真是什么"放之四海而皆准，传之万世而不移"的真理，那便正是痴人说梦的欺人之谈了。因为无论是历史发展的实际经验或科学发明的具体成果，都已证明了唯物史观的谬误和缺陷，而宣告它的破产。就前者说，譬如唯物史观认为共产主义革命一定在资本主义最发达的国家中首先发生，但结果不仅是在一个落后的半封建国家首先产生（俄国），并且资本主义最高度发展的国家直到现在也还不曾有可能发生共产主义革命的征象（如英、美）；又如唯物史观断言在资本主义的发展进程中，阶级的两极化一天天地尖锐起来，结果中产阶级必日趋消灭，而事实上则在任何国家，中产阶级不仅没有消灭，并且在数量和比重上都在日益增多增强起来。诸如此类，不一而足。至于后者，即在马克思、恩格斯以后一连串科学上的辉煌巨大的成果,如爱因斯坦的相对论、布朗克的量子论、佛洛伊特的精神分析学,以及爱丁顿和秦斯的无定原理等,都用科学事实否定了唯物史观的种种根本前提和假设根据,这些都已经是昭彰在人耳目的了。

但即使如此,却自然还是有人把它捧为"真理"的。这种人大别可以分为三类:第一类是别有用心,专为宣传;第二类是好出风头,随声附和;第三类是不学无术,自欺欺人。因此之故,介绍或宣扬唯物史观的著作,无论是巨著还是小册,仍是层出不穷,成为文化市场中一个经常的点缀品。

现在,在各式各样的一类的著作之中,我们又看到了新的一种,那就是新近出版观察丛书中,吴恩裕教授所著的《唯物史观精义》。

正因为观察还不是一个马克思主义的学术团体,所以它所出的丛书中有这样的一本书,是颇能引起我们注意的;尤其这本书以"精义"为名,作者又是颇为出名的大学教授,这似乎就很应该使我们有一读的兴趣和价值了。

二

当我正在读着以及一直到读完这本书为止,我是深深感到作者是很有"自知之明"的,因为早在自序的第一页上,作者就曾这样忠实地写着:虽则"由于本书预约的数目之多,我知道对着对于它一定寄与一些希望",但结果是:"终于拿出这本不成样子的东西来;我实在愧对读者先生们的期望。"这些话,不幸都言中了,这本书的确是一本"不成样子的东西"。

在我们的期望中,一本以"精义"为名的书,即使没有特别独到的创见,也至少得有透辟精警的发挥才是;但这本书,在这二方面都是谈不到的,不仅谈不到,并且距离得很远很远。它不仅不能把本来已是僵硬、教条化了的唯物史观理论"化腐朽为神奇",去其糟粕,存其精华,相反的是只有使它更加公式化、更加庸俗化了。他唯一认为得意之笔的一点,用作者自己的话说,也仅是"我找到了他(指马克思——黄力)'用'以解释个人活动及其思想的根本概念就是'生活方法'这个名词"

(三页),并认为这便是"个人一个小小的发现了"(二页)。事实上,这却并不是什么新发现,德国的马克思主义者柯诺(W.Cunow)在其《马克思的唯物历史理论》一书以及法国马克思主义者拉法格(P.lafargue,即马克思之婿)在其《经济决定论》一书中,都曾论及"生活方法"决定个人活动及观念的话,并且收益方式决定个人立场的观点,现在已不仅是马克思主义者,也是一般社会学者的通论了,这又如何算得是新的"发现";我们的作者以此沾沾自喜,也适足见其贫乏和腐浅了。

除此之外,作者所做的确乎就只有一套复述工作,并且是最机械、最笨拙的复述;应该着重解释的往往避重就轻,交待含糊,用不到多解释的却又翻来覆去,大兜圈子。前者如谈唯物史观的精义而竟不及"阶级论",显然是把根本的核心疏漏了,后者如谈"政治的历史不等于国家的历史",这原只要说明政治先于国家存在,没有国家之前人类已有政治行为便已足够了,他却絮絮叨叨,占了好几页篇幅。

所以就本书的编制看,也是令人摸不清头脑的,你说它是专门心得的专著吧,却全书都只是叙述了一些准唯物史观的最起码的常识,不足以言有学术价值;你说它是 ABC 入门书吧,即往往许多根本问题都未触及,有些问题刚一提到,就不是说请参考他的另一大作《马克思的政治思想》(商务版),而"此处无须再说",便是请准确阅读尚未出版的专著《政治学问题研究》,真有点"神龙见首不见尾"的气概。而这本书究竟写来何用?并美其名曰"精义",则我看就没有人能答覆出来了。

三

读完本书以后,有一个印象,也是十分鲜明的。就是作者口口声声:马克思主义是真理,唯物史观是真理;而其他各家学说,则都是偏颇不全,不足与抗衡的。且随便举一些例,譬如:"马克斯的学说,则是说明人类历史演变的科学见解。"(一页)"他这种学说是平易近人的真理(truth)。"(一一页)"认识这种特征,而用语言表达出来的命题,便是真理。这真理虽然只有马克斯是真正的创发者和系统的阐述者,但是,其他聪明的政治思想家,也有窥一鳞一爪的。"(一八页)"唯物史观政治论的基本命题'政治受人类物质生活中的生产方法所决定',乃是一个贯通有国家和无国家时期人类政治生活的普遍的、永久的真理。"(二〇页)这样的话,往后还多的是,但即此数端,也已足够作我们的例证,本书作者是如何倾心于唯物史观之为一种"放之四海而皆准,传之万世而不移"的真理了。

但正如我们在本文第一节中所已指出,无论就历史发展的实际经验或科学发明的具体成果看,唯物史观均非真理。在这里,我们自然没有充分篇幅来对唯物史观作一全面和深入的批判,但我们不妨随便在这本书里所介绍的"唯物史观"的"精义",拣若干来略予检讨,就可看出它到底是"真理"还是"歪理"了。

(一)当作者解释了唯物史观的基本原理由"生产方法决定社会上层建筑"之后,他接着就说道:"试以政治事实为例:古代希腊政治的特殊性质,照马克斯看来,便是受希腊生产方法所决定的。……当时的生产方法是以奴隶劳动(Slave labour)为基础的生产方法。有了奴隶为公民阶级从事生产工作,故公民才得成为一种有闲特权阶级,才得从事于所有政治方面的活动……他们既已沾了这种奴隶生产方法的便宜,他们自然要利用国家的机构,来压迫奴隶劳动者;俾使其永久不能翻身,而他们自己却可以永远沾这便宜,享这特权。所以说:有了以奴隶劳动为基础的生产方法,其政治的性质,也必然地要受此种生产方法的决定。"(六—七页)

这种说法,原是唯物史观传统的解释,粗粗看来似乎很有道理,但只要仔细一辨别,就可看到事实的真相恰巧可以作为唯物史观的反证。因为希腊社会既以奴隶劳动作为生产方法的基础,奴隶自是生产的主体,则根据"生产方法决定社会上层建筑"的说法,作为上层建筑之一的政治,也应以奴隶为主体,即奴隶应成为政治上的统治者。但事实上是奴隶仍为奴隶,而脱离生产的"公民阶级"则反而成为政治上的统治者,足见它所凭持者并非什么"生产方法"或"生产关系",而只是一种超经济的政治特权。这种特权本身,也是依靠了武力在战争中胜利而逐渐取得的,并非由什么"生产方法"所产生或决定的,并且正由于这种以强力为基础的政治特权,才保证可以在"生产方法"上实施强迫奴隶劳动。

这也就是说，由一定的政治基础创造了一定的经济形态，而非由一定的经济基础决定了一定的政治形态。因此唯物史观的公式显然是颠倒错误了。这个道理，在后来的封建社会和资本主义社会或社会主义社会也是一样的。即以苏联为例，试问还是社会主义的生产力或生产关系创造了苏联布尔什维克政权的政治形态呢，还是布尔什维克的政权在建设社会主义的生产力和生产关系呢？这种事实，唯物史观实在是无法解释的，只有我们所提出的"主观实在论"是可以解释的，因为这正是主观创造客观的证明。

（二）对于哲学、艺术和宗教都受社会生产方法决定的说法，我们也很容易指出这种观念的玄学性。试仍以作者所举的例来分析，譬如艺术吧，作者说："至于艺术呢，一般固然以为它和社会生产方法的发展无关，其实不然。希腊的艺术导源于希腊的神话，但希腊的神话却又与当时的生产方法，有密切的关系。在一个生产技术进步到有火车头、铁路、电信等等的社会里，人们对于自然界的事物，是不会再有那种神话解释的。既无那种神话性质的解释，自然就不会发生那种奠基于此种神话之上的艺术了。"（八页）

这种说法，实在是牵强附会的空洞推论。需知知识是一个整体，在古老的时代，自然只能有古老的知识，在艺术上的反映也是一样。但知识是逐渐积蓄和演进的，所以古时代自然不能有现代的知识，但现时代却一样保存了古代的知识。譬如在艺术的创制上，希腊的神话艺术现在也一样被看作艺术，同时神话性的艺术创造现在也还是一样有的，最普遍的如爱神维纳斯的雕像和圣母玛利亚的画像是。今天的艺术自然可能和昨天的艺术有所不同，但这只是艺术观念本身的演进和爱美标准不断的变化，到了今天，复古性的艺术仍是照样存在着，这与"生产方法"有什么关系？这套公式如何可以硬按上去？

又如宗教，作者说："宗教更是'现实世界的反映'了。在某一种生产方法之下，便有某一种特殊性质的宗教。"（八页）而事实上，在现实世界上各种宗教也是庞然杂陈，并且都是年代久远，经历了好几种"生产方法"的时代了，而现在也明明已经是"生产技术进步到有火车头、铁路、电信等等的社会"了，根据唯物史观和作者所说，则应该"人们对于自然界的事物,是不会再有那种神话解释的",但宗教难道不是一种最根本、最彻底的"神话解释"?假如唯物史观讲的话是对的,它还有什么理由可以存在?作者也许会得如此答辩,宗教之存在正是不平等的阶级社会内人类要求精神幻想之满足的反映;那么,请正视这个事实,在你们所称誉的"阶级已经消灭"的"苏联社会主义国家"内,宗教也还是一样存在的,并且它的宗教也还一样,是远自古老的封建社会就存在而遗留。迄今的天主教和基督教等等,倒也并不见有什么"特殊性质的宗教"产生。于此一端,举一反三,足见唯物史观绝非什么真理,而只是独断的胡言而已。

(三)又如关于国家的看法,作者也只是重复着马克思主义的老调,他说:"照唯物史观的看法,国家本是阶级独占的工具。在资本主义之下的阶级斗争,便是资本家与劳动者间的斗争。……国家是躯壳,是外形;阶级斗争是核心,是内容。"(二一页)这种说法,无论就理论和实际看,都已嫌陈旧歪曲,并且就是马克思主义者中也早已有了修正的观点,即如苏联的著名马克思主义权威瓦尔加,在其近著《战后资本主义之变化》一书中,也已承认国家自有其超阶级性,就是资本主义国家的政府,也代表着国家总的利益方向,而非个别资本家的利益方向。这虽则已经遭到苏联国内正统派的批判和清算,但他所发现的究竟是事实,即就苏联本身而说,近年来也是"国家主义"十分昂扬,但作者恐怕又不肯承认"国家是躯壳,是外形;阶级斗争是核心,是内容"了。这种教条主义的表现,在本书内是到处充斥着的。

(四)关于中产阶级的社会地位及其阶级特性,作者在书本里也胡说得够多的,如第十一至第十二页,以及第三十三页到三十五页之间,都有这样的叙述。而所说的仍是唯物史观原封不动的一套老调,诸如"中产阶级"之"自诩为公正"是"幻想","中产阶级并没有一个社会地固定的个性","中产阶级,他本身不是旁的,他乃是一个行动的社会的矛盾","他的地位乃是动荡于无产阶级与资本家阶级之间的","矛盾便是他存在的基础","他不是革命的,而是保守的;甚至于是反动的",诸如此类,不一而足。而这些是早经我们反复辩证和不断批判过的,特别可以参阅本刊创刊号上本人所写的《论中国中产阶级的特性——兼驳马克思主义的中产阶级（小资产阶级）观》一文,对于这些谬论都曾痛予驳斥,这里篇幅有限,不再详赘。总之,作者那里看得到,现实历史的发展正完全是与唯物史观的教条背道而驰的。正如作者在《论中产阶级的历史时代》一文(见本刊二卷三期)中所已指出的:"现阶段世界历史的主要特征之一,就是中产阶级在世界各国普遍抬头的倾向,并已发展成为这一时代人类社会的活动主体。任何国家的政治生活、经济社会、社会生活以及文化生活,都已经或逐渐走上中产阶级的道路和方向,采取中产阶级的标准,接近中产阶级的要求。所以这一历史时代,就整个地说,乃是一个中产阶级的历史时代。"这一个既存的客观事实,说明了唯物史观的教条歪曲不了历史的真实,历史的真实却无情地纠正了唯物史观了。

对于本书的批评,以上做了的虽还仅是一小部分,但所占篇幅已多,我们也只能到此为止了。当然,本书的任务只是在"阐释"唯物史观,所以本书的错误观点,原本即是唯物史观的错误观点,但作者既口口声声以唯物史观为真理,则作者和本书自然也得分担这些错误。一本观点错误的书,而体裁又有缺陷,内容更嫌贫乏,则我们给予它的估价应为如何,当是十分明白的了。

写到这里,近期《观察》上所刊"丛书畅销"的广告又映入我的眼帘了,第一本就是推荐这本书,原词是:"吴恩裕先生著的《唯物史观精义》,初版三千册,出版不到十天,完全销光。再版的二千册,提前供应,并已售出半数。三版本下周付印。"

这样的书,这样的销路,这样的时代,我们能不搁笔而三叹息么?但乌云不能永远遮蔽太阳,乌鸦不能永远假扮彩凤,历史上不是没有逆流的日子,真理终将战胜,光明必将来到,我们还要更严肃地战斗和工作下去。

(《中坚》1948 年第 5 卷第 3 期)

读《历史哲学概论》

燕义权

著者：胡秋原
出版者：建国印书馆

历史哲学，是近代新兴的学问，尤其在中国，更是非常新鲜的学问。就我所知，在中国的成本著作，除掉现在我所介绍的胡秋原先生这本《历史哲学概论》外，在战前只有朱谦之先生写了一本《历史哲学》，在战后也只有翦伯赞先生写了一本《历史哲学》(？)。翦先生的书，旨在阐述历史法则的性质，仅论到历史哲学一部分的命题，且是一种主观的政治立场的产物，其所代表的意识，并不合中国的需要，当然亦没有学术价值可言。而朱先生《历史哲学》的写作，所受生机主义与实证主义的影响又特大，并没有多少独到的见解。所以像拉波播尔之《作为近代科学的历史哲学》译者青锐（或即叶青）先生在《译者序言》里，对于朱先生的奚落与嘲笑，或有点过分；但朱先生这本书之无甚价值，自亦是不容否认的事实。

不过国内虽很少人著述历史哲学的书籍，却也并非无人研究历史哲学的学问，譬如去年新故的张荫麟先生，即是颇有研究心得的一个。他虽因早逝，不克完成系统的历史哲学著作，但仅就《思想与时代》所发表的《论传统的历史哲学》与《论史实的选择与综合》两篇来看，已是令人惊其研究工力之精深。另外在报上也曾看到罗家伦先生要写一本历史哲学书的消息，惟不知何时能杀青问世？在此类书极端缺乏的情形下，能有胡先生这本《历史哲学概论》，真不能不说是今日我国学术界的一件幸事！

我所以要说是一件幸事,也不仅因此类书是为我们所迫切需要的;实更因这本书写得正颇合我们的迫切需要,虽然它仅是一种笔记式的纲要、常识性的叙述,内容实在太简略,体例也嫌欠严整,并不算是怎样有系统有计划的著作;但它风格的新鲜、见解的正确、取材的精要,及文辞的厚重却使我们不能不说这是一本值得细读的好书,当然胡先生所研究的学问很广;但历史哲学,却正是胡先生的专业(在《时代日报社论》集上曾说过),因此这本书,也就更值得我们重视。

这本《历史哲学概论》,是胡先生大著《世界史略》的序编,仅是《世界史略》第一卷的第一分册。全书除《序言》与《补记》外,共分六章:(一)历史之概念与范围:叙述历史之意义、功用及其与哲学的关系,最后下一历史定义为:"历史者,依事实发生之次第,记述自然界及人类全体之发生与进化(及死灭退化)之事实,与夫人类活动之成绩,欲以明瞭过去而为人类今后正确生活之指针者也。"(二)历史学:除略论史学、史料、史观外,并略述中国史学史、西洋史以及十九世纪以来之史学与历史哲学。(三)史学之辅助科学:分述史学与各科学之关系,对天文学、地质学、古生物学、动物学、人类学、人种学、先史考古学以及经济史、地理、言语、文字、考古、考证、统计、年代、文、哲、政治、经济、法律、社会等等,均有简要分析。(四)历史哲学之主要流派及批评:此章系评述史释见解,除对伟人史释与人种、人文、心理、地理、经济、人类、社会学等史释,以及马克斯之唯物史观及社会阶级论等均有述评外,末附著者之历史哲学意见(提要),凡三十条,此章盖最为重要。(五)历史之要素与发展(社会组织与社会进化),此章为历史哲学之中心问题对社会之结构——机能,所谓社会经济、种性、政治、法律、道德、文化、外交、战争均有解释,对社会之进化,阶段分为(1)原始采集、(2)渔猎、(3)畜牧及农耕、(4)农业手工业、(5)机器等五时代,略加注释,末并有关于人类及中国社会之将来的结论。(六)总论史学之功能:分论鉴往知来、人力作用及史学意义与价值。

以上为本书的大概内容,兹当进述著者对人类将来及对世界将来的见解:著者自谓其非历史专家,无任何发现,惟据已知之历史事实,加以组织及判断;但仅据已知之史实,即使在执笔之际,抱有两大信念,一曰人类爱之观念，认为人类生而平等，凡具只手，均为同类。而在今日人类经济业已国际化之时，独霸思想或孤立观念，均为吾人所排斥。二曰祖国爱之观念，但吾人不可空谈国际爱，即欲国际和平早日实现，亦须有强大之祖国以策动之。（见一〇〇及一〇一页）基此两大信念，故著者对于将来中国与世界路向之指示，甚能兼顾忧患与实际，使人有入情入理的感觉，同时著者以自由为根本观念，故一切以自由为决定标准。他认为欲求人群幸福能不断地提高，必须个人与社会有充分自由，能充分合作，就是要人类每一个人为全体创造最大幸福，全体保障每一个人充分发挥其才能；但目前离此时期还远，因此人类社会将来，一定有这样的趋势：（一）社会的个性主义，（二）国际的民族主义，因真正的社会主义与个人主义不冲突。而真正的国际主义与民族主义也并不冲突，二者同样可以得到和谐的合作的共同发展。假如人类将来趋势果真如此，则著者以为中国应有以下三个觉悟：（一）是中国的根本历史任务，就是要为中国工业化而奋斗；（二）是我们必须认识国家至上民族至上；（三）是要力求政治经济之合理与进步。（见八九至九二页）这三点见解，虽非著者之独见；然此乃著者研究历史哲学之结论，故更具有可靠的、正确的意义，亦更值得我们切实的严重注意。

　　自然胡先生虽自谦此书无任何发现，而实际此书亦颇有独到，尤其在批评方面，确甚能鞭辟入里。如认为唯物史观之缺点在于：（一）是本身概念不明，自己并不彻底；（二）其应用于社会阶段之划分，因受当时知识之限制，并不正确。及认为地理对于经济之影响，除影响生产力发展的速度以外，尚影响生产力发展的方向等，见识均极为深远，决非一般寻章摘句者所及；不过在这里无暇多举，这里必须要谈到的，是胡先生自己的历史哲学；但也不能全部来谈，只能谈其两个基本观念，要依胡先生对史观（对于历史作用之见解）、史释（对于历史进化动力之见解）所下之界说，就是胡先生主的自由史观与技术史释。〔但胡先生谓"史观系历史科学讨论之问题，史释则属历史哲学"（二三页），我却不能赞同，我以为均是历史哲学；而且胡先生在《国策之原理》第二十八页也曾说过"况且史观属于历史哲学范围，然民生哲学不仅是一种历史哲学"的话，可见胡先生自己也常混用。〕

（一）自由史观：此为胡先生对于历史之态度与要求之见解，虽然胡先生并未明言，但就此书的表现来看，却无容加以怀疑。《全书旧序》有云："余之观史，原道术于器用，见乐利于自由，据劳动之技术及组织，释人治之运行，以自由之境界及性质，测世运之隆污，人文之进步，实由劳动与自由之深广而决之……人类之劳动，目的在人类之自由。云何是自由？生命之健全发扬，生力洋溢及其自然发挥之状态而已。析而言之，凡有五义：一曰无碍，去压迫也；二曰不逾距，不他侵也；三曰发展，尽其才能[精进不已矣]；四曰创造，日新又新，个体有限，全体无穷也；五曰谐和，各个独立，普遍合作，同登春台，万方中节也。劳动创造一切，趣最高普遍自由之的，而自由者，又为发挥劳动最高能力之因。"（五页）自由既作如此宽泛解释，当然自由代表一切价值，即是一切鹄的为吾人之最高理想。所当努力追求者，宇宙历史进化之趋向，自亦不外如此，所以胡先生认为"进化即自由"，谓："历史之范围，包括整个宇宙之进化……吾人所知者，为宇宙一切均在运动中。此种运动，可名为求自由之运动，自原素之放射、天体之旋转，以及生命之进化，莫不趋向自由。所谓自由者，可以两方面解释之，即一面为本身之能力提高，一面为全体保持秩序，故进化即自由，义实为一。"（七一页）基于此处对自由的解释，故胡先生以为幸福是人类创造的；但要人类幸福能不断的提高，必须个人与社会有充分的自由，能充分的合作，所以胡先生对于人类社会将来趋向的看法，以及对于中国及世界实际问题之解决，实均以自由为其惟一的观念。

（二）技术史释：依照胡先生自己的见解，彼信人类学与社会学不可分离，吾人应有一种人类社会学，深耕两种科学而统一之，得一完全之历史哲学。彼之《世界史略》，即抱此种企图，而对历史为一尝试之解释，且自谓："余之历史哲学，系根据人类社会学史释之解释。"（六三页）然而就此书的理论系统来看，我却觉得胡先生的历史哲学，最确当的名称，应是技术史释，现引书中原文，证明如下：

（1）工具为人类之武器，故技术为进化之主要尺度，技术云者包含二方面之意义，一即制造工具之效率，二即使用工具之能力。

（2）新技术发生后，改变人与自然关系，亦改变人与人关系。

（3）人类之技术形成一定社会制度，并形成一定之文化与文明。（上均见二五页）

（4）人类技术之进步，大体有下列诸阶段（即原始采集等见前引）……上述技术种类之进化，即社会进化之动力，新旧技术之交替即社会之经济革命。（六六至六七页）

（5）人类结合有二形式，一即个体的，即家族；二为种族、部落、职业团体、民族及国家，凡此结合形式，均随社会技术之进步而变化。（六九页）

（6）人类社会进化之标志有三：一经济，二政治，三文化。然主要标志，自是经济，而经济枢纽，实为技术。（八〇页）

由上所引的六点原文看来，我们还能说这不是技术史释吗？

不过所谓"自由史观"与"技术史释"，究是我为胡先生提出的名称，也许胡先生并不同意；但胡先生有此根本观念，当是胡先生所承认的。就我的感觉，胡先生的历史哲学，是有其特殊见解，且能言之成理的；可是在这里，我仅能予以之处，并不拟加以评论；再说，胡先生这里还仅是提要，现在亦没有评论必要；但我对此书，还有一个缺憾的感受，却愿在此一提。

此书给我一个最大缺憾的感觉，就是此书根据的资料，几全为西洋的东西，亦就是此书极少提到过中国的历史哲学，固然著者说过此书仅是一种"史学导论"性质，与专作一种历史哲学概论书不同；但我觉得以中国历史载籍之丰富，如肯略用一点工夫，即不能谓没有话说，其实中国何尝没有？只是无人加以整理而已；但也非完全没有，如冯友兰先生的《中国哲学史补编》中即有《秦汉人之历史哲学》一篇。最近王玉璋先生所著《中国史学史概论》中叙述中国之历史哲学，即达四十页之多，占全书四分之一。也许这里会有人说：中国过去的历史哲学，如所谓"阴阳""五行""八卦""三统""三世"之类，这是一种神秘的玄学的史观、史释，并没有特别称述的价值；我们即能作如此承认，也要知中国人的历史哲学亦并不止此。真正研究中国史学者，当能知中国儒家之道德、礼乐等观念，亦正是一种历史哲学，且至今亦尚不失有相当价值，以道德的史观或史释来论，则司马光之《资治通鉴》与王船山之《读通鉴论》，即是其最好的表现,这是就过去说的。若以现代来论,则国父孙先生的历史哲学,也未尝不值得采取,这并不是说我写了一本《国父孙中山的历史哲学》,我就来故意强调这点,而是仅以影响现代中国之重大讲,我们即不容加以漠视(要是三民主义信徒,当然更不消讲)。当然胡先生虽然说过"中山先生对于进化之见解,与一般社会学家所说,也大体相同,殊不必立民生史观之称"(《国策之原理》二八页),但也还承认有所谓"中山先生之历史哲学"(上书四九页)。不过在这本《历史哲学概论》中,却仅仅提到一句,即在原书六十六页划分历史为原始采集等五时期说:"此一分类,系综合毕雪、伊里及李士特之划分而定,孙中山先生之分期,亦大体相同。"实则一句话亦颇欠妥,因中山先生著作之发表,既远在胡先生此书出版之前,中山先生之名,自应续列李士特之下,胡先生并不应以并立口吻称之也;当然在这些地方,我们实无须苛求胡先生此书,惟我们不能不有此感想而已!

最后我还愿特别提出一点,即读胡先生此书者,必须细读书首《全书旧序》。此序为著者对学问事业之总见解、总抱负,我最初读时即深为著者之魄力、雄心所激动。著者自云:"余少治文史,长习格致,十余年来,颇涉群学、哲学、史学之书,自信于学粗有所得,常拟将一得之愚,整为系统,造为二书,一曰《宇宙文法》(综合世界观之哲学),一曰《宇宙辞书》(比较世界文化史)。"我们对于在学术上有这样大抱负的人,实在不能不致其钦仰之忱,因为这两部巨著,如能真正完成,那对今日中国的学术(比较世界文化史之缩写)序编——《历史哲学概论》,出版已过两年,还看不见有其他分册的问世,实在令人等焦急。所以我虔诚地盼望胡先生能够心不旁骛,力成此志。

(《文化先锋》1944年第3卷第5期)

胡著《历史哲学概论》

曹培隆

著作者：胡秋原
总发行所：时代日报印刷所
出版日期：二十九年一月

中国史学发达虽早，但史学知识并不完整。刘知幾《史通》和章学诚《文史通义》可算中国第一流的史学名著，而里面所讨论的大都限于治史技术问题，对史学中最重要的史释（Historical interpretatiop）问题，虽曾片断谈到，但未作深入之研究。旧时所谓"史论""史评"一类书，如吕祖谦《东莱博议》、张溥《历代史论》乃至王船山《读通鉴论》等，亦只知就事论事，不能提出历史变化之真正法则。抗战后，由于实际的需要，史学在知识中渐居重要地位；但一般人对史学的认识却并未因此提高，仍停滞在狭隘的观念中，以为研究"史学"只是熟记"帝王家谱"，至多不过"考证""辨伪"等而已，更有些人有意无意地把史学看成"政治""道德"以及其他学问的工具。这些传统的错误，不但会损坏史学的健康，而且足以减低史学在战时的功效。因此，我愿在此推荐一部介绍现代史学的读物，这便是胡秋原的《历史哲学概论》。

中国过去史学的著述，不仅内容残缺，而且庞大芜杂，难于阅读，现代作品又多偏重专门探讨，同样不易为学者所接受。《历史哲学概论》仿佛是针对着这些缺点写成的，既简明易读，又相当完善，读者除了可以由此获得系统的史学知识以外，并可窥见更大的"天地"。

胡氏预备陆续地写成两部书，一部是《哲学概论》（小小文法），一部是《世界史略》（小小辞书），《历史哲学概论》便是后者的序编，也是后者最先出版的第一分册。全书共分六章,约八万余言:(一)《历史之概念与范围》,(二)《历史学》,(三)《史学之辅助科学》,(四)《历史哲学之主要流派与批评》,(五)《社会机能与社会发展》,(六)《总论史之功能》。一般史学上应有的知识,大略都已具备;故原书虽名为《历史哲学概论》,实际上所涉及的范围却不止于"历史哲学"。这一点著者曾在《序编序言》中声明:"此编如称为史学导论,较名(符)[副]其实,其所以冠以历史哲学之称者,则以四、五、(两)[六三]章略有新见之故[耳]。"因之我们无妨把它当作一部史学概论来读。

书首是《世界史略》的旧序,开端便阐明了"万有皆史,万有皆经"的道理,进而断定"历史与哲学者,实学问之两极",这是一个极重要的观念,书中有许多见解都暗中渊源于此,这也是著者所以要写《哲学概论》与《世界史略》两书的理由。至于世界史略的内容、体例、取材、目的乃至著者自己的史观,都曾一述及,值得仔细一读。在第一章中,叙述历史的意义及功用,并结论其定义为:"历史者,依事实发生之次第,记述自然界及人类之发生与进化[及死灭退化]之事实,与夫人类活动之成绩;欲以明了过去,而为人类今后正确之指针者也。"第二章共分五段,第一段由历史学的意义与原则讲到史料的搜集、鉴定、整理、组织、以及著作所依据的史观(即著史态度),最后并提出"史家不可有妨害求真之成见,但不可无健全之理想"的宝贵意见。第三、四两段,讲中国与西洋史学史,把古今中外浩如烟海的史籍,理出了一个井然的头绪,使读者一目了然。第五段讲十九世纪以来之史学,从多方面分析了十九世纪史学猛进的原因,并指出二十世纪新史学的趋向。第六段讲第十九世纪以来之历史哲学,介绍各派主张及其相互关系;附带说明"史释"与"史观"两词之区别,这在意识上最容易混淆的。在第三章中,著者把史学的辅助科学分为三类:一为工具的,如言语学、文字学、考古学等;二为资料的,如天文学、地质学、古生物学等;三为批评的,如哲学、政治学、经济学等,这一分法较本汉(Bernheim)"一般的"与"特殊的"分法,显然已有了进步。更依次说明了天文学、地质学、古生物学、动物学、人类学、人种学、先史考古学、经济学、地理学、言语学、文字学、考古证学、统计学、年代学、哲学、政治学、经济学、法学、社会学等大略的内容;及其对于史学的辅助。第四章讲各种史释,其中批评多于叙述,颇有些独到的见解;而对于马克斯唯物史观及社会阶段论的驳斥,尤属一针见血之论,较一般流行的批评深刻了许多。最后,著者提出了自己的意见,以为"工具为人类之武器,故技术实为进化之尺度"。并认定今日世界的战祸,原因"在文化之不足,在人类文化之不平衡"。第五章是表现著者意见最强烈的一节,也是全书的重心所在。先以经济作中心,剖析了种族、政治、法律、道德、文化、外交、战争等各种社会机能的内容及其变更的依据;更以人类技术的演进作标准,将社会的进化划为五个阶段:一、原始采集时代;二、渔猎时代;三、畜牧及农耕时代;四、农业及手工业时代;五、机器时代。于每一阶段中略述人类生活的状况及其进化的痕迹,最后,指出世界的去向及中国应有的觉悟,都是著者根据着社会进化的原理和现势体验出来的至理名言。第六章总论史学的功能,认为"史学所能告诉我们的,是社会趋势,不是个人成败祸福;而尤其是主要趋势,不是细微末节"。关于人为对于历史的作用问题,说明两点:第一人力有限性,第二人力足以影响历史速度,更进一步论到历史的价值,"不仅指出人类社会之主要趋势,而且鼓励我们为人类可能而必要的事业尽最大的努力"。书末附补记十七则,是印完后才加上去的,其中材料的补充多于理论的发挥,最后一则"补论中国史学之建设",虽寥寥数语,却俱道出了目前史学界亟应努力的途径。——以上是全书的大概内容。

我觉得概论一类的书不到有三个任务:(一)补充常识,(二)纠正常识,(三)整理常识,此书正做到了这三点。史学知识缺乏的人由此可以得到补助,认识错误的人由此可以得到纠正,概念模糊的人由此可以得到系统,所以不管你是对史学毫无研究,即是已有相当基础,都有一读的必要。这里我不愿再举例多说,读者自己会得到证明。此外还有三个特点,应该于此一提,第一是简明扼要,条理井然,不像其他学术著作那样,材料虽丰,但不易引起初学者的兴趣。著者以简洁的笔调,讲述着史学上所有的问题,除去史释一部分外,一般的主张大致都是史学界的定论,而对各派的检讨,多半也是学术界共有的批评。当然,著者自己独到的地方还很多,可是这不但不妨害读者明了各派的原来面目,反而给读者认识这些学说的一个有力注脚。读过这本书,可以把史学上的知识和学说得到一个很清楚的理解和认识。有兴趣的人，说不定会因为这个引导而进入史学的领域，渐渐登堂入室。第二是理论不离实际，无空虚飘渺的毛病，读者可以一气终卷，不致中途感到枯燥无味，或是随着书中的内容钻到牛角尖里去，忘掉世界在打仗，中国在抗战。著者时时刻刻不忘把握现实，例如：读史料时便谈到现在的"马克思主义者觅史事以符其图式，或为找阶级斗争之事以实其说"的错误。讲中国史学时，便慨叹我们缺少"陶铸民族精神的民族纪念碑之著作"。讲人种史释时，便痛斥德国纳粹派民族优劣说的乖谬，以及倭人自称优秀而其实却是"马来人及通古斯人之混血"的可笑等，到处可以看到这样的材料。第三是积极乐观的空气，充溢全书，读者于无形中，会坚定一个积极的、人世的人生观，相信世界仍是向着人类的幸福前进。譬如，书中一贯的主张，世界祸乱之源，不在科学及文化的进步，而在一部分国家民族科学落后致为强者所乘的原故。就如在赛跑的路上，他不怪前面的人跑得太快，而只怪后面的人跑得太慢。他相信世界尽管如何不景气，而人类幸福的总量毕竟增加，所以不主张把已经进化的人类再拉回原始时代。他认为目前唯一关键，在如何使落后民族迎头赶上世界文化的水准，亦即如何使世界文化趋于平衡。一般爱护正义人士只知空洞地同情落后民族，"道德"之外却找不出什么理由，而这里正提供了一个有力的哲学根据。

自然和其他的书一样，《历史哲学概论》也有它的缺点，如印刷不良、校对不精，及材料不够理想的完备等，都是以使原书减色。但这并不影响它的价值，而且是应该原谅的，因为在战时，这些缺点几乎都无法避免，何况出版时，又值著者在病中呢。然严格地讲，确也有比较严重的缺点，譬如全书的组织，并不十分紧严，有些小标题也太勉强，使人看了好像是在一本读"笔记"，而末尾那末多的"补记"也正说明了全书的未臻成熟。著者曾承认此书为"初稿性质"，我们希在"再作一次总整理"（著者语）时能够一一得到更正。最后，我仍觉得这是一部相当完善的书，因为它的优点，足以压倒这些缺点而有余，我希望全部《世界史略》能够早日和我们见面。

三十一，一，六

（胡秋原著《历史哲学概论》，民主政治社，1948 年，第 136—140 页）

《国史要义》

毓

柳诒徵著。

三十七年二月上海中华书局出版。一加二三九页。定价八元二角。

《国史要义》十篇,镇江柳翼谋君诒徵著。柳君讲学中央大学有年,经史之学,造诣深邃;又主持南京国学图书馆,网罗古籍,保存文献,厥功尤伟。所著《文化史》,为当代巨构。此十篇者,(一)《史原》,论吾国史籍兴于史官之记载,故富于政治性,异于他国之史起于诗人、学者之篇章。吾国之史,辨名分,别是非,以礼为归,又非他国之史歌颂英雄、祖述宗教之比。(二)《史权》,论吾国古代史官以典礼史书限制君权,若后世之台谏官,其职权甚尊,故史官多能守道守官。(三)《史统》,论正史名称之由来,与正统论之得失。正统论所据以立论者,大致有传授、疆域、种族、道义诸端。(四)《史联》,论正史体之所以胜于编年、本末诸体者,由于纪、传、表、志有相联之谊。(五)《史德》,论著述固宜忠实,而治史尤宜尚友畜德,心术宜正,宜求古人之善而友之,非求古人之恶而暴之,或抑古人之善而诬之。梁氏启超就章氏学诚史德说有所阐发,柳君以梁氏未能体察章氏之意,故著此篇为之补充。此篇又针贬专以考据怀疑之术治史者。(六)《史识》,病刘知幾、章学诚、梁启超、刘咸炘诸家史识之说所未备,因著此篇以实之。此篇兼论《左氏春秋》及马、班以下诸家正史之史识与史材之取舍。(七)《史义》,论《春秋》内、外传及先秦诸子之称引《诗》《书》皆以明义而非以矜博,谓史之义在善善恶恶,其利甚溥。(八)《史例》,论史例出于《礼经》,著述之有凡例始于《易》之爻辞,则春秋之前已有例,不自孔子始。马、班之例,见于两书自序。《史》《汉》以下,如欧公之《五代史记》、司马之《通鉴》、紫阳之《纲目》,皆有其例。此篇泛论其得失。(九)《史术》,论史术即史学,史术通贯经术,为儒术之正宗;史学之益,自持身、涉世、谋国、用兵,为术多而且精,非徒记问撰著即为史学。(十)《史化》,举吾国文化之特色,且论礼之精髓在合智愚贤不肖而平等;又论史有先事图维之妙用,教孝教廉为儒史之化,治史者所当深察。附论一篇,在第二篇后,曰《汉之尚书》,述两汉尚书一职职位权掌之沿变。

柳君以吾国文化之成就表现于六经,古人制作著述,每有深意,吾人不可以现代标准,妄议古人。柳君于吾国学术,考信于六艺,折中于儒术。是书虽名《国史要义》,但不限于论史籍著作,实为文化史论。书中称引,自群经、《史》《汉》以迄严复译斯宾塞《群学肄言》,无虑数十百种,皆录原文,而以小字低格列于十篇本文之后,一如柳君前著《文化史》之例云。

(《图书季刊》1948年第9卷第1、2期合刊)

科学的历史理论

S.

《科学历史观教程》,吴黎平、艾思奇合著,晨光书店印行。
《社会科学的基本问题》,普列汉诺夫著,张仲实译,生活书店发行。

历史的研究,社会发展的研究之成为科学,是马、恩的功绩。在马、恩以前,不是把历史、把社会的发展解释为观念的实现,就是以英雄伟人、帝王将相或甚至神为历史,为社会发展的主宰。虽然有些近代的历史学家企图用科学方法来研究历史,结果却并不好,把握不到历史的真正规律。更有些历史学家,则宣称历史没有规律,一切都是偶然事件堆积起来的,或什么都在历史上起一样的作用,唯有社会心理是最基本的云云。

马、恩历史理论的特色是其唯物论与辩证方法,是把社会的物质生活条件看作历史上的决定力量,是把劳动人民看作历史的创造者。这是历经考验而证明了完全正确的。

领会马、恩的历史理论,对于研究历史、研究社会科学,都是非常必要的。但现在出版界不但缺乏这种理论的初级的、通俗的读物,就是简明的中级的也不多,仅有吴、艾二先生合著的《科学历史观教程》和张译《社会科学的基本问题》两本。

《教程》是十来年前吴先生所著《辩证法唯物论与唯物史观》一书下半部的改订。自从斯大林的《论辩证唯物论与历史唯物论》问世后,马、恩的历史理论更加充实了,本书便已吸收了这个学术进步的新成果。

不过，经过了这次击溃纳粹、击降日本法西斯战争的世界与中国，在马、恩的历史理论中，有若干问题应当加以新的发挥的（例如：第四章的前三节，第五章的第四、五节）。这不是著者的疏忽，要记得本书写作时还在抗战第二年。

然本书有一个很大的缺点，就是过于简略地叙述社会发展的规律，正面谈到这个的，仅第二章第五节和第八章第二、三节。吸收新成果不能只限于征引或摘录。而马、恩的历史理论应当着重说明社会集团的斗争与社会变革，也是著者所熟知的。所以，我们希望本书最好能重新改订。

《社会科学的基本问题》是普列汉诺夫最佳著作之一，至今在苏联流传很广。对于吾国的读者，这不是一本初学的入门书，因为本书内容包含着几个大的错误，其"历史唯物论"实在是地理史观，在其撮述马、恩对社会基础与上层建筑的关系时，流于生产力论，即历史的客观主义、历史的宿命论之一种。

但是我们愿意介绍这本书，希望读者特别注意书中所附的两个索引。

（《读书与出版》1946 年第 2 期）

史　学　史

《中国史学史》

珊

魏应麒著。
平装一册。商务印书馆排印,中华民国二十九年。

本书分上、下二编:上编三章,略述中国史学之特质与价值、史籍之位置与类别、史官之建置与职守;下编十章,分述古代至现时之史学,除详论史体外,并兼及历朝著名史家:条理尚为清晰,编制亦称平妥。惟采人成语过多,己所发明甚少,虽无大谬,亦鲜精彩。但在我国史学史尚乏专著之秋,此书之出,不啻空谷足音,稍觉可喜耳。书之大体,无可批评,第有数处,似应略加修正,今一一举出用请教于编者。

上编第一章(页一)开端即云"吾国有五千年历史",嗣于下段(页二至三)又云:"吾国自黄帝以来,朝代之沿革为颛顼、帝喾、尧、舜、夏、商、周……上下五千年。"一似我国历史之有五千年为确切无疑者。按:我国有史以来,究经若干年载,现时尚难稽考。卫聚贤氏之古史年代引长论,固属异想天开;而笃信传统算法,辄自黄帝开始,似亦未免泥滞。且黄帝有否其人,颛顼、帝喾是否上接黄帝,皆为甚大疑问。此书为讲史学之作,下笔之际,宜如何审慎,乃开宗明义,即沿用一般常谈,是曷可哉!

第一章第四节(页八一)论孔子与《春秋》之关系,谓:"孔子本鲁人,且负有用世之愿望。晚年抑郁不得志,既叹人心之不古,复惜吾道之日非,而《春秋》一书正中其隐衷,于是观摩之余或加以裁定,以寄其孤怀,以消其块垒,自在情理之中。"夫孔子曾否删定《春秋》,抵今尚在聚讼(此案恐无日解决)。此条只可就聚讼之点加以申述,不必以揣度之辞而遽谓孔子与《春秋》有关。史学重在求真,作史学史而以"想当然"之见解,岂非剌谬耶!

下编第三章第二节(页一一九)论《尚书》著作时代曰:"《尚书》纪尧、舜三代之迹,当时学在王官,典谟训诰之言,誓命官刑之旨,当为史氏之笔录无疑。"所谓古代学在王官,自属可信,惟《尚书》所载典谟,多为后儒所造,此点已数有人论及。今以申述史学之作,仍然拘执旧日观念,而谓《尚书》所纪为"史氏之笔录无疑",是真魏建功氏所谓"泥古"者矣。

第八章第一节末(页二二八)述《东华录》曰:"称《东华录》者,以此书为蒋良麒(按:应作"祺",此书皆误作"麒")在内阁所撰,内阁在东华门内,故取以为名。"考清代国史馆在东华门内,蒋氏《序》中曾明言之。其称"东华录"者,乃就国史馆而言,无干内阁也。

以上所举,乃疵颣之较大者。若页五四之误《高祖实录》为《高宗实录》,页七四之误《高宗肜日》为《高宗肜日》,页二四七之误吴缜为胡缜,与夫页二九三至二九四之"上海商务印书馆……就《尚友录》一类之书加以增补,改韵目以笔划为序,所收人名数逾四万,起自上古,断于清代……极称繁博",而终未指出商务印书馆所编者究为何书(此指《中国名人大辞典》),则或为手民误植,或属一时疏神,均皆无关宏旨者也。

(《汉学》1944 年第 1 辑)

《中国史学史》

毓

魏应麒著。
三十三年一月重庆商务印书馆出版，
一四加二六〇页。定价三元八角。

史学史之撰著，本刊新四卷三、四期合刊中介绍有王玉璋《中国史学史概论》一书。魏君此书亦是近年新著，全书分上、下两编：上编三章述中国史学之特质与价值、史籍之位置与类别、史官之建置与职守；下编十章，分述古代至民国之史学，以时代为次，而特提出刘知幾、郑樵、章学诚三人，各立专章。

魏君谓中国史学之特质与价值：（一）有累世不断之史籍，盖指正史而言；（二）有多方发展之史体；（三）有丰富之史物；（四）有史官制度；（五）以鉴戒为著史之精神；（六）以疑辨为读史之态度。述史籍之位置，从《七略》至《四库》目，由六艺之一类而演进为乙部。其类别，《四库》区为十五类，梁启超氏厘为十类。史官之职守，唐以前所司甚广，天文、卜筮、典礼皆其所任；唐以后始专一于撰修。上编三章，要以论史官一章为较可观。其余两章之列举史物，颇嫌杂乱；列举《四库》史部类属，备录著目、存目，亦属琐碎。又以元代相等于十六世纪（页六），亦误。

下编分述各朝代之史学，于各朝所修前代之正史、当代之国史或实录，一一列举，叙述其内容；于各朝史学上特殊之事实，如两汉之疑古风气、五德三统说，三国至南北朝之私家著述、正统论，唐代之政书与史评，宋代之编年与纪事本末，清代之传记史、学术史，为一代之创体或史学特色者,亦有所叙述。惟是编之叙述,不免数病:(一)宜简略而未能略者,如叙《史》《汉》两书与叙迁、固两人,可并而反分;各正史之表、志、传名目,可列表以说明,而此编却一一胪举,颇伤繁芜;廿五史补编书目,几全加钞录,亦无必要;既以章学诚一章专述实斋史学,更于前一章叙《文史通义》一节,似病蛇足。清代《续通典》《通志》《通考》诸书,体制悉袭杜、郑、马三氏之旧,既非私家一手足之烈,而诸书互相复沓,其功不过保存史料,何足为贵,此编一一叙述,究属辞费。且述《续通考》而遗王圻之书,亦属挂漏。(二)宜详细而未能详细者,如元、明、清三朝之史学,未见有何一贯之性,此编合为一章,失之太简;又如清代文字狱,关系学术思想甚巨,史籍及史学尤蒙其影响,而此书竟无一字论及。(三)是编既以时代为次,然又每不依时代,如于《通鉴》后接述毕沅《续通鉴》,于《通鉴纪事本末》后接述明清各家纪事本末,虽以体裁相附,惟与《续三通》诸书于元、明、清章中另立一节相比,未尽划一,究为一病。《清史稿》纂修始末,当列民国史学,此编附叙于清,同为不伦也。

(《图书季刊》1944年第5卷第2、3期合刊)

关于魏应麒先生的《中国史学史》

蔡新枚

三十三年一月商务初版。

这几年来,关于史学史方面的著作,很少发表。其所以难产的原因,大概是因为生活的不安定;同时,在中国目前新史学的理论未定型时,史学史也难以着手。要写作一部史学史,不但要对历史学家的史学方法论有深刻研究,对史籍有深刻了解,(更要紧的,)还要认识史学自身的整个的发展。

在史学史难产的时候,魏先生的《中国史学史》竟出版了,不管这册子是怎样,至少,对目前中国史学界确有很大的贡献。

这本《中国史学史》的编制是这样的:上编将中国史学之特质与价值、中国史籍之位置与类别、中国史官之建置与职守作一有系统之总括叙述。下册则分期叙述自远古至民国每一时代发展之情形,注意各种体制之因创,尤其注意史学理论与方法。

这体系在表面上(形式上)来看,是无多大问题。但,如果详细分析,则亦有不少可以商讨的地方:

第一,关于中国史学之特质与价值问题;

第二,关于中国史官起源问题;

第三,关于中国史学史分期问题;

第四,关于"历史解释不可囿于一元"问题。

关于中国史学之特质与价值问题,笔者另文详述,这里暂不赘述,今就其下三端,分论如下。

关于中国史官之建置与职守的变迁,魏先生举出了二纲五目:

一纲,唐以前之史官;

一目,古代史官;

二目,秦至隋史官;

二纲,唐以后之史官;

三目,唐代史官;

四目,五代至宋史官;

五目,元、明、清史官。

魏先生依着这系统很详细地引经据典来叙述史官的发展。但是,没有说明中国史官为什么有如此之发展,魏先生只是将古书上的原文抄录于卷页上,加以形式的编排与整理,而没有推考出中国史官制度变迁之根本的原因。

一种制度之产生与现实的生活有着很密切的关系,史官制度亦然。当古代部落生活时,酋长们指导他部落的人员,皆用口传,因为当时的文字记录幼稚,文具简单,但是,以口传又容易忘记,故编成神话,在传说过程中,逐渐变化而成定型的故事,或者编成有韵的歌谣(因为有韵,易于记忆);或者专设人员来管理,在酋长左右去记忆命令或语言,以传给其他人员。此项长传命令或者可说是史官的胚胎。

当进入农业社会时,生活固于一定空间上,自然作用于人类生活是相当大,在生产力尚在幼稚的阶段时,农作物往往因天时之变化而不能丰收,于是,选出有经验的人们,专管天时的变化。

同时,统治者要稳固其地位和势力,非有专门人员去记载不同地方的不同产物,及不同的风俗习惯。一方面是为了"税",另一方面是为了"治",于是,掌此项事情的人员逐渐变成重要的人物,并且,成为世职和世袭。

再,在古代现实生活中,自然力量影响他们很大的,他们认为此种伟大的力量是超人力的,是人类所不能作为的,在心理上起了恐怕和敬畏。因为,他们无法解说这力量的成因。于是,只好托于"神"和"上帝",所以,研究一种制度或学术时,我们必须注意到它是人类现实生活反映,同时,古代的制度和学术多少是与宗教有关联的。

我的意见,以为当时所谓"各信其神,以知来事"的"巫人",成"龟人"等,掌管天时变化的人,与记载不同地方的不同产物及不同的风俗习惯的人,都可谓史官的前身,甚至,可说是史官。

以上所述,或者可说是史官的起源,而魏先生只抄一句古史中的话来了结史官的起源,实在觉得太简单了些。我们研究人类的制度和学术,一定要在人类现实生活中去找它的发生和发展的根本原因,如果不是这样的话,那恐怕会得不出结论,即使有结论,也是有问题的。所以,在研究中国史官问题,绝对不能离开当时人类的现实生活,在魏先生的《中国史学史》中没有找到这一点。

关于各期史官制度之变迁,其原因何在?魏先生没有说明,这样,常常使人不能了解其分期标准,为什么有这样的分期?各期的特点是什么?是怎样由甲期进变到乙期,当时的社会经济的基础是怎样的?史官为什么在中国特别发达?如果不能解决这问题,结果实会流于记载的史学史,而不是说明的史学史了。

关于中国史学史分期的问题,魏先生把它分为七期:古代之史学——汉之史学——三国、西晋、南北朝之史学——隋唐之史学——五代、宋之史学——元、明、清之史学——民国以来之史学。

这种分期,完全以帝王朝代来作标准,或许,魏先生认为这是史学史,所以注意史的展开。因为要注意史这个字,就依着朝代之更替来作史学史分期的准绳。结果却忽视了史学自身发展各阶段的特殊性。魏先生虽然"惟史之为书,不能不顾及时间",但是,时间是顾到了,而史学自身发展的各阶段的特殊性却没有顾到。这不可不谓是遗憾的事。

我的意见,以为中国史学史的演变,从殷商以来,可分为四期:

第一期:"萌芽期"——从殷周直至春秋以前,以甲骨上的辞、《诗经》《易》《今文尚书》中的一部分材料为代表。

第二期:"发生期"——从春秋经战国到汉初,以《春秋》《竹书纪年》《国语》《世本》等为代表作品。

第三期:"发展期"——从汉初到清末,以纪传体的二十五史,编年体的正、续《资治通鉴》,纪事本末体的九种纪事本末,以及十通、四朝学案等为代表作品。

第四期:"转变期"——从清末到现代史学,其转折点在于"鸦片战争"的经济社会的原因,而直接由于今文学派之文化的动力,演变至今,仍未成为另一种定型,但与第三期之史学著作确显然的大不相同,在史学方法论上,尤其是不能讳言的。

中国史学之史的发展,由"萌芽""发生""发展"而"转变",自各有其经济的、社会的、历史的背景和基础在。

我认为中国史学萌芽于殷商,是根据最近"小屯文化"的发见,可参考董作宾之《帚矛说(骨臼刻辞研究)》,见《安阳发掘报告》第四期。因为是史学史,所以着重在文字。在殷周时,文字已进入形态字的阶段,今日已考出的字,已有一千五百左右个单字。有了文字,才能记载,史学也因为有了记载而发生了。但是,这些把文字刻在骨头上或龟壳上的甲骨文,还不能算为史学,故名之为史学的"萌芽期"。

到《春秋》一书问世以后,把中国史学由混沌不清的"萌芽期"转换到"发生期",这书最大的特点是时间观念和史的观念,时间的发现以此书为最早,史的观念亦是以此书为最早,在希腊只注意英雄故事、言论、姿态,而在孔子时,已经注意到褒贬,他把时间与史观统一混同起来,表现他对历史"纵"的态度,形成中国传统的儒家"伦理史观"。他根据自身时代的感觉和思想,来整理大堆的历史,在《春秋》一书中可以看出其褒贬的史观。

至于由"萌芽期"转到"发生期"的历史背景是这样的:春秋时代,由于封建领主相互兼并的程度之进行与扩大,引起大批中小领主的灭亡。反之,大领主劳动力更为强大,对最高领主的周天子剥削更为削弱,另一方面,由于地方小领主的势力之伸张,形成"公室衰微,私家僭越"的现象,封建领主内部的矛盾渐深,不但破坏了封建等级制的尊严,并动摇了宗法社会的观念,因而"礼"与"刑"失去了效用,从当时统治阶级的立场出发的便是孔丘的拥护封建秩序的政治哲学。于是,一方面提出"正名主义",企图重新确立封建的等级身分,一方面提出"伦理主义",企图把宗法观念系统化。并且,在"礼"与"刑"以外,加上新统治工具的"德",为了使"乱臣贼子惧",于是修《春秋》,用其"正名主义""伦理主义"和"德"来做褒贬的标准,所以,中国史学在这时期才转入"发生期"并不是无因的。

到了汉初，司马迁《史记》出，把中国史学由"发生期"转变到"发展期"，这书所记之事物甚多。从人物上看：上至帝王，下至狗屠。从时间上看：上至太古，下至太初年间，约有三千余年，以本纪、世家、书、表、列传之体裁来写作，是纪传体的通史，在史乘中以它为开创，以后各代之断代史作者皆不出其范围，在中国史学上有其崇高的地位。

所以由"发生期"转变到"发展期"，也并不是无因的。在秦汉时代是中国封建制度由"初期封建制度"转入"专制的封建制度"的转折期，在经济上是由封建领主经济让于地主经济，在政治上是由庄园制转化为郡县制。在意识上反映出"大一统"的专制主义，于是，有主张新确定封建的等级关系，主张武力与统一，排斥封建领主的"非攻"与"救守"，提倡土地之利用与农业生产技术之提高，以增加地主阶级之利益。在这大一统的专制主义之下，一切学术制度等都有一统的必要。在学术上、刑法上、诠选上、土地上都严明而一统了。这时期，好像一切东西皆重新整顿而一统，于是在哲学上就有"天人合一"说，企图把殷周时代的术数迷信、春秋战国时代的诸子学说及秦汉时代政治社会之需要，而融会贯通，作为哲学的重新整顿而一统。在史学上，就有《史记》一书，把汉以前三千年的历史亦有一个重新整理而一统。

所以，《史记》在这时代出现，亦不是无因的。

封建社会由这次空前的大一统后，经"封建势力结晶时代"（自王莽元年至北宋元年）到"封建势力持续时期"（自北宋初年至鸦片战争）在本质上是无变化，在形式上确是发展的，于是，有二十五史之集成，史体方面有纪传体、编年体、纪事本末体等之发展。"旧史学"至此，可谓"蔚然可观"了！

鸦片战争后，中国社会大为一变，于是，在史学方面由"发展期"转为"转折期"，换句话说，由"旧史学"一变为"新史学"。当女真族入主中国，不能阻止都市经济对农村之分解作用，小资产者即开始其独立性的表现，反映出黄宗羲、戴震、王夫之等之小资产者的哲学。同时，农民意识的醒觉，反映出颜元一派的农民哲学。那时，封建地主之逐渐没落，反映出顾炎武、孙奇峰、李二曲等庸俗的保守哲学。三种不同阶级的矛盾，在史学上产生许多不同的史学理论，并互相攻击非议，史学界在这时期的动态是非常热闹的。这或许"旧史学"的末运,也可说"旧史学"的回光返照。

由一七九五年至一八五〇年中,中国工厂手工业的出现,表现着小市民经济之萌芽,可是,中国的小市民们还没有等到他们社会经济因素的成熟,便遭遇到外来资本主义的袭击,把他们窒息在封建社会的母胎里,构成畸形的半封建半殖民的社会,在史学上反映复杂、混乱的各种各样的史观和史籍,"新史学"在这情形下,至今尚未走上正确的路向,要使"新史学"走上正确的路向,那么非解除半封建半殖民地的桎梏不可!

以上所述,笔者认为史学分期应有的认识,如果单单根据年代或人物是不能分出史学的发展,要阐明史学的史的发展,一定要在人类实际生活中去找寻其根本原因,同时,还要配合当时的意识形态,否则,只能"记载"史学的发展,而不能"说明"史学的发展。魏先生的"七期"的区分,是有值得讨论之处的。

最后,谈到"历史解释之不可囿于一元"的问题。

魏先生在《中国史学史》第二五七页上引用董之学译的《新史学与社会科学》的话:"诸原因之单一范畴,殊不足以说明历史发展之一切形态与阶级。"又说:"吾人将知经济组织并非人类社会唯一组织,尚有他数焉。"同样的,魏先生又引用何炳松氏《通史新义》的话:"除经济史观所主张之原因外,尚有更多的复杂条件焉。"并且,批评经济史观为"偏而不全,似而非是"。于是决定地下了一个原则说:"历史解释不可囿于一元。"

魏先生所谓"不可囿于一元",换句话,就是多元了,我们如果细细论起来,就变成哲学上的问题,为了简单起见,我们很扼要地来谈谈原则,把篇幅缩短些。

魏先生认为解释历史,除经济外还有地理环境、政治、法律、宗教、道德、社会等"复杂条件"。这些"复杂条件"我们并不否认它在历史发展上没有作用。但是,这些"复杂条件"都是次要的,同时,是"经济"这基本的原因中派生出来的。换句话说,这些"复杂条件"的基础是建筑在经济之上。

邓初民在《社会史简明教程》中有句原则的话："人类为谋社会的生产,相互加入一定的、必然的生产关系,结果,造成社会的经济构造。然后,以这经济构造为地盘,建筑起来的法制、政治的上层建筑,更形成那与此相适应的社会意识形态。"

这显而易见,魏先生所谓"复杂条件"者,皆是建在"经济构造"上的。历史上一切文物制度都是随着"经济构造"的变迁而变迁。所以我们解释历史上的一切问题的答案,应该在"经济构造"中去找。

不过,话又说回来。这些"复杂条件"也是有反过来作用于"经济构造"的。"经济构造"上产生了"复杂条件",而"复杂条件"也作用于"经济构造"。二者是相互的,是辨证的,而不是机械的、孤立的。

所以,我并不否认除经济以外的"复杂条件",对历史没有作用,反而认为"复杂条件"对历史的发展是有相当的影响,可是,"复杂条件"仅仅不过是影响而已。而没有决定的作用,对历史有决定作用的是"经济构造"。

说到这里,所谓"一元"与"多元"的问题,就可很明白地解决了。魏先生把经济与"复杂条件"看为同等地位,换句话说,就是,将各种"复杂条件"孤立地排列着,而成为"多元"之说,这是笔者所不能同意的。

以上所写,是我在阅读《中国史学史》所得的感想,这一点感想自知不敢认为是绝对正确的,所以题曰"商榷"。

二月一日脱稿

(《前线日报·书报评论》1945年2月17日,第6版)

由魏编《中国史学史》论及中国史学史的分期问题

周光岐

这几年来，中国学术界实在是太贫乏而混乱了，史学方面尤甚。这一方面意义着现实的阴郁与肃杀，一方面意义着中国目前新史学的理论尚未定型。

一部史学史的写作是相当艰苦，不但要对过去各史学家的史学方法论有深刻的研究，对史籍有深刻的了解，对时代有深刻的体味，更要紧的，还要对史学自身的整个发展有所认识。否则，会变成一本"垃圾堆"的！

在魏应麒氏《中国史学史》（民国三十三年一月商务印书馆初版）未问世以前，别人也曾经出版过三四种中国史学史的书籍，可是总不能使人满意首肯，不是史观的错误，就是史料的不确，最大的缺陷，是对史学自身的发展没有把握到。那么，这本《中国史学史》的编制是怎样的呢？魏氏把全书分为上、下二编，上编将中国史学史之特质与价值、中国史籍之地位与类别、中国史官之建置与职守作一有系统的总括叙述。下编则分期叙述自远古到民国每一时代发展的情形，注意各种体制的因创，尤注意史学的理论与方法。

这体系在表面来看，好像没有什么可批评的地方。但，详细分析后，实仍有不少可商讨的地方，如：关于中国史学之特质与价值问题，关于中国史官的起源问题，关于"历史解释不可囿于一元"的问题，及关于中国史学史分期问题等。以上之问题我暂不想在这里多赘，现在仅提出中国史学史分期问题来和读者商讨。

魏氏将中国史学史分为七期：古代——两汉——三国、西晋、南北朝——隋、唐——五代、宋——元、明、清——民国。这种分期，在我看来，完全以帝王朝代为标准的，或许魏氏以为"惟史之为书，不能不顾及时间"，因此，就依王朝的更替的来做史学史的分期准绳，但结果却忽视了史学自身发展各阶段的特殊性，而且他所以如此区分，也没有说出一个所以然的理由来，为什么两汉与三国、两晋、南北朝分开？古代的范围是怎样的？史学怎样在古代发生？类似这些问题的问题，我们看了这本书以后，实在觉得太多了。

依我的意见，中国史学史应分为四个时期：

第一期：从殷周至春秋以前，以甲骨上及钟鼎上的刻辞、《诗经》、《周易》、《今文尚书》中的一部分材料为代表，这一期可称为"中国史学的萌芽期"。

第二期：从春秋经战国至汉初，以《春秋》《竹书纪年》《国语》《世本》等为代表作品，这一期可称为"中国史学的产生期"。

第三期：从汉初到清末，以纪传体的二十五史，编年体的正续《资治通鉴》，纪事本末体的九种纪事本末，以及作为政治制度史的"十通"，和作为学术史的"四朝学案"等为代表作品，这一期可称为"中国史学的发展期"，也可说是中国史学的定型期。

第四期：从清末到现在，可称为"新史学"时期（以前三期可称为"旧史学"），新旧史学的转折点出于"鸦片战争"后的经济社会起了极度的变化，而直接由于经今文学派之文化的动力，这一期可称为"中国史学的转变期"。

中国史学由"萌芽""产生""发展"而"转变"，自各有其经济的、社会的、历史的背景和基础在。

我认为中国史学萌芽于殷周，这是根据最近"小屯文化"的发现。（可参考董作宾《帚予说》一文，见《安阳发掘报告》第四期）据研究的结果，在殷周时，文字已进入形态字的阶段，至今日止考出的字，已有一千五百左右。有了文字以后才能有记载，史学也因为有了记载而发生了。但，把文字刻在骨头上、龟壳上或钟鼎上的辞，我们不能算为史学，只能视为史料；它只是社会发展遗留下来的文字的东西，而不是客观的史料与史家主观的理论合式的统一的东西。因此,我们不能直认为史学。其颇如《诗经》《周易》《尚书》等也只能视为史料,因为它们只是将当时的社会动态,或用诗经,或用散文体把它记录下来而已。(以上所指的书的作成年代及作者问题至今尚未定论,《易经》之成年及作者可参考郭沫若《先秦学说述林》)因此,我们只能称为中国史学的"萌芽期"。

到《春秋》一书问世以后,把中国史学由混沌不清的"萌芽期"转到"产生期"。这书最大的特点是在时间观念和史的观点,时间观念的发见以此书为最早,史的观点亦是以此书为最早。在希腊只注意英雄的故事、言论和姿态等,而在孔子时,却已经注意到褒贬。他把时间与史观统一混同起来,表现出他对历史的看法,形成中国传统的儒家的"伦理史观"。他根据自身时代的感觉和思想,来整理大堆的历史,而形成《春秋》一书中的褒贬的史观。这史观的形成自有其历史的背景的,在这时候,由于封建领主相互兼并的程度之进行与扩大,引起了大批中小领主的灭亡,反之,大领主势力愈强大,对最高领主的周天子的势力愈削弱。另一方面,由于地方小领主的势力之伸张,形成"公室衰微,私家僭越"的现象。封建领主内部的矛盾渐深,不但破坏了封建等级制的尊严,而且动摇了宗法社会的观念,因而使"礼"与"刑"失去了效用。从统治阶级的立场出发的便是孔丘的拥护封建秩序的政治哲学。于是,他一方面提出了"正名主义",企图重新确立封建的等级身份;一方面提出了"伦理主义",企图把宗法观念系统化。并且,在"礼"与"刑"以外,再加上新的统治工具的"德"。他为了使"乱臣贼子惧",于是来著(或修)《春秋》,而用其"正名主义""伦理主义"和"德"来作褒贬的标准。所以《春秋》一书可说是中国史学的始祖。

到了汉初,司马迁的《史记》出,才把中国史学由"产生期"进而为"发展期"。这书所记的事物甚多。从人物上看:上至帝王,下至狗屠。从时间上看:上至太古,下至太初年间,约三千余年。以本纪、世家、书、表、列传的体裁来写作纪传体的通史,以《史记》为开山祖,使后代世家不能出其范围。这部书所以在这时间出现,因为,在秦汉时代是由初期封建制转至专制封建制的转折点。在经济上是由封建领主经济让于地主经济，在政治上是由庄园制转化为郡县制，于是在意识上反映出"大一统"的专制主张。因此，主张重新确定封建的等级关系，主张武力统一，排击封建领主的"非攻"与"救守"，提倡土地的利用与农业生产技术的提高，以增加地主阶级的利益。在这大一统的专制主义之下，一切学术制度等都有一统的必要。于是，在哲学上就有"天人合一"之说，企图把殷周时代的术数迷信、春秋战国的诸子学说以及秦汉时代政治社会的理论，融会贯通，作为哲学的重新整顿而一统。在史学上就有《史记》的出现，把汉以前三千年的历史也做了一番重新整顿而一统的工作。

封建社会在停滞的情形下，逐渐发展下去，遂有二十五史的集成。在史体方面，除了纪传体外，尚有编年体、纪事本末体的形成，这成了发展期的中国史学体裁的鼎足。此外还有作为政治制度史的"十通"及作为学术思想史的"四朝学案"。"旧史学"至此，可谓"蔚然大观"了！

到了清中叶后期鸦片战争以后，中国社会发生大变，于是史学上就由"发展期"进入"转变期"。在鸦片战争以前，女真族入主中国，但不能阻止都市经济对农村之分解作用，小资产者开始其独立性的表现，反映出黄宗羲、王夫之、戴震等小资产阶者的哲学。同时，农民意识的醒觉，反映出颜元一派的农民哲学。那时，封建地主的渐趋没落，又反映出顾炎武、孙奇逢、李颙等庸俗的保守哲学。三种不同阶级的矛盾，在史学上产生许多不同的史学理论，并且互相攻击非议。史学界在这时候动态是非常热闹的。这或许是"旧史学"的末运，也可说"旧史学"的回光返照吧！但是，自鸦片战争以后，中国的小市民经济没有等到他们社会经济因素的成熟，便遭遇到外来资本主义的袭击，把他们窒息在封建社会的母胎里，构成了畸形的半封建半殖民地的社会，而在史学上便反映出复杂混乱的各种各样的史观与史籍。这大别之可分为三派：以胡适为中心的疑古派、以王国维为中心的考古派、以郭沫若为中心的释古派。至今为止，中国新史学尚未走上正确的路向。不过，我们在这混乱的局面下，或多或少已经看出中国史学已逐渐走向释古派一途。最近，郭沫若《先秦学说述林》和翦伯赞《中国史纲》第一册的出版，更指示了中国新史学的方向。我们在这里，已经逐渐看出新史学定型的憧憬了。

谈到这里,我以为史学史的分期应该在人类生活中去找根本的原因,同时还要配合当时的意识形态。如果单从王朝的盛衰兴替来作史学的准绳,那是会变成记载的、叙述的旧史学,而不能成为说明的新史学的。

(《文汇报·史地》1946年6月4日,第6版)

《中国史学史概论》

止 行

王玉璋著。
三十一年五月重庆商务印书馆出版。定价贰元。

中国史学之盛为世界各国冠，其文化传播之广，积蓄之厚，它族亦莫之与竞。文化之业力以人事为基础。吾国先民有一特性，曰"实事求是"。举凡人世间事在意识上皆有最高价值。史学发明之早、源流之长以是故也。吾国史学之趋势逐渐由神秘时代而入于科学时代，其间可分为四大时期：先秦至汉初，最重要代表作为《左传》《史记》，此第一时期也。六朝之政治，华夷争竞，风俗颓败，惟史学特盛。其代表作为《南北史》及初唐之刘知幾《史通》，此第二时期也。降及两宋，史学复兴，前有司马光《资治通鉴》，后有郑樵《通志·二十略》，不仅内容充实，其制作规模亦光越前代，此第三时期也。元、明两代，人不向学，士有堕风，史学之暗淡亦以是时为最。清初经顾炎武、王夫之、黄宗羲三先生之提倡，学术界开辟新园地。而史学方法为之大变，北方以顾氏为领导，由经小学而创通一函有科学意义之史学，即清代之考证学；南方以黄氏为模楷，由宋明心学而开拓一函有哲学意味之史学，章学诚之《文史通义》其最著之代表也。此为第四期。自此以后，西洋新史学入中国，骎骎乎中西史学有道一风向之效矣。作述中国史学史，其骨干要领不外乎是。今王氏之书共分五章。第一章，论史官与史学及史官制度之流变；第二章，史籍名著述评；第三章，论史体。于三大体中不见政书体，如《文献通考》之类。于通史断代、国别史、学术史外，不及文化史。究其实，通史二字若以近代人之观点论之，可称文化史，而作者亦未申其理。古代所谓通史,其大部材料乃政治史也。第四章论历史哲学,分为二部:第一节,阴阳五行之历史哲学;第二节,三大历史观念之发展,分为神学史观、垂训借鉴史观,及科学史观三类。中国历史哲学略具。最后第五章,述史学界之新趋势,于历史观点之改变、史料范围之扩充、研究工具之充实,皆能扼要言其精义。总之,是书为中学生作,乃一好读物。以之作大学教科书,其内容尚嫌不足。闻中央大学金毓黻教授将有《中国史学史》出版,其结构与内容,必大有胜于此也。本书中有数处排印之显然错误,如第二页,南史氏作北史氏;第三十六页,梁萧子显《后汉书》早亡,而注曰存,均当曰正也。

(《图书季刊》1943年第4卷第3、4期合刊)

《中国史学通论》

谔

朱希祖撰。
三十二年四月初版,重庆独立出版社印行。
平装一册,一一六页。实价十四元。

著者于民国八年夏,初在国立北京大学史学系为诸生讲授本国史学概论,编为讲义三篇:一《中国史学之起源》,二《中国史学之派别》,三《历史哲学》。其后在北平师范大学、清华大学、辅仁大学、广州中山大学及南京中央大学历任讲席,皆以此讲义为教授之资,而删除其第三章。三十一年应罗香林君之请,由重庆独立出版社重印之,颜曰《中国史学通论》。其书叙述中国各种史体发展之大概,而明论其利病得失,故以通论为名也。附录《太史公解》及《汉十二世著纪考》,则系连类附著,以便互相发明者。

第一篇论中国史学起源,分为七章:首论史之本谊,引江永、戴侗、吴大澂、章太炎诸说而申明之。其说云:史,从又持中,右为右手,中为册字,而非中正之中,并言史即记事之书记官。次言黄帝制文字而后有记载之史,仓颉即其时之史官。引征七说而折衷于马、班。又次论西周以前无成家之历史,魏晋以前无历史之专官。又次述未有文字以前之纪载,并言此等载籍不出追记,便出伪托。且言伪托之书,多为神话实不足以当信史。次又论吾国历史,发端于谱牒及颂美祖先之诗,以实德国史学家郎泊雷希脱史源两元之说。继论吾国史学演进之迹:诗最先,纪传次之,谱系又次之,年代纪最后。第二篇谓史学分记述与推理两派,本篇就记述主义派依时、地、人、事、单独、综合而分编年史、国别史、传记、政治史、文化史、正史、纪事本末等体,并论其源流得失。

近世治史学有不免钞胥陋习者,或就中国名著颠倒抄袭,或就外人著作片段抄译,乾没其名,拟为己有。此书则全出胸臆,与陈陈相因有别。虽为讲义,而多精深之见。其中驳正《史通》之处,尤为洽当,区分书记官之史与历史官之史,性质不同,破数千年历史官起于黄帝之旧说,实为前人所未发。论国别体,言史家因正统偏霸之成见而蔑弃国内外之史材多点,此亦足破千古之谬见!盖史学家应高自位置,不为政治家之仆隶,方足以称其职。他如今后之史学不应专重国史,而须提倡民史,以国史决难发露真情也。凡此诸端,深足矫正旧史积弊,可以不变史风。至于文简意当,珍义如珠玉,络绎不绝,且可作为文章读也。

(《史学杂志》1945年第1卷第1期)

《中国史学通论》

曰　木

著作者：朱希祖
出版者：独立出版社

　　中国史学各种体系发展之大概，为每个爱好历史学的朋友所必知；一般青年对历史的发展过程，自必须明白，而对于史学的发展，却亦当留意。因为，历史的记载，并不一定都是可靠的，历古以来，多半是皇家年谱的"官史"，记载自有失实之处；而了解了史学的发展之后，则可以辨别出孰真孰伪。在读历史方面，可以得到很多帮助。

　　这本《中国史学通论》，是作者在北京大学史学系的讲义稿，经其女婿罗香林的编集，得使我们得到一本简明扼要的中国史学概论，从而可以洞悉历古以来的中国史学之发展过程。

　　首先，作者说中国史学之起源。"史"字的本义：《说文解字》有云："史，记事者也。从又持中；中，正也。"作者做了简略的说明并有篆文述例。之后，它又阐明：有文字而后有记载之史、书记官之史、伪托追记之史，及未有文字由古物推测之史。这些旧时代并不称为历史的诸史学系别，它均述出其利弊问题，那时候的"史"，只是出自书记官之手的不很正确的"官史"，从而日渐发展，孕育了历史的萌芽。

　　中国史学的派别方面，作者说了六种派别——这是自春秋以来，止于今日的各派，这六种派别如次：

　　（一）编年史：以时为区别者，亦称时代史。这是始于西周之后的历史，西周之前时代不明，故没有此种体制。我们常见的此种历史，综合的如《资治通鉴》，单独的如《春秋》等。

（二）国别史，是以地方区别的，亦谓地方史。是将诸国古时的历史，萃荟以观；古代大小国家，不可简略。综合的如《三国志》，单独的如《华阳国志》等。

（三）传记：拿人来作区别；在这些里面，"可窥知其地方文野之度，及社会得失之林"。常见的如《烈女传》《东方朔别传》等。

（四）政治史与文化史：以专作区别，政治史方面包括经济史、法律史、军政史、社党史、外交史。文化史方面则有学术、文学、艺术、农业、工业、商业、风俗等项。前者如《通典》《通考》《唐六典》等。后者如《别录》《七略》《宋元学案》《诗评》等等。

（五）正史：所谓正史，非为一时一人所作，而是历代堆积起来的一部"官史"。如廿四史。

（六）纪事本末：一事的本末撰史的，至宋袁枢才创造此种体制的。如《通鉴纪事本末》《三藩纪事本末》《西夏纪事本末》等。

以上六种，我不过举其要目，本书中曾详细地分节述明。

附录二篇，其一说明《太史公解》，畅述司马迁的撰史，最好请参考翦伯赞的《史料与史学》中《司马迁的历史学》一文，可更知得详细。另一篇是《汉十二世著纪考》，自汉高祖著纪，经过惠帝、高帝、文帝、景帝、武帝、昭帝、宣帝、元帝、成帝、哀帝至平帝，这十二史记的著纪，作者加以述别及列表更清晰地指示出来。

此书所述，虽很简洁，内容却可称广泛，初学历史的青年朋友，可以拿它作一个良好的参考资料。虽遗漏之处，仍可找出，而在此时，尚可为一般初学者之参证。本书中也举出了史学上的许多错误。

在今日，谁都知道历史在社会科学中，是一门占重要地位的学科，已为每个青年不容忽视了。在读史之前，我们更须明白中国史学诸部门，裨使在读史时，得到许多便利之处。

这本书可作读史前的一个准备，亦可作已读史之后的一个参考。

（《申报》1946年11月21日，第10版）

评中国史学概论两种

陈定闳

朱希祖:《中国史学通论》,独立出版社出版。
傅振伦:《中国史学概要》,史学书局出版。

这两部书的性质同一,傅振伦又是朱希祖的高足,在思想的体系上颇多相近处,所以把他们并在一起评论。

这几年来,在后方的史学界所出版大部的著作并不十分多见,但是小部头的著作却十分多,有的学人因为战时学术的贫乏,怀恋到以往所编的讲义,把它们加以整理而发表,朱希祖的《中国史学通论》与傅振伦的《中国史学概要》都是这种性质。前书是朱希祖在北京大学史学系的讲稿,后书是傅振伦在北平大学女子文理学院及国立女师学院的讲稿。朱希祖以为讲稿称不得著述,(《自序》)不过作为通论、概要之流的讲稿之出版我以为也是需要的,只要不是抄袭成篇的东西。

朱书在体例上比较傅书紧凑,全书分为《中国史学之起源》及《中国史学之派别》两篇。《中国史学之起源》分述史之本谊、有文字而后有记载之史、再论书记官之史、未有文字以前之纪载、再论追记伪托之史、论历史之萌芽上下诸章。《中国史学之派别》篇分述编年史、国别史、传记、政治史与文化史、正史、纪事本末诸章。并附《太史公解》及《汉十二世著纪考》。

作者从文字上说明史字本谊,证明它是记事的书记官。(第二页)关于史学起源,著者在数百字中,引证七种学说,加以讨论,推翻史学起源于黄帝的传统说法,(第六页)以为"历史之记载,必萌芽于太史",因"历史之作,必起于图书荟萃之地。古者图书荟萃之区,必首推太史"

（第八页）。著者更区分书记官之史与史官之史的不同，他以为"西周以前，无成家之历史，魏晋以前，无历史之专官"。

从这一个结论，著者又进一层地论断未有文字以前的记载不是后人的追记便是后人的伪托。（一一页）这种打破传统的看法，著者不愧为史学权威。

著者根据德国史家郎泊电希脱（Larn Precht）的历史起于谱系及英雄史诗的主张，以为"（中国）（编者按：此二字系衍文）小史所掌奠系世、辨昭穆之谱牒，及春秋以前颂美祖先之诗，皆吾国历史之萌芽也"（一九页）。郎氏以为谱系进而为年代纪，英雄诗进而为纪传，但中国史迹之进化则"诗最先，纪传次之，谱系又次之，年代纪最后"（二一页）。诗歌在神农时已有，故英雄史诗必起自古初；（二二页）纪传的起源，《尧典·皋陶谟》，实已有记传之实，大约是在夏商之际或西周以前。（二四页）谱系可以溯源到小史所掌奠系世、辨昭穆，（二四页）周共和以后，始有编年史。（二七页）这是说明中国史学进化的迹象不一定与西洋完全吻合，著者的不抄袭成见可知（《自序》中著者讽刺抄袭甚力）。

中国史学的派别照著者看来，有记述主义和推理主义两大派，自孔子修《春秋》，一再相传，两派始立。记述主义的始祖是《左氏春秋传》，推理主义则以《春秋公羊传》《春秋穀梁传》为始。记述主义是史料的精摘别择，在中国有语言学、古文书学、历史地理学、谱系学、考古学的辅助，所以特别发展。推理主义实际即历史哲学，因为中国没有系统的哲学为基础，又无求实证的社会学，故不若记述主义一派著作的发达。（三二页）著者把中国的历史哲学何以未能发展的秘密，一语破的，颇堪为论史者的注意，也颇足以启发后学。

他把记述主义的史学，按时、地、人事混合体，及本末体区分为六类。以时分即吾国的编年史，以地分即吾国国别史，以人分即吾国的传记。而以事分的又可以分为政治史及文化史，混合体即中国的正史，本末体即中国的纪事本末。除了这六类以外，著者以为如起居注一类的东西，是史料而不是史学，不能列在史学内。从这个分类来看，在大体上是完整的，不过著者对于文化史的分类，我们是难以苟同的。著者把政治史和文化史分开，是一种有眼光的见解，惟著者把法律、经济、法制、军事列为政治史中,似有商榷的余地,这几项实际都应该列为文化史(见拙作《从文化的性质谈到中国文化史编纂问题》,去年十一月十二日《中央日报·文史周刊》),政治史似乎只应包括政治上的活动而已。著者此书写在民国八、九年间,也许是他早年的看法。可惜著者早已作古,亦无法再请教他晚年的态度如何。

编年史始于孔子的修《春秋》,他能"明时间的观念,叙事实之始终,使人寻其因果,以明事理"(三九页),这是孔子的贡献,但其"弊在局于政治,未睹社会之全体"的批评,的是议论,而著者新史学的见解,溢于言表。自荀悦《汉纪》的产生,才有独立的编年史,一直到明代,都"陈陈相因,谨守成规,[而不敢越,]在史学上无进步之可言"(四〇页)。著者的创新的精神亦可见一斑了。

国别史始自《国语》,其后著述都未能有完整的体系,故著者批评得最力是国别史的著述:"隐然有正统偏霸之分,皆小智自私、坐井观天之语。"(四三页)他以为史学应该抱着纯客观的态度无任何的偏见地记载史实,正史中这种正统偏霸的分歧,在他看来是一种臭之莫甚的作风,此种论调的确足以破千古之谬见。不但历来史学家无此客观伟大的作风,目前我们所谓治史者之流中,恐怕存着正统偏霸思想的还不少吧。著者暗示我们,史学家是应该超乎党派的,是应该超越一切政治上的宥见,其见解之深刻,使我们对于已经作古的著者,视之犹生。

著者论记传以为别传,地方耆旧之传出于小说家言,但也有它的史学上的价值。(四六、四八页)这也是以往史学家所轻视,而著者给我们以新的启示。政治史与文化史可以溯自班固《十志》。中国以往的史书,实际大都是政治史,细细地审度著者之所谓政治史,大都是政治制度史,所以我们主张一部可以并入文化史。文化史中著者所罗列的有学术、宗教、文学、艺术、农业、工业、商业、风俗诸项,对于文化的认识已非常的正确,其中尤以风俗列入史中,也是值得注意的见解,可惜著者尚未提到中国人物质生活的发展及语言的进化。不过我们如果以二十余年前的眼光来看这部书,文化史在中国还是一个新花样,著者的提供,不谓不具有新史学的见解了。

著者批评正史,以为一样地局于政治,未睹社会之全体。(七一页)

"详正史之体,备史材则尚称赅备,言史理则未臻完密,盖史学家最重之职,在明因果关系,撢社会之真相,若同一事,分在数篇,断续相离,甚难周览,则始末难寻,因果斯昧"(七三页),这种论断不但对中国传统的正史,是一个严刻的批判而且是极具有眼光的史学、中国向以史学称,可惜在目前这种论调难以多见,穷乏的学术,是这样一个可怕的事实啊!

著者的这种精辟见解,批评纪事本末体也是如此:"吾国史书,虽以纪事本末为最进化之体,然尚不知因果之精律,社会之要素,故其取材少客观之精鉴,叙事鲜主观之断制,轻重详略,多失其宜。"(八二页)

《中国史学通论》的正文不过是八二页,而我们竟为之作一个相当长的介绍,这其中的用意是在于这本书虽是著者自己所不重视的讲义,但确有精到之处,其见解颇有独到处,朱先生为国内史学权威之一,不泥于旧,不僻于新,能以新史学的眼光,衡度中国史学,实有介绍的价值。可惜著者在胜利未来之前早已作古,他在自序中所述的"拟稍稽时日,略加修改"的诺言已经不可得了。

傅振伦是朱氏的高足,观乎傅氏在《文史杂志》朱遏先先生纪念专号中的一篇文章看来,可知傅氏受了朱氏的影响极大,所以傅著的《中国史学概要》有许多地方与朱著相近的地方,甚至雷同的地方,全书共分十篇:《史之严谨》、《史官建置》、《史学起源》、《史书名目》、《史书流别》、《史体得失》、《史籍名著举要》(上、下)及《史籍之整理》。其中《史书流别》一章大体与朱著相似,不过略加增易而已。傅氏受业于朱氏,能传其体系,这是当然的,而傅氏有许多地方能把朱氏未看到的地方加以补充,例如政治史中列入职官选举、律令刑法、教育伦理、经济资源、交通水利、荒政振济、军事武备、边政外交、党团会社,边政、荒政、选举、教育都是补充的。社会文化史中有小学,博物也是补充的地方。然而傅氏只能承袭师说,未能创新,例如党国会社是社会史(当然在政治活动上有意义),不应列入政治史,否则应改而为政治团体一类的名称;其他的政治制度本应列入文化史,傅氏也未能有更新的看法。

史学起源的主张,太半未出诸朱氏的立论。《史书名目》一章,实仿自朱著史学之萌芽两章,《史体之得失》一章实仿自史学之派别诸章,亦鲜创见;《史学上两大思想家》似又仿自金静庵(毓黻)的《中国史学史》;

《史籍之整理》一章,除引柳诒老的全史目录例,别无可取处;其他《史籍名著举要》两章介绍我国历史中的名著,尚可为初学者读史一助。总之,傅著体例芜杂,每多承袭,鲜有创见,较之乃师体例严紧、创新革旧的见解不可同日而语。我们读完了朱著以后,再读傅著便觉得味同嚼(腊)[蜡]。傅著的自叙中,承认有的采择金静庵的《中国史学史讲义》,但傅书与金书比较又不能如金书之有体系,有见解。《中国史学概要》在某一方面来说,是一部失败的著述,假使没有朱、金两氏的著述的话。

(《中央周刊》1947年第9卷第4期)

读金著《中国史学史》

周光岐

金毓黻著。
部定大学用书。国立编译馆出版,商务印书馆印行。
民国三十三年四月重庆初版,民国三十五年五月上海初版。
定价国币陆九。共三百二十九页。

这几年来我颇喜读史,对于史书的出版颇为注意,在本刊上先后写了些关于史籍的书评,但总觉得中国史学界太贫乏,太混乱了!这,一方面大概意义着现实的阴郁与肃杀,一方面也意义着中国目前新史学的理论尚未定型。

写一部史学著作,是相当艰苦的,而写一部史学史尤其艰苦。他不但要对过去各史家的史学方法论有深刻的研究,对过去"汗牛充栋"似的史籍有深刻的了解,对过去的时代有深刻的体味,更重要的,还要对史学自身的整个的发展有深刻的认识与分析。所以,一部史学史著作的问世,的确是值得我们"舞之,踏之"的,也的确是值得我们宝贵的。

我们精研史学的,首推刘知幾、章学诚二氏。刘氏的《史通》,其《外篇》中《史官建制》《历代正史》两篇,所论上自远古,下迄唐初史学的流变,可说是中国史学史的滥觞。章氏曾仿朱彝尊《经义考》之例,撰有《史籍考》,以明史学的源流,可惜他的稿本,未及印行而便散佚了。近代史家,计划写一部史学史的,有梁启超和何炳松师。梁氏在《中国历史研究法补编》分论三第四章中,并论及中国史学史的做法,谓其目的有四:一曰史官,二曰史家,三曰史学之成立及发展,四曰最近史学之趋势。但结果没有握笔而寿终了。其弟子姚名达氏曾依梁氏所指示的方法,撰成一书,亦尚未刊行。何炳松师在史学界颇有地位,在商务印书馆发刊的《中国文化史丛书》目录中,有他的《中国史学史》,但牵于校务与人事,也没有成篇而不幸寿终了!此外如郑鹤声氏,其有关史学史的文章,大都发表于《史学杂志》里,但这只是他的《中国史学史》的一部分,全书内容,不得而知。家父予同先生曾在《学林》杂志第四期中发表《五十年来的中国新史学》一文,此文对近代之新史学的发展颇有明确的说明,但可惜没有将整个中国史学史写出。已成书的有魏应麒氏的《中国史学史》一书,在商务印书馆发行,笔者对此书曾详细阅读过,并在《前线日报》(民国三十四年二月十七日)、《书报评论》第七十五期中撰有书评《关于魏应麒先生的〈中国史学史〉》一文。在本报(民国三十五年六月四日)"史地"周刊第二期中,笔者也撰有《由魏编〈中国史学史〉论及史学史的分期问题》一文。这书在史观方面颇有商讨的余地,史料方面也没有理出一个系统与新的见解,所以也不是一本使人满意的作品。千百年来,没有一部较为良好的《中国史学史》出版,这正意味了史学史这种撰著的困难。

最近,金毓黻氏的《中国史学史》出版,实在是值得推荐的,其内容之丰富,史料之繁博,章节之细宜,叙述之明确,实值得一读,尤其是从事史学之研究者,更要详读。这书,其中虽然还有许多地方值得我们商讨与批评,但能够写得如此,已经是很费力气了!

本书原为教育部史地教育委员会《中国史学丛书》乙辑第一种,后经教育部核定,列入部定大学用书。

全书分为十章,前有导言,后有结论。第一、二章是叙述古代之史官、史家与史籍,第三章是评介司马迁与班固的史学,第四章至第七章是叙述魏晋南北朝以及唐、宋之史籍与史官,第八章评介刘知幾与章学诚的史学,第九、十两章叙述近代史家及史学。

一部中国史学史最重要的工作,是在怎样处理整个史学的发生、发展与转变。要对整个史学的发展有了正确的认识,必先有一个正确的史观与正确的而有系统的史料。所以,我们看一部中国史学史,第一步就先看他对史学史分期问题有如何的见解。金氏对史学史的分期,在本书的结论中曾有谈及,依据他的意思,中国史学史可分五期:第一,自上古迄汉初,是为史学创造时期;第二,两汉之世,是为史学成立期;

第三，魏晋南北朝以迄唐初，是为史学发展期；第四，自唐迄清末，是为史学蜕变期；第五，清季民国以来，是为史学革新期。这五期的区分，在金氏看来，是有其绳则的。初则史官即为史家，而史籍由史官所掌。继之，有孔丘作《春秋》，树史体之圭臬。《春秋》及《左传》，仍是编年史，《国语》为国别史，《尚书》为纪事之史，《周礼》《仪礼》为典礼之史，这些都是后代各种史籍所依据的，故称为史学创造期。在两汉之世，有司马迁、班固、荀悦等出，撰有《史记》《汉书》与《汉纪》。迁创为纪传体，而班固因之。迁书通叙古今，而固书则专叙一代，通史、断代之分由此时开始。《汉纪》仿《左传》为编年体，而为《晋纪》《宋略》《通鉴》诸书之所因。二千年来，撰史者皆不能例外。故金氏称此期为史学成立期。魏晋南北朝，以迄唐初，私家撰史之风很盛。《后汉书》有十一家，《晋书》有十八家，三国、十六国、南北朝各有多数撰之史，而陈寿、崔鸿、李延寿据此而撰有《三国志》《十六国春秋》《南史》《北史》等。金氏称此期为史学发展期。自唐迄清末，正史皆由官修，私家纂述辄每肇祸，于是转而撰叙典礼学术之史，且有专论史法史例以批评推理为职志者，于是史学日进，一改前代之因习，故金氏称此期为史学蜕变期。清季民国以来，即现代三四十年间之史学，有章太炎、梁启超、王国维等出。更有人将西洋史学灌输国内，有中西合流之势，故金氏谓此期为史学革新期。

五期之分，依金氏之言，也有道理。不过，笔者认为金氏之五期之说颇有商榷之处。史学之分期，不能将史学的发展与整个人类现实生活的历史脱节；换句话说，我们不能把史学的发展视为超现实的，应该与中国整个社会经济、文化的发展发生一切的关联。超越现实而来观察史学，是很容易被表面现象所蒙盖，对整个史学之发展不能有所正确的认识。

依笔者的私见，中国史学史的分期有四：第一期：从殷周直到春秋以前，以甲骨上及钟鼎上的刻辞、《诗经》、《周易》、《今文尚书》中的一部分材料为代表，这一期可称为"中国史学的萌芽期"。

第二期：从春秋经战国至汉初，以《春秋》《竹书纪年》《国语》《世本》等为代表作品，这一期可称为"中国史学的产生期"。

第三期：从汉初到清末，以纪传体二十五史，编年体的正续《资治通鉴》，纪事本末体的九种纪事本末，以及作为政治制度史的"十通"，和作为学术史的"四朝学案"为代表作品。这一期可称为"中国史学的发展期"，也可说是"中国史学的定型期"。

第四期：从清末到现在，可称为"新史学"时期（以前三期可称为"旧史学"），新旧史学的转折点由于"鸦片战争"后的经济社会起了极度的变化。此期中，以胡适、钱玄同、顾颉刚等为中心的疑古派，以王国维、李济等为中心的考古派，以郭沫若、吕振羽等为中心的释古派为最著。"新史学"出"旧史学"转变出来以后，至今尚未产生一新的定型。这一期可称为"中国史学的转变期"。

中国史学由"萌芽"，而"产生"，而"发展"，而"转变"，自有其经济的、社会的、历史的背景和基础。关于这一点，说起来颇费笔墨，读者如有兴趣，可参考本报"史地"周刊第三期拙作《由魏编〈中国史学史〉论及史学的分期问题》一文。

金氏的第一期为史学创造期，自上古迄汉初；而我的第一期为"史学萌芽期"，自殷周至春秋以前。金氏的第二期为史学成立期，在两汉之世；第三期为史学发展期，魏晋至唐初；第四期为史学转变期，唐迄清末。这二、三、四期等于我的第二期从春秋至汉初的"史学产生期"与第三期从汉初至清末的"史学发展期"。金氏的第五期为"史学革新期"，从清季、民国以来，与我的第四期"史学转变期"相等。在这个分期中，最大的出入是在汉初至清末这一时期。就我看来，这一时期是封建王朝的盛衰兴替时期，社会经济的发展，只是在"量"上有所加重，而未达到"质"变的阶段。反映在史学上，只是以封建王朝之盛衰为依据，而先后完成了依王朝为一段落的廿五史。金氏的意见，以唐为一关键，唐以前的史籍大都为私家所撰，唐以后的正史都出于官修。私撰与官修，在我看来只不过是程度的差异，在质上并没有什么两样，他们大都是以封建王族为中心来叙述统治者的威风与生活而已。在那个时代里，能够撰史的人，因其阶级意识的限制，绝对不会以人民为中心来叙述历史的，所以在我看来，私撰与官修，实在是没有划分为两个时期的必要。如果要分，也只能视为这一时期中的两小段，不能成为独立的时期。这一点，金氏与我的意见颇有出入的。其次，金氏将上古迄汉初时期视为

"史学创造期";而我,却把这时期分为两个时代:从殷周到春秋以前为"史学萌芽期",由春秋经战国至汉初为"史学产生期"。我为什么把它分为两期内?因为在春秋之前的史学,严格来说,是不成"学"的。自从殷周以后,文学进入了形态字的阶段而有所记载,所谓历史(狭义的,指用文字写成的历史)也因此而萌芽。但,把文字刻在骨头上、龟壳上或钟鼎上的辞,我们不能就算为史学,只能视为史料,它只是历史发展过程中遗留下来的文字的东西,而不是客观的史料与史家的主观的理论合式的统一的东西。因之,我们决不能直认为史学;因之,只能称为"史学萌芽期"。自春秋以后,孔丘的《春秋》一书问世,这就把中国的史学,由"萌芽期"推动到"产生期"。在这时候,中国的史学才真正产生了。因为,在《春秋》一书中,已经有了时间的观念和史的观点,他的褒贬就是依据他的"伦理史观"。他把时间和史观统一混同起来,表现出他对当时的历史的看法。他根据自身时代的感觉和思想,来整理一大堆的史料,形成了《春秋》一书的褒贬史观。有了史观,有了时间观念,也有了整理史料的方法,中国史学在这时期才真正地成为"学"了!这一点,在我看来,认为是相当重要的,可说是史学与非史学的里程碑。所以,自殷周至汉初的一段时间内,以史学发展的立场来看:春秋以前与春秋以后,是应该分为两期的,"史学萌芽期"与"史学产生期"之分,我的理由是如此。但金氏只笼统地冠以"史学创造期",这一点,笔者认为不妥的。

现在,将金氏的史学分期与我自己的意见作了一个比较,在这里我并没有固执着自己的意见;如果能再有一种更正确、更有理由的史学分期的提出,我是非常高兴加以考虑与接受的。

其次,我得要指出的:凡是写历史,一般都认为越近代应该越详细(这里并不是说古代的就可以省略);但在金氏的《中国史学史》中,对于"新史学"的叙述太少了,尤其是在"新史学"时期中的三大流派,即以前所述的疑古派、考古派和释古派,在释古派之中有许多立场及方法不同的流派都没有作一详细的评介。同时,也没有将近十年的地下发掘出来的史料作一系统的介绍与说明。这一点,笔者认为是"美中不足"的。史学史最着重的地方是在金氏所谓的第五期"史学的革新期",也即我所谓的第四期"史学转变期";如果不着重这个时期,那么,中国史学史编著的用意恐怕有所失的。我们因为要了解现阶段的史学的发展,所以不得不推源整个史学的演变与其源流。写一部史学史的用意,虽然是在明了整个史学的发展,但是重要的还是在解释现代史学之所以会"转变",之所以会"革新"。在转变与革新期中的史学,它又怎样发展着?向着那个方向发展?金氏所谓的"创造期""成立期""发展期""蜕变期"只不过是供"革新期"作一基础,作一源流而已。这是我私人的看法,希望作者与读者对这个重点的问题加以考虑。

这本书,在我看来,是十分值得推荐的。其中最值得我人详读的是在《魏晋南北朝以迄唐初私家修史之本末》《唐宋以来的官修诸史的本末》《唐宋以来之私修诸史》各章。在这里,我们可以明了魏晋以来的私撰与官修的诸史籍的情形,使我们理解了廿五史及其他史籍典志的来源与去迹、各种史体的发生与演变。史家对历史的看法与处理这一部分,是本书最精彩的地方,也是篇幅占得最多的地方。看了这部分,我们大概不会再叹"一部廿四史,无从读起"的话了!

其次,对史官的发生、演变与分途,也有明确的说明,并附有《历代史官制度沿革表》,使读者能对中国的史官制度的沿革一目了然。

我认为要写一部《中国史学史》,绝对不是一个人关在书房里,八年十年的埋头苦干所能成功的,非集合许多专家与图书资料,认真地研究、商讨个五年十年不可,只有集体的力量才能奏效的。同时,要写一部《中国史学史》,非有正确的、科学的史观不可;没有正确的史学方法论与哲学,是不容易整理出一本正确的史学史。我们希望在不久能有一本更正确、更满意的《中国史学史》的出世。但,看了阴郁的现实,却使人有些黯然了!

卅五年十月三日写毕

(《文汇报·史地》1946年10月8日,第6版)

《中国史学史》

刚 主

金毓黻著。民国卅五年五月上海商务印书馆出版。定价六元。

著者是吾国研究东北历史的一位专家,他曾著了一部《东北史》,根据正史和最新发现的史料,用了不少年的工夫,成书约数十万言,仅有油印的稿本,还没有正式出版。他编过一部《辽海丛书》,共分十集,均搜辑辽海人士的著述,和研究东北史乘的重要书籍。此书为著者在重庆中央大学所编的讲义,共分十章:第一《古代之史官》,第二《古代之史家与史籍》,第三《司马迁与班固之史学》,第四《魏晋南北朝以讫唐初私家修史之本末》,第五《汉以后之史官》,第六《唐宋以来官修诸史之本末》,第七《唐宋以来之私修诸史》,第八《刘知幾与章学诚》,第九章《近代史家述略》,第十《最近史学之趋势》。每章之中,都列有详表,教我们读了,一目了然,可算一部有组织的著述。

吾国史学比别的学术都要发达,自从司马迁、班固两家,倡导而后;魏晋以来,史家辈出,撰《晋书》者十有八家,注《汉书》者二十有五,乃至五胡十六国,割据偏安在北方一带,多他本国的历史;唐修六代史乘,开馆储才,人文可谓极盛,然修史立说的,真不在少数,可是研治史学源流,撰史学史这类的文章,只有刘知幾《史通》,载有《古今正史》和《史官建置》两篇。后来记述史学源流的文字,仅有零片断羽,没有整部的著述,尤其到了近代,虽然史部约结撰,没有以前那样的兴盛,但是有清一代史学的整理,和近来古代史料的发现,有非昔人所可以想象的宝贵材料,所以史学史的撰述,实在是一桩重要的事业。

但是撰史学史,并不是史部的目录学,也不是仅为史部的分析方法。我们要知道的是吾国史学之发达,和研究史学之过程,正如郑夹漈氏所谓:"辨章学术,考镜源流。"金氏著是书时,即本此入旨。他编辑的方法本梁任公先生,撰集史学史之作法:一曰史官,二曰史家,三曰史学之成立及发展,四曰最近史学之趋势。著者更申明其编纂之要义,凡有四点:

一、就历代史家、史籍所示之法式义例,及其原理,而为系统之记述,以明其变迁进化之因果。

二、纪传之史,与近人以科学进化、分类之史,例取兼赅。虽述旧闻,蕲合新义。

三、装编为时间所限,不能先成长编,姑就所知,略加诠次。其有先哲时贤之论,足以明史学变迁进化之因果者,亦为择要录入。

四、旧史之范围狭,仅载君相名人事迹,新史之包蕴广,兼洋社会文化之情状,时代既殊,编法亦异。古代作史,各有其时代之背景,须详明其义,不容或紊。

这是著者对于编辑是书的四个要义,用意甚为精详。但是著者搜辑的材料,非常的丰富,可是编制的方法还有许多可以商量的地方。举其大者约有数点:第一,就这本书的内容看来,因为著者受章太炎、黄季刚诸先生的影响很深,文章力求尔雅,足以供给读者许多材料,而不能把当时的环境、作史的动机,和史学变迁的影响,全盘说出来,教人们读了得不到扼要的观念,亦不易发生治史的兴趣。譬如说罢,梁任公先生著的《历史研究法》,搜辑的材料实在没有这本书的丰富,但是他们读了,因为他有引人注意的笔法,便会引起治史学的兴味。他虽注意到梁任公先生所说的史学之发展和最近史学之趋势,这两项事件,多少还没有发挥尽致,所以只可以说是史学史的长编,而不是一本融会贯通史学史的著述。第二,是书共分十章,如用编年体自当依朝代的次序;如用纪事本末体,则自当以史学的性质为分类。如以史家的时代,和史学的性质两者并用,那不妨效梁任公先生的《近三百年学术史》。上编述史家之时代,下编述史学之发达,再用分条例举的方法,把史学史沿革变迁,扼要地说出来,那末读者至少可以得到吾国史学源流的概念。例如吾国的史学,起初范围本来很小,后来因为一个小问题而演变成了重要部门,所以古人说:旁宗之子,蔚为巨国。即以史部目录学而论,当宋、元以来,目录学的书,仅有《郡斋读书志》等十余部的书。后来目录而外又有题跋,并有在目录中有产出金石学一类的部门。地理一类,汉唐以来,著录的书也不甚多,到了宋代,产生许多方志,大而一省,小而一县一邑,无不有志,甚而至于一邑的风土、艺文、人物,也有专门的记载,方志一类,遂成了专门的学问。要是分了许多时代,把它间断地说出来,便不能引起人们的注意力,而讲史学史的兴趣,也就降低了。第三,吾国史料,散在各书如同散沙,往往于不经意的地方可以发现最重要的史料。我想吾国的史学家,和史学的重要著述,正史和笔记上,定理没着不少的好材料,即以个人读书所得,《晋书》载记,和《南北史》的列传,便感觉到有不少材料,倘能勾稽起来,用现代的眼光来整理它,一定可以发现许多史学界的新境界,一人之精力有限,固不过事苛求。然如是书之第六章《唐宋以来官修诸史之本末》、第七章《唐宋以来私修诸史》两章来说,也不过勾稽旧有的目录学书籍,缀辑成文,所以只可以说是史部目录学,而不是史学的历史,我们史学史这类的书,应当以史学上的著作家为主,而目录学则当以书籍为重,这一点是应当分清楚的。至于是书之内容,以愚所见,也有数端可以讨论或增加的,今分述于后。

一、原书第三十一页,《竹书纪年》实出汲冢,按《晋书·皇甫谧传》和束皙、王接诸传均述汲冢发现遗书之事。盖当晋代士大夫都走入了清谈一流;研究古学,朴质无文。只有皇甫谧和他弟子挚虞、束皙,笃好诗礼,研治典籍、汲冢发现竹简,束皙董理其业,未能毕事,后来王接为续成之。自从言太康间发现了古籍,后来宋齐诸朝南史上也有发现古物的记载,如果勾稽起来,可以撰成一部古代发掘的历史,是书仅引杜预《左传后序》,未免简略。

二、原书第五十四页范晔《后汉书》于《班固传》论,盛持其短,然结论似乎苛酷,亦所谓目能察毫毛,而不能自见其睫。又称《狱中与诸甥侄书》露才扬己毋乃太甚。按范氏冤狱,清陈澧所著《申范》言之甚详,无待赘述。盖当魏晋六朝为吾国最纷乱时代,人士自危,朝夕不保,试看魏末晋初一般文人,能至中寿的,为数实鲜。到了宋文帝的时候,他们家族,兄弟子侄相争,闹了不少的乱子。其后文帝自己不保,竟被他的儿子,把他杀了,《宋史》谓之二凶。到了修《宋史》的沈约,他的祖先,本来是佞人传的人物,约又投身新朝,所以他修范晔的传,只讥其不遗余力,读史应当知人论世,不可执一偏之见。是书应当叙及。

三、原书第五十九页陈寿修《三国志》条,按三国时期,曹魏文化是最盛。不独魏文魏武喜好文士,即魏明帝后帝无好延揽士流,后来司马氏伐魏,魏代文化未免湮没,不然,晋室南渡,王大司马尚曰:"不谓永嘉之乱复开始之音。"则正始文风之盛想象可知。曹魏而外,孙吴亦有修史之事。惟蜀僻在西川,史官独阙,陈寿蜀人,故其修《三国志》时,《蜀志》称先主、后主,示不忘旧君之意,而于蜀中典制诏令,记载尤详,可以补季汉历史之缺。赵翼《廿二史札记》曾记其事,足以参考。

四、原书第六十三页《十六国史》条按是书仅列一表,后略说明崔鸿修《十六国春秋》经过,未免过略。《隋书·经籍志》:"九州君长,据有中原[者甚众],[……而]当时臣子,亦各记录。"按自匈奴内徙,五胡杂处河北,久习华风,氐羌君长;亦吐属风雅,设官修史。当永嘉之乱,纷纷南渡,而河北人士淹留北方者,亦不乏其人。于是西凉张轨、甘州吕光,亦能修治文事,保存旧习,典章文物,赖以不坠。我想唐以前吾国西北甘、凉诸地,决不如今日之荒凉,不然敦煌发现的文物,何以如斯之优美?则十六国时代之史学似不可忽略过去。

五、原书第六十七页《南北史》条,按是编仅列《南北史表》未免简略,北齐魏收修《北魏书》前尚有崔浩、高允,浩以修史之事直书不讳被诛,而高允虽与浩同修魏书,竟得豁免,《北魏·崔浩传》记之甚详。至南朝修史诸家,《史通·古今正史篇》罗列略备,而《南史》列传,亦有叙述及之者。如能将南、北《史》中关于修史诸家,勾稽其事,即以《史通·正史篇》为之证补,亦颇可观。盖历朝正史作家,昔人已详,固不必特为铺张扬丽;惟昔人所不注意之史学家,与正统派所不屑述及之史事,则应独具别裁,重为绍述,详人之所未详,创史学界之新局面,此亦治史学史者,应有之事也。

六、原书第九九页编年体之实录条,叙述历朝实录极为详备,近影印本之《明实录》,据南浔刘氏藏抄本影印时未及校勘,错误甚多,且书前《序文》,于《明实录》纂修经过,亦语焉不详。《朝鲜实录》始于李成桂朝,其纂辑体例一如《明实录》,凡历二十余代至日鲜合并时始止。《朝鲜实录》而外尚有《安南实录》,由此看来,沿海诸国,受吾国文化影响,至为深切。

七、原书第一八五页《资治通鉴》条,按司马光撰《资治通鉴》襄集史事,融会贯通,而能别出心裁,资为鉴戒,实为吾国史学之创作;故自司马氏是书问世而后,由元迄明续通鉴者,不下数十家;效司马氏体裁而另自为书者,亦不乏人。若把《通鉴》而后,效法或续纂的撰作考证一下,很可以成一篇重要的论文。注《通鉴》者当首推胡三省氏。三省为宋代遗老,入元不仕,不用元代年说,其注《通鉴》,颇具微尚。近人陈援庵先生著有《通鉴胡注发覆》,尚未出版。然胡法而外尚有史炤等两家,史炤注刻在陆心源《十万卷楼丛书》,世谓之龙爪本。

八、原书第二一〇页吾国与地方志之学,肇源于晋之裴秀,而盛于唐之贾耽,□是□导源溯流,于方志之学,述其源流,极为详瞻。敝意方志、舆地之学,当始于魏晋人所著风土、人物诸传,如《荆楚岁时记》《南阳人物传》《洛阳伽蓝记》诸书,至于唐代乃条山川地域,宋代乃综揽众长辑为方志,到了明清两代,方志一途乃成了专门的事业。近人张国诠氏,曾辑有《方志考》,收录方志不下八千余种,其分量可谓繁多。

以上八端,系信手翻阅,随便写了这几条,不能算是批评,只不过是这本书的补注罢了。又以手头无书,但凭记忆,恐有遗漏和错误的地方,还得请编者来纠谬吧!

民国三十五年重阳写于沪上持筹籀史斋

(《文汇报·图书》1946年10月10日,第6版)

评金毓黻著《中国史学史》

陈定闳

中国是一个历史趣味最浓厚的国家,中国史学也特别丰富,中国的史学著述也特别众多。然而奇怪的是中国以往竟没有一部完备的史学史的著作。记得梁任公在《中国历史研究法补编》中,曾经提过治中国史学史的方法,他却没有写一部史学史。所以金毓黻的《中国史学史》在文献史上说,它却是第一部比较完备的中国史学史的著述。

这本书除了导言与结论外共分十章,这十章的目录是:《古代之史官》《古代之史家与史籍》《司马迁与班固之史学》《魏晋南北朝以迄唐初私家修史之本末》《汉以后之史官》《唐宋以来官修诸史之本末》《唐宋以来之私修诸史》《刘知幾与章学诚之史学》《近代史家述略》《最近史学之趋势》。我们从目录来看,再纵观全书,此书有一个特点,即在作者没有像编中学教科书那样的再一朝一代地零零星星地叙述史学的发展。商务印书馆出版了一套《中国文化史丛书》,其中有好几种是犯了这个毛病的,这种写文化史的方法,我以为是最笨拙的。因为文化史不能像政治那样地可以按朝代划分文化的连续性尤其明显。若一定要断代地叙述,徒然是把史料分割得零碎而已。本书却无此弊,而能把史料作连□的综合,使我们不致有零碎片断的感觉。此确为本书一大特质。

本书没有代叙述,并不是作者没有说明中国史学的发展不可划分时期的,作者在结论上把中国的史学分为五期:(一)史学创造期,自上古迄汉初;(二)史学成立期,两汉之世;(三)史学发展期,魏晋南北朝以迄唐初;(四)史学蜕变期,自唐迄清末;(五)史学革新期,清季、民国以来。从这个分期来看,再与全书的方法来看,作者是真正地了解中国史学演进的,非一般不读书徒事□袭者可比。读者读此书,这一特点也是不可放过的。

本书作者治史的经验甚为丰富,然而在本书里却充满了谦虚的态度,我们却丝毫找不出作者自负的地方。中国近年来有几部史学的著作(恕不能举其书名),作者往往自恃甚高,而实际上漏洞极多,与本书却成一个反比例。我以为本书作者的客观态度尤其值得可取的。例如论六经皆史,作书并不一定拘泥旧说,而以史学的立场说明《尚书》《春秋》是史,《三礼》为史,至于《诗》《易》就未必是史。这种纯客观的判断,为近代治史者不可多得的态度。又如作者对于信古、疑古抱着中和态度,也纯以史学的立场为准,就是批评任何一史家,也无不如此,这都是本书可以注意的。

作者很赞成古史中的表,所以他在本书中,很多地方利□表的,如古代史官表、后唐史著作表、三国史著作表、晋史著作表、十六国史著作表、南北史著作表、历代史官制度沿革表、唐五代宋辽金元明清实录表、历代官修正史表、宋元明清改修正史表、唐以后分撰史表、历代补阙史表、历代史籍考释表、历代通鉴撰述表、近人专史撰述表、历代史部分类表,都[等]十余表,这历史统计法的应用,而作者却能用之适当,实为可贵之处。

总之,《中国史学史》是一部值得注意的书,尤其是作者,客观态度和资料的谨严,综观全书,作者确能把握史料,编比得宜,绝不拖泥带水,为史料所累。

不过我们以为本书有个地方值得补充的:第一,是中国的历史哲学。历史哲学虽不能视为史学的正宗,但既谈史学史,似乎对于这一方面也不应该或缺的。中国的历史哲学有许多极有价值的,本可以□写一本《中国历史哲学史》(笔者正在撰述中)而史学史不略为叙述,也似于是美中不足。

第二,本书对于近代史学上的成就的叙述尚嫌简略。近百年来,中国对于古史和近代史的研究,专史的撰述,都有过很高的成绩,本书只能以一章的地位叙述它,也似有未能畅所欲言的地方,我们很希望作者再以写这本书的态度再写一部《近代中国史学史》,责诸金先生以为何如?

(《中央周报》1946年第8卷第43期)

金著《中国史学史》商榷

宋慈抱

　　金君毓黻，并世学人也，所著《中国史学史》，援引既富，讨覈亦精，乃言刘知幾与章学诚之史学，竟以拙作《续史通》粗加评骘，可谓学术之诤臣，文字之畏友，走也固所乐闻，惟拙作此书，本二十年以前旧稿，陆续改正，即《瓯风杂志》所载，如《尊欧篇》，已与《国学论衡》所载不同，内篇二十篇：一、惜马，二、斥班，三、尊欧，四、恨李，五、国志，六、晋记，七、唐书，八、宋史，九、四通，十、两案，十一、曲笔，十二、浮词，十三、表志，十四、纪传，十五、补述，十六、方乘，十七、载记，十八、论赞，十九、体制（原作沿革），二十、义例。外篇二十篇：一、考献，二、监修，三、模拟，四、创造，五、因时，六、度德，七、损益，八、毁誉，九、注释，十、评断，十一、问刘，十二、诘章，十三、点烦，十四、辨惑，十五、政治，十六、人物，十七、疑信，十八、功罪，十九、杂说，二十、余论。往时《瓯风杂志》曾印其全帙，为汇刊本。但壬申出版，距今亦十有五年，家藏本已改正不少，毓黻评拙作之言曰："《史通》之书，作于唐之景龙，自是迄今，时逾千载，续作本不易言，衡以史家（评）[详]近略远之例，其可述者，奚止一端；兹语其要，应首以《史官》《正史》二篇，（读）[续]书《考献》一篇，叙《旧唐》以下迄[于]《明史》，即[为]叙前书《正史篇》而作。然叙宋重修《唐书》，未语及宋敏求之《补唐实录》，叙《宋史》未语及元初之修本，叙《金史》，未语及张柔所得之实录，及王鹗之初修本，叙《元》《明》二史，亦多漏略。"则走敢正言以告曰（文中录毓黻原文用""为符号，余皆余答之之文，下同）："史家详近远略之例，我非不知也，拙作《内篇》自《惜马》至《两案》言专书，第十以下则《曲笔篇》言沈约《宋书》、魏收《魏书》，与脱脱《辽史》，自守畛域之见，遂昧夷夏之辨；《浮词篇》谓宋自刘裕践祚，至刘准逊位，仅六十年，而沈约《宋史》，数盈百卷，实事不多，闻文尽录，刘知幾所未尝言也。《表志篇》谓《唐书》不必为宰相世系表，《宋(书)[史]》不必为宗室废兴表，中间援引甚多，何尝不详于唐宋以后，而略于汉魏以前。《考献篇》信未举宋敏求《唐实录》、张柔《金实录》，然拙作于《唐书》一段，引钱大昕《修唐书史臣表》，固云庆历五年开局，王尧臣、宋祁、张方平、杨察、赵概、余靖，充刊修官；曾公亮、赵师民、何中立、范镇、邵必、宋敏求，充编修官；则敏求固列名于《唐书》之中矣。叙《宋史》，何尝不及元初修本，走之《考献篇》原文云：'元顺帝命托克托等修辽、金、元三史，自至正三年正月开局，至五年十月告成，以如许事而脱稿不及三年，此非其世族初修本材料之丰，稍加编次，便可藏事乎。然实录多忌讳之语，而新修无剪裁之功，传为君子而赞则小人，传为小人而赞则君子，先后不同，臧否互见，详则近于污秽，略则失于疏落，不能为《宋史》文过也。'又云：'元初王鹗修《金史》（《瓯风》印本王鹗误作元鹗）采当时昭令及金令史实详所纪，及杨云翼日记、陈老日录，及女官记资明夫人授玺事以补之。'则王鹗初修本何尝未及，于元、明二史，漏略者固不能免，于大略亦具矣。"毓黻评拙作之言又曰："前书所谓正史者，兼纪传、编年、别史、杂史四者而已。而续书专[就]纪传一体之列入正史者论之，岂足以概其全乎；其于唐宋以来之史官，则更不著一字，此又疏略之尤者也。"则走又敢正言以告曰："走于《纪传篇》固专言纪传之体，《体制篇》（元作沿革）据陈直斋《书录》乙部类别：一正史，二别史，三编年，四起居注，五诏令，六伪史，七杂史，八典故，九职官，十礼注，十一时令，十(三)[二]传记，十三法令，十四谱牒，十五目录，十六地理。各门之中，各取作者言其体裁，虽不足概其全，固不止纪传一体矣。于唐宋以来史官，《考献篇》所举，如辽之史官，为刘慎行、刑抱朴、室昉、楼晟、马保忠、耶律隆运、耶律珏、萧韩家奴、耶律阿思、王师儒等，及耶律严、陈大任。明之史官：宋濂、王袆及汪克宽、赵汤、陈基、胡翰、贝琼、高启、王彝等。清之史官分修《明史》：彭孙遹、倪灿、张烈等三十余人，多系鸿博专科考取。此外张玉书、陈廷敬、王鸿绪等十余人，俱已罗列。而谓唐宋以来之史官不著一字，何其诬也。"毓黻评拙作之言又曰:"《六家》《二体》二篇之订补,吾以为[自有]袁枢《[通鉴]纪事本末》行世,代有踵作,于是纪传、编年二体之外,又增[出]纪事一(门)[体],是可谓之三体,应撰一篇论之。至杜佑《通典》专详典礼,黄宗羲《明儒学案》专详学术,是于上述三体之外,别创通史、学史之一格,亦子玄所未及窥见者[也]。《续书》有《四通》《两案》二篇,略阐斯旨,然于通史、专史之分,既病语焉不详,[而]于纪事一体,尤未能尽量阐发,以补前书之未备,大者如是,小者可知矣。"则走又敢正言以告曰:"袁枢纪事本末之体,我于《杂说篇》固云,直斋《书录》载以通鉴为书者,司马(及)[伋]《通鉴前例》一卷,刘义叟《通鉴问疑》一卷,刘恕《通鉴外纪》十卷,张栻《通鉴论笃》三卷,朱熹《通鉴纲目》五十九卷,李焘《续通鉴长编》一百六十八卷,袁枢《通鉴纪事本末》四十二卷,或补温公以前之史事,或载温公以后之政问,或考事实之异同,或言书法之笔削,要于纪传、编年以外,不能别树门庭,重张旗鼓。惟纪事本末一体,信如章学诚所云:'司马《通鉴》,病纪传之分而合之以编年;袁枢《纪事[本末]》,[又]病通鉴之合,而分之(一)[以]事类;按本末[之]为体[也],因事命篇,不为常格,非深知古今大体,天下经纶,不能网罗隐括,无遗无滥。文省于纪传,事豁于编年,决断去取,体圆用神,斯真《尚书》之遗也。'章氏此说,盖以《隋志》称纪传为正史,编年为古史,历代因之,甲纪传而乙编年,遂成通病,因力尊袁枢体制耳。吾谓古今史事,求其记制度沿革,讨学术源流,或得失可稽,与是非不昧,作后来之□鉴,存先正之典型,斯则足矣。必斤斤于体例之间,则耳食者流。至谓有编年而纪传可废,数典亡祖,学子名母,识者病焉。况稽一代之治乱盛衰,编年为经,纪事为纬;志一人之善恶忠佞,列传为纲,纪事为目,既分二道,直难偏废。此段于纪事本末,未尝不言其梗概。惟置于《杂说》之中,篇目又出于最后,斯则稍微疏略耳。"若通史、专史之分,散见各篇,毓黻以为语焉不详,我则谓拙作《损益篇》所云:"史有帝纪,征伐大事则书之,水旱大变则书之,公卿拜免则书之,礼乐沿革则书之,学制则书之,封爵则书之;而非常则书,变古则书,尚难殚论也。史有书志,郡县分合则书之,刑法轻重则书之,官职废置则书之,刑法轻重则书之,户籍登耗则书之,河槽通塞则书之,日月亏蚀则书之;而郊社则书,仪卫则书,亦难尽述也。史有列传,忠臣义士则书之,叛臣贼子则书之,儒林文苑则书之,酷吏循吏则书之,一事而数人有关,详略互见;一人而数事有关,功罪须平,此又难片言析也。每见好奇之士,恒言曰:吾能详人所略,略人所详矣。不知史为万世公言,不当详而详,不当略而略,详略皆非也。又见沽名之辈,恒言曰:我能去彼某篇,取此某篇矣。不知史存一代直道,不当去而去,不可取而取,去取皆非也。而通史、专史,外篇各章未尝不约略言之。"毓黻评拙作之言又曰:"宋氏生长浙东,习为[于]永嘉一派;所论近于《东莱博议》、张溥《史论》,又时时采取《四库提要》及朱彝尊、赵翼之说,而不甚别白,非言正史家所(宜)[应]出,[……]观其标目,曰《惜马》《斥班》《尊欧》《恨李》,班有何可斥,李有何可恨,以此论古,直同儿戏,客观未树,成见不(损)[捐],乌(睹)[见]所谓通乎?"则走又敢正言以告曰:"《东莱博议》、张溥《史论》,原为科举决策之用,然文学议论,岂无一长足取?走固不敢与之颉颃。若以为袭取《四库提要》及朱彝尊、赵翼之说,则拙作本以伸史学之公论,苟有成说可引,何必故意翻案,且金氏不尝观章学诚所云乎:《论语》则记夫子之言矣,'不恒其(公)(编者按:此字衍)德',证义巫医,未尝明著《易》文也。'不忮不求'之美季路,'诚不以富'之叹夷、齐,未尝言出于《诗》也。'允执厥中'之述尧言,'元牡昭告'之述《汤誓》,未尝言出于《书》也。则古人言公,今人亦可以言公,而曰袭取何哉?若以《斥班》《恨李》为儿戏,则王充《论衡》有《刺孟》《问孔》之作;子玄《史通》,有《惑经》《疑古》之文,孟子可刺,班固不可斥,我弗敢知也。《史通·自叙》言《汉书》不应有《古今人表》,《杂篇》于五行志误处,指摘尤多。郑樵《通志·序》亦谓马迁为龙,班固为猪,则先我而斥班者固大有人在。且拙作《斥班篇》非一意指摘也,首言《汉书》有四长:一为西汉正朔相承,宜为断代之史;二言《史记》兵刑无志,能为补遗之作;三曰为《地理志》;四曰有《艺文志》。所斥者,《高五王传》《景十三王传》文太猥亵,《王莽传》文太冗长,及载文章太多,录《史记》无剪裁诸失,皆平允立论,天日可证。若李延寿《南史》,体近小说,朱子言于前,清儒如王鸣盛等继之,而云李有何可恨,六非也。"毓黻评拙作之言又曰:"《国志》《晋纪》为刘氏所已言,何必重标是目?《唐书》《宋史》,固应论列,何为遗辽、金、元明诸史而不数,表志箴子(元)[玄]之失,补史为近代所长,方志备史之一体,论之是矣,然所应续者讵止于此。"则走又敢正言以告曰:"辽、金、元、明诸史,我于《政治》《人物》《疑信》《功罪》四篇,各有论述,《余论》篇则专论《清史稿》与《清史列传》诸书,《瓯风》所印全帙,今已删改十之七八。《问刘》《诘章》二篇,一得之愚,可备刍荛,固不止表志、补史、方乘三端。若以《国志》《晋(记)[纪]》为刘氏所已言,不宜重标是目,则我于《国志》论《蜀志》有云:小沛败绩,则以被房书之;汉帝密诏,则以不成删之。立宗庙而大祭,不载其礼;建州郡而称制,不志其详。甚至后主改元,系以黄初之号;邓艾入寇,特书景元之文,帝魏寇蜀,斯其明征,此论刘氏所已言乎。论《晋书·列传》,又皆刘氏所未言,内容异而篇目偶同,何害酥?"毓黻评拙作之言又曰:"《沿革篇》本论史部之如何分类,《体例篇》本论作史之宜有凡例,今标《体例》一目可矣,何为分列两篇? 沿革之名,尤难索解。他如萧常、郝经之《续后汉书》,本为改撰《国志》,而称为《补汉书》;王洙、柯维骐之改修《宋史》,意在删繁就简,尤与增补无关;又盛称郭伦《晋纪》,而不及周济《晋略》,此皆可解而不能解者也。"则走又敢正言以告曰:"《沿革篇》已改名《体制》,《体例篇》已改名为《义例》,在我为既往不咎。毓黻谓'沿革'之名,尤难索解,我又勿敢苟同,《尚书》记言,《国语》亦记言,然《尚书》有典谟训诂之分,《国语》则以国分,又沿而有革也。章学诚谓'六经皆史',然《周礼》记制度,《春秋》载事实,鸿沟判然,不容强合,后世正史则合二者而一之,纪传为《春秋》礼,《书志》为周礼法,又沿而有革也。不过拙作《沿革篇》初稿尚未言及,《沿革》之名,固非大谬,若言萧常、郝经《补汉书》为谬,则手民印时,落一后字,走虽不学,何至以萧常、郝经为《补汉书》? 王洙、柯维骐于《宋史》固删而非补,然补字可训为补救乎? 衮职有阙,仲山甫补之,补古训为匡,柯维骐删正正史,独不可为补《宋史》乎? 且我所举补晋书有茅国缙《晋史删》、蒋之翘《晋书别本》、郭伦《晋记》,皆删而非补,何金氏不一律纠正也。"然毓黻于拙作虽未承谅解,于《尊欧》《恨李》《唐书》《纪传》《因时》五篇采取不少,走也僻处东瓯,已近三十载,既寡闻一知十之才,又无阅市借(任)[人]之助,加之杂治词章,粗涉掌故,《史通》之作,久自分覆瓿烧薪矣。顷在杭州西湖,任通志馆编纂,方编浙江经籍一门,露抄雪纂,未暇取毓黻全书而细读之也,辄就拙作献疑,毓黻见之,当不以为狂瞽耳。

(《东南日报·文史》1947年4月30日,第7版)

《中国史学史》

白寿彝

金毓黻著。商务印书馆出版。

这几年内,商务印书馆出版了三种中国史学史:一种是王玉璋底《中国史学史概论》,一种是魏应麒底《中国史学史》,第三种是金毓黻底《中国史学史》。魏书作得最坏,书内充满了人名和书名,没有他自己的见解,也看不出他在材料方面的工夫。王书比较地好些,但它用的材料和说出的见解都很少能走出金书底圈子。王书比金书虽早出了两三年,但作者是先看过金书底稿子的,所以他能受到这种大的影响。在三书中,金书可以说是一部最好的书。

我们打开金书一看,第一个好印象就是使人感到,这确切是用力气写的。第二个好印象,是作者驾驭史料的经验很富,能把许多综错零碎的材料处理得很有条理,使读者不觉得吃力。此外,作者底博闻强记,在那样书籍贫乏的后方能写出这样材料丰富的东西来,也是值得佩服的。

但最可惜的是,作者似乎没有把全书底题目真正地弄清楚。究竟甚么是"史学"?他前后的说法甚不一致。在《导言》中,他说:"研究人类社会之沿革,而求其变迁变化之因果,是谓之史。更就已撰之史,论其法式,明其义例,求其原理之所在,是谓之史学。"这两句话既列在开宗明义的《导言》里,总应该是全书写作的标准了。但我们细检全书,不但没有看见他根据这个标准写书,而且书中有明文说到"史学"的地方也和《导言》中所说不同。书中说史或史家的地方,很少是说到法式和义例的,说原理的更难见到。第三章同第八章是书中很重要的两章。

第三章《司马迁与班固之史学》把班、马的身世和《史》《汉》流传情形说得倒不少,法式和义例实在说得不够。第八章《刘知幾与章学诚之史学》,把刘、章所主张的义例说出来了,但没有把刘、章对于史的基本看法(这应相当或接近于金氏所谓原理)说出来。而且金书中所论列着的"史",究竟有几部是可以做到"研究人类社会之沿革,而求其变迁进化之因果"呢?如果做不到这一层,是不是可以说是"史"呢?如果不是史,为甚么本书中要一一地论列?如果是"史",《导言》里的话又为甚么那样说呢?至于书中有明文说到"史学"的地方,如说"曰法与意,曰文与义,皆为孔子之史学"(页三五),"《史记》之善叙事理,辨而不华,质而不野,其文直,其事核,不虚美,不隐恶,即司马迁之史学也。《汉书》之叙事,不激诡,不抑抗,赡而不秽,详而有体,使读之者亹亹而不倦,即班固之史学也"(页四八),"前之马、班,为作史家,未必不能评史;后之刘、章,为评史家,亦诚有意于作史。必合而一之,乃得谓之史学"(页二二三)。这些话都是和《导言》中所说的"史学",显然不同的。即使把这些话撇开不说,而只来看看全书底《结论》中所说的"史学",也是和《导言》里不同的。《结论》所说"史学"底五个时期,前四个时期的划分完全是依着"史"底发展情形的,并不是依着"史学"底发展情形。我们固然不当要求作者具备某种史学观念,但我们必须要求作者有"一个"史学观念。如果写史学史而没有自己的史学观念,这本书如何能使读者看得清楚呢?

细细看来,本书作者实是有意地或无意地用一个考据家底立场来写的。所谓"用一个考据家底立场来写",并不是说书内有许多考据,而是说他用一个考据家底眼光或兴趣来处理史实。这种实例,最明显的,如:(一)作者推崇《文献通考》过于《通典》,他认为"《通考》之可取者,亦在宁繁勿略"(页二〇四),对于《通典》之精炼及其创建书志体的通史反不注意。(二)轻视郑樵,以为郑樵"精语虽多,已不能掩其粗疏之迹"(页二五三),对于郑樵在史学方法上的许多创见一概不提。(三)认《宋元学案》比《明儒学案》,在方法上进步,(页二〇九)而不知《宋元学案》只是一部力求材料完备的书,对于透露各家学派的精神上,实远不及《明儒学案》之能把握要点。更妙的是第九章说钱大昕的时候,作者把自己对于"投下"一词的考证也说出来,(页二六〇——一)这更是和本书底宗旨无关,而考据癖在作怪了。我们知道,一个史学家是应该受过考据方法之训练的,史学底内容也可以把考据方法包括在内,但考据方法并不就等于史学,这是应该弄清楚的。

话又说回来,本书虽有上述的很多的缺点,但仍不失为一部有用的书。如果不把它当作中国史学史来看,而仅想知道一点史书源流、史家小传,这还是一部值得一看的书。如果作者肯把书中的一些议论和无关宏旨的考据删去,似乎还可以更容易看一点。书中错字,也嫌多了些。标点错得更多。标点用到句号和读号,恐怕不是原稿中就是如此吧。

四月廿八日

(《文讯月刊》1947年第7卷第1期)

《中国史学史》

齐思和

金毓黻著。
民国三十三年重庆初版。三十五年上海初版，商务印书馆印行。定价六元。五加三二九页。

自清季以来，以西法整理国故之风气寖盛，文学史、哲学史、经学史等书层出不穷，惟史学史尚付阙如。史家多用其精力以治他方面之史事，至于史学本身之历史，尚鲜有勒成一编，以便初学者。范文澜先生之《正史论略》，网罗、钱、王诸家之说，辑为一书，学者称便，然亦仅以正史为限。年来郑鹤声先生于史家传记，用力最劬，已成书者有司马迁、班固、杜佑等年谱，惜仅为专题之研究，尚未及于史学之通史。金君此书，起自上古，迄于近世，于二千年来史学演变之大势，原原本本，得其梗概，实极便于初学之课本，国立编译馆列之为大学用书，宜矣。

本书全书分十章，第一、二章述汉前之史官与史籍；第三章论次司马迁与班固；第五章，汉以后之史官；第六章，唐宋以来官修诸史之本末；第七章唐宋以来之私修诸史；第八章，刘知幾与章学诚；第九章近世史家述略；第十章最近史学之趋势，以类相从，不完全拘于时代之先后，疏而不漏，编制极佳，且文辞雅絜，叙次明晰，论断持平，诚佳著也。

抑吾人犹觉美中不足者，书名史学，自宜论其体裁之得失，编次之良否，态度之偏正，考订之精粗，俾读者了然于二千年来史学演变之大势，及今后改良之途径。作者过重故实，而忽略史学，仅言纂修经过，鲜及体例得失，史学之义，似犹未尽也。

(《燕京学报》1947年第32期）

《中国史学概要》

傅振伦著。

三十三年七月重庆史事书局出版。五加一三〇页。定价八十元。

是书虽名《中国史学概要》,实际近乎史学史。吾国历史著作,姑不上溯三代,即从史迁说起,已有二千年历史;体裁之繁多,更非屈指可尽。史学大抵见于史家所撰史籍,而专书如《史通》者则不多觏。是以讨论中国史学,或欲窥见中国史学涯略,亦大都从史书与史学史入手。讲求中国史学理论,亦不能舍弃中国史学之史而不谈也。本书著者傅君昔年任教国立北平大学女子文理学院,编有本国史学讲义十章。七七事变以还,间关入蜀,求旧编不可得,因就记忆所及,增益新意,而成是书,旨在供初学肄习之参考。与旧编当无甚大出入。

是编析为十篇。(一)《史之解谊》。大意谓史学原谊为掌文书者,其后衍为史官史书。史学一词,更为后起。其说多本于故朱氏希祖。(二)《史官建置》。略论上古以来所谓史官,其职司与名义往往非一事。著作之官,非真始于上古。此篇述历代著作之职,于民国以来史馆之设废,亦有概略之叙述。(三)《史学起源》。傅君于此远溯《尚书》《春秋》诸家。又谓史学由单纯而繁复,复由繁复而单纯,亦即分析与综合也。(四)《史书名目》。是篇较为次要。其所谓三史为《史》《汉》,此外当是谢承或华峤之书,此说殆为《史》《汉》及《东观汉记》之误。(五)《史书流别》。述历代部勒史籍之法。傅君最推崇故朱氏希祖所分之类别。(六)史体得失。大都本刘知幾《史通》之说。(七)(八)《史籍名著举要》上、下。上篇述纪传之史,自《史记》至《清史稿》。下篇述其他诸体史籍,列举名著二十余种以示例。(九)《史学上两大思想家》。此篇叙述刘知幾、章学诚两氏之史学。傅君以郑樵剿袭旧史,力不副心,实非子玄、实斋之自成一家者所可比拟。故不以三家相提并论为然。(十)《史籍之整理》。傅君提出初步之整理四事:史书总目、篇目索引、史籍提要、史学别录。其于整理中国旧史,则采柳氏诒徵之全史目录例,大致析为分代、分类、分地、分国。卷末附录《编辑史籍书目提要之商榷》,参考章学诚《论史籍考要略》《史考释例》《四库总目凡例》,刘光汉编辑《劝各州县编辑书籍志启并凡例》,及其他簿录义例,酌加变通而成。

(《图书季刊》1944年新第5卷第4期)

《中国史学概要》

璋

傅振伦著。
三十三年七月初版，重庆史学书局印行。
平装一册，一三〇页。实价八十元。

作者自十八年以讫二十六年，于国立北平大学女子文理学院史学系教授中国史学通论，编成讲义，以为讲述之资。抗战以后，间关入蜀。三十一年在白沙国立女子师范学院史地系为诸生讲授史学通论，求昔日讲义不可得，乃就记忆所及，杂缀新意而成此书，更以顾颉刚先生之介，由史学书局印行。本名《史学通论》，改为今名者，以示别于朱希祖先生之书也。

是书分为十篇，曰：《史之解谊》《史官建置》《史学起源》《史书名目》《史学流别》《史体得失》《史学名著举要（分为两篇)》《史学上两大思想家》《史籍之整理》，而以《图书馆学季刊》第七卷第二期所载作者所撰《编辑史籍书目提要之商榷》一文附录之。

第一篇首述"历史"二字之起源，谓初见于萧子显《南齐书》，方辟其词来自倭国之谬，实为前人之所未发。继论"史"之演变，谓史古为记事之人，后人用以称史官，其后又用以称史书。次又述史学一词之源流，并论史观之意义及其派别。盖于史谊之各方面，均有简明之解释。

第二篇述史官建置，起自黄帝，讫于抗战之今日。唐前制度，补充刘知幾《史通》之说若干则。中华民国史馆沿革、史官制度，言之甚详。网罗文献，折衷一是，而为有系统之叙述，亦自可贵。闻作者别有《释史》一文，此其中一篇之概略也。

第三篇述史学起源，大体依据《史通》《文史通义》，及朱著《中国史学通论》。而深入浅出，文词简明，使阅者得一极简短概念。所述"学术进步，有恒例焉。大率由单纯而趋繁复，更由繁复而趋单纯。由分而合，更由合而分，学艺进化之历程然也"，实为笃论。所举诸例，亦颇切当。

第四篇述史书名目，于正史、杂著，以及地方诸史等名目，起自古初，至于近世，叙次周备。编年、纪传诸之名目，三史之传诸说，四史、十三史、十五史、十七史、二十一史、二十二史、二十四史、二十五史之所赅，详其沿革，一览了然。纪事本末体起于隋王劭之说，亦为创见。

第五篇述史书流别，首言史部之沿革，次言史籍部勒之六种方法，末载作者之意见。其史书类别表，颇为简当。

第六篇述史体得失，于纪传、编年、纪事本末、通史、时代、传记、官史、私史等利病，记之详尽，多非前人所及。其论编年史曰："编年之长，在于明时间之观念，惜其史学对象，局于政治，未有睹社会之全体。"论纪传史曰："详正史之体，史材甚备，而史理未密。"论纪事本末曰："纪事本末实吾国最进行之体，惟[其书]纂录旧文，每少裁制，载事亦多偏于政治。"盖史家三体，多不惬人意，改造史体，今日史家当知所努力矣。又言："家史谀佞，充其量不过等于国史之起居（住）[注]。"亦为痛切。其于官家之史、杂史野乘，谓皆有可取，不可偏庶；并言巨制多藉力公家。今日修史，当注意及之也。

第七、八两篇为史籍名著举要，一以论记传诸史，一以论其他各体诸史。纪传向目为正史，叙事甚备，故不惮详述。中国史书，浩如烟海，初习者睹此，可以窥见治史门径。所录赵翼《廿二史札记》各史例自异同一条，亦可藉以考见历代体制之概略。《清史稿》已成禁书，附载目录，且可使不见其书者，藉知其梗概。

第九篇述史学上两大思想家。前人论中国史学思想大师，每以唐人刘子玄、宋人郑与清人章学诚并举。作者则以为："（渔仲）[然郑樵]剿袭旧史，迹不可掩，力不副心，疏漏尤多，实非（刘、章二氏）[子玄、实斋]之自具篇章、言成经纬之所可比拟。"不谓无见。故本篇所论，以刘、章为主。于其史学主见，皆能具体言之。所论两氏对于史体之更张，尤可供今人修史之参考。

  第十篇述史籍之整理。民国十九年作者撰《论中国史籍整理》一文,刊北平《新理杂志》,于吾国史书整理之必要,言之綦详,本篇则特详于整理之方法,如史书总目、篇目索引、史籍提要、史学别录等编辑,皆整理旧史之主要步骤,不可忽视。

  总之,是书虽寥寥八万余言,而于中国史学之各方面,均有扼要之论列,颇可供各大学及师范学院史学、史地各系师生之参考。

          (《史学杂志》1945年第1卷第1期)

《史料与史学》

毓

翦伯赞著。
三十五年四月上海国际文化服务社出版。一加一一八页。无定价。

此书为著者编集其平日讨论中国史料与史学之论文三篇而成。《略论中国文献学上的史料》一文，为翦君所拟写讨论史料论文三篇之一（其余两篇，一为讨论考古学上的史料，一为收集整理史料有关的各种学问）。此文大意扩充章学诚"六经皆史"之说，而谓一切文字记录莫非史料。翦君对过去所谓正史抨击甚力，如谓五德循环说充满廿四史（页七）。以现代眼光衡之，五德说自是迷信，翦君岂不知当时人信仰，确是如此？况五行说不过见于各史本纪及一部分志书，并不充塞史书全部乎？翦君论司马迁史学时，于司马氏之信五行说，原谅其受时代影响（页七三）；则论正史时，又何事苛责乎？翦君谓唐代所谓三史为《史记》《汉书》《三国志》（页五），当为《史》《汉》《东观汉记》之误。赵尔巽领修之《清史稿》，翦君误为"赵汝逊主撰之清史"，史稿今在，岂并其书不曾寓目乎？

《论司马迁的历史学》一文，大意谓司马氏开创纪传体，且能活用此体，为其历史方法之二大长处。并论及司马氏的历史批判与历史观。《论刘知幾的历史学》一文，从《史通》一书中条举刘氏思想、历史观与刘氏对史学体裁、派别、方法、文献之论评。司马氏著史以见其史学，刘氏著论以见其史学，翦君谓中国史学史上以此两人最有成就，备致推崇。翦君既推崇纪传体不祧之祖司马迁矣，而于班固以下之作者及各正史，则颇诟病之，殆以创始者难而模仿者不足贵欤？推崇之结果，至谓司马迁以五个神话人物（五帝）为史前社会某一阶段之特征（页五四—五五），恐史公未遽有此意也。蒭君既谓史料之在于正史以外者较在正史中者何止千百倍（见本书首篇），又谓中国历史资料大半保存于纪传体著作中（页七四），前后云云，似又自相矛盾矣。

（《图书季刊》1946年第7卷第3、4期合刊）

史料与史学

日　木

翦伯赞著。国际文化社出版。

我们生活在今天，如果连"今天"还不能了解，那儿能够去研究"明天"？可是，要知道者"今天"，我们还得理解"昨天"。

世界并不是一样死的东西，而它是不断地在运动与发展着，旧的死亡了，新的在生长；我们要明白"新的生长"，当然要从"旧的死亡"里得来。现在这半封建半殖民地的中国，我们要求独立、民主、自由，是每一个人民的吼声；可是，要得到我们的要求，就得明白"过去"，而后归纳出条件来，去迎合这个要求。由此，我们可以知道，无论那一种事业，它一定有它的"历史"重要性。

研究历史是重要的，尤其应该正确地去研究。有许多人对历史的误解，而造成许多笑话。如有的学者，以为中国数千年前就有了"民主"，那真是"老摩登"了；他们之所以把中国历史"老摩登"，还是由于研究历史之不正确。

现在，我在这儿介绍，《史料与史学》，就能给予爱好"历史"的朋友以一个很好的参考资料。

如果你茫无头绪去研究中国历史，那么即使穷毕生之力，也许仍得不出正确的结果，单单一部廿四史，内容已浩若烟海，足消磨终生，而莫测涯际。况且廿四史只是正史，此外，尚有编年史、纪事本末、别史、杂史、实录、典制、方志、谱牒及笔记等等，其数量足以惊人，那么人生的生命是有限的，那儿能够把这许多书都去读完呢？所以我们必须去懂得研究历史的方法，读了这方法，一切的历史资料，都变成泥水匠手中的瓦砖；如果不懂，就被围困于资料之中而无从脱身，下手。

谈到中国文献学上的史料，如上述种种，它的丰富，正如一座蕴藏着无数实物的矿山，要开采这矿山正需我们努力发掘，翦先生也说："为了要使中国的历史获得更具体、更正确之说明，我们就必须从中国文献中，进行史料之广泛地搜求，从正史中，从正史以外之诸史中，从史部以外之群书中，去发掘史料，提炼史料。只有掌握了更丰富的史料，才能使中国的历史，在史料的总和中显出他的大势；在史料的分析中，显出他的细节；在史料的升华中，显出他的发展法则。"

史料的重要，我们已经明白了它的底蕴，进一步，就谈到史料的研究方法，这书里面，正分析阐述，说明了史料的研究方法。

所谓正史，这部书并非成于一时一人，而是历代积累起来的一部官史。

实际上并不能称之为史，而只能称其为"史料集成"，因为它以体裁而论，尚不皆为纪传体，而有的是通史，有的又是断代史；有的亦不合纪传体的规律。以史实的系列而论，则重复互见。这部廿四史因为是官史，又有许多地方是不可靠的，它那循环的观点，正统、主观主义的立场，大汉族主义的传统。他们之作史，以歌德颂圣、媚上求荣者颇多，刘知幾曾云："班固受金而始书，陈寿借米而方传。"又由于政治上的限制，忌讳多端。

廿四史的史料，既不可靠，只能作它为代数学上的 X，是否正确，尚待于新史料的证实。现在，我们谈廿四史，宁取其繁琐存真直叙，而不取其简括褒贬之辞。

除这正史而外的诸史，这些书，或以事系年，通诸代而为史；或标事为题，列诸事以各篇；或以事为类，分部类而成史。这些史，有一部分还是由正史中网络搜括而来。

我们要补证正史，就必求之于这种史流杂著，如《山海经》《世本》《国语》《吴越春秋》《楚汉春秋》之流，又如小录之纪人物、逸事、琐言、家史、别传、杂记等等。中国的史部杂著之丰富，自记事、记言、记人以至记山川物产、风俗习惯、宫阙、街廛郭邑、神仙鬼怪，无所不有。在这种将信将疑的杂史笔记中，我们可以找到比正史更可靠的史料。例如正史纪事,限于政治而不确,限于篇幅而不详,而这类书籍,则可正其不确,补其不详。

此外,史部以外的群书——经、子、集,这些书虽不如史部著书专记史页,但其中却皆有意无意地保存了一部史料,或可较史部诸书更可靠。

这群经是七派八凑、残缺不全的古书,如《易经》《尚书》《诗经》《礼经》《春秋》《论语》《孝经》《尔雅》等;此种著作中,又有古文经与今文经之别,古文经有许多是伪古文,大都出于西汉之末,亦有东晋、隋代者,此等伪经都假托了圣人的面具,到如今,难以分辨;但有的虽是伪经,倒亦不是凭空杜撰;故只要有考古学来假根据,无论今文、古文,都可以拿出来引为旁证。

群经之外,说到诸子,诸子之书,是研究先秦学术思想为主要史料,其中亦有述及前时代或反映社会之记录。

关于诸子之书,如《庄子》《荀子》《韩非子》《吕氏春秋》等所述,尚实有其学;皆为战国时代的著作,亦尚有其人,其余如皇子、料子,它嚣则不可靠。诸子之作,又可分为十家,所谓儒家、道家、阴阳家、法家、名家、墨家、纵横家、杂家、农家、小说家属之。

诸子之书,两千年来,不断有人伪托,真伪颇多。故我们去读这类史料时,则颇费辩真伪的一番工夫。

集部诸书的史料,在四部中问题较少,因为他们多是纯文学的,既不如经书之被神话,亦不如子书之多伪托,又不是史书之有窜乱。

唐诗中杜甫的《石壕吏》《新安吏》等描写唐代政府捆绑壮丁情形,白居易的《重赋》描写农民之被收夺,《伤宅》《买花》等写统治阶级之骄傲淫佚。这些暴露出的事实,在唐史上是找不出来的。

又如明、清的章回小说,如《金瓶梅》写西门庆荒淫无耻,武断乡曲,奸淫妇女,不管有否此人,而明代则有这样的豪绅是事实。《红楼梦》写大观园里的秽史,不管有无大观园,而在清代的贵族中有这样豪奢腐败、淫秽的家庭,则是事实。

因之,这些书籍,他们表现出中国文学自己发展之一系列的历史过程,也反映出历史上所不载的社会发展内容,所以他们是文学,同时也是史料。

最后,四部以外的各种文字记录,都有史料的价值,例如原藏于内阁大库之清代档案,民国以来,视同废纸,但不知其上所录,皆为珍贵之史料。如有关于鸦片战争的文件就有四五十种,现在已整理出来的,只有很小的一部分,其余尚待于我们的整理。

又如墓志铭、清人函札,有关于史料者颇多,如读多尔衮《致史可法书》后,可知满人在征服中国的战争中,有诱降政策;宗教传说中,亦有史料的传说。

总上所述,我们研究的史料,其范围之广泛,真似一座无尽的宝库。由此多方面之研究,我们才可得到正确的历史观。

关于"史料",已介绍如上;其次讲到"史学",本书中详述及司马迁、刘知幾两氏的历史学,有关于两氏的传略、历史观、流派、方法等,虽不冗长,而所述甚详,我这儿不多介绍内容,请爱好历史的青年朋友们,自己抽空去读吧!

一九四六·八·十九

(《文汇报·图书》1946年8月29日,第8版)

顾颉刚先生《当代中国史学》读后感

巨 耒

顾颉刚著《当代中国史学》，为潘公展、叶溯中所编《当代中国学术丛书》之一。三十六年一月南京胜利出版公司出版。全书一四二页。除凡例与引论外，共分三编，上编"近百年中国史学的前期"，中编"新史料的发现和研究"，下编"近百年中国史学的后期"。上编分《史籍的撰述》《史料的整理与辑集》《金石学的兴起与研究》《元史与西北地理的研究》《经今文学的兴起与贡献》五章。中编分《甲骨文字的发现与著录》《铜器群的发现与考释》《考古学的发掘和古器物学的研究》《西北文物的发现与著录》《内阁大库军机处档案与太平天国史料的发现与著录》五章。下编分《史籍的撰述与史料的整理》《甲骨文字与金文的研究》《元史蒙古史中外交通的研究》《俗文学史与美术史的研究》《古史的研究与〈古史辨〉》五章。

尝谓论列近百年来中国史学，其难有二：

顾名思义，所谓《当代中国史学》，应为当代中国人对于历史之研究。历史包括中外，不仅限于本国史。且近代外国史学所予中国史学之影响，亦甚重要，并须论及。今日学术分科日繁，一人所能精究者，每限于一方面或数方面，鲜能全部精通者，苟非其所专究者，即难免隔膜肤浅之患。此一难也。

当代史学，所论及者多属生存之人，涉笔易起争端，不免多所瞻顾。且以当代之人，论当代之事，必有超时代之眼光，始能不囿于近习。此二难也。

著者顾先生为今日史学名家，学问所涉极广。出其绪余，著成此书,自属出色当行。精论要义,随文可见。略举数端,以见一斑。

全书三编,编各五章,已见上引。每章复分节,少者二三,多至六七。于近百年中国史学重要之各方面,包举无遗。引论云:

> 近百年来的史学可以分作前后两期,大致民国成立以前为前期,民国成立以后为后期。前期的史学界,学者们依然走着过去的大路,继续前此学者的工作,……同时那时的史学界,还有三种新的趋势,就是一、金石学的考索,二、元史和西北边疆史地的研究,三、经今文学的复兴。……
>
> 后期的史学,方向更多,大要言之,除继承前期的成绩,加以发展外,又多出:一、考古学和史前史的研究,二、中外交通史和蒙古史的研究,三、敦煌学的研究,四、小说戏曲俗文学的研究,五、古史的研究,六、社会史的研究。……
>
> 后期史学的面目,是顾新颖的,他所以比前期进步,是由于好几个助力:第一是西洋的科学的治史方法的输入。……第二是西洋的新史观的输入。……第三是新史料的发现。……第四是欧美日本汉学研究的进步。……第五是新文学运动的兴起。……(页一至三)

可见全书着眼之点。著者论史,甚重古代史与现代史:

> 史学本来以现代为重要。……(页七)
>
> 最近二十多年来古史的研究,可说是当代史学研究的核心之一。……对于中古史以及近代史的研究,反而热心较差。……古代史是后此历史的根源,不从根源着手,支流的真相确也不易寻得。……(页一二五)

书中除下篇第一章包括材料最多,占二十二页外,首推下篇第五章论古史占篇幅最多,共十八页。全章分七节:古史研究兴起的背景、古书著作年代的考订、古代民族史的研究、《古史辨》与古史传说的研究、《古史辨》与古书的研究。盖近二十年之疑古运动,著者身预其事,在编《古史辨》,蜚声国内外。故此章所言,最为详尽。

至于近代史部分,前期则有上编第一章第一节"当代史的撰述"一页半,第二章第一节"当代史料的整理与结果"一页半。后期则有下篇第一章第一节"近代史的撰述与史料的整理"二页,第四节论及清史部分一页。共计六页,微嫌过简。下编第一章第一节,论近代史之断限云:

> 所谓近代史,现在史家对于它的含义与所包括的时代,有两种不同的看法。第一种认为……近世史的范围实包括近三四百年来的历史,无论中国与西方皆系如此;此派可以郑鹤声先生的《中国近世史》为代表。第二种则认为……欧洲产生了工业革命,中国与西方发生新的关系,以中国言方系近代史的开始;此派可以蒋廷黻先生的《中国近代史》为代表。……郭廷以先生……的看法与蒋先生一样。(页八三至八四)

按萧一山有《清代通史》及《清史大纲》,自云:

> 本书所述……为清国史,亦即清代之中国史,……故本书又名曰中国近世史。(《清代通史·叙例》)

> 一部清史,就是一部中国近代史。近来常有人把近百年史作为近代史,这是不很合理的。(《清史大纲·引论》)

萧氏之看法,亦属第一种。而著者列萧氏之书于第四节断代史研究的成绩之清史部分中,仅以萧氏于《清史大纲》后记自述作书动机之言,为著者之论定,于其分期主张,只字不及。

近代史的撰述,仅举郑鹤声《中国近世史》、蒋廷黻《中国近代史》、郭廷以《中国近世史》、沈鉴、王栻《国耻史话》、陈恭禄《中国近代史》、邹鲁《中国国民党党史稿》、冯自由《中华民国开国前革命史》数种,至于单篇论文,或专题研究,在本书论及其他方面时,多所征述。而于近代史,即学术名作,如邵循正《中法越南关系始末》、王信忠《中日甲午战争之外交背景》等书,均未论及。

关于近代史史料的整理,举左舜生《中国近百年史资料》初、续编,蒋廷黻《中国外交史资料》(辑要)、王芸生《六十年来中国与日本》及《党史史料丛刊》。至于故宫博物院等处所编印之各种史料,质量并极重要,亦未论及,似嫌疏略。

又如三十年来之学术，除受外来影响之外，以与清代学术之关系，为最重要。梁启超《清代学术概论》及《中国近三百年学术史》，影响于二十年来之学术界者甚巨。然筚路蓝缕之作，不免于疏阔。学如积薪，后来居上，钱穆《中国近三百年学术史》，虽曰"与梁氏书取径不同"（页八七），其实精深独造，价值当在梁书之上。盖以梁书盛名在前，不愿贻好名之讥，故其自序有"盖有详人之所略，略人之所详，而不必尽当于著作之先例者"之语，当即指梁书而言。著者径取其前二语以为考语，不另加论定，亦嫌过略。

除近代史部分所论嫌不足外，最大缺点，为于治史方法与新史观，讨论太不充分。

治史方法，梁启超《中国历史研究法》及《补编》，为本国人之作。其他介绍西洋论著，如李思纯译《史学原论》、何炳松译《新史学》，皆为专著，风行国内。至于更精深之方法，为学者所采用者，如法国社会学派，及莫尔甘以后之人类学，皆予近十余年史学研究以甚大之影响。其间价值之高低，影响之大小，虽有不同，其应为本书所致其详者，则一也。

至于新史观，著者于引论中云：

> 过去人认为历史是退步的，愈古的愈好，愈到后世愈不行；到了新史观输入以后，人们才知道历史是进化的，后世的文明远过于古代，这整个改变了国人对于历史的观念。如古史传说的怀疑，各种史实的新解释，都是史观革命的表演。还有自从所谓"唯物史观"输入以后，更使过去政治中心的历史变成经济社会中心的历史，虽然这方面的成绩还少，然也不能不说是一种进步。（页三）

唯物史观亦可视为历史进化观之一种。进化史观之外，又有循环史观。不以世界历史为一体，而分为若干文化集团。每一集团，皆经过一定之发展，以至消灭，有如生物之生长老死者然。此种思想，往昔已有，至欧战以后而益流行。斯宾格勒之西土沉沦论，尤为风行之作。史学专家，立论亦颇有具此种倾向者，国内则张荫麟尝介绍斯宾格勒之说。史学家以此史观著论研究中国历史，当数雷海宗《断代问题与中国历史的分期》一文（《清华社会科学》第二卷第一期），为最重要。以淝水之战为界，分中国历史为二周。其为说纵未成定论（尤以第二周中，须订补者甚多），然于其所谓第一周历史，则颇持之有故，言之成理。所提示之观点，甚为重要。盖通史之作，须根据断代史与专门史之研究，而非即各种断代史与专门史之糅合。故必须有一贯之看法，通史始为有机体，始能使人了解，而不致徒为许多史实之无情搭合。吾人皆知今日通史之作，尚非其时，雷文不失为一极有意义之尝试；著者似应予以地位，加以论列。

古人论史家应有四长：史才、史学、史识、史德，今日治史者，亦应有四条件：精熟旧史料，利用新史料，方法严密，史观明通。四部之书，皆旧史料也。甲骨铜器、西域简牍、敦煌佚籍，皆新史料也。必通经学，始能利用殷契周铜。必熟晋唐史事，始能利用敦煌宝藏。不能利用新史料，则不能出古人之范围。不精熟旧史料，则新史料亦不能为之用。审察史料，必须彻底。臆说成见，均应弃置。各种工具，亦应充分利用，方法始可臻严密。史观应一贯，然必具通识，始可免生吞活剥、削足适履之患。

当代中国史学，于陈述已有成绩之外，应提示此后研究史学应循之途径。对于今日最流行之粗制品，应择数种巨制，用以上四条件评定之，以杜谬种流传之害。对于价值最高之专著，亦应择要详论，以为示范。持此以观本书，似于古代史及沿革地理方面，与著者所主持之古史辨及禹贡学会有关者，所论能令人得启示，诚为吾人所最欢迎者。至于其他方面，每仅胪列书名篇名，间加一二考语，殊不能令人有亲闻之认识。兹略举断代史及专门史数条于后。如：

> 郭绍虞、罗根泽两先生各有《中国文学批评史》，二书均未完成。郭先生书仅出上册。罗先生书亦仅有前一二册，至隋唐五代而止。现在战事告终，旧业可复，知必有以慰吾人之望。（页八八）
>
> 关于外交史，有张忠绂先生的《中华民国外交史》。书仅出第一册，由辛亥革命（一九一一）叙至华盛顿会议（一九二一）而止。（页八八）
>
> 金史，陈述先生有《金史氏族表初稿》，刊《历史语言研究所集刊》五本三分及四分。复有《金国闻见杂录》，似尚未刊行。（页九三）

曾无一言之褒贬。郭、罗、张之书，并属专著，尤应有评介之语。他如：

> 魏晋南北朝史的研究,以陈寅恪先生的贡献为最大。……魏晋南北朝的历史向来研究者甚少,荆榛满目。陈先生以谨严的态度,丰赡的知识,作精深的研究,殆为斯学的权威。
>
> 隋唐五代史的研究,亦以陈寅恪先生的贡献为最大,他撰有《隋唐制度渊源略论稿》一册、《唐代政治史述论稿》一册。二书对于唐代政治的来源及其演变均有独到的见解,为近年史学上的两本巨著。(页九〇至九一)

虽加论赞,而于陈先生独到的见解,概未论及。晋唐之史,荆榛未辟,陈先生创见甚多,后二书尤为伟制。然对著者应有稍详之介绍,对其著作亦应有更精深之论述,以便初学。

此外疏略细节,如:

> 中央研究院历史语言研究所拟作《东北史纲》,由傅斯年、方壮猷、徐中舒、蒋廷黻、萧一山五先生合撰,今仅出傅先生所作的第一册。(页九九)

按蒋氏所担任之部分,有《最近三百年来东北外患史》,载《清华学报》八卷一期,亦应叙入。

> (董作宾先生)积十年之力,撰成《殷历谱》十四卷。……关于殷代历法,刘朝阳先生更著有《殷历质疑》(刊《燕京学报》第十期)。(页一〇八)

按刘氏尚有《再论殷历》(《燕京学报》十三期)、《三论殷历》(中山《史学专刊》)。

> 陈寅恪先生和岑仲勉先生对于蒙古史亦有很高的成就。陈先生有《彰所知论与蒙古源流》(《历史语言研究所集刊》二本三分)、《元代汉人译名考》(《国学论丛》二卷一期)……(页一一五)

按《彰所知论与蒙古源流》为陈先生《蒙古源流研究》之一篇,此外尚有《吐蕃彝泰赞普名号年代考》《灵州宁夏榆林三城译名考》《蒙古源流作者世系考》诸篇,均见该所集刊中。

复次,著者于征列论文篇目,多著刊物之号数,而于专著单行者,甚详注明出版处所者,册中于外国人名、书名,每不著原文。对于初学,均属不便。

论列作品,多嫌简略,此或限于篇幅。若取报章期刊中,所载有关评介之文,随注于下。使初学因是以求,庶可略窥著作之得失,亦节省篇幅之一道也。

总之,近世中国史学研究,进步甚多,方面甚广,扼要综述,指示途辙,实为今日所急需。著者肯以研究之暇,写此通俗之书,以津逮后学,嘉惠实多。千虑之失,势所难免,读后书此,敢云一得,聊为芹曝之献云尔。

三十六年六月二十三日,于清华明斋。

(上海《大公报》1947年8月13日,第8版)

《当代中国史学》(书评)

王子先

顾颉刚著。全一册,一四二页。《当代中国学术丛书》。三十六年一月初版,南京胜利出版公司印行。

提起《当代中国史学》,使我们联想起顾先生编的另一部名著《古史辨》来。但在另一方面,我们却也联想到梁任公的《中国历史研究法》、何炳松译美人鲁滨孙的《新史学》,给我国通史编著以新观念的威尔斯《世界史纲》和房龙《人类故事》的汉译,还有以郭沫若《中国古代社会研究》和陶希圣《中国社会的分析》为开端而掀起的"中国社会论战"。所以在未打开此书一读之前,我以为顾氏至少对当代中国史学这几个流派的背景、发展及成就,当作较详的介绍与评论。然而打开此书,一阅目录,便知与我们所揣想的完全两样。既至一章章、一节节的读下去,更发见许多同人不敢赞同的弱点。我们在这里,读不到当代中国史学的背景(社会背景、西洋考古学、人类学、进化论、唯物史观等之影响),也读不到各派史学之创立及师承(如柯劭忞《新元史》所代表之中国正统派、吕思勉《中国通史》及萧一山《清代通史》所代表之西洋正统派、郭沫若《中国古代社会研究》所代表之莫尔甘派考古学派、翦伯赞著《中国史纲》所代表之唯物史观派、顾颉刚本人及其《古史辨》所代表之中国考据派等)。然而谈史学史而不如此编制,我们总觉那是没有系统似的。顾氏也或者要说,他所讲的只是当代史学,而并非当代史学史,那末讲史学所不可少之专论新史学之性质、范围与方法的章节等在那里呢?而且产生新史学的各种背景依旧是重要一讲的呀!然而顾氏真能否认这是一部中国当代史学吗?

细观顾书编制，虽以时代先后分上、中、下三编，而其实却是以研究的门类来作纲领的。然而我们却又读不到专论传记史学、外国史学等的专章或专节。谱牒与方志，虽于上编第一章中略有论述，然而他所谓近百年中国史学前期以后，谱牒与方志方面的著作，便未再论及，固此像胡适的名著《章实斋先生年谱》、李泰棻的《方志学》、瞿兑之《方志考稿》，以及民国以来新纂的地方志如《定海县志》等书，便未得在此书中占一席之地。但是在另一方面，□给古史资料的金石学、甲骨研究、经今文学、西北文物、内阁大库档案、西北地理、元蒙历史、俗文学史等，却都各有专章，如数家珍般，源源本本地详细叙述。只考古方面的记述，在全书三编十五章内，竟占了八章之多（上编第三、第五二章；中编五章全体及下编第二章），这不能不说是有所偏好了。然而这些章数所论，严格说起来，其指是史学与否，颇成问题。

从介绍当代史学著作上说，此书可说是功劳不小，然而只因顾氏完全忽略了某一些派别（如唯物史观派），及某一些研究门类（传记、历史研究法、外国史等），于是便有些很著名的著作，如张孝若之《张季直先生传》、翦伯赞之《中国史纲》、梁任公的《中国历史研究法》、何炳松的《通史新义》，及《近世欧洲史》等，便未经本书一提。如果中国史学不是专指中国史的史学，那末凡是国人研究东西洋各国历史的成绩，便不应完全置诸脑后。如果真是只限以中国史为对象的史学而言，那末东西学者研究中国历史的成绩，特别是其已经译成中文者，及中国人以西文写作之中国史籍，似也不能不略加论述。顾氏在这两方面无论倾向那方，这个或那个漏洞他是不能逃开的。

综观顾氏全书，以门类为经，以著作为维，实是一部"史籍考"或英美两国所谓 WHAT TO READ IN HISTORY（历史科必读书）的性质，绝不能称之曰"史学史"，更不能单称"史学"。再考据派的气息很浓，亦非统论当代中国史学者所应有之态度。最后一章，专论《古史辨》，且具自我宣传嫌疑，岂"三句话不离本行"，及"老王婆卖瓜，自卖自夸"的倾向，在新史家的心中，也都占据着相当的位置吗？门户之见，岂是一位科学历史家所应有吗？

不过顾氏此书，弱点虽多，然而单就顾先生自己所认定之中国史学这个范围以内说,这却是一部权威著作。在以前似乎还没有这样一部近百年来,特别是这二三十年来,中国史学研究及其成绩的报告哩。所以我们不能不说这一本区区只有一百四十多页的小册而已,即是其中所说的那些伟大贡献以外的另一个又大又新的贡献。因为这个缘故,我们真应为中国新史学浮一大白。

最后我还要指出两点小小的错误来。《中国画学全史》的著者应是郑午昌而并非郑昶,除非郑午昌亦即是郑昶。(见本书一二二页)又第五章一开端即是第一节,章的题目全被遗漏,然这只能怪书局手民的粗心了。

三十六年九月二十日脱稿
(《昌中校刊》1947 年第 2 期)

读《当代中国史学》

李则纲

中国的学术，近百年来，比较最有成绩的，要算史学一门。把近百年的史学来一个鸟瞰的介绍，确是极有意义的。迫切需要的，这个工作，现在已由当代史学家顾颉刚先生的《当代史学》画了一个轮廓，顾先生前以《古史辨》对史学界发生了巨大的影响，这部《当代中国史学》，虽然是一部初稿的性质，当然很被人注意。最近友人詹君寄给我一部，在兴奋的情感中，把它读完。全书共三编十五章五十九节，似乎很详尽，所要说的问题，似乎也都谈到。仔细展玩，似乎还缺了些什么。因为书名《当代中国史学》一定就要把中国史学当代发展的主要精神和重要问题，和盘托出，在这部书里，假使添入下列几项，在笔者认为相当重要的。

一、科举废后，学校课程，自小学至大学，均有历史一科。政府对于历史教育宗旨，亦多递变。此种学校历史教育的影响，对于国民关于历史的认识，在近代史学里应该占有重要地位。若论当代史学，关于近几十年历史教育的发展，似乎应该大书特书。

二、近代历史学发展的现象，除学校教育外，私人集会群起研究、出版刊物，推动社会风气，贡献史学，亦甚重大。若述当代史学，似乎对于各种研究历史学会也不能不有一个有系统的叙述。

三、近代历史著作，数量实多。个人撰著，固属重要，而集体杂志影响尤大。倘对于近几十年历史性的刊物，如语言历史研究所集刊《古史辨》作有系统的介绍，不是没有意义的。

四、西学东渐，国人不仅限于中国史籍之追求，而外国史籍之探讨亦诚重要。自初期西洋史的介绍以及现时外国史的翻译，其内容亦很丰富。我们相信这一部梁思成译的《世界史纲》，其影响不一定在读一部《古史辨》之下，而当代史学，没有外国史籍翻译的译本，使读者把中国史学局限于中国圈子里面，这是一种遗憾。

五、历史的研究，不是为了历史而研究历史，是为了认识社会。它的目的，要想了解社会，必须对社会的发展，有深切的认识，这就是历史的功效。所以要谈当代中国史学，社会发展史的研究，应该特别重要。这部书关于这个问题，在"社会经济史研究成绩"这一节里，似乎亦曾触及，但笔者感觉没有把中国社会发展史研究的经过，客观地、详详尽尽地报道出来，总是可惜的一件事。因为社会发展史的研究，在中国时间虽不长，它的内容是够丰富的。至于顾先生在这里说某人功绩最大、某人成就最大、某些人只是政治上的宣传，似为史学界的卫道者，这种精神，恐怕是不被人赞成的。

六、治史的方法，近而年来有了显著变迁。顾先生在引论里亦曾说到，在后面各章里，有好多就是这种方法不同的史实，但是这种方法内容如何？变迁的经过如何？应有专章叙述。因为这一点，是现在史学发展的骨干之一。

七、史学思想的问题，顾先生在绪论里也曾谈到，但是仅仅提出了西洋的新史观、唯物史观，几个名词，对于当代史学里最占重要的史学思想的发展，究竟内容怎样？面貌如何？没有作全面的叙述，这是一个很大的缺陷。因为史学的思想不同，不仅使过去历史整个改观，而且决定现代人类的生活。

其他零零细细问题还多，似不必再为啰嗦。总之要介绍当代历史学，在精神上，而应该是纯粹古典的，应该是现代的，不应该使人为历史而研究历史，应该使人了解在历史后面还有最重要的一层，也许顾先生认为这是政治宣传罢。

（李则纲：《顾颉刚〈当代中国史〉读后》，李修松主编：《李则纲遗著选编》，安徽大学出版社，2006年，第496—498页）

图书在版编目(CIP)数据

史学书评：史学理论与史学史卷／贾鹏涛编校.—上海：上海古籍出版社，2020.9
（中国近代史学文献丛刊）
ISBN 978－7－5325－9732－1

Ⅰ.①史… Ⅱ.①贾… Ⅲ.①史学－书评－中国－选集②史学理论－中国－文集③史学史－中国－文集 Ⅳ.①G236②K207－53③K0－53

中国版本图书馆CIP数据核字（2020）第160013号

中国近代史学文献丛刊
史学书评：史学理论与史学史卷
贾鹏涛 编校
上海古籍出版社出版发行
（上海瑞金二路272号 邮政编码200020）
（1）网址：www.guji.com.cn
（2）E-mail：guji1@guji.com.cn
（3）易文网网址：www.ewen.co
浙江新华数码印务有限公司印刷
开本635×965 1/16 印张27.5 插页5 字数396,000
2020年9月第1版 2020年9月第1次印刷
ISBN 978－7－5325－9732－1
K·2893 定价：118.00元
如有质量问题，请与承印公司联系